中国法律文明

张仁善 著

Traditional Legal Culture in China

Zhang Renshan

南京大学出版社

总　序

洪银兴

一般我们所说的"汉学"（Sinology），是指外国学者对有关中国文学、历史、哲学、政治、经济、社会等各个方面进行研究的一门学问／学科。最初"汉学"研究的对象主要是中国古代的文学、史学、哲学、音韵学等，"二战"后，现代中国受到汉学研究者越来越多的关注和重视，于是近代以来的中国特别是当代中国，也就成了"汉学"中日益重要的研究内容。如果说对于古代中国的研究叫"古代汉学"或"传统汉学"的话，那么对于近代以来的中国尤其是对当代中国的研究就叫"现代汉学"——它还有一个名字叫"中国学"（China Studies）。本丛书所称的"新汉学"从一定意义上说也就是当代中国学。出版本丛书的目的是让海内外读者更深层次地了解当代中国的文化。

从历史上看，"汉学"的发展经历了从"传统汉学"独大到"传统汉学"

与"现代汉学"并重的转变——这样的转变实际表明世界对中国的关注，从只注重"古代中国"转而为既对"古代中国"保持着浓烈的兴趣，又对"现代/当代中国"充满了急需了解的渴望。应当说，这种转变既是中国自身的发展和变化所致，也是"汉学"顺应历史潮流的结果，因为一个完整的中国，原本就是"古代中国"和"现代/当代中国"的有机结合，片面地注重"古代中国"或"现代/当代中国"研究，都只能导致对中国认识的局部化和碎片化。

历史上的"汉学"因为是外国人研究中国（中国人和中国文化）的学问/学科，因此中国立场、中国视野和中国"声音"，在"汉学"中一直是缺席的。历史发展到今天，在文化交流日益强调文化互动和彼此尊重的当代社会，"汉学"这种由外国人（含海外华裔）单方面研究中国的状况，似乎也可以有所调整。让中国人研究中国的成果加入"汉学"的范畴，使"汉学"成为一门既有外国"观照"，也有中国"自视"的双向互动的学问/学科，从而在"对话"中达至理解，在"互看"中消除盲区，彻底消除对中国认识的局部化和碎片化，实现对中国完整的、有机的和全面的认识，或许是"汉学"能够更加展现学术活力的未来的发展方向。

当然，考虑到"汉学"有其历史形成的特定指称（专指外国人研究中国），因此不妨把中国人面向世界研究中国称为"新汉学"。孔子学院总部（国家汉办）在新的历史条件下根据文化交流的新特点，提出了"孔子新汉学计划"（Confucius China Study Plan），其指导思想就是要"振兴汉学、发展新时代的汉学"。为了响应和配合孔子学院的"孔子新汉学计划"，南京大学出版社依托中国南京大学这个人文社会科学的重镇，规划出版以海外中国研究者、来华外国留学生、对"汉学"/"中国研究"有兴趣的读者为阅读对象的"南京大学孔子新汉学"丛书。这套丛书以反映人文社科领域有关汉学研究的经典学术成果及最新学术动向为主旨，致力于推动中国"新汉学"与海外汉学的对话与沟通,既有对传统中国文化丰富内涵的历史回眸和深度阐释,也有对当代中国社会各个方面的广泛介绍和精辟分析,可为海内外读者特别是外国读者提供一个认识传统中国、了解当代中国的学术窗口。

中国文化的先驱孔子曾经说过"君子和而不同",将"和而不同"的这种君子精神,用以作为一种立场更加多元、视野更加广阔、"声音"更加多样、包容性更大更广的优质"汉学"/"新汉学"标准,也未尝不可。我相信南京大学出版社推出的这套"南京大学孔子新汉学"丛书,将会以"和而不同"的精神为追求,为"汉学"的推广、"新汉学"的兴起以及"孔子新汉学计划"的实施,做出积极的贡献!

2015 年 8 月

序　言

　　中国文明的起源，基于独特的地理环境与自然生态，社会生活方式、风俗习惯及社会细胞，也有别于其他地域文明。在此基础上，逐步出现了一系列与此相适应的社会准则。阶级社会及国家确立之后，不少"准则"就上升为今天被称之为"法律"的规则。中国法律文明与历史文明相伴而生，独树一帜，巍然屹立于世界法律文明之林，其发展轨迹逶迤绵延，从未间断。

　　本书由礼制文明、刑制文明、法理念文明、法体系文明、契约文明、调解文明以及司法文明等七章组成。中国法律文明天生具有其自身的民族特性，其发展走向与世界其他法律文明形态区别明显。在历史法学派看来，法律是一个国家民族精神的体现，民族精神先于法律、语言、风俗等民族属性，而与特定的民族实体共生、共存及共亡，法律要维护民族精神的现实状态，不能脱离特定民族的历史，超越现实。①发源于内陆、农业经济、宗族结构及中央集权等，均是中国文明产生的基础，只要自然、经济、社会及政治结构没有发生质的变化，基于其上的规则体系也不会裂变。民族性越完整，法律越持久。

中国法律文明特征鲜明：法律渊源多元；法律形式多样；彰显德性、人本理念；维系农业经济运行；与宗法制社会高度切合；完美体现一元化的政治意志；催生大一统局面的向心力，增强民族凝聚力；道德之治被内化为规则之治；注重法律与天道、人伦的和谐；国家法与民间法的互动；司法中情、理、法的融合，理性与经验的统一；促进社会控制效力的最大化；在绝大多数时间段，实现社会和谐稳定。以中国法系为核心的中华法系曾经引领东亚法律文明，塑造了东亚法圈，也为世界法律文明贡献出智慧，世界法律文明的华章因此更加璀璨。

法律规则创制后，一边供人们遵守，一边不断修订、健全。社会生活变了，时代更替了，法律也要随之更改，保持与社会生活应有的适应度。与时代相适应的法律，才是好法律。特定时段的法律，在特定时段可能是优良的，在另一个时段，也许成为社会发展的桎梏，变革在所难免。法国波塔利斯曾说过："法律应当珍惜习俗，如果这些习俗不是陋习的话……只有在不革新是最糟糕的时候，才必须要变革。"②习俗固然应当珍惜，但与时代发展不合节拍的陋习则应该废除，需要革新。我国清末时有论者也提出："法律与世代相变迁，凡有宜古而不宜今之律当废之而不援为法……律因时而制，时已迭更则因之者，亦与

---

① 参见萨维尼：《当代立法和法理学的使命》，转引自《西方法律思想史资料选编》，北京大学出版社 1983 年版，第 526－527 页。

② 转引自石佳友：《法典化的智慧——波塔利斯、法哲学与中国民法法典化》，《中国人民大学学报》2015 年第 6 期。

之递变，盖时势为之也。"①法律因时而制，是社会发展的必然趋势。

　　民族性本身也非一成不变，不会始终处于封闭状态，独自演化，会不时受到其他文明的侵入。固有文明势力的强弱、开闭程度不同，对于外来法律文明，本土法律文明会呈现拒绝、吸收或融合态势，但因时而变，乃必然趋势，只是有主动变革和被动变革之别。近代中国，传统农业文明在西方工业文明挑战中落了下风，较之于近代西方法律文明，传统法律的劣势全然暴露，失去了与之角力的底气。为捍卫民族主权，应对社会变迁，法律也被拽上了近代化之路。

　　只要民族特性没有根本改观，外来法律文明的影响大多体现于法律文明的表征。中国近代法律移植或继受在法体系创制上成绩卓著，在法律实践的成效、民主法治精神的培养以及法治化社会的构建等方面则差强人意。

　　民族的，未必是世界的。唯有民族中的精华，才有可能成为世界文明的元素；民族中的糟粕，不但是本民族发展的障碍，也不会为世界所接受。法律存在的合理与否，取决于与主客体行为发生时的社会实际相适应程度，是"那时"的法律，"那时"的事和人，而非后世评论者所处的"现时"的社会现实。传统中国法律中，道德与法律界限模糊，身份等级差异明显，过于看重熟人社会关系，行政、司法权限不清，义务本位重于权利本位，法律期待性不够明确……诸如此类，均为传统社会的产物，与现代法治社会要素凿枘不合。

　　后人对待既往法律文明，既不能数典忘祖，全然否定祖制，亦不能妄自尊大，一切敝帚自珍；对祖辈创造的辉煌文明，当怀温情和敬意；对时过境迁、日显愚昧滞后之处，不时反省割弃。"传统既是一宗包

---

① 佚名:《废律》,《皇朝经世文新编续集》卷四,《法律》。

祆，也是一笔财富"，如果不对过去的法文化做一番深入的考察与评价，便无法理解中华法系是如何从传统过渡到近现代，也就不能从中得到一些有益的借鉴与启示，更不能为未来的法制改革获得先机。① 唯有凭借对民族传统菁华的自信，对世界先进文明的海纳，自我扬弃，不断升华，保持与各法律文明之间的包容和互补，本土法律文明才能融入世界文明大潮，持久保持旺盛活力。

岁月疾逝，学无止境。 如同法律一样，个人也当与时并进，立足学术前沿，拓展研究视野，更新知识结构，吸收最新观点，尽可能保持为学激情。 古人早将"行路"与"读书"视为一体，近年来，本人通过外出访学，在美国国会图书馆、德国马克斯·普朗克研究所、大英博物馆、台湾"中央研究院"图书馆及诸多大学图书馆查阅了大量资料，拍摄了不少图片，多次参加国内、国际学术会议，接触国内外同行，交流学术观点，诸多活动，均有益于自己研究能力的提升。

本书的一些内容作为国家社科基金项目"中国传统司法中的理性与经验"的系列先期成果，发表于《法学家》、《华东政法大学学报》、《河南财经政法大学学报》、《法律文化研究》及台湾《法制史研究》等学术刊物上，感谢上述刊物的诸位编辑。

"教学相长"一词，在本书写作过程中领悟愈深：书中的不少观点，就直接来自多年来与相关专业的中外硕士生、博士生课堂讨论或日常切磋中所受的启发。 从同学们那里，获益良多，刘海波博士等学友，更是对参考资料的搜集等提供过一些直接帮助。 享受教研过程，接触青年才俊，葆有年轻心态，对一名教师而言，足可自得其乐，慰藉寸心。

---

① 参见黄源盛：《中国法制史导论·序》，台北犁斋社有限公司 2013 年版。

感谢"南京大学孔子新汉学"丛书的编委们选录本书；感谢南京大学出版社对一再延迟交稿的宽谅；感谢人文图书编辑部主任施敏女士的耐心沟通、指正；感谢责任编辑卢文婷女士付出的辛劳。

还要特别感谢美国德克萨斯大学奥斯丁分校东亚研究中心主任李怀印教授在英文目录翻译等方面提供的帮助，李教授也是作者同乡及本科高一级学长。

与以往几本拙著一样，爱人许秀媛女士仍是本书的第一读者，也是初稿的义务"编校员"，意及免谢。

2018 年 1 月 29 日于南京金陵御沁园

目　录

Table of Contents

第一章　礼制文明

礼，在中国法律文明中，无疑是最重要的元素之一。以"礼仪之邦"著称于世的中华民族，也因礼的发达而得名。礼的产生和发展，决定了中国法律文明区别于其他法律文明的显著特征，使得法的样式具有多样性、层级性、伦理性等特征，塑造了中国民众的多元法律观念或法律信仰，对后世中国国家治理模式的选择、社会秩序的塑造以及社会生活方式的取向等起着重要的导向作用。具体而言，礼仪，确定社会成员的身份等级标准；礼义，规制社会道德伦理；礼教，引导社会生活习尚。礼仪、礼义及礼教的三者合一，构成了中国的礼治文化，上至朝廷，下至郊野，均以"礼治"方略为先导。礼的兴废也可折射国家的命运，有所谓"礼兴则国兴，礼微则国微"之说。[①] 因此，要明了中国法律文明，就不得不从礼的起源和发展说起。

---

① 参见司马迁：《史记》卷二十三，《礼书》第一。

第一节　宴会礼仪

一、农耕收成的庆贺

谈到吃饭，世上恐怕没有一个国家像中国人一样会吃、能吃，中国人的生活能力和技巧，也在餐饮行业展露无遗。"你吃了吗？"中国人见面时的这句问候语，在其他国家，可能被看作在打听人家的"隐私"，但在中国人看来，则表示热情、关心，极具人情味。中国人围坐聚餐、共用食器的习惯，也是由来已久。细心的人也许会发现，相对正式的聚会，不同的人座次会有细微差别，说话、敬酒的次序也有不同。从中大致可以看出，谁是主人，谁是主宾，谁是次宾……各个人的身份地位，大致可以从餐桌上分辨一二。时过境迁，餐桌上的这些礼仪，源于传统中国礼的遗风。当下看来，也许不具某种强制约束力，但在中国法律文明发展进程中，礼的作用不可或缺。

早期中国有关礼的著名典籍《礼记·曲礼》中有一段记载：

> 太上贵德，其次务施报。礼尚往来，往而不来，非礼也；来而不往，亦非礼也。人有礼则安，无礼则危，故曰：礼者，不可不学也。①

也就是说，礼讲究"往来"，没有往来，就无礼了；无礼的人，就不会安全。现在人与人之间的相处，大不可因为礼数不到而有安危之忧虑，顶多相互间不再以好朋友相待而已。为何在古代"无礼则危"呢？这还得从"礼"的由来说起。

礼，按《说文解字》释义："礼（禮），履也，所以事神致福也，

---

① 《礼记·曲礼上第一》。

从示从丰（豊）。"也就是说，起于神事。《说文解字注》："礼
（禮）有五经，莫重于祭，故礼字从示。丰者，行礼之器。"据有关专
家考证，礼，在甲骨文里写作"豊"，象征着用器皿盛玉器一类的宝
贝，以祭祀神和祖先，祭祀的过程或所用的仪式就是"礼"。这里，
主要强调了礼与神的关系。但是，人类社会是先有人际的交往，抑或
先有人神之间的联络？在无神论者看来，不言而喻，先有人际交往，
后有人神联络。《说文解字》乃汉人著述，对"丰"的解释，也近乎
行礼。《说文解字·豊部》："豊，行礼（禮）之器也，从豆象形。
凡豊之属皆从豊。"丰的功能与礼的原义有很大距离。礼的起源应该
先从早期人际活动中去探觅。

因为接受宴会主人赠予而没有尽报酬义务的人，可能会因受礼不报
而立即受到惩罚，小者被排除在公共事务议论之外，大者会遭到报复性
惩罚，危险因而产生，这种现象历史上屡见不鲜。故而礼中有仪，仪
中有威，违礼受惩，失礼有危。

二、礼尚往来的约束

在原始社会，以交易行为当作礼仪往来的时候，由于物质原因，尤
其在以农业为主的族群，农作物作为交换的物品，可能就是早期的礼
物，器皿中的物品不一定是玉器等宝贝，而应是农产品如谷物一类的东
西。① 人类学家和社会学家的研究也证明，礼最初包括了礼物和礼仪
两项内容。在初民社会内部，无所谓商业交易，仅有一种友谊的或强
迫的赠借制度。在这种制度内，应该给予的必须给予，应该接受的必
须接受；而接受的人经过相当长的时间后，仍必须给原来的给予者报
酬。这些给予、接受、报酬的手段，都需要在一种庆祝丰收的盛大宴

---

① 参见江山：《礼论》，《清华大学法律评论》1998 年第 1 期。

会与节日场所之下进行。 在交换的过程中，人们会谦恭、款待、讲究仪式；有随从人员维持保护，并可能有歌舞场面。 这些馈赠和报酬表面上都是自愿的，但严格说来都是必尽的义务，其间的约束力或由私下协商解决，或由公开的战争来解决。

人们在社会中的地位也可通过宴会确定：有权召集宴会的人，一定是本部族或相邻诸多族群中最具实力的人，包括体格、智慧以及财富等；有资格被邀请的人，一定是本部落或相邻族群中最有声望、最有权势的人。 这些人受邀与会，穿什么衣服，带多少随从，乘什么交通工具；来了以后，何时入席，坐哪个席位；结束时，何时退席，退席次序；等等，都有一定讲究，礼仪规格由此显现。

宴会进行到一定程度，宾主欢愉，歌舞助兴，乐舞礼仪随之产生。这也是传统中国，礼、乐共存，同为礼仪规范的原因。 在社会生活中，乐舞规格因人、因事、因地而异，与礼、刑、政等，构成约束性规范体系。

宴会也是重要事件、封号的宣布场所。 如果在宴会上未经公众证实而私自使用一种称谓或称号，会被人们看作可耻、放肆的冒昧举动，对自己的地位也是一种损害。 它对来宾也起着同样的作用，在某个族群具有最高地位的人总是首先被请去，接受他应得的份额，然后依据长次分配。 这样，财富进入了义务的循环圈，它们既是赠送，又是贡献。 拥有赠予权的人，不但拥有物质，也拥有崇高的地位和精神；而接受礼物的人，在接受物质的同时，也接受了精神。 他们在回报赠予者时，既有物质的回报，也有精神的报答。 精神的报答主要表现为感恩、效忠，是一种强迫性的义务。 一旦在回报方面做得不够，就是违礼，也就违背了事实上的法律。 由物质的力量转化为精神上的负担，再由精神的负担转化为物质力量，这就是有施有报的原因及过程，包括了礼物和礼仪。① 礼物，即礼物赠予；礼仪，即举行赠予或报酬时的盛大节日及所有活动过程。 礼，主要用来调整赠予者与报酬者之间的关系。

这种赠予或报酬，在中国传统习惯上，即所谓"礼尚往来"。 国家形成后，礼成为特权者的专利，作为身份地位标志的作用越来越明显。 馈赠、施予的权力，日渐集中到统治者手里，他们有权主持仪式，馈赠礼物；要求那些接受他们馈赠的人，必须尽回报的义务；一切礼仪规格也都出自他们的谕示。 这样，礼的等级性越来越强，物质的礼及仪式的礼，都有约束社会成员生活行为的功能，精神力量和物质力量同时体现于"礼"中，富有法律的强制性质，"礼为异"的作用日益凸显。

总之，早期的礼，多围绕饮食宴会展开，出土的大量礼器等，也印证了象形的"礼"字。

三、消费划等的遗风

后世的礼仪内容大多离不开宴会，如见面时的问候、参加宴会的身份、穿衣的品位、喝酒、吃饭、座次、歌舞、房子等。 婚嫁丧葬都要举行宴会，宴会就要讲排场、吃喝，以此确定身份。 中国的吃文化最为丰富，吃，几乎涉及一切社会生活领域：找工作为"找饭碗"、稳定工作叫"铁饭碗"、不懂的事勉强弄懂叫"生吞活剥"、弄懂问题为"吃透"、拿不定主意为"吃不准"、有把握的是"吃了定心丸"，还有诸如蚕食鲸吞、"大锅饭"、生人熟人、生米煮成熟饭、巧妇难为无

---

① 法国著名社会学家莫斯(Mauss Marcel)最早提出 Potlach 概念，意为赠品宴会时的仪式，载于《中法大学月刊》1933 年 1 月，转引自杨向奎：《关于"礼仪"起源的若干问题——论"Potlach"》，《河北师院学报》1986 年第 3 期。

米之炊、革命不是请客吃饭、熟能生巧、大杂烩……

现世的遗风如：接待官员的"几菜一汤"，公务接待能否上酒，哪一级领导人配什么轿车，每个级别的干部可分多大面积的住房、享受何等医疗待遇，等等，都有明确规定，一旦"超标"，包括超规格接待、超面积用房及超标准配车等，就涉及违纪违规，当事人要被整顿纠正，严重者要受相应处分。这些都包括了物质和精神身份等级的内容。

宴会礼仪的等级提高了，只有有权人、有钱人才可以讲究吃、穿、祭祀，并逐渐成为特权阶层的专利。特权阶层的礼仪，普通阶层若效仿，就是僭越、逾制，是无礼、失礼。无礼、失礼之后，要受到制裁。法律上的制裁，表现为刑罚或行政处罚；精神上的制裁，就是被逐出某一群体圈。

进入阶级社会后，礼作为身份地位标志的作用越来越明显，馈赠、施与的权力日渐集中到统治贵族手里，他们有权主持仪式，馈赠礼物；要求那些接受馈赠的人，无条件地回报他们；与神分享的仪式也由他们主持，一切规格也都出自他们的口中。这样，礼的等级性越来越强，物质的礼、仪式的礼都有约束社会成员生活行为的功能，也带有法律的强制性质。

第二节　礼的神化

一、造神运动

礼，明明与饮食宴会有关，怎么在早期的字典《说文解字》中，变成祀神的寓意？这是人类社会生活观念长期演变的结果。

是神灵创造了世界，还是人类创造了神灵？在持有神论群体中，答案为前者，在视"上帝"（God）为唯一真神的信徒眼中，更是如此，即上帝是万事万物的缔造者。不过，在无神论者看来，一切神灵形象，均为人类所想象构造，人创造了神。这里，谨从无神论视角，梳理礼的神话经过。

氏族社会末期及阶级社会形成以后，经过造神运动，神话意识逐步成为社会的主流意识形态，礼与祭神含义开始发生关联。早期族群中，那些把持宴会主持权、礼物馈赠权的人，逐渐成为强势群体。他们的生理特征与普通人一样，也会年老力衰，但他们的心智特征与众不同。为了保证他们的地位在本族群中永远尊崇，掀起了一轮造神运动，以神的光环罩盖普通肉身，使其成为众人永远崇拜的偶像。

人类越是处于初民阶段，对很多自然现象无法认识，就越是心存敬畏。而那些从族群中脱颖而出的相对智慧的佼佼者，逐渐掌握了对自然异象的解释权。由于在部族中的尊崇地位，他可以雇用史、巫、儒等一类的知识人，组成"智库"，通过卜筮、符号及特殊的仪式，诠释某些自然现象。常人无法认知的，就一并归于超自然的神灵、上天。神灵、上天意旨如何在世间落实，就得找个代言人、代行者。谁是部族的尊崇者，谁就可以名正言顺地成为代言人、代行者。

《左传·成公十三年》中有一句名言："国之大事，在祀与戎。""戎"是指军事权力，而"祀"就在于提供和解释规则。通过这些规则，既可以约束民众的行为，也可以制约统治者自身的部分行为，影响他们的政治决策，如通过占卜打卦等，问明吉凶，确定政治活动的可行性。夏、商、周时期，君王操控军政大权，创制法律、解释法律、记述判例的权力，则由经过君王授权的祝、宗、卜、史、巫、儒等群体所把持，在他们的宣传包装下，诸多社会规则如"礼"等不断被神化，神的光环逐渐编成，并戴到王的头上。

二、祀神礼仪

通过不断对众人进行洗脑灌输，神话的烙印越来越深。 控制了话语权者，通过将自然现象神化，也逐步把自己塑造成神的化身。 人们首先是尊崇上天、神灵，进而尊崇创造、解释鬼神的人。 不少原始的图腾崇拜就是尊神的体现。 如中国"法"（灋）的起源，似乎也与图腾崇拜有关，最早的判案方式可能就是神判。 《说文解字》中对"法"是这样解释的："法，刑也，平之如水，从水。 廌，所以触不直者，去之，从去。""廌，解廌兽也，古者决讼，令触不直。 象形。"廌，后人也称之为"獬豸"，究竟是什么动物？ 牛、羊、鹿、麟、熊、四不像之说均有，反正都属于神话范畴，带有古老的宗教痕迹。 至于龙图腾，则一直延为中国皇帝的象征。

由于古人敬畏上天，统治者在处理社会事务中，处处争取以上天的意志为准则。 天的本质为秩序，所以天神之下，有地祇；又有日月星辰、山川林泽之神，猫鼠等动物也都统属于上天。 天地、乾坤、尊卑、贵贱都是天道。 往人间社会套用的话，凡是不符合秩序的，都是不道德的。 故道德领域唯一起作用的为"中"，这是道德的根本，家长制度则是促成其形成的根本要素。① 家长以及由家长升格而成的族长、部族首领，自然成了本部族的领导者，他们通过造神，使自己的权威具有超强的正当性，并且不断强化这样一种意识：对他们权力的崇拜，就是对上天、神、帝的崇拜。 国家形成后，这种趋势日益强化。先秦有关记载颇多，如商朝诞生，因神鸟而来。 据《诗经·商颂·玄鸟》记载："天命玄鸟，降而生商，宅殷土芒芒。"郑玄笺说："天使鳦下而生商者，谓鳦遗卵，娀氏之女简狄吞之而生契。"据说，帝喾的

---

① 参见蔡元培:《中国伦理学史》,商务印书馆1998年版,第8-9页。

次妃简狄是有戎氏的女儿，与别人外出洗澡时看到一枚鸟蛋，简狄吞下去后，怀孕生下了契，契就是商人的始祖。因此，商朝有敬神的传统。《礼记·表记》说："殷王尊神，率民以事神，先鬼而后礼，先罚而后赏。"周之祖先——后稷也是神祇之子，"时维后稷……诞寘之隘巷，牛羊腓字之。诞寘之平林，会伐平林。诞寘之寒冰，鸟覆翼之。鸟乃去矣，后稷呱矣。"①《史记》也记载："周后稷，名弃。其母有邰氏女，曰姜原。姜原为帝喾元妃。姜原出野，见巨人迹，心忻然说，欲践之，践之而身动如孕者。居期而生子，以为不祥，弃之隘巷，马牛过者皆辟不践；徙置之林中，适会山林多人，迁之；而弃渠中冰上，飞鸟以其翼覆荐之。姜原以为神，遂收养长之。初欲弃之，因名曰弃。"②因踩到巨人脚印，就怀孕生出周的祖先，后稷出现在哪里，哪里就受到庇护。

夏、商、周代阶级社会逐步形成，至商、周时期，礼才真正富有了《说文》所诠释的"礼"的含义。与此类似的就是"帝"，即死去的祖先。《说文解字》释义道："帝，谛也，王天下之号也。"古意则解释为从薪从束，束薪以祭神，就成了帝。帝主持祭祀天、鬼、神、帝等礼仪的人，就是至高无上的"统治者"；主管人间的一切事物，如征伐、田猎、生产、建邑、灾害，等等，并代表神的旨意，在人间行使一切权力。谁违抗他的指令，就是违背天的意识，他就有权惩罚。此类话语，充斥了早期若干王的誓词、训令、谟等中。③

由此我们可以联想到中国传统中的神。这些神往往是人化的偶

---

① 《诗经·大雅·生民》。
② 《史记》卷四，《周本纪》第四。
③ 参见《尚书·商书·汤誓》、《尚书·盘庚上》等。

像，既然是人化的神，就得有七情六欲、衣食住行、寻找配偶，如土地公公，要配上土地婆婆；神仙有男有女，有玉皇大帝，就得有王母娘娘；观世音菩萨可为阳刚健壮的男儿身，亦可为丰腴温婉的女人像。

既然神是人的化身，就会举行宴会，定期牺牲，供给美酒佳肴。这一点跟西方相似，《圣经》中也有牺牲礼仪，星期日被上帝定为"安息日"（Sabbath Day），《出埃及记》（*Exodus*）中就记有上帝对摩西的示谕："你要为我筑土坛，在上面以牛羊献为燔祭和平安祭 。"（Make for me an altar of earth，offering on it your burned offerings and your peace-offerings，your sheep and your oxen.）祭祀有固定的祭坛、器皿、时间；主持祭祀神的权力专属于统治者，不少就是早期的"王"。 他们一方面敬畏神灵，另一方面要将神的光环套到自己头上，显示自己地位的正统和崇高。 具有造神权的人，因为有神的光环笼罩，不仅自己在世时，可以统辖普通人等的财产、生命，死了以后，该光环还可以挪到其儿子头上；儿子不在了还可再移到下一辈头上。总之，世世代代，可为首领。 进入阶级社会后，这些人就成为所谓"王"、"天子"及"皇帝"等，位居万民之上。

三、王权天授

据甲骨文卜辞所记，天神至高无上，权威绝对，可以统管风、雨、雷、电等一切自然现象，神通广大。 神是人创造的，而创造者正是神的模型，于是，按天命行事，天神被其人间代理人"王"挂在嘴上。借着天意，王可以无所不能，制定规则，解释规则，施行规则，都由"王"来决定。

商、周之际，主流意识形态里都流行王权"受命于天"的思想，事无大小，都要说成按"神"的旨意办事，统治者常常把自己的行为意图美化为神或上天的意志。 对敌国发动的战争可以说成是"天讨"、

"天罚"。 如商汤讨伐夏桀，是奉天命，"有夏多罪，天命殛之"，"夏氏有罪，予畏上帝，不敢不正"，①所做的一切，都是遵天命而行，"今予发，惟恭行天之罚"②。 商王讨伐夏，是替天行道，部下要服从命令听指挥，否则，王就要处罚部众。 商朝晚期以前，天神俨然是超自然的统帅，殷王也受天神的支配，殷王是天神旨意在民间的执行者。

祖先崇拜在殷商也很流行。 祖先如天神，同样可以统管世间一切，殷王事事都要向祖先卜问，且对祖先行一套十分烦琐的礼仪。 商朝后期，死去的王称"帝"、"王帝"、"上帝"。 这里的"上帝"与中译本《圣经》中的造物主"上帝"不同，是人格化的神。 王与上帝相对，称"下帝"。 这样，王与上帝同为帝，神、人开始结合。 王与一切人对立起来，成为人上人，处于承天命、继祖业、救民命的地位；上帝是至高无上的，只有王才能承继上帝之命，是上帝的化身；祖宗是神明的，只有王才是继承人；所有的人都由王拯救和支配。③ 《尚书·盘庚上》说："天其永我命于兹新邑，绍复先王之大业，厎绥四方。"《盘庚中》中也说："予迓续乃命于天，予岂汝威，用奉畜汝众。"意思是你们的生命是我从上帝那里接受过来的，我哪里是用势压你们，而是为了养育你们呀！

既然王是神的象征，那么，在司法实践上，王同样拥有至高无上的权力。 《尚书·盘庚上》中有这么一段："汝无侮老成人，无弱孤有幼，各长于厥居……听予一人之作猷。 无有远迩，用罪伐厥死，用德

---

① 《尚书·商书·汤誓》。

② 《尚书·周书·牧誓》。

③ 参见刘泽华主编:《中国古代政治思想史》,南开大学出版社 1992 年版,第 2—3 页。

彰厥善。 邦之臧，惟汝众；邦之不臧，惟予一人有佚罚。 凡尔众，其惟致告：自今至于后日，各恭尔事，齐乃位，度乃口，罚及尔身，弗可悔。"意思是既然你们的生命是我从天那里续接来的，你们的一切行动就得完全听我一人的，要与我一心一意，不能有其他的念头；离开了我的决定、命令，都是错误的；从现在开始，大家要安分守己，不要乱说乱动，不听我的命令，就是自找苦吃；受到我的惩罚，不要后悔。 对于违抗命令的人，殷王还威胁说：不但要把他们自己杀死，还要让他们断子绝孙，"我乃劓殄灭之，无遗育"。 商王把对子民动用刑法的权力完全收到他一人手里。 王不但拉"天"来做发号施令的大旗，还把他们死去的爹、爷当作神灵，请出来壮大声威："古我先后既劳乃祖乃父，汝共作我畜民，汝有戕则在乃心！ 我先后绥乃祖乃父，乃祖乃父乃断弃汝，不救乃死。 兹予有乱政同位，具乃贝玉。 乃祖乃父丕乃告我高后曰：'作丕刑于朕孙！'迪高后丕乃崇降弗祥。"①又说："从前我们的先王成汤，他的功劳大大超过了前人，把臣民迁移到山地去。因此减少了我们的灾祸，为我们的国家立下了大功。 现在我的臣民由于水灾而流离失所，没有固定的住处，你们责问我为什么要兴师动众地迁居？ 这是因为上帝将要复兴我们高祖成汤的美德，治理好我们的国家。 我迫切而恭敬地遵从天意拯救臣民，在新国都永远居住下去。 因此，我这个年轻人不敢放弃迁都的远大谋略，上帝的旨意通过使者传达了下来；我不敢违背占卜的结果，而要使占得的天意发扬光大。"②由

---

① 《尚书·商书·盘庚中》。
② 《尚书·商书·盘庚下》："古我先王，将多于前功，适于山。用降我凶，德嘉绩于朕邦。今我民用荡析离居，罔有定极，尔谓朕，曷震动万民以迁？肆上帝将复我高祖之德，乱越我家。朕及笃敬，恭承民命，用永地于新邑。肆予冲人，非废厥谋，吊由灵各；非敢违卜，用宏兹贲。"

于长时间灌输，普通民众逐渐认可了天、帝、王三者同一的地位，天下的权力收归王一人，这完全是神灵的意思，民众毋庸置疑。

周武王伐商纣王，也是秉承上天的意旨，"商罪贯盈，天命诛之，予弗顺天，厥罪惟钧"①，武王伐纣，是秉承天命而行。后世帝王，也大多热衷神化自己，所谓"奉天承运"、"天子"、"天纵圣明"、"神龙附体"等，无不是早期造神运动的翻版。《史记》记载，刘邦喝酒后，过沼泽地，有大蛇当道，他拔剑斩蛇，遇见老奶奶哭诉，说她儿子是白帝之子，化身为蛇，立于道上，被赤帝之子杀了，消失不见了。刘邦听了，心里窃喜，自认为是赤帝之子；他亡匿于芒、砀山泽岩石之间时，也是"数有奇怪，沛中子弟闻之，多欲附者"②。《资治通鉴》记道："刘邦，字季，为人隆准，龙颜，左股有七十二黑子。"刘邦天生具有当皇帝的命相。汉朝开国皇帝的身世被渲染得神乎其神。《明史》记述朱元璋母亲怀他时，"方娠，梦神授药一丸，置掌中有光，吞之寤，口余香气。及产，红光满室"。自此之后，邻居们经常看到朱家有火光，奔走相救，及至却无。《明太祖实录》也说："太后常梦一黄冠自西北来至舍南麦场，取白药一丸置太后掌中，有光起，视之渐长。"黄冠解释说，这是可以食用的美味。陈氏吞下后便醒了，她将这个梦转述给丈夫时还依稀闻到了香气。次日，朱元璋诞生。③此类造神运动，即便在近代社会也屡见不鲜，"万寿无疆"、"万岁万万岁"、"日月同辉"之类的故事，仍时有出现，依稀可见古礼神化的印记。

---

① 《尚书·周书·泰誓上》。
② 参见《史记》卷八，《高祖本纪》第八。
③ 参见《明史》卷一，《本纪》一，《太祖》一；《明太祖实录》卷一。

第三节　礼的世俗回归

一、合礼性诠释

王权借神权而强化，又容易因神权而极度残暴，不受规则制约，常常使国家政策失去调节的余地，走向极端。 如商朝纣王的下场就是如此，说："呜呼！ 我不有命在天？！"①于是，有人对神化王权的作用产生疑问，试图在天命、王权及法律之间寻找一种润滑剂，保证国家政策的灵活性、连续性。

在政权更迭过程中，常常要回答一些"合礼性"问题，诸如：既然王权神授，那如何解释"汤武革命"推翻旧王朝的行动与违逆天意神命的关系呢？ 纣王原也号称神的化身，周人推翻纣王，不等于触犯天神吗？ 这就需要周人寻找一种理论根据，把神的桂冠从商王的头上摘下来，戴到周王的头上。 于是，以周公旦为代表的人物，根据夏商兴亡的经验教训，对神的观念进行彻底修正，及时做出了合礼性诠释。

周代人与商代人一样，依然敬奉神，但很好地解决了人、神这一对矛盾：一方面天、神不能被抛弃，另一方面天、神的意思会变化。 如认为上帝赐予人间的命运不是不变的，"惟命不于常"，说的就是这一点。 天依靠什么来降命于人间呢？ 那就要看人世的表现，尤其是王的表现：表现好，就降吉、福；表现不好，就降凶、丧。 夏、商、周三朝的更迭规律就是这样。 这是周人的普遍认知，"天命靡常"四个字概

---

① 参见刘泽华主编：《中国古代政治思想史》，南开大学出版社 1992 年版，第 6 页；《尚书·商书·西伯戡黎》。

括得最恰当。① 接下来自然就是"有德者居之"，因为"上天之载，无声无臭，仪刑文王，万邦作孚"。 具备了德的人，神才选他。 谁有德呢？ 自然是以文王为代表的周朝创建者，"惟文王德，丕承无疆之恤"②。 既然是天命，不接受都不行，"时惟天命，无违"③，文王、武王等帮助周这样的小邦强大起来，这是周人自身努力的结果。 凭什么证明他们有德呢？ 靠民情映照天命，他们才是真心实意为人民服务的领袖。 《周书·康诰》中说："天畏棐忱，民情大可见。"意思是上天的威严和诚心，从民情上可以看出，由此进一步引出民近而天远，不知民情就不要妄论天命的思想。 如果没有使民通达，引导民众达到安康境地，就不能算知天命。 因而在政治生活中，要时刻坚持"敬天保民"。 《尚书·酒诰》中"人无于水监，当于民监"的警示，具有远见卓识。

周公等人的高明之处在于：既保存了"上帝"，又解释了朝代更替的必然性；既把鬼、神、帝、天等当作精神"保护伞"，又提出要面向现实、注重人事的思想，从而满足了人、神两方面的要求。 这种思想的系统化就是"以德配天，敬德保民"立法宗旨和"明德慎罚"的司法原则。④ 西周特有的宗法体制下的礼法思想体系由此形成。 周朝统治者注意面向现实，注重人事，修正神的观念，实现了由重神事向重人事的转变。

---

① 《诗经·大雅·文王之什·文王》。
② 《尚书·周书·君奭》。
③ 《尚书·周书·多士》。
④ 参见《尚书·周书·康诰》。

二、礼制体系

1. 礼制的创设

公元前 11 世纪到公元前 771 年，进入西周时期。 为了加强统治，周王朝初期的统治者实行了"封诸侯，建同姓"的政策，把周王室贵族分封到各地，建立属国。 周公在"分邦建国"的基础上"制礼作乐"，在总结、继承前朝制度的基础上，系统地建立了一整套有关"礼"、"乐"的制度。 《尚书·大传》记述道："周公摄政，一年救乱，二年克殷，三年践奄，四年建侯卫，五年营成周，六年制礼作乐，七年致政成王。"周公用了六年的时间，才帮助周朝完成礼乐制度的制定，他也因此成为后世儒家供奉的"圣人"。 礼，由原来的礼俗、祀神活动向世俗的礼制转变，这一转变，又基于宗法制度，与周朝家国一体化的社会结构联系密切。

分封诸侯，是西周建立政权、巩固统治的重大举措。 西周原来偏居西北一隅，作为商朝属国的"小邦周"，现在如何控制幅员辽阔的疆土，尤其是怎样处理刚刚失败、还心存复国意念的商朝旧贵族，是周人迫切需要解决的现实问题。 "迁殷顽民"和"分封诸侯"是西周为巩固政权而采取的两大措施。 分封诸侯，就是把周王室的兄弟叔侄、同姓贵族、异姓亲戚和元老封往各地，建立一些侯国，以此统治新占领的地区，充当周朝统治的屏障，即"封建亲戚，以藩屏周"或"封诸侯，建藩卫"。

据统计，周初共分封 71 国，姬姓 40 国。 礼，是分封的唯一标准。 根据与周王的亲疏远近，封地大小，各封国又分为不同爵位等级和服畿等级。 一般说来，有公、侯、伯、子、男五等爵名和甸、侯、绥、要、荒五等服名，爵定地位高低，服定贡赋轻重。 周王的分封称"建国"。 每分封一个侯国，周王要发给受封者文告"册命"，说明封地的疆界、辖区内人民、土地的数量，以及所赐给的下属官吏、仆役、奴隶，还有礼器、兵器、旗服，等等，以表示给予受封者对封国的统治权力和权力等级。诸侯在封地内也按照同一种方式分封卿、大夫的采邑。

周天子有权册封诸侯，受封诸侯国必然要给周天子尽义务，这样才符合施予—报酬的"礼尚往来"循环圈。诸侯的权利有：管理自己封国内的所有事物，包括赋税、土地、城市等；建立臣属于自己军队；封国由自己子孙世袭。受封者要尽义务。诸侯的义务如：奉周王为共主，对周天子有朝拜、纳贡赋、供劳役、出兵助出征、保卫王室等。周王将土地和人民赐予诸侯，既有保护诸侯权利的义务，也有剥夺诸侯爵位、削地和贬爵的权力。周王对他们握有赏罚予夺的大权。封君的继位和废除，甚至卿大夫的任免，周王也要过问。有些侯国国君同时兼任王室卿职。这样，王室和侯国之间的政治联系更加紧密。于是，原始宴会上馈赠与报酬的循环礼俗，升华为国家层面的礼仪和礼制，周王室是赠予者，封国是回报者，礼尚往来被赋予了新的含义。如果封国未尽到义务，如不按时向周天子贡献土特产一类的礼物，就算违礼了，周天子可以凭此理由，发兵征伐，所以说，"无礼则危"。按照这种层层分封体系，周天子把土地封给他所亲近的人，这些人叫作诸侯；诸侯再把土地给亲戚功臣们，这就成了卿大夫；卿大夫再把自己的土地，分给自己的儿子们，成为某邑大夫，为士。天子是最大的宗主，诸侯是宗子。诸侯以下各层，又分别构成宗主与宗子的关系，宗子必须听从宗主的调遣。

分封依据：

爵等：公、侯、伯、子、男

服等：甸、侯、绥、要、荒（每服500里）

礼仪规格：土地、音乐、随从、宫殿、车马……

隶属关系：宗主—宗子；礼仪—礼义；权利—义务

分封制进一步扩大了以姬姓为中心的宗法制度。西周是典型的父权家长制社会，国家按宗法等级关系建立，形成了天子、诸侯、卿、大夫、士等等级关系。周王是最大的宗亡，王位由嫡长子继承，其余诸子为侯，即小宗；诸侯的爵位也是嫡长子继承，又有大宗、小宗的区别；士也是这样。异姓诸侯贵族实行同样的宗法制度，而姬姓和异姓的诸侯贵族之间，又常常利用联姻关系组合起来。这样，在全国形成了以王为中心，包括诸侯、卿、大夫、士等尊卑不同的巨大血缘网络。在这个网络中，王权与族权合而为一，贵族阶级通过这种制度，保证自己地位的世袭。维护这种制度的纽带就是"礼"。以"亲亲"、"尊尊"宗法原则为核心的礼法原则开始出现。

欧洲中世纪也曾施行分封制度：领主把领地交给封臣管理，封臣要为领主尽一定的义务。在自己封地上，封臣拥有绝对的权威。这样层层分封下去，形成金字塔结构，西方中世纪的封建社会就是这样的，学界一般称这种制度为"封建制度"（feudal system）。西周处于中国的封建社会时期，为不少学界人士所接受。

2. 礼制与乐制

西周礼典主要有五个方面，通称"五礼"：吉礼（祭祀之礼）、凶礼（丧葬之礼）、军礼（行兵仗之礼）、宾礼（迎宾待客之礼）、嘉礼（冠婚之礼）。它们的功能是维护等级制度，防止"僭越"。如周礼规定了贵族饮宴列鼎的数量和鼎内的肉食种类：王九鼎（牛、羊、乳猪、干鱼、干肉、牲肚、猪肉、鲜鱼、鲜肉干）、诸侯七鼎（牛、羊、乳猪、干鱼、干肉、牲肚、猪肉）、卿大夫五鼎（羊、乳猪、干鱼、干肉、牲肚）、士三鼎（乳猪、干鱼、干肉）。乐舞数量也有差异。如舞蹈，最高一级舞蹈仪仗是八佾之舞，64 人；以下递降为六佾、四佾、二佾；一佾为 8 人。如果违背了这个规格，就是违礼，就要被处罚。

西周的礼乐制度，属于上层建筑范畴，"礼"强调的是"别"，即所谓"尊尊"；"礼"所要解决的中心问题是尊卑贵贱的区分，即宗法制，攸关继承制的确立。由宗法制必然推演出维护父子、兄弟、王侯间森严的尊卑关系礼法，是隶属关系的外在化。反之，它又起到巩固宗法制的作用，其目的是维护父权制，维护周天子统治，谁要是违反了礼仪、居室、服饰、用具等礼法规定，便被视为非礼、僭越。"乐"的作用是"和"，即所谓"亲亲"。《礼记·乐记·乐论》曰："乐由中出，礼自外作。乐由中出，故静；礼自外作，故文。"《乐记·乐化》中的解释是："故乐也者，动于内者也；礼也者，动于外者也。"东汉郑玄注："乐由中出，和在心；礼自外作，敬在貌。"清代学者王引之认为：乐发自人的内心，因此是真诚无伪的；礼是人的外部形貌表现，是动态的，因此不一定是发自内心的真诚。清人孙希旦说："愚谓礼乐之本皆在于心。然乐以统同，举其心之和顺者达之而已，故曰'由中出'。礼以辨异，其亲疏贵贱之品级，必因其在外者而制之，故曰'自外作'。乐由中出，故无事乎品节之烦，而其意静；礼由外作，故必极乎度数之详，而其事文。"[1]乐，其实也算是广义的礼的一部分，有礼有乐，有别有和，是巩固周人内部团结的两个方面。周天子能授民授疆土，则必以土地国有为前提，所谓"溥天之下，莫非王土，率土之滨，莫非王臣"[2]。《论语》中所说的"天下有道，则礼、乐、

---

① 参见苏亦工：《辩证地认识"法治"的地位和作用》(上)，《山东社会科学》2015年第 12 期。

② 《诗经·小雅·北山》。

征、伐自天子出;天下无道,则礼、乐、征、伐自诸侯出"等,正是周天子拥有绝对权威的写照。 后世也把礼乐制度塑造下的社会文化形态称为"礼乐文化"或"礼乐文明",在儒家眼中,这更是一种"文明"社会样板,对后世中国文化产生了巨大而深远的影响。 孔子一生追求的就是这种有秩序的礼乐文明社会,常说"郁郁乎文哉,吾从周"。

3. 礼制的演化

尽管周代"五礼"后人未必能做到,但在历史发展过程中,它一直是中国古代历朝制定礼典的原始模板,宋《开宝通礼》、明《大明集礼》、清《大清通礼》等,基本都以周代礼制为范。 以清代《大清通礼》为例,略加阐述。

清乾隆帝在制定《大清通礼》时指出重新制礼的主要原因,就是因为以前的礼制对人们衣食住行、婚嫁丧祭等基本的物质生活和精神生活内容限制得太少了。 他认为,制定礼制是为了"整齐万民,而防其淫侈,救其凋敝也",而秦汉以后,礼制只"粗备郊庙朝廷之仪,具其名物,藏于有司,时出而用之",以至"虽缙绅学士,皆未通晓。 至于闾阎车服宫室,嫁娶丧祭之纪,皆未尝辨其等威,议其度数,是以争为侈恣,而耗败亦由之,将以化民成俗,其道无由",所以,要"萃集历代礼书。 结合清朝会典,将冠婚丧祭一切仪制,斟酌增损,编成一书",使士民易于遵守。① 他特别强调,不但要让上层社会生活有礼可循,而且要让中下层社会生活有礼可守;要改变过去礼制条文由官府制定、官府收藏的现象,把礼法应用于广大士民之中,做到闾阎乡里,家喻户晓,自觉遵守,真正发挥礼的"安上治民"的作用。

---

① 参见《清高宗圣训》卷二百五十一,《兴礼乐》,乾隆元年六月乙酉条。

《大清通礼》体例，仍由吉、凶、军、宾、嘉五个部分组成。上至皇室祭天祀祖，下至士庶婚嫁服饰，都有明文。如祭品等级就非常明确。祖先斋日祭品：一至三品官羊一只，猪一头；四至七品官只有猪一头；八品以下不用全猪。祭品：三品以上案俎二张，笾六只，豆六个；七品以上笾四只，豆八个，以下递减。岁时令节祭供之物：一至三品官每案新鲜水果四种，菜四样，羹饭四碗；四至七品官每案果三种。庶士按春、秋、冬节祭祖，祭时荐饭两碗，肉、食品、果物、蔬菜四器，菜羹两样。庶民更少，祭祀时，每桌的饭菜水果不得过四样。①清代作为物质生活规范的礼制都有法律条文加以保护，使礼制具有周密而严肃的形态。礼制限定的房舍服用饮食的等级规格，法律只允许上兼下，而不许下僭上。违式僭用者，有官的杖一百，罢职不叙，无官者笞五十，罪坐家长，制作之工匠并笞五十；如果违禁使用龙凤纹，官民各杖一百，徒三年，官员还要罢职不叙。②通过法律，可以进一步保证礼制的实施。

《大清通礼》卷帙之浩繁，内容之详备，涉及范围之广，是历史上任何一部礼书都无法与之相比的。乾隆前期，《大清通礼》、《大清会典则例》、《大清律例》构成了清朝严密而峻酷的礼法规章。它从草创到完备的过程与清朝统治逐渐巩固、专制王权日益加强的过程相一致。王权的加强，是礼法详备的基础；礼法的详备，又是王权加强的一个重要标志。

《大清通礼》自道光朝续纂以后，政府一直未组织修订。清末为了配合预备立宪，朝廷于光绪三十三年六月(1907)于礼部设礼学馆，拟

---

① 《大清通礼》卷十六，《品官家祭·庶士家祭》。

② 《大清律例》卷十七，《礼律·仪制·服舍违式》。

定章程，延聘顾问，征集礼书。 光绪三十四年（1908）九月二十九日，责成礼部"修明礼教，易风移俗"。 宣统元年闰二月十七日礼学馆开馆，由内阁学士陈宝琛主持，左丞宗室英绵、右丞刘果、左参议良揆、右参议曹广权兼充提调，负责编修。 朝廷要求，宪政、法律、礼学三馆要相互贯通，先由礼、法两部会同议定计划，再由宪政编查馆复核。

但清末礼制的修订与法律的编纂节拍不合，前者要复归、完善旧礼；后者要废旧立新，修订宗旨南辕北辙，毫无共通之处。 《大清律例》本身就是礼法的混合体，法融合礼，法保护礼，而今各自搭台做戏，礼法在形式上已分离。 修律活动以《大清新刑律》的颁布完工，修订《大清通礼》开始得晚，从计划开始，三年未到，清朝即已结束。清末修礼有头无尾，《大清通礼》是随着清王朝的灭亡而自然废除的。

三、礼典与官典

西周的"礼法"思想渗透于世俗生活的各个领域，在治理国家中的作用举足轻重。 如果说中国古代有宪法或宪法性制度的话，礼就是具有宪法性功能的制度。 正如《礼记》所载：

> 夫礼者，所以定亲疏，决嫌疑，别同异，明是非也……道德仁义，非礼不成；教训正俗，非礼不备；分争辨讼，非礼不决；君臣上下，父子兄弟，非礼不定；宦学事师，非礼不亲；班朝治军，莅官行法，非礼威严不行；祷祠祭祀，供给鬼神，非礼不诚不庄。①

因为"礼"是定亲疏、决嫌疑、别同异、明是非的标准，涉及的范围十分广泛，从社会伦理道德、风俗习惯到行政、治军、司法、宗教、

---

① 《礼记·曲礼上·第一》。

教育、婚姻、家庭等各方面，都有一套礼的规定，自天子以下，举凡衣、食、住、行，婚、嫁、丧、祭、歌舞音乐、交际应酬等，均依照礼的等级使用，不得僭越，否则，就会受到刑法的制裁，法律的约束。至此，礼，从初民时代，到夏、商、周三代，相因相袭，完成了由礼俗、祭祀、礼仪，进而礼制到官典的过程。

作为"三礼"之一的《周礼》，被后世公认为最详备的官典之一，清代孙诒让称之为"官政之法"。《周礼》非西周的作品，更非周公所作，而出于战国人之手，甚至更晚，但其中确实保存有大量西周史料，《周礼》中有四分之一以上的官职在西周金文中可以找到根据。作为官典的《周礼》，涉及政治、经济、司法、军事、文化、规划设计等诸多行政管理领域，影响后世百代。如司法制度、刑事诉讼等，就是周礼制度之一。《周礼》并不排除刑杀，"以刑教之则民不暴"，不过仅视为诸多教化手段中的一种，且目的是用来"弭讼止争，免万民之丽于罪"的，即使百姓不服教化而兴争讼，也先由司徒、地官等民政类官员听而断之，只有触犯刑法的才归士掌管，由秋官处理。秋官涉及司法关系的与地官最为密切，预防、调解也是秋官的重要职责，"立秋官司寇，使帅其属而掌邦禁，以佐王刑邦国"，"有狱讼者则使之盟诅"，即刑事案件涉案双方接受审讯时，要先发誓，没有诚信的当事方自然不敢参加盟诅，通过预审，可以减少狱讼。在惩治犯罪方面，盗贼、杀人、伤人见血而不以告等，均是要重点惩治的对象。《秋官·司寇第五》中，从"大司寇"、"小司寇"、"司刑"、"司刺"、"司约"到"司盟"、"掌交"、"都士"等，为司法行政管理体系，常为后世借鉴。①

《周礼》提炼出的治国法则,如《天官·冢宰第一》概括为"六典"、"八法"、"八则"、"八柄"、"八统"、"九职"、"九赋"、"九式"、"九贡"、"九两"等十大法则,系统详备,后世王朝机构的组织形式,多模仿周礼制设。 如隋代开始实行的"三省六部制"中的"六部",就是仿照《周礼》中的"六官"设置的。 唐代将六部之名定为吏、户、礼、兵、刑、工,作为中央官制的主体,为后世所遵循,一直沿用到清朝。 历朝修订官制典章,如《唐六典》、《大清会典》等,也均以《周礼》为蓝本增损而成。 由官典衍生出的刑法典,也基本脱胎于周礼,如《大明律》、《大清律例》,以吏、户、礼、兵、刑、工划分"六律"。 因此,礼制堪称传统社会的"根本大法"②。

第四节　礼定身份等差

一、礼刑有等

辨别等差序列,是礼的重要功能之一。 不同的人,因为出身不同,享有的权利、义务就不一样。 身份差别的标志,大多通过礼仪体现出来。 古代诸多的礼器、乐舞、仪仗等,都是等级身份的象征。 因身份差异,决定了法律上的差异,同罪异罚。 最为国人耳熟能详的莫过于"礼不下庶人"、"刑不上大夫"、"刑人不在君侧"等③。 尽管

---

① 参见陈顾远:《周礼所述之司法制度》,《中华法学杂志》新编一卷五、六号,正中书局 1937 年 2 月 1 日版,"司法制度专号"。

② 参见周公旦博客,访问网站:http://www. haretu. com/guwen/article_21421. html。

③ 《礼记·曲礼上·第一》。

对这几句话的原始意义的理解，学界有不同的看法，且多能找到各自的证据，但其所表达出的意义，在民众中一般不会有歧义，即大夫以上的贵族犯法不受刑罚制裁，而庶民百姓不享受礼仪规格。不过这并不是说，庶人不必有礼，大夫不必用刑。关键问题是哪些礼不下庶人，哪些刑不上大夫。

"礼不下庶人"，指的是贵族之礼不适用于庶人，而庶人也不能使用贵族之礼。"为其遽于事且不能备物。"（郑玄注）即使允许庶民享有高规格礼仪，他们也没实力。"庶人不庙祭，则宗庙之礼所不及也；庶人徒行，则车乘之礼所不及也；庶人见君子不为容，则朝廷之礼所不及也。不下者，谓其不下及也。"（游桂注）更不用说，那些不遵守礼或逾越礼的行为都会受到严厉惩处。也就是说，在"礼"的定义上，士大夫和庶民之间有所不同，而且二者应遵循的"礼"也不相同。在具体制度上，除朝、聘、军、宾等国礼不下庶人外，《礼记》、《国语》等典籍上都详细规定了庶人的丧礼、祭祀礼、挚见礼、生子礼等一系列关乎各个生活细节的"礼"。"礼"作为西周宗法制度的根本，规定着整个社会生活，并以强有力且严厉的国家强制力作为后盾。礼既为一项社会行为准则，自然要求上至贵族，下至庶人都要学礼、守礼。所谓"礼不下庶人"只是那些在贵族内部举行、用来巩固贵族组织的"礼"不允许庶人参加而已。由于礼所强调的是等级差别，所以"天子有天子之礼，诸侯有诸侯之礼，卿大夫有卿大夫之礼，庶人也有庶人之礼……不同等级有不同的礼"。不过一般而言，上可以兼下，下不可以越上，否则就是僭越。那些不遵守礼或逾越礼的行为都会受到严厉惩处。

"刑不上大夫"之说，比较符合实际的理解应该是部分刑罚不适用于大夫以上的贵族，因为贵族地位尊贵，必须保持一定的体面；并不等于贵族犯罪，均不受刑罚。实行礼治的周朝，违礼犯教的行为都将受到严惩。尽管在刑书里没有专门制定针对大夫犯罪的科条，但"三礼"中涉及士大夫、王族犯罪的内容并不少见，而且士大夫、王族一旦触犯这些内容，也要受罚。

不过，对大夫以上的等级来说，某些刑罚是不适用的，如宫刑。《礼记·文王世子》曰："公族其有死罪，则磬于甸人。其刑罪，则纤剸，亦告于甸人。公族无宫刑。"王族并不能回避肉刑。在实行肉刑方面对公族的优待是没有宫刑，公族犯宫刑之罪则以髡刑代之。

为什么对公族不施宫刑呢？据《礼记·文王世子》记："公族无宫刑，不翦其类也。"宫刑既然断人子孙，施之于公族，自然就断绝了宗族的宗庙，因之会严重影响周王族及其他贵族的繁衍。故将此刑从公族中剔除，而代之以髡刑。髡刑虽然只剃去鬓发，在今天看来这根本不算什么刑罚，但在"身体发肤，受之父母，不敢毁伤，孝子之始也"的古代①，髡发是一种极为严厉的侮辱性惩罚。

贵族犯罪，在诉讼权利上也有不少优待，被执行部分刑罚，也可以在秘密的状态下进行，不必在大庭广众之下，以保全贵族的颜面。《周礼·秋官司寇》载小司寇之职为"以五刑听万民之狱讼……凡命夫命妇，不躬坐狱讼。凡王之同族有罪，不即市"。所谓不躬，即不亲自出庭面对狱吏受审，而由其亲属、子弟代之。所谓命夫命妇，郑玄引《丧量传》注曰："命夫者，其男子之为大夫者，命妇者，其妇人之为大夫之妻者。"王族秘密用刑，由来已久，王的同族犯有死罪，不在闹市公开行刑，否则，让民众看到，贵族们脸上无

---

① 《孝经·开宗明义章》。

光，甚至会影响整个王族的体面和声誉。在囚犯的拘押、械系方面，贵族与百姓也不相同。据《周礼·秋官司寇》记："凡囚者，上罪梏拲而桎，中罪桎梏，下罪梏。王之同族拲，有爵者桎，以待弊罪。"一般囚犯梏、桎兼用，或用梏，王室成员及有爵位的人，则给予一定优待。

"礼不下庶人，刑不上大夫"，为当时以至后世政治法律制度奠定了基调。尤其是"八辟丽邦之法"直接引发汉代的"上请"或"先请"制度，即对犯了法的贵族官僚如何处罚，必须先向皇帝请示报告，"请"求皇帝给出处罚意见，以便做出减免的决定，旨在保护贵族官僚的特权。司法结果就是贵族与平民同罪异罚，这是礼义法典化的重要体现。① 曹魏以后的"官当"（以官阶折抵刑罚的处罚方式）、"八议"（议亲、议故、议贤、议能、议功、议贵、议勤、议宾，八种人犯罪，可以享受从轻后免于处罚的优待）等刑法制度，一直存续在后世的律典中。尽管清朝雍正帝曾要求取消"八议"，但该制度也只是存而不用，直至清末方被废除。

二、服制定罪

1. 五服成礼

中国国家的起源，以宗族血缘组织为单元逐步扩张而成，宗族血缘色彩浓厚。国家形成后，采取分封制度模式，划定各诸侯国的疆域，但血缘纽带的维系功能，并没有因为国家的形成而削弱，反而与国家机器相融合，宗法血缘规则与国家法律规制趋于统一，礼中含法，法依礼制。秦汉以降，分封制度瓦解后，宗法制并未削弱，反而在平民化趋势中得到加强。礼义人伦制度化在曲折发展进程中不断被赋予新的生

---

① 参见《汉书》卷八，《帝纪》第八，《宣帝本纪》。

命力，礼制的法律化现象日显突出，如"嫡长继承"、婚姻"六礼"、"五服"制度等，其中最为典型的就是服制定罪，即"准五服以制罪"，这是礼对中国法律影响的最主要特征之一。

在《礼记·丧服小记》中区分五服的依据是血缘的远近，即所谓"亲亲以三为五，以五为九，上杀、下杀、旁杀，而亲毕矣"①。 其意为亲属关系是从己身推至父、子，这是"以一为三"，三族范围。 再从父推至祖，子推至孙，就是"以三为五"，五族范围。 如此，由祖推至曾祖，孙推至曾孙，再推至高祖、玄孙便是"以五为七"和"以七为九"了，这是指直系亲属。 "杀"是"衰"、"弱"之意。 在直系尊亲属中每推远（上）一代，与己身关系则远一层，降一等，称作上杀一等。 同样己身的直系卑亲属，推远（下）一代，则叫下杀一等。 在旁系中的降等，如己身与从兄弟，再从兄弟，族兄弟的关系依次疏远，称旁杀。 即所谓亲戚，九族缌麻而已，九族之外不为亲戚。

通常，依照血缘关系确定的亲等、丧服称作"正服"，且这种血缘关系是以男亲父宗为基础的，母系亲属为外亲，处于从属地位。不管是在《元典章》中，还是《明会典》中，均规定"妻为夫族服图"，妻以夫的九族为亲戚范围，其服制为卑幼与夫同，为尊长（除父母外）从夫降等。 在《大清律例》丧服图中称：凡是姑、姐妹、女及孙女在室，或已嫁被出（休弃）而归，制服并与男子同。 其出嫁则为本宗降服，而从夫宗服制。② 为便于理解，特列五服关系简表如下：

---

① 孙希旦:《礼记集解》(下)，中华书局 1989 年版，第 1376 页。
② 丁凌华:《中国丧服制度史》，上海人民出版社 2000 年版，第 216 - 217 页。

五服简表

直系（中轴，自上而下）

高祖父母	齐衰三月
曾祖父母	齐衰五月
祖父母	齐衰不杖期
父母	斩衰三年
己身	
众子 期年／长子 期年	
众子妇 大功／长子妇 期年	
众孙 大功／嫡孙 期年	
众孙妇 缌麻／嫡孙妇 小功	
曾孙 缌麻／曾孙妇 无服	
元孙 缌麻／元孙妇 无服	

父系旁支（男，第一支）

曾伯叔祖父母	缌麻
伯叔祖父母	小功
伯叔父母	期年
兄弟 期年／兄弟妻 小功	
侄 期年／侄妇 大功	
侄孙 小功／侄孙妇 缌麻	
曾侄孙 缌麻／曾侄孙妇 无服	

父系旁支（男，第二支）

族伯叔祖父母	缌麻
堂伯叔父母	小功
堂兄弟 大功／堂兄弟妻 缌麻	
堂侄 小功／堂侄妇 缌麻	
堂侄孙 缌麻／堂侄孙妇 无服	

父系旁支（男，第三支）

族叔伯父母	缌麻
再从兄弟 小功／再从兄弟妻 无服	
再从侄 缌麻／再从侄妇 无服	

父系旁支（男，第四支）

亲属	服制
族兄弟 缌麻／族兄弟妻 无服	

女系（第一支）

曾祖姑	在室缌麻·出嫁无服
祖姑	在室小功·出嫁缌麻
姑	在室期年·出嫁大功
姊妹	在室期年·出嫁大功
侄女	在室期年·出嫁小功

女系（第二支）

族祖姑	在室缌麻·出嫁无服
堂姑	在室大功·出嫁小功
堂姊妹	在室大功·出嫁小功
堂侄女	在室小功·出嫁缌麻

女系（第三支）

亲属	服制
族姑	在室缌麻·出嫁无服
再从姊妹	在室缌麻·出嫁无服
再从侄女	在室缌麻·出嫁无服

女系（第四支）

亲属	服制
族姊妹	在室缌麻·出嫁无服

　　依据上表排列，家族亲属按血亲关系，最多有九族。 九族中，纵向有高祖父母、曾祖父母、祖父母、父母、己身、子、孙、曾孙、玄（元)孙（高曾祖考身，子孙并重玄）；横向有己身、兄弟、堂兄弟、再堂兄弟、三堂兄弟、姊妹、堂姊妹、再堂姊妹、三堂姊妹。 围绕着纵横向的九族，形成了九族与五服的家族结构图。 往上数，上辈中有叔伯父母、堂伯父母、再堂伯父母、祖伯父母、堂伯祖父母、曾祖伯父母、姑、堂姑、再堂始、祖始、堂祖姑、曾祖姑等。 往下数，下辈中有侄妇、堂侄妇、再堂侄妇、侄女、堂侄女、再堂侄女、侄孙妇、堂侄孙姑、侄孙女、堂侄孙女、曾侄孙妇、曾侄孙女等。

　　五服也指代五辈人，从自己（己身）往上推五代：高祖、曾祖、祖父、父；往下也可推五代：子、孙、玄孙、曾孙。 凡是血缘关系在这五代之内的都是亲戚，即同出一个高祖的人都是亲戚，从高祖到自己是五代，就成为五服。 五服之后则没有了亲缘关系，可以通婚。

　　2. 准五服以制罪

　　五服制度的发展和完善是礼与法结合越来越密切的必然反映。 服制将人们的名分地位精细地区分出来。 在血缘基础上的以五服内为亲，五服外为疏。 在五服以内，亲等离己身近，服重的为亲，离己身远，服轻的为疏。

　　从两晋开始，五服直接被制定到法律中。 据《晋书·刑法志》记载，从晋文帝颁布新律"峻礼教之防，准五服以制罪也"，从此确定了"尊卑叙、仁义明、九族亲、王道平"的社会关系及社会秩序观。 服制与刑法紧密相连，凡是涉及五服关系的当事人间的侵害，都得按照五服等级定罪，所谓"服制者，拟罪必论其亲疏以定罪之轻重也"，"律首载丧服者，所以明服制之轻重，使定罪者由此为应加应减之准也"①。 具体表现在：

首先，诉讼地位有别。 从汉律起规定亲属犯罪，应相容隐，不得告发。 卑幼告尊长为法律所不容，其处罪因丧服不同而异。

其次，同罪异罚。 官吏在断狱时往往要首先弄清和解决的是原被告之间是否存在亲属关系，是怎样的服制关系，然后进行定罪量刑，刑部往往以"服制攸关之案，必先定服制，乃可科以罪名"。

再次，连坐和荫庇。 中国古代的法律，在惩罚危及江山社稷的行为时，往往频繁地使用极端残酷的缘坐、连坐等手段。 株连九族，这是缘坐；罪及僚属、师生等，这是连坐。 缘坐一直延续到清末仍然明列法典，连坐实际上也未被废除过。

最后，定性"内乱"罪行。 法律确认五服以内的奸罪为乱伦罪，旨在保障伦常名分，以免血缘家族体系的紊乱。

三、丧礼法律化

在丧礼中，晚辈给长辈穿孝主要是为了表示孝意和哀悼，民间也称为"披麻戴孝"，出自周礼。 为死去的长辈穿最差的衣服，过清苦的日子，目的是为逝者"免罪"，以使其在阴间少受苦难。 每个家族成员对逝者的丧服形式，根据自己与死者的血缘关系而定，有约定俗成的孝服，要"遵礼成服"。

1. 遵礼成服

数千年来，中国的孝服虽然有传承和变异，基本定制并无大的改变。基本上分为五等，即斩衰、齐衰、大功、小功、缌麻。

---

① 《大清律例汇辑便览》卷二，《诸图》。

古代丧服共分五等①：

丧服总表

斩衰（三年）		用至粗麻布为之，不缝下边
齐衰	杖期即一年	用稍粗麻布为之，缝下边
	不杖期亦一年	
大功（九月）		用粗熟布为下边
小功（五月）		用稍粗熟布为之
缌麻（三月）		用稍细熟布为之

此表自明代宋谚等考定古代服制，编成《孝慈录》之后才开始为律文采用，清代沿袭。根据上表，丧服期限，由短及长，依次为三月、五月、九月、一年、三年，相应代表服制由轻到重序列，即缌麻、小功、大功、齐衰、斩衰。服制究竟有何作用？《礼记·大传第十六》中说："服术有六：一曰亲亲，二曰尊尊，三曰名，四曰出入，五曰长幼，六曰从服。从服有六：有属从，有徒从，有从有服而无服，有从无服而有服，有从重而轻，有从轻而重。"即丧服可以确定亲亲、尊尊、名分、内外、长幼、主从关系，其依据有恩、理、节、权，也就是仁、义、理、知。有了仁、义、理、知，则"人道具矣"②。这就为礼法实践提供了若干习惯性准则，使个人的意旨凌驾于法律之上成为可能。

丧服种类也分四等：正服、义服、加服、降服。正服，即于情分应当持服的，如子为父母服斩衰在类；义服，虽不系本身亲属，情分与正服相同，须按"义"持服，如妇为舅姑（公公、公婆）服斩衰一类；加

---

① 参见《大明律解·图》;《大清律例·诸图》。
② 《礼记·丧服四制·第四十九》。

服，本不应持该服，出于礼义需要，替补持服，如嫡孙为祖父母斩衰之类；降服，情义不可减等，而名分有所变更，可以由重变轻，如女子已经嫁出，为父母服丧可以降等之类。

斩衰，是五服中最重的丧服。凡诸侯为天子，臣为君、男子及未嫁女为父、承重孙为祖父，妻妾为夫，均服斩衰。至明清，子及未嫁女为母，承重孙为祖母，子妇为姑（婆），也改三年齐衰为斩衰。女子服斩衰，并须以生麻束起头发，梳成丧髻。实际服丧期约为两年余，多为二十五个月除孝，即"三年丧二十五月毕"。

次重孝服叫作齐衰，是用本色粗生麻布制成的。服丧期分三年、一年、五月、三月。服齐衰一年，用丧杖，称杖期，不用丧杖，称不杖期。《清史稿·礼十八》曰："嫡子、众子为庶母；子之妻同；子为嫁出母；夫为妻；嫡孙为祖母承重。曰齐衰不杖期，为伯、叔母，为亲兄、弟；为亲兄弟之子及女在室者；为同居继父两无大功以上亲者。"

大功是轻于齐衰的丧服，是用熟麻布制作的，质料比齐衰用料稍细。服期为九个月。为伯叔父母，为堂兄弟，未嫁的堂姐妹，已嫁的姑、姊妹，以及已嫁女为母亲、伯叔父、兄弟服丧都要穿这种大功丧服。

小功是轻于大功的丧服，是用较细的熟麻布制作的。服期五月。这种丧服是为从祖父母，堂伯叔父母，未嫁祖姑、堂姑，已嫁堂姊妹，兄弟之妻，从堂兄弟，未嫁从堂姊妹和为外祖父母、母舅、母姨等服丧而穿的。

最轻的孝服是缌麻，是用稍细的熟布做成的，是五服中最轻的一种。以清代为例，凡男子为本宗之族曾祖父母、族祖父母、族父母、族兄弟，以及为外孙、外婿、婿、妻之父母、表兄、姨兄弟等，均服缌麻。服期三月。

可见传统礼仪是根据丧服的质料和穿丧服的时间长短，来体现血缘关系的尊与卑、亲与疏的。

维系男性、父系血缘系统是五服制的核心,女性、母系血缘系统从属于男性、父系,清代礼法的宗旨倾向于此可见一斑,即以维护父权家长制为首要目的。

近现代以来,中国的丧葬习俗受到西方的影响,丧服有了很大改变。城里人通常是在告别死者、悼念亡魂时,以左胸别一朵小黄花或左臂围一块黑纱致哀,比起古代丧服,要大大简化了。但在广大乡村,"五服"丧服遗风依然存在,"披麻戴孝"仍是丧礼中必须履行的仪式,不过,它只是以"礼俗"的形式而存在,与国家层面的制度没有关系,更不是一种法律样式。

2. 丧礼法定

(1)依制守丧

守丧,也称居丧、守制、丁忧等,是人们为了表达对于死者的哀悼之情而产生的一种习俗。守丧制度作为儒家"孝道"的重要体现,在整个传统社会为统治阶级所重视和倡导,并上升到法律高度以保证其在社会生活中的强制推行。

守丧制度作为强制性的规范进入法律之中,始于秦汉统一的中央集权统治,秦始皇首先以法令的形式在国恤中强制人民实行守丧制度。汉初承袭秦制,自汉武帝"罢黜百家,独尊儒术"以后,大力提倡儒家礼仪,并力使儒家礼仪融合到法律之中。守丧制度作为强制性的规范首先在上层社会中开始推行。唐律的制定吸取了秦汉以来历朝礼法结合的经验和教训,以儒家思想为指导,"德礼为政教之本,刑罚为政教之用"。于是大量儒家礼教的内容渗入法律之中,守丧制度也因此在唐律中系统而完整地确定下来,完成了守丧制度的全面法律化过程。明清时,趋于成熟。

（2）匿丧受罚

《唐律疏议·职制》"匿父母丧"条规定:诸闻父母若夫之丧,匿不举哀者,流二千里;丧志未终,释服从吉,若忘哀作乐(自作、遣人等),徒三年;杂戏,徒一年;即遇乐而听及参预吉席者,各杖一百。听到期亲尊长丧事,隐匿不举哀也是如此,只是处罚略轻。只要遇父母之丧期,子女就要立时举哀,不能参加社会活动或政治活动。如士人,就不能丧期应考。雍正十三年十二月,河南学政邹开疏称"文武生员及举员监生,遇本生父母之丧,期年内不许应岁科两考,及乡会两试,童生也不许应州县及院试",乾隆帝当即表示同意,成为定例。乾隆五年,馆修入律。①

另外,将父母旧丧诈称新丧,或将生在父母诈称死亡,以逃避公职也要治罪。守制期,官员不能随便易衣拜官,送礼赴席,违者在补官时候要降三级任用。②

（3）嫁娶违律

这里包括居丧期间身自嫁娶、为人主婚、为人媒合三种情况。《唐律疏议·户婚》规定:"诸居父母及夫丧而嫁娶者,徒三年;妾减三等。各离之。知而共为婚姻者,各减五等;不知者,不坐。"又《唐律疏议·户婚》"居父母丧主婚"条规定:"诸居父母丧,与应嫁娶人主婚者,杖一百。"《疏议》:"居父母丧,与应合嫁娶之人主婚者,杖一百,若与不应嫁娶人主婚,得罪重于杖一百,自从重科。若居夫丧,而与应嫁娶人主婚者,律虽无文,从'不应为重',合杖八十。

① 参见《清高宗实录》卷九,雍正十三年十二月;《大清律例》卷十七,《礼律·仪制·匿父母丧》。

② 《清高宗实录》卷三十八,乾隆二年三月丙申条。

其父母丧内，为应嫁娶人媒合，从'不应为重'，杖八十；夫丧从轻，合笞四十。"依礼守丧，在传统社会被官府大力倡导，经法律强制推行，有助于提倡孝道，淳化民风。

（4）依制丁忧

丁忧制度，主要是针对职官而言的。对普通民众来说，守丧时间长短，关系不太大，但对官僚职员则马虎不得，因为这涉及他们丁忧（丁艰）起复的问题。丁忧起复：丁忧是父祖尊长死亡，子孙回籍守制；起复是丁忧的人服丧期满，恢复官职。丁忧范围为曾祖父以下四代宗亲。丁忧及起复，往往要有家族出具的"甘结"作证明。

按照礼法，官僚职官获悉父母去世消息次日，就该申请离开职守回家守丧，服丧期间不得做官、婚娶、赴宴、应考，在公开场合抛头露面，交结同僚。丁忧期满，才可能被重新起用做官。离职期间，他们的官缺由他人顶替。若不守礼法，贪恋位置、名利，在丁忧时间内耍弄手腕，弃丧趋利，往往"吃不了兜着走"①。因此，礼法中服制规格固然重要，服制时间效应也不能忽视。

父母丧期，在仕官员应回籍丁忧，清沿明律，即官吏父母死，不丁忧，杖一百，罢职不叙。"丧制未终，冒哀从仕，杖八十，罢职。"部门主管"知而听行"，与当事人同罪。比起前朝，清朝对丁忧制度更为重视。如帝王们认为，"父母丧，天下通义，治丧守制，人子之情"，丁忧制度符合孝治天下政策；如果官员三年丧尚不能持终，则"百行皆无其本矣"②。历史上少数官员由于国家急需，只能由皇帝以

① 参见《钦定吏部处分则例》，《大清律例通考校注》卷二，《诸图》。
② 参见王先谦：《东华录》，康熙四十，康熙二十五年八月丁未条；《清高宗实录》卷四，雍正十三年十月乙亥条。

"夺情"的名义，要求他们留任，可以不离职丁忧，但也不可因皇帝挽留就面露喜色，反要几番推辞，言表忧伤，勉强同意留任，同时还是要按期"留任守制"，日常生活也要与简朴粗陋的丧期相符合。像聚集演戏及扮演杂剧等类都在禁止之列，违者按律究处。在有丝竹管弦演佛戏的地方，也责令地方官严行禁止。违者照违制律论处。① 另如居丧期间修斋设醮，男女混杂，饮酒食肉，家长杖八十，僧道还俗。②

丁忧制度推行严格，官员因离职丁忧，往往会失去及时升迁的机会。等到丁忧结束，也许错过了晋升及为国服务的最佳年龄，限制了他们在社会上的作为；许多官员原本可将年老父母托付给在家或出嫁的姐妹及左邻右舍，安心于本职工作，却因礼法所限，不得不回籍终养，造成大量人才浪费。

除此以外，职官制度中涉及宗族法因素的还有不少，如：同宗回避制度、终养制度、回籍侍养、封赠制度、荫袭制度、出继归宗与更名复姓制度等，上述有关官员的任职法规贯彻和体现了五服制度，在职官制度中融进了宗法制度的因素，这类制度就成为职官制度、宗法制度的重合点，鲜明地表现出了宗法观念与宗法伦理。③

第五节　礼的基层教化

传统中国人吃饭、喝酒，并不仅仅为了解决温饱，而且具有宣传教化、规范社会秩序的作用，其中乡饮酒礼的基层教化就是其中之一。

---

① 《大清律例》卷十七，《礼律·仪制·丧葬》第 2、3 条例文。
② 《大明律集解附例·礼律·仪制》；《大清律例》卷十七，《礼律·仪制·丧葬》。
③ 参见冯尔康：《宗法观念与清代职官制度》，《文史知识》2005 年第 10 期。

一、道德示范

乡饮酒礼，顾名思义，是乡间举行的一种饮酒仪式，史籍也常简称为"乡饮之礼"。其实，它不局限于乡间，而是一种通行的礼仪，由各级主官主持，邀请较大年龄、较高辈分的人参加。通过这一定期仪式，明确主持人的身份职能、受邀者辈分的声望、与会者的座次席位、酒具音乐舞蹈的规格程序、典礼上宣示教义的内容要求等，强化乡民的尚齿、尊长、敬老、宾贤、重能、崇德、隆礼等礼仪观念，进行社会风气教化，营造敬老爱幼、尊贤礼宾的社会风气。

"三礼"中的《仪礼》"乡饮酒礼第四"、《礼记》"乡饮酒义第四十五"，对该礼仪的程序要求有详细记载，寓意天地、阴阳、五行、四季、尊卑长幼、四面八方、三光日月等义理。

通过乡饮酒礼，不同群体可以获得不同的教化效果。乡饮酒礼如果能够正常开展，宾主按礼而行，礼节周全，日常生活有条不紊，社会秩序就会"贵贱明，隆杀辨，和乐而不流，弟长而无遗，安燕而不乱"，达到这五条，就足以"正身安国"了，国安则天下安。该礼仪涵盖了整个社会群体和社会秩序，事关个人、国家、天下，是王道是否显现的重要象征，难怪孔子曾说，透过乡饮酒礼，可以"知王道之易易也"，即王道是可以推行的。①

乡饮酒礼是综合性地宣传孝道、推行礼法的活动，它包括：通过尊卑长幼的行礼仪式，示范长幼有序的等级序列；宣读律令，进行普法教育；在乡社举行，使血缘伦纪社会化；乡饮酒上所邀请的宾客，多为年高德劭的乡绅耆老，回乡后会更加自律勤勉，以身作则，效力于官府，配合政府对乡村社会实行有效治理。

---

① 《礼记·乡饮酒义第四十五》。

二、普法宣传

战国及秦之际，礼崩乐坏，法盛儒衰，相关礼仪亦被废弃。汉代以后，才开始逐步恢复，唐朝趋向正规，宋元明清，日益详载于典章律例，迄至清末修律，才淡出典律范畴。

随着时代变迁，乡饮酒礼的对象和仪式也略有变化。如唐代乡饮酒礼分两类：第一类是每年十二月举行的"正齿位"，即确定长幼身份之礼，届时地方官宴请本地有声望的人，以示敬贤，同时借此机会传扬礼教，意在扭转社会上的颓败风气；第二类乡饮酒礼也是最常见的一种，是对"州贡、明经、秀才、进士、身孝悌旌表门闾者，行乡饮酒之礼"①。通过乡饮酒仪式，表达官府礼贤下士、褒扬孝悌的意愿，营造知书达理、孝顺长上的社会氛围。宋朝举行乡饮酒礼的事例明显增多，地方官对乡饮酒礼表现出更加积极主动的态势，他们不仅策划、主导乡饮酒礼的举行，还修订相关的礼文。

明朝在强化皇权的同时也不断强化对读书人和民间社会的控制，将乡饮酒礼的功用由驯化士子转变为序长幼、别贤否，以灌输忠孝之道，成为官府对民众进行强制说教的仪式。明制还特别规定：有过之人在乡饮酒礼上罚站听训反省。洪武二十二年规定："凡有过犯之人列于外坐，同类者成席，不许杂于善良之中，著为令。"②明朝还通过颁发《教民榜文》的形式，在乡村社会广泛推行乡饮酒礼，一再重申实行乡饮酒礼的意义。如《教民榜文》第二十七条就声明："乡饮酒礼，本以序长幼，别贤否，乃厚风俗之良法，已令民间遵行。今再申明，务要依颁降法式行之，长幼序坐，贤否异席。如此日久，岂不人皆向善

---

① 《新唐书》卷十九，《志》第九，《礼乐志》第九。
② 《明史》卷五十六，《志》第三十二，《礼》十。

避恶，风俗淳厚，各为太平之良民。"①只要按时循礼，举行礼仪，明辨长幼贤愚，就能纯洁风俗，塑造良民。

清朝入关后，迅速开启文化汉化，在乡饮酒礼制度上，也继承了明以来的做法，且在前朝基础上，更加规范化、系统化。如顺治元年（1644）就规定：京府及直省府、州、县，每年于正月十五日、十月初一日，举行乡饮酒礼，设宾、介、主人、众宾的席位。顺天府，以府尹为主。直省，府以知府、州以知州、县以知县为主。大宾，选择乡里年高有德的人，位于西北；介以次长，位于西南；三宾以宾之次者为之，位于宾席之西。众宾按年龄大小列坐。司正，以教职担任，主扬觯以罚失仪者。目的是"赞礼读法"，由生员担任，以"申明朝廷之法，敦序长幼之节"。顺治二年（1645）规定：乡饮酒礼上要宣读律令，内容为："律令，凡乡饮酒，序长幼，论贤良。年高有德者居上，其次序齿列坐。有过犯者不得干与，违者罪以违制。失仪，则扬觯者以礼责之。"有清一代，乡饮酒礼一直存在，系统化程度以清朝中期最高。乾隆二年议准：今后乡饮酒礼的座次，必须完全按照规定排序，为进一步规范乡饮酒礼的程序，特意先刊刻《乡饮酒礼·仪注》，分给宾、僎、执拨事人等，遵照行礼。应读律令，附录在《仪注》之后，令读者照例讲读。在省会城市，令督、抚委派大员监礼；各府、州、县，亦令地方官悉心奉行，"有违条越礼者，依律惩治"。

---

① 参见《教民榜文》。

乡饮酒礼图①

《乡饮酒礼·仪注》对该礼仪的程式有详细记载，以两项程序最为重要。 一是司正扬觯、致辞，陈述乡饮酒礼目的是："恭唯朝廷，率由旧章，尊崇礼教，举行乡饮非为饮食，凡我长幼，各相劝勉，为臣尽忠，为子尽孝，长幼有序，兄友弟恭，内睦宗族，外和乡里，无或废坠，以忝所生。"即举行乡饮酒礼，不仅仅是为了饮食，而是为了号召臣民，互相劝勉，身体力行，实践忠孝悌友等等级伦理原则。 二是读律令，清朝不但注重制定法律，还注意宣传法律，定期的乡饮酒礼是一种固定的普法宣传。

三、酒礼入刑

礼仪刑法化在乡饮酒礼上也有所体现，特别是帝国后期的明清，更是作为《大明律》、《大清律》等刑律中的"礼律"部分明确规定，如《大明律》、《大清律》均在《礼律·乡饮酒礼》条中规定："凡乡党

---

① 霍友明、郭海文：《钦定学政全书校注》，武汉大学出版社 2009 年版，第 298 页。

叙齿及乡饮酒礼已有定式，违者笞五十。"清律条例中，则扩大该律适用的对象和范围，如：百姓平时行坐，礼法要求按年龄长幼及身份尊卑排列，即"乡党叙齿"。礼法规定，士、农、工、商等人平时相见及宴会时揖拜礼节，幼者先行；座次上，长者居上。如身份地位不平等，则按身份地位的尊卑行礼。像佃户见田主，就要行以少事长之礼。如果是亲属，则不拘主佃，只行亲属辈分礼仪。又规定："凡乡饮酒序长幼，论贤良，高年有德者居上，高年淳笃者并之，以次序齿。"曾经犯过法的只能列在后座，不能列入正席，违者以违制论处。主持者如不加分别，使良莠混淆，乱了酒礼序列，或被在座的人发现检举，要按律文当笞五十。①

对参与乡饮酒礼代表的选择，朝廷要求也极高，违规者要受处罚。如顺治元年，朝廷就确定了乡饮酒礼的规章。雍正二年，雍正对官员办乡饮酒礼不慎重提出过严厉的批评，并派礼部堂官到顺天府监礼。乾隆二年，政府申明，乡饮酒礼人员要严加选拔，如果地方官徇情滥举，或不肖之徒排挤诬陷入选人员，阻挠乡饮酒礼的举行，都要严行究治。地方督抚、顺天府府尹、直省布政使对选拔人选要亲自过问，实在没有合适人选，则可暂停举行，但要专本题报朝廷。参加者所穿衣服也有详细规定，行礼时不得滥用。②乡饮酒礼的推行，使相关道德和制度变成社会成员看得见、摸得着的规范，且生生不息，世代相传。一种礼仪习俗或制度生命力竟如此强大，绝非偶然，有其必然之理，颇值得重视。

----

① 《大清通礼》卷三十八，《嘉礼》；霍有明、郭海文：《钦定学政全书校注》，武汉大学出版社 2009 年版，第 295－296 页；《大清律例》卷十七，《礼律·仪制》。

② 光绪《大清会典事例》卷四〇八，《礼部·风教·乡饮酒礼》。

礼治并不完全等同于人治，中国古代的法治也与近代意义上的法治有别。 礼治具有一定的合理性：它提供了一系列不同于法治的行为规范，并通过对这些规范的自觉遵守，于潜移默化中起到了一种教化的作用，提高人们的道德品位和思想境界，使人们自觉地去维护社会秩序，主动地去营造良好的人际关系和社会风气，形成修己化人的良性循环，培养人们德性，促进社会风气的好转。

第二章　刑制文明

第一节　刑的起源

自从 19 世纪末 20 世纪初，西方的 Law 被翻译成"法"引入中国后，国人所用的"法"的概念，基本都是西方的法言法语。充斥在法律教科书、法学专著中的法律术语，都是宪法、刑法、民法、民事诉讼法、刑事诉讼法、行政法等一类的话语，必言法治、自由、平等、权利，离开西方的法律话语，几乎无法谈及法事。于是，关于中国缺少宪法、法治、民主、人权，没有民法，"诸法合体，民刑不分"，司法不独立，刑法残酷等说法，应运而生。自此以后，谈及传统法律问题，必以近代西方的法律概念对照套用，凡是对照不上、套用不适的，就多加以否定，似乎西方自古就好，中国自古就不好。其实，每种法律文明的产生和发展，都有其自身的经济、社会和文化背景，离开了这些背景，选择几个先定的格式条框，勉强套用，难以解释人类法律文明的多样性。广义的法，应是各种对社会成员行为具有约束力的社会规范。

古代所谓礼、法、政、刑等都与法律有密切关系，而又不简单地等同于法律。传统中国法律观的特点和中国文化特点一样，是广泛的、笼统的，举凡成文法、不成文法、国家法、家族法及礼仪典章等，均可纳入我们今天所说的法律观念范畴，多以"礼法"统称。

就社会规范而言，传统国人的理解是广泛的，而对"法"的理解，大多又跟"刑"有关，甚至可以说，法就是刑，刑就是罚。"无法无天"也好，"犯了王法"也好，这里的"法"，大多指可以惩罚人的刑法，刑的地位居于诸法之首，这跟刑的起源及功能特色有很大关系。刑法典在中国历史上最为发达，但传统法远不止于刑法一门。

一、因兵生刑

与礼类似，早期中国的法也经历过世俗、神化再到世俗的过程。中国早期的判案方式之一就是神判。相传古代部落首领舜，任用皋陶为司法官。皋陶执法公平，正直无私，断狱时，依靠一头名叫獬豸的所谓"神兽"来判断是非曲直。汉代许慎《说文解字》中这样解析"法"："灋，刑也。平之如水，从水；廌，所以触不直者去之，从去。"平之如水，就是均平、公正、不偏不倚的意思；廌，就是独角兽一类的动物，传说它天生知道谁有罪，谁没罪，触到的人就是"不直"的人，就除去。因此，"廌"下是"去"字。它是古代神兽决狱的象形字，是一种图腾崇拜的遗迹，形象地表达了民众要求伸张正义、铲除罪恶的美好愿望，反映了上古社会人们对神较强的依赖性。

其实，神化了的法，多为后人意会附加，与礼的起源相仿，法在神化之前，无疑来源于世俗生活。汉字里的"法"可以上溯到传说中仓颉造字时期，但专指作为对不法群体进行惩罚手段的观念，在先秦时代才逐步流行。 传统中国并非没有民事方面的规范，但是在统治者眼中，关键是要维护这种上下秩序，因此传统中国法律的"刑"法色彩最为浓重便是无可避免的了。 上古的法律似乎都是以"刑"来称呼的，例如《尚书·大传》中有"夏刑三千余"，《尚书·吕刑》更有"吕命穆王，训夏赎刑，作吕刑"的说法。 但是，从内容上看，这些法律都是以刑统罪，"墨罚之属千，劓罚之属千，荆罚之属五百，宫罚之属三百，大辟之罚其属二百。 五刑之属三千"，刑罚数量以罪型划定，刑罚是法律结构的核心，春秋时期，子产铸"刑书"，不称"刑法"或者"刑律"。

神化之前的法，学界一般的理解就是伐，伐就是刑，刑源于兵，兵就是战争，战争是用来对付异族的暴力手段。 《尚书·周书·吕刑》记道："苗民弗用灵，制以刑，惟作五虐之刑，曰法。 杀戮无辜，爰始淫为劓、刵、椓、黥。 越兹丽刑并制，罔差有辞。"异族一般指本氏族之外的民族、氏族。 刑可能最早用于族姓间的征服被征服、统治被统治。

从国家的"国"字的演变，我们大致可以看出刑与国家产生的关系。

国，早期为"或"，意思为一个拿着"戈"一类兵器的人，守卫着一片疆域，就是国。 兵器，顾名思义，就是用来防范外敌的，不会用来对付本部族的人。 只有在本部族集体利益受到威胁、面临生死存亡时，才会使用兵器，御敌于国门之外，与来犯者做生死搏斗。 汉字中，凡是与"戈"有关的字，都与战争、兵器有关，如战、戟等。

　　刑与兵究竟有什么联系？《说文》对刑的解释："罚辠也。从井从刀。《易》曰：'井，法也。'"辠就是罪，因此刑就是对犯罪的处罚，从井从刀，直接的解释就是动刀的法。《慎子》中"斩人肢体，凿其肌肤，谓之刑"，是很符合上古"刑"的基本精神的。《韩非子》中说得更为直接，"杀戮之谓刑"。《汉书·刑法志》中对"刑"的定义是"大刑用甲兵，其次用斧钺；中刑用刀锯，其次用钻凿；薄刑用鞭扑"。文史学大家吕思勉先生在他的《先秦史》中写道："刑汉字始，盖所以待异族。古之言刑与今异。汉人恒言：'刑者不可复属'，则必殊其体乃谓之刑，拘禁罚作等，不称刑。"①吕所理解的当时的刑专指肉刑、死刑，如《吕刑》中所载的五刑：墨、劓、非（刀旁）、宫、大辟。后人所说的苦役、流放、徒刑一类只算作"罚"，而不是刑。

　　后世中国的法律，打上了很深的兵、刑烙印，如周代的秋官中的司法官，为"司寇"、"士师"，最高法官为"大司寇"；秦朝最高法官为"廷尉"，监察官为"御史"等，多以军事将官为原型。至于基层司法联动组织，也源于古代军事单位。如《周礼·地官》中的族师职云："五家为比，十家为联，五人为伍，十人为联，四闾为族，八闾为联，使之相保相受，刑罚庆赏。"其实就是后世的保甲、连坐之先例，也与军法相似。②

　　二、以罪统刑

　　周代虽以礼治国，但也含有刑，只是强调以礼为主，失礼入刑，礼

---

　　①　吕思勉：《先秦史》，上海古籍出版社 1982 年版，第 425 页。

　　②　参见陈顾远：《周礼所述之司法制度》，《中华法学杂志》新编一卷五、六号，正中书局 1937 年版，"司法制度专号"。

防患于未然，刑惩治于已然，轻易不用刑。这与西周宗法一体化的社会结构有关，在礼法控制下，"礼、乐、征、伐"大权均控制于天子、君王手中，社会秩序稳定，天子地位崇高。

从刑到法，是从以刑统罪转向以罪统刑，也就是说，开始强调行为的是非曲直，强调行为的规范性。而律，本指音律，《说文》释为"均布也"，富有整齐划一的特征。这正是先秦法家的理想，要"法律面前，人人平等"。商鞅改法为律，想必与此有关。礼与刑的关系："礼之所去，刑之所取，失礼则入刑，相为表里。"①从春秋战国至秦汉帝国，在很大程度上，礼从一种刚性的规范形式（礼仪）转化为一种弹性的评判标准（礼义），而刑则从一套简单的刑罚方法（刑）转化为一套复杂的行为准则（法），从而形成了以刑法为行为准则，以礼义为评判标准，以加强社会统治为最终目标的新体系。

从刑到法，再到律，代表一种趋势，即法律开始具有某种独立性了。说"夏刑"、"吕刑"等是"以刑统罪"，并不完全正确，这样说是依照近代西方刑法（Criminal Law）的模式来归纳的，因为当时刑法附属于礼，而所谓"罪"就是违反礼制。刑在这一体系当中被压缩为礼的矫正工具，只有在有人违反礼制的时候，刑才有发挥作用的时机。即使用刑，也要依照礼制，例如"公族无宫刑，不翦其类也"，"大夫废其事，终身不仕，死以士礼葬之"等，简直成了"凶器"，礼与刑互为表里。

礼与法（刑）共同构成了阶级社会形成早期的治国要素：和平时代靠礼，动荡年代靠刑，两者侧重点不同。"国之大事，在祀与戎"，祀与戎，后来逐渐演变为礼与法，德与刑。礼主要用于部族内部，刑

---

① 《后汉书》卷七十六，《列传》第三十六，《陈宠》。

主要用于异族征伐；礼用于部族上层，刑用于部族下层。 其礼法等级差异，在早期礼法中已开始显现，所谓"由士以上，则必以礼乐节之；众庶百姓，则必以法数制之"①，"礼不下庶人，刑不上大夫"②等，都是"礼刑有等"原则的写照。 《礼记》所说的"有礼则安，无礼则危"，就是治、乱之世，祀与戎、礼与兵、德与刑的功用在治国过程中的配合与转换。

传统中国也有法制，但和立宪时代的法制无法画等号。 有学者就认为，近代"法制"一词，不是中国固有的，而是从日本传来的外来语。 传统中国的法律，可以看成伐、罚、刑、兵等。 法，作为攻伐，与刑、兵合一的说法是相通的。 但凡以命令和禁止为内容的一切规章都是法，而不全是刑。 这里的法，在生活中成了生活准则的总称，如秦始皇规定皇帝的"命为制，令为诏"，法制不仅仅是判例，而是统治者意志的一般概括形式。③ 虽然法律有暴力性质，但法不仅仅是刑，还有令和典章制度的一般概念。 而这些典章制度，与其说有刑的成分，不如说它们脱胎于早期的礼，包括礼仪、礼制、礼典乃至逐步被法典化的礼义。

三、刑法多元

1. 多民族刑法文明的融合

在氏族社会后期，中国经常处于氏族间的争斗状态，所以刑法特别发达。 一部《尚书》里，满是氏族首领命令、诰示、誓言，这些都是战争用语。 最早的成文刑法《吕刑》就是在夏王征服苗民过程中获得

---

① 《荀子·富国篇》。

② 《礼记·曲礼上·第一》。

③ 参见蔡枢衡：《中国刑法史》，广西人民出版社 1983 年版，第 4-5 页。

的。 而苗民的刑法全是肉刑，苗民发明刑法的故事就说明了这一问题。《尚书·吕刑》中说："苗民弗用灵，制以刑，惟作五虐之刑，曰法，杀戮无辜，爰始淫为劓、刵、椓、黥，越兹丽刑并制，罔差有辞……皇帝哀矜庶戮之不辜，报虐以威，遏绝苗民，无世在下。"这段话的大意是，刑法既不是文明的汉族创立的，也不是贤明的君主创立的，而是野蛮的苗族创立的，他们创立的刑，使很多无辜苗民受到杀戮。 天神见到苗族的混乱，同情被无辜杀戮的人民，所以才派贤明的夏王来征服他们。 夏在征服苗民后，为了统治沦为奴隶的苗民，沿用了苗族原有的肉刑。 自三皇五帝开始，各氏族之间就不断打仗。 谁赢了，谁就是统治者；谁输了，就是被统治者。 刑，在战争中，表现为讨伐；在战争后，用以管制俘虏。 历史上朝代更替也多通过武力来实现。 远的如夏灭苗、商灭夏、周灭商、春秋争霸、战国七雄、秦始皇统一；中古的如楚汉相争、三国鼎立、明清易代等，无不充满着武力竞争。 可见，刑也是多民族法律文化融合的结果。

传统中国的刑法来源于兵法，这一说法，还可以用来解释传统中国兵法发达的原因。 频繁的战争，造就了大量的刑法，也随之产生出大量的兵法。 有知识、有身份的人，无不热衷于研究兵法，仅春秋时期就有《管子》、《孙子》、《尉缭子》、《司马法》等流传后世的一系列兵书。 孙子在全世界享有"兵圣"之称，足以说明中国兵法在世界上的地位。 与此相应的就是中国刑法的发达，《吕刑》、《法经》也好，《唐律疏议》、《大明律》及《大清律例》也好，都是世界刑法史上的标志性样本。

2. 公法功能凸显

兵事停止，讨伐、体罚的功能就延伸下来；成文法出现以后，刑的含义有所扩大，不仅表现为体罚本身，也表现为成文的禁令，谁违反了这些禁令，谁就得受到惩罚。惩罚，仍是法的主要功能，因此，它是作为对内维护社会秩序的强制性法规形式出现的。

春秋战国之后，法的概念有所扩大，成文法也相继出现并增多，影响法的因素增多了，法的形式也有所增多。尤其是秦始皇以后，"命为制，令为诏"，中国法律的形式变成了多样化，但我们仍然可以说，法律仍以刑法为主。公法始终在社会生活中占绝对主要的地位，私法在国家法律规章中所见不多。

在整个刑法体系中，一切都与国家政权有关，因此它是公法，不是私法。"刑"这一概念在早期法律文献中使用的频率最高，几乎成了法的代名词。古人心中有这样一种概念：法就是刑，刑就是法。成文法最初的含义就是刑法，这种重刑法、轻民事，重公法、轻私法的特征自从形成之初确定后，一直没有改变。到1906年清末政治体制变革以前，中国最高的法律机构一直称"刑部"就是一个说明。代表中华法律体系完整的《唐律疏议》中所列的名例及十一篇条目都与刑法有关。明朝以后，法典的结构发生变化，《大明律》、《大清律》里，分名例及吏、户、礼、兵、刑、工六部，最终处理方式多以刑事处罚为终结。

春秋战国以降，政法家开始对法的概念做出新的解释，刑的作用被解释为主要由对外征伐转向对内惩罚。惩罚的过程中，又加进了"赏"，以与"罚"对应。至于儒家、法家之间关于刑法与教化谁先谁后、谁主谁辅的问题，也有过争论，但局限于"法"的先后、轻重问题，而不是要不要法的问题。这一点，在分析儒、法的法律观时，还将谈及。

第二节　慎刑与恤刑

一、慎刑

刑法多数情况下被视为"不祥之物"，统治者在进行施政宣传时，一般把"刑治"理念置于"礼治"之后。对于刑法典籍的收集整理，也不如对其他书籍来得重视，如清代纪昀主编的《四库全书总目提要》著录书与存目书，共计一万二百四十六种，而政法类书，仅仅著录二种，存目亦仅列五种①，所收甚少。他解释说："刑为盛世所不能废，亦为盛世所不尚，所收略存梗概而已。"从这句话中可以感受到主编对刑法的冷淡态度。②尽管有些时期"刑治主义"占据上风，但慎刑思想的主流地位基本没有根本性改变。

所谓慎刑，就是小心、仔细、慎重使用刑法。包括：第一，不轻易使用刑法，要先德后刑，禁用滥刑；第二，行刑尽量人道，要恤刑，不能"滥刑"；第三，要依法用刑，刑法要"中"，即公平、适度，不能无节制地使用刑法。总之，在制定刑法时，尽量缩减刑罚的适用范围，收紧法网，减少刑罚的适用量；迫不得已动用刑罚措施时，则要持慎重态度，不能草率恣意行事。

1. 用刑看动机

传统中国，大多数时期慎刑思想一直占主流，当政者早就意识到，刑罚实施必须慎重，不能滥施刑罚，殃及无辜。《尚书·舜典》记道："象以典刑，流有五刑。"在执行常刑时，对于那些可以从轻发落的人，适用五刑时，可以宽大处理，以流放代之。对于犯罪人的犯罪

---

①　谢冠生：《弁言》，汪楫宝：《民国司法志》，商务印书馆 2013 年版，第 22 页。

②　参见韩德培：《我们所需要的"法治"》，《观察》1946 年第 1 卷第 10 期。

动机和主观心态，要区别情况，分别对待。《尚书·康诰》提出，凡是由于过失原因造成社会危害的罪犯，即使罪行严重，都应从宽处理，予以赦免；而对于那些故意危害社会且不思悔改的犯罪人，罪行虽轻，也要施以刑杀。另外，要限制族诛、连坐，强调"罪止其身"，"父子兄弟，罪不相及"。这些思想在当时是非常进步的。

2. 用刑须防错

西周中期，穆王曾命司寇吕侯制作一部《吕刑》，从《吕刑》的内容看，通篇反复强调一个"中"字，要求用刑必须适"中"，力求不轻不重，要做到"轻重诸罚有权"，也就是说，刑罚轻重要得当，使用要有所分别。周初统治者在总结商朝重刑辟招致亡国的历史教训基础上，提出了一系列慎刑理念，如认识到民心向背的重要性，强调刑罚要顺应民意，"士制百姓于刑之中"，"故乃明于刑之中"，"明启刑中书肯占，咸庶中正"，"非天不中，唯人在命"，"咸中有庆"；又如"刑罚世轻世重"，即要根据时势的变化、具体的社会情况等因素来决定用刑的宽严、轻重。"刑罚世轻世重"理论以及"三国三典"原则是对"明德慎罚"思想的贯彻与发展。"明德"思想，一是要求统治者自我约束，克制过分的欲望，杜绝倒行逆施之举；二是要求统治者关心人民的疾苦，减轻一点剥削，使人民安居乐业。这两方面的共同目标是获得人民的拥戴，以保持"德"，有了"德"，才能获得天帝的保佑，即有资格"以德配天"。只有道德高尚的人，才能履行明德慎罚。正如《尚书·康诰》中所载："惟乃丕显考文王，克明德慎罚。""慎罚"即谨慎小心地施用刑罚，不可滥杀无辜。

对于那些犯有死罪的人，更要审慎处理，其原则就是："与其杀不辜，宁失不经。"防止杀错与放错的两种选择中，宁肯放错，也不要杀错。因为如果放错了，事后还可以纠正；假如杀错了，那就失去了改正的可能性。 这种处刑上审慎的思想，不仅深得民心，也取得了比较好的社会效果，史书谓："好生之德，洽于民心，兹用不犯于有司。"应当看到，对人的处理持审慎态度，不只为被统治者所接受，对统治者来讲，也是有益的，在一定程度上可以缓和阶级矛盾。

3. 用刑宜从轻

与"慎刑"理念相一致的"轻刑"观，指的是对罪犯论罪定刑时从轻科罚，能轻者则宽容之，以防止用刑过重。《尚书·舜典》在讲五刑之前，就先强调宽容，即所谓"宥"；接着又讲明对过失犯罪者，应宽缓赦免。 皋陶在阐发这种轻刑思想时，认为君主对于臣下要简明平易，善于接近，对于大众要优惠宽容，不能苛求；处罚罪犯时，不连累犯人后代；赏赐有功人员时，则可惠及佣人。 宽大过失犯罪者，尽管过失很大，也要宽处；刑处故意犯罪者，即使罪行很小，也要给以应得的处罚。 如果对其所犯罪行还有疑问，也应从轻处罚；如果对其功尚有疑问，功虽轻也应给予赏赐。 重视防错、免杀无辜、不怕放错罪犯宁愿再捕，都是轻刑思想的具体体现。 防止枉杀无辜，这是符合民众的心愿和要求的，也是有利于生产发展和社会进步的。 这就是春秋时管仲所称赞的"舜非严刑罚、重禁令，而民归之矣"的道理。

在慎刑与轻刑的刑罚观念背后，体现了统治者追求的"无刑"境界，即"刑期于无刑"[1]。 选用刑罚的目的，是消除犯罪，不再运用刑罚。 刑罚的结果是使人们在每一件事情的处理上，都能合于中正之道，从而实现治理的目的。 由此可见，追求"无刑"的目标，也是我国原始刑罚思想的重要内容之一。

---

① 《尚书·虞书·大禹谟》。

4. 用刑求无刑

早期的慎刑、轻刑理论，经过儒家传统阐发，逐步成为传统中国刑罚政策的理论基石。孔子《论语·为政》中说："为政以德，譬如北辰居其所，而众星共之。"在孔子看来，教化是预防犯罪的重要措施，主张富而后教，教而后罚，犯罪不教而诛。他提出政、刑、德、礼在规范民众行为效用中的位阶论断，一直被后世看作治民的座右铭："道之以政，齐之以刑，民免而无耻；道之以德，齐之以礼，有耻且格。"意思是说，作为统治阶级治理民众有两个层面的手段：一种是政令刑罚，另一种是道德礼义。用政令去强制人民，用刑罚去驱使人民，人民为了逃避刑罚而被迫去做，但他们不知道犯罪行为是可耻的行为；用恩德去感化人民，用礼义去教化人民，人民感恩戴德，同时内心树立道德观念，知道什么行为是善的，应当做什么，什么行为是恶的，不可以做的，就会自觉约束自己。

西方基督信徒多有原罪意识，所有人在上帝的面前都是有罪的，所有的忏悔，都是为了原罪。心灵净化的信徒，死后才能见上帝，有罪的人，则只能下地狱。此罪，只是罪性（sin），而非罪行（guilty）。尽管平时祈祷、赎罪，其实谁也不知道自己有罪的程度如何，因为一切都待上帝末日审判后才知道，而末日审判，除上帝外，谁也不知道。儒家讲究入世，不求来世，一切都可在现实生活中得到验证。比照《圣经》中的"罪性"与"罪行"之别，在孔子看来，刑、政，只能让民众有犯罪的耻感，而德、礼，则可使民众有罪性的耻感。

孔子之后的儒家继承了其轻刑思想，继续提倡慎刑、轻刑，如"省刑罚"、"罪人不孥"等，就是其主张的内容之一。所谓"省刑罚"就是反对严刑酷罚和滥杀无辜；"罪人不孥"就是只惩罚有罪的人，不能株连无辜。孟子反对法家"刑及三族"的极端做法，认为株连无辜是个坏制度。他说："如有不嗜杀人者，则天下之民皆引领而望之矣。""行一不义，杀一不辜，而得天下皆不为也。"

当然，儒家主张慎刑、轻刑，并不是不要刑，反是强调刑法要明确可信。这一点，在荀子理论中体现得较为明显，"隆礼重法"思想就是由荀子提出来的。他反对专任刑罚、以力服人，认为一味"严令繁刑"而不讲"仁义礼治"是不求本而索其末。但他也认为"赏刑罚威"是重要的统治工具，要制定和公布成文法，这样，使"天下晓然皆知夫盗窃之不可以为富也，皆知夫贼害之不可以为寿也，皆知夫犯上之禁之不可以为安也"。对民众要"先教后诛"，以政令刑罚作为"德治"、"礼教"的后盾，同时在刑罚方面主张实行罪刑相称的刑罚原则。《荀子·正论》中说："罪至重而刑至轻，庸人不知恶矣，乱莫大焉……夫德不称位，能不称官，赏不当功，罚不当罪，不祥莫大焉。"其结论是"刑称罪则治，不称罪则乱"。儒家主张"以德去刑"，法家主张"以刑去刑"。荀子将德与刑统一起来，提出"德刑兼重"的思想。

二、恤刑

1. 用刑怀"仁"

"恤刑"可归为"慎刑"内容之一，但较之"慎刑"更具有亲民性，更人性化。恤刑是指执行刑罚要存矜恤之心，是酷刑的对立面。用刑，要有同情心，要体现统治者的"矜恤子民"的宗旨。只有认真做到慎刑，才能保证"矜恤子民"的宗旨得到落实，这在儒家刑罚思想中体现得更为明显。

恤刑缘起很早，《尚书·舜典》中就有"钦哉，钦哉，惟刑之恤哉"之语。恤刑还强调要重视冤狱平反，使下情能得以上达。《舜典》中还提到"宥"的问题：舜说"流宥五刑"，意思是对于那些应被处以刺字、割鼻、砍脚等刑罚的人，如果情有可原，可以用流放来代替刑罚，这等于减轻了对罪犯的处罚。

后世受儒家德主刑辅思想的影响，在正统法律思想家看来，持法者用刑之时，应受"仁"的制约，宽缓应当为持法者所看重，只有这样用刑，才能达到最好的效果。如《孔子家语》里记载的"刖人救季羔"的故事，集中体现了在正统法律思想指导下裁判者在执法中应当考虑"仁恕论刑"的问题。卫国司法官季羔，经常向犯人施加刖刑，即把犯人脚趾砍掉。后来发生叛乱，季羔弃城逃走。他逃到外城城门时，被一个他判处过刖刑的守城犯人所救。季羔不明白刖人为何救他，就问刖人："过去我下令砍掉你的脚趾，现在我处落难时候，正是你报仇的好机会，为何你不但不报仇，反而再三救我？"刖人回答："你审理案件治我罪时，先人后我，我想你是在等待免除我罪责的机会；待罪定临刑时，你又面呈怜悯的愁容。可见你是一位德高心慈的好法官！这就是我之所以救你的原因。"孔子认为季羔裁判案件，适用法律的造诣已达炉火纯青的境界，既执行了法律又考虑到了仁慈。适用法律时，心存仁恕之道就树立了道德，如一味使用严刑暴力就会树立仇恨。①

传统统治者大多能意识到用刑而不存矜恤，就无法获得民众拥戴。如贞观十六年唐太宗在和大理卿孙伏伽的一次谈话中就曾指出，司法官员的通病在于"意在深刻"，"利在杀人"，舞文弄法，破坏法治，集中表达了他的这种忧虑。②魏征也对当时司法官吏"意在深刻"、法无定科、任情定刑的现象深恶痛绝，请求唐太宗"慎刑恤典"，责令司法官员慎刑慎杀，依法断罪。明代丘濬著有《慎刑宪》一部，系统地阐

---

① 参见《孔子家语》。

② 参见杨鹤皋：《中国法律思想史》，群众出版社 2000 年版，第 259 页。

发了古代慎刑、恤刑的思想,其目有"申冤狱之情"、"存钦恤之心"、"戒槛纵之失"等,将各重要典籍中有关论述列出,并将历代学者及自己的阐发之意附录于后。

2. 用刑恻隐

在传统刑罚史中,恤刑思想曾经被广泛付诸实践,即针对特定人群,使用不同刑法:

第一,未成年人、老年人、疾病患者。

对于一定年龄以下或以上的人实施危害社会的行为后,免除或减轻处罚,这一点在现代刑法中以刑事责任年龄立法表现出来。 中国古代关于刑事责任年龄的立法很早就已经开始。 在西周时期,法律制度中即有"三赦"之法:一曰幼弱,二曰老旄,三月蠢愚(《周礼·秋官·司刺》)。 凡有爵者,与七十者,与未龀者,皆不为奴(《周礼·秋官·司厉》)。 《礼记·曲礼》中也说:"八十、九十曰耄,七年曰悼。 悼与耄,虽有罪,不加刑焉。"未成年人、老人以及智力低下的人,如果触犯法律,应当减轻、赦免其刑罚。 春秋战国时期,李悝《法经》的《律减》篇中规定:"罪人年十五岁以下,罪高三减,罪卑一减。"恤刑主要针对年龄、生理等特征做出的。 秦代法律以身高作为标准来决定犯罪人是否承担刑事责任。 如《法律答问》记载:"甲小未盈六尺(秦代一尺大致相当于23.1厘米),有马一匹,自牧之,今马为人败,食人稼一石,问当论不当,不当论及偿稼。"身高在6尺以下的人犯罪不负刑事责任,男子身高不足6.5尺和女子身高不足6.2尺的人犯罪减轻刑事责任,只能判处其罚作劳役的徒刑。 西汉惠帝即位时,下诏:民年七十以上,若不满十岁,有罪当刑者,皆完之。 一般百姓年七十以上及不满十岁犯罪须受刑的,仅去其鬓毛或胡须,而完其发,即免受发之刑。 汉景帝后元三年下诏曰:年八十以上,八岁以下，及孕者未乳、师、侏儒当鞠系者，颂系之。①

《唐律·名例律》第三十条对未成年人刑事责任年龄进行了详细的分类：九十岁以上、七岁以下；七岁至十岁（含十岁）、八十岁（含八十岁）至九十岁；七十岁以上、十五岁以下，共三个阶段，并分别规定了从轻、减轻或免除处罚的不同情形，具有明显的系统化特征。此外，《唐律》还对如何认定未成年人的年龄进行了规定，《疏议》曰："假有七岁犯死罪，八岁事发，死罪不论；十岁杀人，十一事发，仍得上请；十五时偷盗，十六事发，仍以赎论。"即犯罪时幼小，事发时长大，以幼小论。

元代规定，对"有罪年七十以上、十五以下，及笃废残疾罚赎者，每笞杖一，罚中统钞一贯"②。允许老弱废残的犯罪者罚赎，以经济惩罚代替笞杖。

明代将未成年人、老年人单独关押，《明会典》载，洪武元年，"令禁系囚徒，年七十以上，十五以下及废疾、散收、轻重不许混杂"。《大清新刑律》则吸收了近代西方行刑的理念，在定罪量刑和感化对象的选择上更具科学性，如第 11 条规定：凡未满十二岁人之行为，不为罪；但同其情节，得施以感化教育。第 12 条第 1 项规定：精神病人行为，不为罪；但同其情节，得施以监禁处分。第 50 条规定：未满十六岁人或满八十岁人犯罪者，得减本刑一等或二等。

第二，妇女、孕妇。

我国历代刑法立法者考虑到女性相对于男性之弱者地位，以及对胎儿、婴儿的特殊保护，对犯罪的妇女和孕妇在刑罚的适用和执行上都有

---

① 《汉书》卷二十三，《志》第三，《刑法》。

② 《元史》卷一〇五，《志》第五十三，《刑法》四。

一些宽松的规定，并不断走向完善。

据沈家本考证，古代"戮人之制，妇人不暴尸。唐时妇人犯罪非斩者，绞于隐处，亦即其意，是妇人行刑不于市也。凡此可见秦制行刑之大略"①。汉平帝元始四年，有"妇女非身犯法，家非坐不道，诏所名捕，它皆无得系。其当验者，即验问（就其居所而讯问）"的诏令，即对妇女非本人亲自犯法者，只有犯不道罪才予以拘禁，应当讯问的，也应在其居所内进行。汉代还为女徒犯规定了专门的赎罪方法——女徒顾山，也是罚金的一种，指女徒论罪已定，放其归家，不亲自服役，每月出钱三百雇人代役。《晋律》有女徒皆收赎的规定，即女子当判徒刑的，都可以用钱赎刑。

汉景帝后元三年，"有孕者未乳……当鞫系者，颂系之"②。尚未分娩的孕妇在监禁时可以不戴刑具。据《魏书·刑法志》记载，北魏太武帝时规定，孕妇犯罪应处死的，产后百日方可刑杀，即北魏时实行对犯死罪的孕妇暂缓执行死刑的制度，该制度对隋唐律影响较大。据《南北朝刑法志》记载，南朝梁武帝时曾规定：妇怀孕者，勿得决罚。对正在怀孕的妇女，不得执行所判的刑罚。

《唐律疏议·断狱篇》第26条规定："诸妇人犯死罪，怀孕，当决者，听产后一百日乃行刑。若未产而决者，徒二年；产讫，限未满而决者，徒一年。失者，各减二等。其过限不决者，依奏报不决法。"犯有死罪的孕妇，应当处决的，允许在产后100天才行刑，孩子未生或百日限期未满而执行的，要追究有关官吏的责任。"轻罪及十

---

① 沈家本：《历代刑法考·行刑之制考》，徐世虹主编：《沈家本全集》第四卷，中国政法大学出版社2010年版。

② 《汉书》卷二十三，《志》第三，《刑法》。

岁以下至八十以上者、废疾、侏儒、怀妊皆颂系以待断……流移人在道疾病，妇人免（娩）乳，祖父母、父母丧，男女奴婢死，皆给假，授程粮。"①

元朝对孕妇、老弱废残犯罪者，也予以一定的优待，"诸孕妇有罪，产后百日决遣，临产之月，听令召保，产后二十日，复追入禁。无保及犯死罪者，产时令妇人入侍"②。根据孕妇的特殊情况，延缓决遣时日，或临产召妇人入侍，都体现了一定的人道精神。对缺乏证据、难以定案的犯罪者，监禁五年以上，仍不能认定其犯罪事实，遇赦予以释免，以体现"与其杀不辜，宁失不经"③的司法原则。

恤刑制度的推行，是统治阶层"仁政"政策的体现，在社会矛盾处于紧张状态时，可以在很大程度上缓和矛盾。在兴替之际，又能为新继者提供警示：恤刑得民心，滥刑失民心。

三、善待罪囚

由恤刑衍生出的另一代表性实践措施就是录囚和悯囚。录囚制度是古代社会一项重要的司法及狱政管理制度，往往由君主或上级长官向囚犯讯察决狱情况，平反冤狱，纠正错案或督办久系未决案的制度，有时也称"虑囚"。西周时期，就有司法官吏定期巡视监狱，省录囚徒，《礼记·月令》中记载："仲春三月，命有司省圄图。"后世王朝，录囚基本没有间断。至汉朝，录囚不仅盛行，而且已系统化成为狱政管理中一项定制。史载西汉隽不疑为京兆尹。"每行县录囚徒还，其母辄问不疑：'有所平反，活几何人？'"④何武为扬州刺史，

---

① 《旧唐书》卷五十，《志》第三十，《刑法》。
② 《元史》卷一〇五，《志》第五十三，《刑法》四。
③ 《尚书·虞书·大禹谟》。
④ 《汉书》卷七十一，《列传》第四十一，《隽不疑》。

每"行部录囚徒"①，又有"诸州常以八月巡行所部郡国录囚徒"②。西汉录囚，主要由各级官吏巡视监狱、省录狱因，以平反冤狱，得到民众的认可。

自东汉起，皇帝亲录囚徒，使录囚成为司法和狱政方面的一项重要制度。史载："光武中兴，留心庶狱，常临朝听讼，躬决疑事。"③东汉明帝即位后，光武帝之子楚王英于永平十三年，因谋逆罪被废自杀，明帝于是大兴楚狱，株连牵引，将数千人下狱治罪。后侍御史寒朗在考察楚狱中，发现许多被诬的情况，随上书为无辜者申辩，引起明帝的警觉。于是"车驾自洛阳狱录囚徒，理出千余人"④。

魏晋南北朝时期，录囚制度有了发展。在南朝梁、陈时期已成为一种定制。如陈代，为了录囚理冤，还成立了录囚的专门机构录冤局。另外，皇帝录囚已逐渐形成常行的制度。据《隋书·刑法志》记载，隋文帝"每季亲录囚徒。常以秋分之前，省阅诸州申奏罪状。三年，因览刑部奏，断狱数犹至万条。以为律尚严密，故人多陷罪。又敕苏威、牛弘等，更定新律"，把录囚作为审察狱情、监督司法的重要形式。他还针对南北朝时期滥施刑具、酷法虐囚的状况，在法律上对狱具的规格做了统一的规定，使"枷杖大小，咸为之程品"。

唐代进一步发展了录囚制度，使录囚成为各级官署的常行之制。唐高祖李渊、太宗李世民都十分重视录囚。太宗六年，"亲录囚徒，闵死罪者三百九十人，纵之还家，期以明年秋即刑；及期，囚皆诣朝

---

① 《汉书》卷八十六，《列传》第五十六，《何武》。
② 《后汉书》卷三十八，《志》第二十八，《百官》五。
③ 《晋书》卷三十，《刑法志》。
④ 《后汉书》卷十上，《后妃》第十上，《和熹邓皇后》。

堂，无后者，太宗嘉其诚信，悉原之"①。 除常亲自录囚外，还规定
"诸狱之长官，五日一虑囚。 夏置浆饮，月一沐之；疾病给医药，重
者释械，其家一人入侍，职事散官三品以上，妇女子孙二人入侍"②，
使录囚制度化、经常化。 通过录囚，发现问题，修改不合时宜的法
律，促进法律的改良。 如连坐制度因为太宗的善心而稍有弱化，虽不
知受益者有多少，但文中表述："自是比古死刑，殆除其半。"③唐代
的录囚制度，与唐代法制的宽约、慎刑原则是一致的。 唐太宗时期，
"京师之囚，刑部月一奏，御史巡行之"④。 地方监狱长官五天录囚一
次，"夏置浆饮，月一沐之；疾病给医药，重者释械，其家一人入侍，
职事散官三品以上，妇女子孙二人入侍。 天下疑狱谳大理寺不能决，
尚书省众议之，录可为法者送秘书省。 奏报不驰驿。 经覆而决者，刑
部岁以正月遣使巡覆，所至，阅狱囚枉校、粮饷，治不如法者"⑤。 统
管全国狱政的刑部，则每年正月到各地巡复狱情。 元律规定："诸疑
狱，在禁五年之上不能明者，遇赦释免。"⑥

到了明朝，逐渐形成了会官审录之制，皇帝一般不再亲录囚徒，而
是由三法司、司礼太监等主持会审、复审轻重罪囚。 "会官审录之
例，定于洪武三十年。"明朝热审、寒审之制始于成祖永乐年间。 永
乐三年，明成祖始定热审，以"决遣轻罪"。 不久后又发展到"宽及
徒流以下"，凡死罪已决等待秋后处决，其轻罪即决遣，对未能即决

① 《新唐书》卷五十六，《志》第四十六，《刑法》。
② 《旧唐书》卷五十，《志》第三十，《刑法》。
③ 《旧唐书》卷五十，《志》第三十，《刑法》。
④ 《新唐书》卷五十六，《志》第四十六，《刑法》。
⑤ 《旧唐书》卷五十，《志》第三十，《刑法》。
⑥ 《元史》卷一○五，《刑法志》第五十三，《刑法》四。

者，令出狱听候。明宪宗成化年间，热审之制进一步完整，形成"重罪矜疑、轻罪减等、枷号疏放"等具体制度。① 寒审之制始于明成祖永乐四年，考虑到天气寒冷，大多数非死罪囚犯会冻死狱中的情况，成祖下谕"凡杂犯死罪下约二百，悉准赎发遣"②，从此始有寒审之制，"每岁霜降后，三法司同公、侯、伯会审重囚，谓之朝审"③。明代虽有寒审、热审、朝审等会审录囚制度，但随着明朝政治制度与司法制度的日益没落，这些制度往往徒有虚名。

清朝有热审，无寒审，秋审、朝审更加发展。顺治十三年，谕刑部："朝审秋决，系刑狱重典。朕必详阅招案始末，情形允协，令死者无冤。"此后列朝皇帝对于秋审都勤慎校阅。秋、朝审之制发端于明朝，而完备于清朝，"二百余年来，刑部历办秋、朝审，句稽讲贯，备极周密"④。录囚制度演变为在皇帝的主持下由众多司法官吏共同进行。

与恤刑录囚相类似的就是悯囚制，即对在押囚犯心存怜悯之心，在可能的情况下，尽量满足囚犯特别是死囚犯及其家属在绝望中的请求。如"听妻入狱"的规定，即对于死囚犯娶妻无子，允许其妻入狱，妊身有子，再加以行刑的意思。还有"纵囚还家"，汉、唐均有此类政策，以示皇帝的"恩赐"和"仁恕"。由帝王或地方官吏定期或不定期巡视监狱，向狱囚讯察决狱情况，实行对狱情的审查监督，借以宣扬"仁政"。这些对在押的已决或未决犯人进行复审的司法行政措施，防止了冤狱和滞狱的发生。录囚与悯囚是中国传统法律文化中的一种

---

① 《明史》卷二，《志》第七十，《刑法》二。
② 《明史》卷二，《志》第七十，《刑法》二。
③ 《明史》卷二，《志》第七十，《刑法》二。
④ 《清史稿》卷一四四，《志》第一百十九，《刑法志》三。

特有现象，亦是儒家"慎刑"思想的体现，有利于司法权的高度集中和统一。①

　　不管实际执行中，诸多法律是否会打折扣，但至少从中央到地方，还是比较普遍地谨慎用刑的。防止"滥罚"，也是恤刑的体现。但因为"口供至上"信条的存在，州县官又是一人法庭，一人法官，地方滥刑难以避免，屈打成招在所难免，一般王朝前期、中期执行得较好，后期或末期会差一些。正因为滥刑会加速政权的垮塌，所以后继王朝初期，一般都能吸取前朝教训，减轻刑罚，与民休息。尽管在实践中存在偏差，但慎刑、恤刑思想在传统中国法律文化中一直被提倡，并在推进刑法文明进程中发挥过巨大作用。

　　当代社会虽不存在"录囚"、"悯囚"概念，但相关制度的设置，基本可以古今对话、衔接，如"再审"制度的实行、死刑复核及错案责任追究制度的设置等，很大程度上可以防止、纠正冤假错案，可以看作传统恤刑制度的延续，一些传统法律文明的现代性价值依然存在。

第三节　刑事赦免

一、法外施仁

　　刑，在国人心目中，跟兵一样，是凶象、凶兆、凶器，所以统治者在使用刑法时，一般都尽量保持谨慎、怜悯、克制的态度，有时人们也为了淡化刑法"凶"象，反称刑法为"祥刑"，也有称"详刑"的。尽管个别朝代或少数统治者提倡或鼓励严刑峻法，甚至滥刑，但总体而言，传统中国慎刑、恤刑的主张及政策基本占主流，刑事赦免就比较有

---

　　①　参见万安中:《中国封建社会前期监狱制度的演化初探》,《广东社会科学》1997 年第 3 期。

代表意义，这也是传统中国刑法文化的重要特征之一。

赦免，属于宽容制度之一，它是一种国家性质的宽恕行为，具体表现为国家对犯罪人应受刑罚的免除或减轻。该制度在中国被古人喻为"赦宥"、"赦"或"赦免"；过失造成损害者，应判缓赦放。在道德法律化的古代中国人治社会中，赦免制度被历代王朝的统治者频繁施用，并在稳定政权、减少酷刑、推行仁政等方面做出了巨大贡献。

关于赦免，早在《尚书·舜典》中就有"流宥五刑"、"眚灾肆赦"的记载，意思是对于那些应该被处以墨、劓、剕、宫、大辟的人，如果情有可原，可以用流放来代替刑罚。① 其中大辟就是死刑，用流放代替死刑，实际上就是对死刑的赦免。春秋战国以后，赦免制度快速发展，到了魏晋南北朝以后，随着国家政治局面趋于稳定，君王施行赦免次数逐渐减少，尤其是盛唐时期，统治者大多持"赦不妄下"的慎赦态度。但是即使是很少施赦的明清统治者，在推行重典治乱世过程中，也认为赦免是"法外之仁"。

传统中国帝王施行赦免的理由很多，以汉代为例，"大丧"、"帝冠"、"郊祀"、"祀明堂"、"高禖"、"封禅"、"立庙"等都可作为赦免的理由和条件。后来，赦免的理由更是无所不在，始受命、改年号、获珍禽奇兽、河水清、刻章玺、立皇后或太子、平叛乱、开疆土、遇自然灾害、有疾病、郊社天地、行大典礼，都行赦免；因皇室喜丧大事而赦；因遇灾异、病祸而赦，如日月食、河水浑浊、地震、山崩等；因遇丰年、祥瑞等喜庆事项，以及获得玉器、国玺等宝物或灵芝、凤凰、麒麟、黑兔等珍禽异兽等而赦免；因欲通过举行祭祀、典礼等以

① 郭金霞、苗鸣宇：《大赦特赦——中外赦免制度概观》，群众出版社 2003 年版，第 4 页。

昭报神明、悦神邀福而赦免；因国政上的重要事务或事项而赦，以示庆祝和祈福，如改元、后临朝、定都等。常赦、大赦、特赦、恩赦、"八辟之赦"——"亲、故、贤、能、功、贵、勤、宾"，是针对特定人群而制定的一种特权制度。① 另外，德音（德音适用的范围较大赦窄而较曲赦宽）、曲社（对部分地区所施行的赦免）、郊赦（皇帝到南北郊祭祀天地后颁行的大赦）等，都属于赦免范畴。

朝廷对于赦免仪式也很重视，对此有非常明确的规定。如据《明史·礼志十》所载，"诏赦仪"属于"嘉礼"的一种，中央为"颁诏赦仪"，地方称"迎诏赦仪"。清代赦免制度的有关条例更加完备。因为皇帝颁布的赦诏、赦令等往往非常简单，具体适用起来比较困难，所以赦诏、赦令颁发后，还需要由相关机构来制定一些具体的"赦款"。当时对赦款制定、审核的要求很严，法律的严密程度高于其他朝代。

二、施政反省

1. 宽厚立国

赦免原因多，是受到神权思想、儒家思想及宗教观念的深刻影响。如元朝赦免制度，除了儒家思想的影响，还有佛教思想。元成宗时，僧人借佛事为名，请求皇帝释放罪人，以后僧侣举行大型宗教活动过后，一般都要释放重刑犯。

赦免行动历朝均有，只是频率、次数有所不同，有的朝代偏多，有的偏少。如宋、清两代，赦免次数相对较多。宋代以"宽厚"立国，或许是为了遵循祖宗之法，维系"仁厚"之名，皇帝大多滥行赦宥之法。在宋代，赦宥种类繁多，包括大赦、赦、曲赦、德音，或者是有德音之实无德音之名，等等。根据《刑法志》记载："恩宥之制，凡

---

① 参见《礼记·王制第五》。

大赦及天下，释杂犯死罪以下，甚则常赦所不原罪，皆除之。 凡曲赦
惟一路或一州，或别京，或畿内。 凡德音，则死及流罪降等，余罪释
之，间亦释流罪。"由此可见，德音、大赦、曲赦虽然都是赦法，但三
者区别明显。 根据沈家本在《历代刑法考》中的考证，宋代国祚 316
年，除德音、别赦、赦等外，仅大赦就有 144 次、曲赦 105 次，几乎年
年行赦宥之法。① 晚清光绪年间，关于赦免的条例增加到了二十条，
清代赦免例数量之多，内容之丰富，超越历朝历代。 光绪朝中期以前
的赦免情况仍然是传统赦免制度的组成部分，清末至民初的赦免，则属
于近代赦免制度的开端。

赦免出现之后，就有人不断提出质疑。 理由不外乎：宽待犯罪分
子就是对受害者再度伤害，对守法者的不公正；使得一些坏人有机可
乘，鼓励他们犯罪；使得犯罪分子扬眉吐气，受害者窝囊受气。 特别
是像宋朝那样三年一大赦，几乎成为定例，使得边远的州县死刑很难执
行，因为宋代死刑最后决定权在朝廷，往返太费时间，如一有大赦，就
有可能被释放或减刑等。 王安石甚至批评说这是"为政不节"，即施
政不守章法。

西方也有刑法学家不赞同进行赦免，贝卡里亚就在《论犯罪与刑
罚》中设专章"恩赦"阐述赦免的不必要性：

> 随着刑罚变得日益宽和，仁慈和宽恕也就不那么必要了。……
> 所以，它（仁慈）是君主最高尚的特权；它是君权最可贵的属性；它是
> 那些施舍公共幸福的慈善家对于一部漏洞百出的法典的无声否

---

① 参见沈家本：《历代刑法考·赦考十二卷·赦五·宋》，徐世虹主编：《沈家本
全集》第三卷，中国政法大学出版社 2010 年版，第 410、433 页。

定；……仁慈是立法者的美德，而不是执法者的美德；它应该闪耀在法典中，而不是表现在单个的审判中。如果让人们看到他们的犯罪可能受到宽恕，或者刑罚并不一定是犯罪的必然结果，那么就会煽惑起犯罪不受处罚的幻想。既然罪犯可以受到宽恕，那么人们就认为：无情的刑罚不是正义的伸张，反而是强力的凌暴。……法律应当是铁面无私的，每一具体案件中的执法者也应是铁面无私的。但是，立法者应当是温和的、宽大的和人道的。①

但对中国历朝执政者而言，赦免的确并不完全是为了装点门面，笼络臣民，也有其内心的感悟或省思。

2. 敬畏自然

自然灾害关系到百姓的日常生活甚而生死存亡，历来受到统治者的重视，为应对灾害，统治者会通过各种恩赦，宣传仁爱知心，推行救济政策。司马迁所著《史记》卷二十七《天官书》记载道："阳星，多暴狱，太阳，大旱丧也。"②可以推断古人的意念之中，旱灾的景象同暴狱有联系。帝王面对旱灾时，派遣官员录囚、赦免囚徒的记载较多，皇帝或皇后偶尔也亲自录囚，如东汉时，面对旱灾，帝王的恩赦达 16 例之多。可见，在此统治者心目中，旱灾意向与刑狱不公直接相关。

发生旱灾时，统治者已经提倡采取录囚措施来减免上天对帝王的惩罚，从而使和气回归。如东汉时期，有人将连年的灾旱现象归因为自永平以来的大狱，导致帝王的恩惠普及不到百姓。而这些因大狱而受

---

① 切萨雷·贝卡里亚：《论犯罪与刑罚》，黄风译，北京大学出版社 2008 年版，第 110 - 111 页。

② 《史记》卷二十七，《八书》第五，《天官》。

牵连的众人的愁苦悲哀之情足以感动天地，从而使得阴阳无序。① 在一些臣僚的上书中，也有认为由于囚徒积于狱中很多，且一些人由于当时监狱的环境恶劣而死于狱中，这样的情形招致上天降罪——旱灾的发生。 而帝王面对这样的奏书亦是积极采纳并加以实施。② 可见，面对旱灾，赦免囚徒在东汉时人的观念中是一种极好的减灾方法，刑狱以及旱灾的文化意象渐渐被文人置于阴阳五行的文化框架之中。 魏晋南北朝时期，两汉尤其是东汉士人阐述的关于旱灾同刑法之间关系的思想，无疑为当时的士人以及皇帝所继承，因而在发生旱灾时，出现了更多的赦免以及录囚措施。③ 在旱灾发生的时候，一些士大夫以及皇帝自觉地采取录囚、听讼等措施来避免冤假错案，减轻囚徒的惩罚，以此期望上天降雨，同时也将刑狱人数的多少视为自己德政的一部分。

3. 为政反省

皇帝是国家的象征，对于皇权的限制，主要靠礼法，大臣亦可以通过进谏、廷议等对皇权进行有效的制约。 但从根本而言，皇权所受的制约是有限的。 比起大臣们的进谏，"圣贤君主"的道德标杆可能更为有效。 还有就是天意。 皇帝既然贵为天子，就应该体现上天的意旨，上天的喜怒哀乐则可以通过自然异象体现出来，"天"是不能得罪的。 如北周在发生旱灾时，周武帝便将"刑法乖中"视为旱灾出现的一个重要原因。④ 与赦免对应的修正施政错误的举动，就是经常发布"罪己诏"，达到批评和自我批评的目的。 根据史载，这一举动从禹、汤开始。 此后，周成王、秦穆公、汉武帝、唐德宗、宋徽宗、清世

---

① 《后汉书》卷七十八，《列传》第三十八，《杨终》。
② 《后汉书》卷六十一，《列传》第五十一，《黄琼》。
③ 参见《魏书》卷六十二，《李彪子志传》。
④ 《周书》卷五，《武帝邕帝纪上》;《北史》卷十，《周高祖武帝宇文邕本纪下》。

祖顺治帝等，都曾经颁发过"罪己诏"。罪己诏一般是在国家天灾人祸频发、矛盾异常尖锐、统治权面临严重危机时发出的，统治者会检讨自己的治国得失，调整相应的统治政策，包括刑事政策、减轻刑罚，目的是消除民怨，平息民众的反抗情绪。

据初步统计，自秦以来的两千多年的历史中有大赦1200多次，如果再加上曲赦（对特定地区放赦）、别赦（个别赦免）、减等、赎罪、德音（与减等相似，死刑改流刑，流刑改徒刑，徒、杖、笞则全部赦免）等减宽措施，绝不下于2000次。犯罪判刑，照道理说这是公义彰显、大快人心之事，为什么还要赦免那些罪有应得之人呢？这与惩罚是不是构成悖论了呢？不能简单下结论，因为法律是文明社会的产物，在文明社会里对于犯罪惩治的目的已经不是原始社会中简单的报复，它是具有多种功能的实现社会有效控制的一种惩戒机制。统治者逐渐懂得惩治罪犯不是为惩治而惩治，因此就有了与惩治相反的赦免。恩赦虽然是最高统治者发出的，但它体现了社会的慈悲意识：从儒家视角看待，体现了宗法制度下的慈悲意识和仁爱意识[1]；从宗教角度视之，则有因果报应的潜在心理所驱使；从世俗统治需要出发，集权的行使方式也离不开因时、因地进行适当调整，以最大限度地顺应天意、民情。赦免制度，无疑体现了以上诸多诉求。

三、德化感柔

在集权政体之下，不管出于何种理由，适度合理的赦免制度，无疑会使最高权力者在运用刑法时注意自我克制，也赋予了凶象的刑罚一定的温情，在特殊时期，也为统治者争取了民心，缓和了官民关系。

---

[1]　参见王学泰：《传统中国大赦制度的利与弊》，《南方都市报》2010年12月5日。

　　法律是一种规则，规则就应该具有客观性、刚性，不应被随意变动、破坏。 包括中国在内的许多国家，都存在刑事赦免的现象，即便在科技技术高度发达、一切都可以量化的"法治"社会，司法程序和结果也未必完全经得起科技量化的检验。 "法律不是嘲笑的对象，但慰藉人心的，未必就一定是法律。" "刚性的法律规则网罗和形式主义的外壳相比于人心和性灵的距离有是何其遥远。"法学家们世世代代传承了多么精密的制度和规则，但是，"盔甲再漂亮，失却了正义的灵魂，也可能成为杀人的机器"①。 赦宥制度可以说是统治者权力高度集中的体现，某种意义上，是反法治的，但在先哲们还没有发明健全的权力制衡体制之前，统治者顺应时势，适当减免刑罚，能对国家的政治气候起调节作用，对重刑起缓和作用，有利于弥补法律的不足和维护统治秩序，通过一定的赦免，"可以救济法律之穷"②。

　　由此看来，赦免制度若能运用适当，确实具有弥补法律的刚性有余、柔性不足的弱点，刚柔并济，恩威并施，在通过刑法立威的同时，可以抚慰人心，增加劳动力资源，缓和矛盾，减轻社会压力。 马克斯·韦伯曾经评价说：赦免是一种古今德政的奇迹，常与刚威的刑罚并存，表现出人世统治秩序中另一种道德感化的柔力。 这种柔力的效果并不见得比残酷的刑罚要差。 从社会学角度看，赦免不仅有利于减少死刑、处理特殊矛盾、节约司法资源，而且更为重要的是，它能够抚慰人民心灵，从而彰显国家(地区)恩德。

　　传统中国刑法，注重自然、社会保持和谐，也许经不住现代理性思

---

　　① 参见陈果：《开始是单向的爱情,结束是双面的罪责》,《读书》2012 年第 1 期,第 151 页。

　　② 杨鸿烈：《中国法律思想史》(下册),中国政法大学出版社 1998 年版,第 248页。

维逻辑的推理，无法被现代科学技术检验，但在特定时期，则有一定积极的社会效果，这一点，不应轻易否认。

第四节　死刑走势

当今世界人权组织经常批评中国每年判处死刑的人数太多，学界要求中国立即废除死刑的也大有人在。他们多从现代"人权"视野谈论死刑。其实，对待死刑的态度，与其说是人权观念的体现，不如说是法律文明进程中的现象之一。离开法律文明赖以存在的土壤，就死刑谈死刑，往往无法做出令人信服的解释。

中西刑法都经历过从野蛮到比较不野蛮、从残酷到比较不残酷、从不文明到比较文明的过程。而中国刑法史中的死刑执行，在世界刑法文明进程中可谓独树一帜。

一、死刑复奏

谨慎用刑，在传统中国司法实践中多有体现。死刑复奏制度及死刑会审制度、录囚制度等，都可看作慎刑的进一步体现。

死刑，一向被视作最重的刑罚。古人在使用这一刑罚时，逐步认识到，人死不得复生，所以越来越慎用，或者说，是在教训中不断修正行刑理念。死刑"复奏"指旧制规定对犯人执行死刑前，应反复向皇帝报告的制度。死刑复核制度在南北朝时期已经确立。将死刑的最终决定权交到国家最高权力者手里，尽管无法以司法权独立来加以解释，但另一方面，也可以说明对死刑的慎重。如隋朝时规定，每个死刑案，都要复奏三次，故称"三复奏"。《隋书·刑法志》载："开皇十五制：死罪者，三奏而后决。"唐朝时，改为五次，即"五复奏"，这是太宗的慎刑政策。太宗时期大理丞张蕴古在处理精神异常的"大师"李好德案中，有徇私包庇之嫌，而被太宗错杀，太宗"既而大悔”；后又斩卢祖尚于朝堂，“帝亦追悔”。 太宗认为“人命至重，一死不可再生”，思考不审慎便可能枉杀人命，三覆奏还不够慎重，改为五覆奏，但州县仍是三覆奏。 行刑之日，“尚食勿进酒肉，教坊太常辍教习”，以合礼撤乐、减膳之意。 死刑复奏之制，至此越加完善。①

从“三复奏”到“五复奏”，死刑复核制度的加强是唐太宗崇尚“刑措之风”和“宽简”的重要体现。 唐初时已有较完善的断狱制度，“必讯于三槐九棘之官”等，体现出唐太宗对于刑狱的谨慎态度。而杀河内人李好德“既而悔之”及将交州都督卢祖尚“以忤旨斩于朝堂……亦追悔”，这两件事促使唐太宗决心下令“凡决死刑，虽令即杀，仍三复奏”，理由是“人命至重，一死不可再生”，并表示：“比来决囚，虽三复奏，须臾之间，三奏便讫，都未得思，三奏何益？ 自今以后，宜二日中五复奏，下诸州三复奏。”不过同时也规定，“惟犯恶逆者，一复奏而已”②。

二、死刑会审

1. 死刑秋审

会审是传统中国死刑复核的主要代表，明清的“秋审”将慎刑之制推向极致。 明朝英宗天顺三年，“令每岁霜降后，三法司同公、侯、伯会审重囚，谓之朝审”③，“霜降录重囚，会五府、九卿、科道官共录之。 矜疑者戍边，有词者调所司再问，比律者监候”④，开创了死刑会审制度。 会审时段选择在秋末肃杀之际，这也折射了传统中国把生命尽头与自然衰败相关联的人文观、自然观。

———————

① 欧阳修：《新唐书》卷第六十二，《志》第四十六，《刑法》。
② 《旧唐书》卷五十，《志》第三十，《刑法》。
③ 《明史》卷九十四，《志》第七十，《刑法》二。
④ 《明史》卷七十二，《志》第四十八，《职官》一。

纵观世界刑罚领域，似乎还很少有国家像传统中国这样慎重对待死刑会审，特别是清代的秋审制度。清代由朝廷派员在秋天会审各省死刑案件的制度，沿袭了明制的朝审制度，并加以系统化，先朝审后秋审。《大清律例》把死刑划分为"立决"和"监候"两种，立决不存在秋审的问题，只有监候案件才纳入秋审程序。斩、绞监候常见的是斗殴杀人、盗窃等案件，犯罪的破坏性相对较小。对这类案件，州县官的任务，就是接到报案后，要带领刑吏、仵作，亲临现场勘察、验尸，填写尸格，捉拿凶犯，录取口供，保留证人言辞，一应公文材料准备完毕，由地方进行造册、审录、具题等，即各州县准备案犯清册，然后解赴上司衙门审录，经省级督抚初步拟定建议，再按规定时间向刑部报送，督抚在审录完毕以后向皇帝具题，然后由刑部看详、核拟秋审案件，由吏部、户部、礼部、兵部、刑部、工部的主官，加上通政司、大理寺、都察院以及其他一些部门的主官，组成全国最大的合议庭，对京师及地方报送上来的死刑案犯进行审理。因为合议庭由九个朝廷中最主要部门的长官组成，所以明朝称"九卿圆审"，清朝称"九卿会审"。九部长官并不全是专职司法长官，却参加死刑会审，固然可以被指责为司法的非专业化，但通过广泛听取各方对处死案犯的处理意见，在现有体系中，把冤案概率降至最低，无疑体现了死刑审慎精神。

2. 会审程序

为了说明清朝会审程序的严格审慎，兹特将步骤介绍如下：

（1）截止日期

地方上报的死刑人犯，俟刑部核准题奏皇帝，奉旨行文后，是否应该归入本年秋审，都有一定期限。云、贵、川、两广，以年前为封印日；福建正月三十日为封印日，东三省、陕甘、两湖浙江、江西、安徽、江苏二月初十日为封印日；河南、山东、山西为初十日；直隶为三月三十日。 封印期限外新结的重案，都将列入次年的秋审。 如有官员犯罪，系严重贪污腐败分子、失去官员基本职守，应除以斩、绞的，结案在行刑之日以前，都可以补充题请，即便行刑之日已过，也可以行刑。 其他案犯封印日之后审结者，归入下年新事册内。

（2）条款

秋审条款分职官服制、人命、奸盗抢窃、杂犯、矜缓比较等五门。处分有三种：罪重的为情实，罪轻的为缓决，情有可原的列为矜疑。每年案件虽多，最终归入情实的不及十分之一。

（3）略节

封印期内，秋审处拟定初、覆看秋审人员名单，程堂分送各司粘贴。 开印后，广西司造齐年度内人犯，依样缮录略节，连同题奏原稿，先后送初、覆看员勾改。 初看者用蓝笔，覆看者用紫笔，都要密行端正楷体改正书写。 凡勾改之的地方，不论一个字或多个字，用折矩式，不得随便加点涂改。 需要商榷的案件，加点评语。 覆看结束后，送秋审处阅看，仍分初、覆看。 初看者在上面做出标签，由首席提调决定，再行加入。 略节约分两节：前部分为原审疑犯、定犯的原因及适用的法条，其次为刑部或司法会勘的事实及理由；再次用另外纸张节取案内的重要事实，后加应"情实"、"缓决"或"可矜"一类的勘语，黏附于后，称为"部尾"，实际代替秋审处之的建议。 朝审归福建司办理。

（4）会议

略节程序为刑部所定，完毕即付刊板印刷。 而各省按察司也有"外尾"于五月前送刑部，与"部尾"基本相同，只是对实、缓等项做了区分。 这此类文书，出自地方书吏之手，不如刑部之文书精密严谨而已。 外尾刊附部尾之后，秋审处把拟议不同的，或者内外表述有待商榷的，统归入"不符册"。刑部召集三种会议：

第一，"司议"。议场设在秋审处，届时由满汉提调主持，现场颁发秋、朝审中不符册及笔砚各一份，由书吏郎宣读事实，以及蓝、紫笔墨标记的批语。会议人员分别书写"实"、"缓"或"改实"、"改缓"及"照实声叙"和"入矜"字样，提交堂议。

第二，"堂议"，议场在白云亭。届时满汉尚书、侍郎共同会议，仪式与司议相同，按照司议的多数人意见做出处分决定：判定轻重适均，均由当家堂官决定，然后缮为黄册，除例实、例缓外，节取会议之结果，誊写小方签，粘贴在各起上栏。至此，刑部看拟的手续暂告一段落。

第三，"复勘"，堂议事毕，将刊印的秋审招册，送达翰詹、科道、九卿以上各衙门，因为这些衙门之长官都有单独上奏的权力。到八月间，刑部奏派王大臣覆勘，地点都在金水桥西南朝房内。秋、朝审分两天，朝审是将京师应入本年实、缓的罪犯，由提劳厅派人至朝房听点，书吏高唱某人应情实或缓决字样，提牢厅人员跪听点名后即起身离去。会审次日，将会审官意见汇总上报皇帝，均为集体决议。八月霜降以后，才可以处决犯人。

（5）黄册

汇总意见写在红格白宣纸上，端正小楷，半页八行，每行20个字，用裱褙的黄绫装订，故称"黄册"。

（6）勾决

覆勘结果由王大臣覆奏后，刑部奏定勾到期限，大抵是先远省后近省，勾到期限内，内阁大学士及刑部堂官都要参加。如果有蒙古犯人，则要会同理藩院。各省由各道御史参加。朝审由京畿道随同办理。内阁呈进勾到名单，依照黄册内例列入情实或改情实者，皇帝予以勾决。 康熙乾隆皇帝经常指出会审错误，亲自改判，并将刑部堂官或参加讨论的司官加以处分。 勾决命令下达后，由刑部咨行各省行刑，期限按距京城远近不同而有所区别。 没有被勾到的罪犯，明年仍列进勾到名单。 服制死刑犯以卑犯尊的均要处以立决，除非符合例内规定"并非有心干犯"等项，以其"情可矜悯"，夹签随本说明，初拟"监候"。 此类犯人另外特别进呈黄册，虽按例列入"情实"，但一般都会被免勾。 官员罪犯十次未被勾决，正常犯人两次未被勾决，方能终身"缓决"①。

秋审旨在践行慎刑、慎杀，所以会审制度成为国家政治生活中的大事。 清朝自顺治皇帝开始，历任君主都相当重视。 康熙、乾隆皇帝尤甚，不但经常御笔改判，而且对审议原案的官员要追究相应的责任。 如顺治帝对秋审案件，"必详阅招案始末，情形允协，令死者无冤，疑狱不经见"；康熙帝对案件"逐一亲阅，再三详审，其断无可恕者，始定情实"；乾隆帝"酌定比对条款四十则，刊分各司，并颁诸各省，以为勘拟之准绳"②。 秋审制度的不断改进完善，极大程度上减少了冤假错案的发生。

基于上述可以看出，清朝要判处一个人死刑，从审转层级看，至少经过知县（州）、知府、总督巡抚、刑部、九卿、皇帝等六道程序，才能形成最终裁决。 再从会审程序看，也要经过限日上报、对照条款、略节、会议、制定黄册、勾决等六道程序。 虽然地方上报的死刑案件均拟以斩监候、绞监候，但实际经秋审会议所拟情实的，也才占十分之一，可见死刑案件的审理和处决死刑案犯是一个非常复杂慎重的过程。

---

① 参见董康：《前清司法制度》，《法学杂志》1935 年第 8 卷第 4 期。
② 《清史稿》卷一百四十四，《志》一百十九，《刑法》三。

从现代司法独立视角观之，秋审合议庭成员并非仅仅为司法官员，还有其他行政长官；皇帝不是法官出身，却充当起"最高法院"角色，这些都不符合司法独立原则。可是从对死刑案件的重视程度来看，在世界历史上，似乎还没有一个国家可以与传统中国比肩，它可以把错判、错杀的可能性控制在最小的范围内。

当然，在施刑过程中，中国历史上也不乏"就地正法"的行刑手段，但那都是因国家处于紧急状态，如农民起义、暴动等，朝廷赋予地方封疆大吏对暴动分子采取紧急镇压的权力，不用经过法定司法程序。如太平天国时期，朝廷就曾将"就地正法"权下放给平定农民暴动的高级将领。暴动结束后，朝廷便取消了这些将领的"就地正法"权，将死刑终决权收归朝廷。

三、行刑法定

据记载，中国早在传说中的黄帝时代就有被称为"殛刑"的死刑。相传在黄帝和蚩尤的战争中，蚩尤战败，黄帝就对蚩尤使用了蚩攴刑，"蚩"即蚩尤，"攴"即杀、处死。此后，"夏有乱政，而作禹刑；商有乱政，而作汤刑；周有乱政，而作九刑"。其间，每一种刑无不以死刑为其维护统治秩序的基础。可见早期的死刑，不仅源于简单的"人命相报"，更是国君镇压外敌战乱、内敌叛乱的需要。

秦汉以前，中国死刑多称"大辟"，但如何"大辟"，缺少法定要求，所以死刑样式较多，法外滥刑泛滥。如商代的炮烙之刑，秦朝的戮、磔、腰斩、车裂、枭首、弃市、夷三族，其中最重的当为具五刑，即指先黥、劓、斩左右趾，再笞杀之，枭其首，菹其骨，肉于市，"其诽谤詈诅，又先断舌，故谓之具五刑"。除此以外，死刑还有凿颠、抽肋、镬烹、定杀等。

魏晋南北朝以后，死刑逐步统一为斩刑、绞刑两种。南宋以后，

"诏狱"兴起,凌迟逐步成为法定刑。

中国历史记载中,车裂和凌迟为死刑残酷之最,谈之色变。 商鞅这位曾经帮助秦朝一统天下的首席功臣,在旧主不在后,政敌唆使新君对其反攻报复,秦惠文王发兵攻击商鞅,在郑地黾池将商鞅杀死,再处以车裂,说"莫如商鞅反者,遂灭商君之家"①。 可见商鞅是先被处死,然后尸体被车裂。

凌迟是中世纪以来,中国最为残酷的刑法,俗称"千刀万剐"、"杀千刀"或"鱼鳞碎剐"等。 据历史记载,明代特务头子刘瑾,在位时无恶不作,害人无数,等他失势后,政治对手刻意报复。 按照武宗正德皇帝的旨意,要将刘瑾凌迟 3 天,碎尸枭首,凌迟刀数初定为3357 次。 最终未到 3 天,因为剐至三千多刀,刘瑾就一命呜呼了。② 另一个被"鱼鳞碎剐"的是清代嘉庆年间的成得(一作陈德),据称罪名是阴谋行刺皇帝,处以鱼鳞碎剐之刑:

> 已乃割得耳鼻及乳,从左臂鱼鳞碎割,再割右臂以及胸背。初尚刀刀见血,继则血尽,只黄水而已。割上体竣,忽言曰:"快些!"言甫毕,厂上走下一官谓之曰:"皇上有旨,令尔多受些罪。"得遂瞑目不言,脔割至尽乃死。③

西方历史上也有火刑、水刑、锥刑等,都异常残酷。 比起中国的

---

① 《史记》卷六十八,《商君列传》第八。

② 《张文鳞端严公年谱》,陈其元:《庸闲斋笔记》,转引自铢庵:《人物风俗制度丛谈·刘瑾》,上海书店 1988 年版,第 197 - 198 页。

③ 《张文鳞端严公年谱》,陈其元:《庸闲斋笔记》,转引自铢庵:《人物风俗制度丛谈·刘瑾》,上海书店 1988 年版,第 197 - 198 页。

车裂、凌迟，西方一些刑法的残酷程度也不遑多让。差不多与盛清同期的法国，就曾出现过活人被五马分尸的刑罚。兹引福柯《规训与惩罚》所引案例为证：

> 达米安(Damiens,1757)：1757(按：中国乾隆二十二年)年3月2日，达米安因谋刺国王而被判处"在巴黎教堂大门前公开认罪"，他应"乘坐囚车，身穿囚衣，手持两磅重的蜡烛"，"被送到格列夫广场。那里将搭起行刑台，用烧红的铁钳撕开他的胸膛和四肢上的肉，用硫黄烧焦他持着弑君凶器的右手，再将熔化的铅汁、沸滚的松香、蜡和硫黄浇入撕裂的伤口，然后四马分肢，最后焚尸扬灰"。1757年4月1日的《阿姆斯特丹报》描述道："最后，他被肢解为4部分。这道刑罚费了很长时间，因为役马不习惯硬拽，于是改用6匹马来代替4匹马。但仍然不成功，于是鞭打役马，以便拉断他的大腿、撕裂筋肉、扯断关节"①

以上之所以大段引述福柯的记述，旨在试图将中国死刑置于世界刑法文明背景中做比较考察。中国凌迟本身是法定刑，但实际执行凌迟也是有法定程序的："凌迟人犯，先割两乳，次两臂，次开膛，出起腑脏，划以三刀，最后乃殊其首。两犯凌迟、加割刀数者，于未绝之前，刮其两肋。"明代北京行刑在西四牌楼，清代则在菜市口一带。②就是说，执行凌迟的刀数，必须按照法定程序，行刑者不能擅自改变。刘瑾、成得被刑，应为特例，均属于法外凌迟，并非常刑，均受君主个

① 参见福柯：《规训与惩罚》，三联书店1999年版，第9页。
② 董康：《前清司法制度》，《法学杂志》1935年第8卷第4期。

人意旨左右。 而福柯所记达米安被行刑的场景，则有正规法庭人员在场，且有神父配合，符合完整正规的司法程序，是法定酷刑。 其对罪犯折磨的残酷程度，一点不亚于中国常刑状态下的凌迟。 再说，欧洲中世纪时，宗教法庭常对被认为是持异端邪说的人处以火刑，这些人中，有的只是探测当时为多数人未知的自然科学领域、提出自己的科学发现而已，该刑罚在中国刑法史上几乎没有记载。 另外，如锥形、水刑等，在中国刑法史上也极为罕见。

就常刑而言，中西方在都存在酷刑现象，这是世界刑法文明发展中存在的普遍现象。 不过，受传统慎刑、恤刑思想的影响，就死刑而言，除个别暴君或特殊罪行外，中国历朝历代一向多持审慎的态度，不会轻易判处死刑。

四、威慑场景

死刑在传统中国也是一种文化现象。 法律即刑法、刑法即刑罚的概念是社会普遍认同的法律价值，尽管在法律理念上，有"德主刑辅"、"失礼入刑"、"以刑弼教"等定义，但刑法的惩罚性、恐吓性及威慑性的功能，一直居于刑法文化的主流，通过用刑，实现去刑，即法家倡导的"刑期无刑"。 于是，作为刑罚最为残酷的等级——死刑，便被掌握制定刑法、解释刑法及执行刑法的主体设计成五花八门，实践得轰轰烈烈。

之所以要将死刑设计得如此残酷，统治者遵循了刑法上的报复主义，对立法者和执法者而言，把死刑犯折磨得越痛苦，就愈能显示公权力的强大。 因而死刑不仅仅是一种刑罚，更是一种文化、一种信息符号，受刑者痛苦不堪，围观者则成为文化和信息自觉或不自觉的受众。所以，死刑并不仅以结果罪犯生命为目的，更重要的是通过血腥残忍的行刑场面的铺张造势，向生者传递一种信息——犯了相应的罪行，就会罪有应得。 如明代凌迟处死郑鄤时，"鼎沸之中忽闻宣读圣旨，应剐三千六百刀，刽子手百人群而和之，如雷震然，人皆股栗。 炮声响后，人拥挤之极……须臾小红旗向东驰报，风云电走，云以刀数报大内"①。 古代都把死刑称作"弃市"，即"刑人于市"，"与众共弃之"的社会效应。 晚近朝代处死都选择在闹市区，如明清时期北京的西四牌楼和菜市口、南京的御道街一带，都是行刑场所。 现代死刑犯被处决后，四处张贴死刑判决布告，也是继承了传统社会遗风，追求轰动效应。 围观行刑场面的人越多，阅读死刑布告的人越众，效应便越突出。

然而，"表演"式的死刑是否能达到恐吓、震慑进而"以刑去刑"的目的，应该说，在一定的时期，可能具有上述功效，但在"长时段"的视角里，似乎效应并不明显。 酷刑的盛行，未必与低犯罪率同步。大多受众并没把它当回事，一面是死刑阴森恐怖，一面则是犯者的前仆后继。 如明代的洪武皇帝针对贪官的"剥皮塞草"刑，没有真正吓倒或根绝不法污吏。 受众对血腥场面固然恐惧，但欣赏和麻木心态更明显，人们更注意对行刑过程的欣赏，是在看热闹，甚至带有相当的功利心，加入拥挤的观众行列。 如明代京师剐人，不仅有"炮声响后，人拥挤之极"的场景，更有每逢其时，"药肆麇集，冀得其血肉，治疗噎嗝，以一清流，顷刻间化为万千之药丸"②。 对普通民众来说，死刑的威慑恐吓只是一时，之后则是经久的麻木。

对罪犯处以严酷的死刑，是不是一定就能达到恐吓、震慑罪犯的作

① 转引自陈登原：《国史旧闻》，又见金良年：《酷刑与中国社会》，浙江人民出版社 1996 年版，第 16 页。

② 董康：《前清司法制度》，《法学杂志》1935 年第 8 卷第 4 期。

用，降低犯罪率？ 轻刑、缓刑，是否就会放纵、宽容罪犯，进而增加犯罪率？ 刑法的社会功能是通过戕杀罪犯生命，使其恶有恶报，还是通过感化教育，让罪犯从"不正常人"变为"正常人"？ 古今中外，对此一直众说纷纭。 由于不同的文化背景、不同的人生价值观以及不同的风俗习惯，各个国家或民族对死刑的功能存在很大分歧，在今后很长时期内，这种分歧还将延续下去，但可以肯定的一点是：刑法趋于轻缓、注重人道、文明行刑、侧重感化等，已成今后总的发展趋势；一味加重死刑，厉行报复，未必就是禁绝元凶大恶、实现"以刑去刑"的最佳途径。 社会学家涂尔干曾经说过："法律发展的重心在于社会。"如果一个社会引起恶性犯罪的土壤没有得到根本改良，那么死刑再严酷，也不能杀一儆百，一劳永逸。 这就好比一个社会两极分化严重，大多数民众处于啃树皮、吞观音土乃至易子而食的境地，却指望社会不要发生盗贼犯罪；行政权力高度专制独裁、毫无监督制衡，却指望众多官员廉洁奉公、远离贪污腐败一样——一切都是纸上谈兵。 死刑在历史上是对罪犯的惩罚报复，对受害者及其家属的安抚慰藉，而对大多"局外人"，则仅仅是一种文化符号，他们的反馈信息与制刑、行刑者的初衷并不相符，早在 1764 年，贝卡里亚就指出："极其恐怖的谋杀被人们不动声色地、若无其事地重演着"，这个时候，"在惩罚的景观中，从断头台上弥散出一种混合的恐怖，把刽子手和罪犯都笼罩起来；这种恐怖总是要把受刑者所蒙受的耻辱转换成怜悯和光荣，而且还把刽子手的合法暴力变成耻辱"，"公开处决此时已被视为一个再次煽起暴力火焰的壁炉"，这正是死刑的最大失败之处。① 福柯也提出过类似

---

① 参见贝卡里亚：《论犯罪与刑罚》，北京大学出版社 2008 年版，第 112 页。《犯罪与刑罚》，第 101 页。

的主张，指出在人们看来，这种惩罚方式，其野蛮程度不亚于甚至超过犯罪本身。它使观众习惯于本来想让他们厌恶的罪行，它经常地向他们展示犯罪，使刽子手变得像罪犯，使法官看起来像谋杀犯，从而在最后一刻，调换了各种角色，使受刑的罪犯变成怜悯或赞颂的对象。①

五、文明走势

随着社会的发展，死刑执行不但越来越少，也越来越文明。中国的凌迟刑，从南宋沿用到清末。清末王维勤与他的心腹士兵杀害了李际昌一家十二口，最小的孩子年仅三岁，1905 年 4 月，王维勤被凌迟处死。其满族仆人幅株哩，则是最后一个身罹凌迟的人，刑决日期是1905 年 4 月 9 日，这一天，中国法制史翻开了新的一页：此后的几个月，凌迟便从清帝国的法律体系中永久消失了。尽管清律两百余年凌迟了上千人，但从此以后，这项酷刑便不复存在。② 这不能不归功于清末的修律变法。

清末修律中，以沈家本为代表的修律大臣，通过考察、借鉴西方近代的刑法思想，提出了刑法人道化、人性化施罚的主张，并将诸多主张付诸法律实践，实现从传统慎刑思想向近代文明刑罚的转型。沈家本死刑思想内容主要有：一是减少死刑条文的种类和数量，减少死刑的运用范围；二是建议废除凌迟、枭首、戮尸等酷刑，代之以斩决、绞决，主张死刑唯一说。伍廷芳也提出了仁政、轻刑主张，认为"治国之道，以仁政为先。自来议刑法者，莫不谓裁之以义，而推之以仁，然则刑法之当改重为轻，故今日仁政之要务"。刑罚的目的是为了"维

---

① 米歇尔·福柯(Michel Foucault):《规训与惩罚》,刘北成、杨远婴译,三联书店 1999 年版,第 9 - 10 页、第 372 - 374 页。

② 参见卜正民、巩涛、格列高利·布鲁:《杀千刀:中西视野下的凌迟处死》,张广润等译,商务印书馆 2013 年版,第 3 - 6 页。

持国权，保护公安"。 国家惩犯罪人并非为了报复私仇，也不是严惩
以诫后来。 惩罚的程度应以"调剂个人之利益与社会之利益之平为
准"，而不能苛暴残酷，为此必须废除体罚刑讯，重证据，改良监狱。
沈家本、伍廷芳等人的慎刑思想，在沈家本主持修订的《大清现行刑
律》、《大清新刑律》等法典中得到了贯彻，在新修刑法典中，将凌
迟、枭首、戮尸三项及缘坐、刺字诸端废止。[1] 死刑只剩下绞刑一种，
斩刑基本废止。

民国以后，则多了枪毙，而后则有注射，废除死刑的呼声也在不断
增强。 尽管死刑目前依然存在，但数量大幅度减少，中国的行刑制度
逐步融入世界近代行刑文明的潮流。 传统中国社会，为争取死刑文明
所做的种种努力，无疑是世界刑法文明中的重要元素。

第五节 刑法认知

一、酷刑害民

轻罪重罚、以刑（法）治国在战国时期一度占据上风，这种观点源
于法家。 商鞅、韩非等以主张重刑著称，认为"立君之道，莫广于胜
法；胜法之务，莫急于去奸，去奸之本，莫深于刑严"[2]，"禁奸止过
莫若重刑"[3]。 商鞅的"重刑"理念有特定的含义，一是与赏相对，在
数量上应该"刑多赏少"；二是加重轻罪的刑罚，提出了"以刑去刑"
的理论："重其轻者，轻者不来，重者不来，此谓以刑去刑，刑去事

---

① 杨幼炯:《中国司法制度之纵的观察》,《中华法学杂志》新编 1 卷第五、六号
合刊,正中书局 1937 年版,"司法制度专号"。
② 《商君书·开塞》。
③ 《商君书·赏刑》。

成。"①轻罪重罚，民众轻罪不敢犯，重罪也不敢犯。 轻罪、重罪都不敢犯，那么刑法就可以不用了，刑法本身是去除刑法的最好工具，刑法不用了，事情就能成功，通过"轻罪重刑，一断于法"，实现"以刑去刑，以杀去杀"的目标。

法家的集大成者韩非继承、发展了商鞅的"重刑"说，他完全肯定和支持"重轻罪"、"以刑去刑"的思想。 在《韩非子·内储说上·七术》中说："公孙鞅之法也重轻罪。 重罪者，人之难犯也；而小过者，人之所易去也。 使人去其所易，无离其所难，此治之道。 夫小过不生，大罪不至，是人无罪而乱不生也。"他认识到，人们的小过错是容易纠正的，通过严惩轻犯，可以警示重犯，人们连轻罪尚且不犯，何况重罪。 韩非"重刑"理论是在分析研究人们"好利恶害"的心理基础上形成的。 《韩非子·六反》说：

> 夫以重止者，未必以轻止也；以轻止者，必以重止矣。是以上设重刑者而奸尽止，奸尽止，则此奚伤于民也？所谓重刑者，奸之所利者细，而上之所加焉者大也。民不以小利加大罪，故奸必止者也。所谓轻刑者，奸之所利者大，上之所加焉者小也。民慕其利而傲其罪，故奸不止也。

韩非认为，人都是好利的，为了小利，可以犯大罪。 与其由人因小利犯大罪，不如在他们争小利时，就以重刑加以防范，最终使人不会轻易以身试法。 犯罪的人自然就会减少。 秦朝的迅速强大得益于法家严刑峻法的治国理念，事无巨细，皆断于法，连坐盛行，断足盈车，受宫刑

①　《商君书·靳令》。

人数达 70 余万等，都是重刑治国的写照。

治理国家不能仅仅依靠刑罚，法律只是治理国家的手段之一，而不是全部，更不是唯一的手段。秦朝由于"专任刑罚"并以吏为师，以法为教，把刑罚视为治理国家的唯一手段；焚书坑儒，实行思想文化领域里的专制统治。在"繁于秋荼、蜜于凝脂"的法网中，民众只是单个的物，而非有血有肉有情的人。因此"天下苦秦久矣"，陈胜、吴广起义推翻秦朝是历史的必然。

宋代也曾实施《盗贼重法》、《重法地法》，前者针对群体性事件，加重处罚；后者划定特定地区，厉行镇压。结果，重法非但没有缓和社会矛盾，促进社会稳定，反而不断加剧矛盾，民众起义不断。

厉行重典治国的还包括明王朝初期。明朝建立伊始，社会各种矛盾都十分尖锐，加之连年战争的破坏，社会经济凋敝，政局不稳。面临着如此严峻的现实，朱元璋总结了历史上王朝兴衰特别是元朝灭亡的教训，认为元朝失败的原因是法度不严，主张建国之初先要严明法纪，"救之以猛"，"吾治乱世，刑不得不重"①。与唐律相比，明律的特点是"重其所重，轻其所轻"，即对于直接危害政权统治的犯罪，处刑都普遍加重。如"十恶"中"谋反"、"谋大逆"等罪，唐律规定本人不分首从皆处以斩刑，十六岁以上的父子处以绞刑，其他亲属可不处死刑；而明律规定本人处以凌迟刑，其祖父母、子、孙、兄弟及同居之人不分异姓，以及伯叔父、兄弟之子，凡十六岁以上者，不限籍之异同，不论笃疾残疾，一律处斩刑。对于强盗罪，明朝律文中的处罚也较之唐律为重。明政权巩固之后，刑罚有所缓和。对社会危害性小的行为的处罚，较唐朝为轻。

---

① 《明史纪事本末》卷十四；《明史》卷九十三，《刑法》一。

总体而言，汉代以后"德主刑辅"，"德礼为政教之本，刑罚为政教之用"，"以严为本，而以宽济之"等刑法观一直是官方主流意识，虽然历史上"暴刑"不断，无论在朝在野，在价值评价层面上都是负面的，统治者不愿承担暴君之名，民众亦痛恨暴君暴政，施行刑法时，往往拉上儒家的慎刑外衣做遮蔽，以柔化苛暴的执政面孔。

二、滥刑不绝

滥刑，就是随意使用刑法，经常会出现法外之刑或法外之罚。关于滥刑的含义，一是指在刑罚种类上施用了法律规定之外的刑罚，一是指刑罚施行过程中执行者对被执行人在同种类刑罚中的加重施行。传统中国除常刑外，法外酷刑泛滥。商纣王有"炮烙之刑"；秦有"具五刑"（劓、砍脚、笞杖、砍头、碎尸）；唐武则天时有"请君入瓮"刑；宋以后有凌迟刑；明有剥皮塞草刑、夷十族刑、廷杖刑；清有鱼鳞碎剐刑、"二龙吐须"刑（施刑前让犯人饿肚子，然后逼吃下半生面条，再把他捆绑好倒立，由于血液聚集在头部，眼胀气促，面条从鼻孔中流出，比凌迟碎剐还痛苦）、"一品衣"刑（铁片制衣，烧烫裹住犯人）、"过山龙"刑（准备二丈多的锡管，剥光罪犯衣服，除心口和下部外，浑身缠住，一头大口，往里灌沸水，从小口流出）。肉体虐待外，还有精神虐待，如殴打当事人的至亲，利用其不忍心理逼迫招供等。[①] 酷刑种种，不一而足。

刑法关系到国家的形成与安危，在礼制体系中，它的位阶虽低，但功能最为显著；法律多以刑法方式表现出来，刑法又以刑罚为主要实施形式。刑法指导原则历朝不同：或以重刑主义为指导，实行轻罪重

---

① 参见吕伯涛、孟向荣：《传统中国的告状与判案》，商务印书馆 1995 年版，第 95 - 98 页。

罚，如秦朝；或以重德轻刑主义为指导，减轻刑罚，如汉初及唐朝前期；或实行"以刑弼教"，刑法优先，如明朝。但是，刑法主要宗旨不外乎复仇主义、威吓主义及镇压主义，主要功能在于维护等级伦理，巩固专制王权。审判程序中，不是尊重罪刑法定，而是厉行有罪推定。许多刑罚手段极不人道，不尊重个体权利和人格尊严，不把人当人。由于暴力色彩的浓烈，对中国人的法律意识影响巨大，多数情况下，刑等同于法。

西方刑法思想中一直有罪刑法定、反对法外施刑的理论流行，如贝卡里亚认为："为了不使刑罚成为某人或某些人对其他公民施加的暴行，从本质上来说，刑罚应该是公开的、及时的、必需的，在既定条件下尽量轻微的、同犯罪对称的、并由法律规定的。"[1]在贝氏看来，刑罚是在必需的情况下才可以适用，并且在既定条件下尽量轻微地适用它，这应当是一条公理。另一位法学名家边沁认为，在下列情况下不应当施加惩罚：（1）惩罚无理由，即不存在防止的损害，行动总的说来无害；（2）惩罚必定无效，即不可能起到防止损害的作用；（3）惩罚无益，或者说代价过高，即惩罚会造成的损害将大于它防止的损害；（4）惩罚无必要，即损害不需要惩罚便可以防止或者自己停止，亦即用较小的代价便可以防止或停止。[2]由于传统中国的法是通过武力来体现，所以，沿用到国家政治生活中，它的作用就是"禁乱止暴"。谁来掌握这个工具呢，就是原始部落首领和国家形成后的专制统治者，或为"天子"、"王"，或为"皇帝"。所有的国民都是他们的臣民。国民的人身、土地都归他一个人所有，《诗经》里早就记

---

[1]　贝卡里亚:《论犯罪与刑罚》,北京大学出版社 2008 年版,第 112 页。

[2]　边沁:《道德与立法原理导论》,商务印书馆 2000 年版,第 122-123 页。

道，"溥天之下，莫非王土，率土之滨，莫非王臣"，天下一切都是王的。后世的理论基本都是以这种观点为基调。儒家也好，法家也好，道家也好，都是教国王怎样统治天下万民，教百姓怎样做安分守己的良民。可以让民去干什么，而不必要让民知道为什么去干。"民可使由之，不可使知之"，"无为，无不为"，"兼爱"，"出世"，"治大国如烹小鲜"等理论，都于集权政治无害，反而有益。"盗"、"贼"一类的群体暴力行为以及破坏纲常伦理、损害父权等意味着威胁君权的行为，法律上要严加防范和坚决镇压，从这个意义上说，法就是防止人民犯上作乱的工具。人治主义王朝治理模式，直接导致了滥刑不绝。

三、惧刑恐法

酷刑、滥刑频施的最直接后果就是后人对法律长期存在误解和恐惧，对法总是敬而远之，抱着"惹不起、躲得起"的心态，形成恐惧刑罚且害怕又鄙视法的意识。

民与法什么时候发生关系？就是小民犯了对君主不利的行为要受惩罚时，才会有关系。因此，小民心中的法，是可怕的东西，碰到它便如遇不祥，视"打官司"为畏途。法（或刑）既然有如此大的威力，官府在处理民事纠纷时，往往倾向于将民事纠纷刑事化。民众一旦不得已借助官府维护自己的权利时，也往往将当事对方的行为渲染夸大，以期引起官府的重视，获得有利于自己的判决。如明、清两代甚为流行的"四字珠语"状纸格式，在书写告状事由的时候，原告、被告双方如果没有使用"珠语"，地方官将不予受理。"珠语"指四字一句，如同连珠一般，具有一定的概括性。至明、清时期，其已成了地方官府受理诉讼时官方认定的案由概括性表达。看到按语，几乎就能令人推想出案件的性质，做出"过错"甚至"有罪"的判断。

有学者在清代黄岩诉讼档案中发现，由于状纸在印刷时已经按"四字珠语"预留了字格，因此所有的诉状在告状书写理由时均一律使用四字珠语，对于一般的民间纠纷，由于采用了"珠语"，于是事由变成了耸人听闻的重大案情。 例如：状纸分"纠纷内容"、"珠语"两格，内容主要有"争水纠纷强戽水塘"，"财产继承霸吞继产"，"债务纠纷霸噬肆蛮"，"债务纠纷恃强霸吞"，"失窃案件黄夜撬窃"，"遗产纠纷惑众阻葬"，"契约纠纷为中遭害"，"合同纠纷图烹诬制"。 其余还有"因奸荡产"、"恃泼串诈"、"朋谋贩卖"、"恃妇横占"、"义子强占"等"珠语"，无不花样翻新，令人心惊肉跳。

其实，告状中的内容大部分不过是一些民间细故，或是兄弟失和，或是债务争端，甚至不过是合同之争、契约误解之类，但似乎不把问题描述成案情重大，就无法引起官方的重视。 而且其中还可以看出，在自诉之初，告状人不知道自己的民事权利，而只是来官府"打官司"。"打"这个字眼是非常具体，非常形象的，至于"官司"，就是靠"官"来司理，因此民事权利的主张，只有伴随着将纠纷的另一方当事人看成凶徒罪犯，自己的权利才能够通过"父母官"的干预得到伸张。在每一个民事案件的提出，都需要"公权力"保障作为前提的情况下，"珠语"的产生和广泛的通行，是当时历史条件下的必然产物。① 既然这些民事案件一开始就被定为刑事倾向，那么进了公堂，不管有理无理，受到掌嘴、上夹棍、拶指、关禁闭等一类的体罚就在所难免。 这样一来，诉讼就自然成了"打官司"或准备"挨打"的官司。 偶尔出一两个清官，就好像成了老百姓的救星，尊奉为"青天老爷"，不但生前崇拜，死后还要敬为神灵，顶礼膜拜，如包公、海瑞等。

---

① 参见王宏治：《黄岩诉讼档案简介》，田涛、许传玺、王宏治主编《黄岩诉讼及调查报告》（上卷），法律出版社 2004 年版，第 62 - 67 页。

　　国家和君主，不张扬公民的平等、自由和权利，而是强调每个成员的义务，维护既定的秩序和谐。家长，是小范围的君主，子女为他们所有；在大社会中，家长又为君主所有，父子均为君主的臣仆。君主手中的利器是法或刑。无论盛世还是衰世，法都不能没有。统治者可以凌驾于法律之上，连皇上令某人自尽，也要称"赐死"。受赐者，还要高呼"谢主隆恩"一类的感激话语。传统君主的用法手段，只是轻、重不同，而不存在要、不要的问题，无本质上的区别。

　　法律功能决定诉讼心态，诉讼心态影响民众的法律意识，法只作为惩奸、禁乱工具的阴影笼罩在人民的心头。人们最初是以明显的敌意来看待法律的，认为法律不仅是对人类道德的违反，而且也是对崇高宇宙秩序的破坏。由此可见，刑法一开始，就遭到人民的厌恶，受到谴责。成文法产生后，人民对法的看法没有改变，几乎人人怕法，谈"法"色变。刑与兵，在人民看来都是不吉祥的两件事。"乱世用兵，治世用刑"，"兵者不祥"，"兵连祸结"等，都为民众耳熟能详，只要统治者提倡轻刑、宽刑、减刑，在老百姓的心目中，这个君主肯定被称赞为圣明的君主。百姓畏法的传统由来已久。

　　古希腊、古罗马的法律概念中，很早就出现了私法，用以维护公民的财产权等。中国直到清末，私法概念仍模糊难辨。何以有如此大的差异？主要是因为西方面临的问题跟我们祖先所面临的问题不大一样。在那里，没有氏族间的战争，倒是各社会集团之间的争斗比较激烈。这种争斗虽然也是钩心斗角，暗藏杀机，但毕竟还没有达到要通过战争手段进行你死我活的拼搏厮杀来解决的地步。这些社会集团是根据利益而非种族、氏族来划分的，他们所追求的是在集团之间利益如何分配，怎样找到一条兼顾各方利益、大家都接受的原则，使大家能和平共处，这就需要一条中间道路，一个带有权威性的条款，来确定各方的权利和义务。 雅典的梭伦改革就是以此为契机的，政治法因而产生了。 此外，还产生了民事法。 民事法与国家的政治生活没有太大关系，内容只涉及私人间的财产交换、债务往来、继承，起决定作用的不是国家行政强制命令，而是个人的自由意愿。 交易的形式是以契约方式确定的，核心是私人财产。 社会成员可以不喜欢某一种法，但不能违背这一种法。 法是凌驾于社会之上的规定，不但保护国家秩序，也保护私人权利和财产。 中国早期的法，则很少有这些内容，大多是对外讨伐征服和对内镇压这两个方面。

第三章　法理念文明

　　法律归根结底，首先是法律精英的法律或"法学家"的法律，没有法律精英，法律可能只能停留于习惯、政治、军事层面的命令、训示或政策规定，很难成为具有普遍意义、带有强制性的社会行为准则，正如马克斯·韦伯所说："举凡法学者所无法思考的，法律上也不存在。"①法律精英思考法律，创制法律，解释法律，改进法律，同时也传承法律。没有他们的贡献，法律的发展将失去连续性。

　　法律发展离不开社会，包括社会生活、社会习惯、社会结构以及社会心理。法律规则来源于社会生活方式，法律体系因维系社会结构稳定或社会秩序的需要而定，法理念基于社会群体的心理认同，法律的演变趋向取决于社会变迁的大势。社会本身直观、感性、实然，生活经

---

　　① 《韦伯作品集》四《法律社会学》，康乐、简惠美译，广西师范大学出版社 2005 年版，第 287 页。

验丰富、鲜活、动态，法律规则却概括、抽象、理性和普适，社会本身和生活状态自身产生不出法律规则，必须由社会中一批具有敏锐洞察力和缜密思维能力的群体，对社会及生活经验进行研究、思考，通过对社会生活的观察，对社会经验的总结，提炼出具有强制约束力的社会行为规范，即法律。 这批存在于社会群体又高于社会群体的人群构成了法律创制的载体，属于"法律精英"。 "法理念"则是指导法律创制、实践、监督的思维方式，是处于社会主流地位的思想潮流。 近代意义上的"法理念"强调社会依法而治，承认法律的精良、公平、正义和便民。 在法治理念指导下，描绘或试图构建法治社会模式的动机及行为取向即法治理想。①

　　中国历史上几次大的法律转型，都与法律精英的发起和推动有关。从习惯法到神权法的转变，离不开早期的巫、史、儒等对天象、地质、阴阳、五行的诠释。 他们通过占星、卜卦等方法，将这类诠释记录下来，进而形成相对固定的准则，为当权者垄断神权法的话语权，使神的光环成为政治权力正当性的保护层。 从神权法到世俗法的转变，则在周公等一批政治法律精英手中完成了论证，法律权力由神事转向人事，敬天保民、明德慎罚、民情映照天命等，成为法律精英意识的主流。礼法体系的构建，正是这种法律精英文化熏陶下的产物。 从不成文法到成文法的转变，主要是由春秋战国时期的"士"探索实现的。 清末中国法律从传统向近代的转型，则由清末新型法律精英勾画创制。 与西方相似，中国人对法律的理解也有广义狭义之分，也有各种法学派别的争论。 虽然没有西方罗马那样的法学家阶层，但政治家、思想家等，都对法律有过讨论。

---

　　① 参见张仁善：《法律社会史的视野》，法律出版社 2007 年版，序言。

传统法律精英对法律规则的论述不止一家，所谓"百家争鸣"，则是泛指，并非一百家，而是多家。中国法理念是多元的，以儒、法两家的法理念对后世的影响最大，特别是儒家思想，博大精深，有"合文通治"的妙用。但它原本只是先秦诸子学说之一，儒家以外，还有许多"持之有故、言之成理"的学说，这些学说都是中国先民思想的结晶，中国文化的源泉。因此，追溯中国传统文化，在尊崇儒家文化的同时，不能忽视其他文化学说。[①] 中国法律文化也不仅仅是所谓"儒家化"的法律文化，而是多元法律文化。但客观而言，我们不得不承认，儒、法两家在探索以礼法、德刑为主体的治国规则体系方面发挥的作用最大，也最为统治者所倚重，是传统法理念的主流，其他诸多学说相对于儒、法学说，基本属于支流。本章拟主要讨论春秋战国以降法理念的形成与演变。

第一节　儒、法理念的交锋

一、第一次法律大讨论

中国历史上真正称得上法律自由大讨论运动的只有两次，第一次为春秋战国时期的"百家争鸣"，第二次为清末修律时期的"礼法之争"。两次大讨论均处于社会急剧转型之际，都产生了新型法律体系。这里先讨论"百家争鸣"时期，以儒、法之士为代表的法律精英围绕治国规范的选择展开的辩论。

西周灭亡后，进入春秋战国时期（公元前 770—前 221），随着周天子地位的下降，社会矛盾尖锐，各种反对传统秩序的社会力量相继出

---

① 参见萧公权：《圣教与异端：从政治思想论孔子在中国文化史上的地位》（上、中、下），《观察》1936 年第 1 卷第 10、11、12 期。

现，宗法制下那种等级森严、和谐、整齐的秩序被打乱了，政治秩序呈无序状态，"礼崩乐坏"，"道术将为天下裂"，"诸侯纷起"，各种非正统势力，都想在周王室衰微之际，争得一席之地，发展势力，扩充地盘。这样就要有精神武器，而法律武器正是其首选对象。

春秋以后，士在中国法系形成中所起的作用不断变化。春秋时期，礼崩乐坏，天下无主，士可以自由流动，自由表达意见，地位显得特别崇高，他们在道统与君统、王道与霸道之间，高举道统、王道大旗，指点江山，臧否君王，有"道不行，乘桴浮于海"，"不义而富且贵，于我如浮云"的豪言壮语。他们发誓要为"帝王师"，立志"干世主"，塑造君臣、父子、上下有等的社会秩序。在百家争鸣的氛围中，士的政治地位、法律地位和社会地位基本平等，他们是学术上的对手，而非政治上的敌人。他们充分发挥聪明智慧及丰富的想象力，共同为社会寻找规则。

学术、思想界的百家争鸣，引起了法律思想的大讨论。各学派纷纷提出自己关于治理、控制社会的原则和主张，有互为对立的，有相互吸收或互为取舍的。经过辩论筛选，对后世影响最大的当数儒、法两家。

新旧交替，诸多问题摆到世人面前："天下共主"局面消失后，何种政治结构将取而代之；礼治秩序被打乱后，应建立何种社会秩序；如何才能结束血缘身份决定个人地位和权利的时代；神话观念动摇后，怎样在理性的思索中建立起世俗的信念……落实到法律理念上，集中到儒、法两家，主要是围绕如何看待礼和法的作用；如何使国家在强敌如林的险恶环境下，迅疾强大，保存自己，消灭敌人，一统天下，实现王霸之道，进而处理好君、民关系，塑造新的社会秩序。儒、法两家也是礼治与法治（刑治）两大治国方略的倡导者与实践者。诸家的争鸣，直接推动了第一次法律大讨论。

二、儒、法礼法观的初次对决

1. 儒家"礼治主义"

梁启超在《先秦政治思想史》中，把儒家的政治法律理念概括为："人治主义"，或"德治主义"，或"礼治主义"。这三个主义的称谓，几乎为后来一切法史研究者所沿用。吴经熊在《唐以前法律理念的发展》一文中认为，公元前5世纪以前，是"礼治思想"统治时期，也就是"法律与道德混合时期"，"这个时期的信条是：治国用不着法律，只要礼仪就行了。君王要讲仁义道德，百姓就会感化"，孔子和儒家是"礼治思想"时期的代表。① 陈顾远在《中国法制史》中认为，儒家政治法律观的核心是通过"礼治"、"德治"、"人治"实现王道政治。

春秋儒家法律理念经历过孔子、孟子、荀子数代的发展，尽管认识论上前后有一些变化，如德政、仁政、性善论、性恶论等，但基本特点有相似之处，概括起来有：喜欢追述尧、舜、文、武、周公的事迹，把他们的德行作为自己思想理论的旗帜、靠山或"保护伞"；孔子之后的儒家，多喜欢以孔子为宗师；念念不忘西周宗法制下的社会秩序，即孔子常说的"郁郁乎文哉，吾从周"；崇尚礼仪，主张以礼作为区分君臣、父子、贵贱、亲疏名分的准则，反对赏罚平等；崇尚周以来的六艺传统文化；以仁、义、智、忠、孝、信、爱、中等为共同的基本概念和范畴；重视礼治，轻视刑治；不愿意或抵制革新法律，赞同不成文法，反对成文法；主张先礼后刑，反对不教而诛；主张轻刑、中刑，反对重刑；主张息讼，反对争讼等。孔子的法律理论首先肯定了西周宗法制

① 参见吴经熊：《法律哲学研究》，清华大学出版社 2005 年版，第 74 - 75 页。

下的政治秩序，在这个前提下，指导人们批评现实，目的是求得等差有序的和谐社会。

2. 法家"法治主义"

战国是新兴地主阶级处于社会主导地位的时代。从春秋以来，以血缘关系为依托的旧式贵族，在激烈的战争中，逐渐丧失了自己的特权地位和优势，有逐渐被社会淘汰的趋势。一些与原政权没有太亲近血缘关系的阶层，凭借其雄厚的经济、军事实力和政治才能，成为强有力的政治力量。随着宗法制的崩溃和激烈的军事竞争，这些新的阶层开始显示出自己强大的实力和进取精神。他们从自己的利益和立场出发，强烈反对旧的不合理的统治秩序，而主张从政治、经济、法律多方面推行新的制度。因此，在春秋中叶以后，以推行新制度、倡导法律改革为己任，出现了一批钻研新法的法律理念家。管仲、李悝、吴起、商鞅、韩非、李斯等都是其中的杰出代表，这些人被后世称为"法家"。他们在政治上使用得最多的概念和范畴有：法、术、势、刑、赏、罚、利、公、私、耕、战等。这些主张是法家思想的支柱，使法家独具特色。战国初期，他们的法律理念大多开始被新兴的君主所采纳，在国家的政治生活中，一直占有崇高的地位，成为主流法律理念，并在实际斗争中取得很好的效果。秦国的胜利，某种程度上，就是法家思想的胜利。

他们的主要特征还有如下几点：强调以法治国，事断于法，"不贵义而贵法，法必明，令必行"①，认为法是治国的不二法门，一切当由法裁断；强调成文法，坚持法布于众，使全社会更好地知法、守法，在法律范围内活动，一旦受到处罚，也好向官府讨"说法"；刑无等级，

---

① 《商君书·画策第十八》。

赏罚分明，在保障国家和君主利益的基础上，平等地适用法律，使全社会无论贵贱平等，都在法律的约束之下生活，即所谓"刑过不避大臣，赏善不遗匹夫"，李悝提出"为国之道，食有劳而禄有功，使有能而赏必行，罚必当"①，商鞅提出"圣人之为国也，壹赏，壹刑，壹教"②，还有"王子犯法，与庶民同罪"等；重刑主义，认为重刑是为了爱民，"以刑去刑，刑去事成"；君主掌握立法权，要独断，君主要治理天下，必须掌握势、法、术；独断者，可以为天下主或王。③

3."法治主义"催生刑律

这些法律理念，集中反映了战国时期新兴地主阶级对于法律的看法和认识，被一批法家人物阐述并贯彻到实际生活中，深刻影响着战国时期法制的发展，对以后的法律也产生了很大影响。 法治主义体现出新兴的地主阶级渴望废除宗法世袭制和世禄世卿制，用法律形式保护个人利益，是在法律上把个人权利与义务结合起来观念的萌芽。 这种思想，相对于宗法制时代的法律观念，是出现在法律精英中间的全新概念，普通民众一下子难以接受，只能利用一些原始的、最直接办法来启蒙。 比如李悝以练射箭判决疑案，商鞅以移木立信等。

为了使法律成为普遍的社会行为规范，李悝等在春秋成文法的基础上，吸收各国的法典法令，系统编撰了法典——《法经》。 商鞅将它带到秦国，改法为律。 这是中国历史上第一部比较系统、比较完整的成文法典，是春秋战国以来成文法的集大成者，在我国立法史上具有重要地位。 六篇：《贼》、《盗》、《网》（或《囚》）、《捕》、

---

① 《说苑·政理》。
② 《商君书·赏刑第十七》。
③ 参见《韩非子·内储说上》、《韩非子·外储说右上》等。

《杂》、《具》。 六法为秦汉直接继承,成为秦汉律的主要篇目。 汉萧何的《九章律》,即在原有基础上,加上《户》、《兴》、《既》三篇,成为《九章律》。 魏晋以后,在此基础上进一步发展,形成了以《名例》为统帅,以各篇为分则的法典体系。 秦国的变法相对彻底,所以秦国富强起来。 在此原则的指导下,秦国实行了族刑、举家连坐、职务连坐、同伍连坐等一系列残酷刑法。

法家专任法治,把法治主义推向极端,韩非继承了荀子的性恶论,并把人性恶绝对化,完全排除了礼义教化的可能性。 提倡君主独裁,把所有民众都作为仇敌,把治国的一切希望都寄托在法律的强制性力上。 相对于儒家的"礼治主义"而言,法家的法律理念的核心是鼓吹"法治主义"①。

三、儒、法交锋的实景

1. 形式民主与内容独断

礼治与法治的交锋就是儒家、法家治国理念的交锋。 春秋战国时期尤其是战国后期,法家迅速崛起,强劲的势头盖过儒家及其他诸学派,在寻找到新的君主专制模式过程中,有意排挤打击儒家,大有不把儒家逐出正统行列誓不罢休之势。 法律从不成文到成文的转变,是在子产、邓析、李悝等法律精英手上完成的。 紧接着,商鞅、韩非、李斯等,按照以法治国、刑无等级、轻罪重罚、法布于众等原则,把法律从西周封建时期的礼法体系中剥离出来,"缘法而治"成为基本的法治理想,并企图在言轨于法、禁绝百家、以吏为师的舆论造势下,把重德礼、轻刑法的儒家赶尽杀绝。 儒家声音日渐微弱,法家则昂首高歌。法家提倡的法治主义,只求用法而治,而不追求用法而治的真正含义,

---

① 梁启超:《中国法律发达史论》,《饮冰室合集·文集》第五册。

最后仍跳不出"民可使由之，不可使知之"的人治窠臼。 法家仅仅把民众当作被支配、操纵、宰制的对象，把法律强加给民众，而不管民众知不知、懂不懂，心里服不服。①

"百家争鸣"在形式上具有民主氛围，实质上绝大多数人在政治上都鼓吹君主专制，思想上都要求罢黜他说，独尊己见，争着搞自己设计的君主专制主义。 思想自由不是绝对自由，要看是否对统治者有利，如郑国执政子产不毁乡校与杀邓析子很能说明这一点。② 子产在对待乡校问题上的态度相当开明。 作为早期民间律师的邓析子，法律观念与子产及郑国政府不一样，引起郑国舆论哗然，民心大乱。 子产很担心，到他的后任执政，干脆就把邓析子杀了，使他再也不能代民众向当局"讨说法"③。 因此，百家争鸣，实际结果并非促进政治走向民主、思想走向自由，而只能汇集成一股强大力量，促进君主专制主义的完善和强化。 百家争鸣的民主性，仅仅体现在争鸣形式上，而不是内容上，从而形成争鸣的形式民主性加内容独断性的特殊模式。

2. 礼、法功能转换

礼、法对立，是在不同历史条件下，礼法功能主次的暂时转换。对于德与刑关系的认识，法家基本否定德，政治生活中的中心问题是权力，道德不起决定作用，甚至一点作用也没有。 儒家推崇德，认为政治生活中的根本问题是德，道德为主，刑政为辅："道之以政，齐之以刑，民免而无耻；道之以德，齐之以礼，有耻且格。"④仅靠政、刑的约束，只能使民众畏惧政、刑，远离政、刑；靠德、礼的引导，则可使

---

① 陈烈:《法家政治哲学》,华通书局 1929 年版,第 5 页。
② 《左传》襄公三十一年。
③ 《吕氏春秋·离谓》。
④ 《论语·为政》

民众内心觉悟，克己守法。仿佛《圣经》中的罪行（guilty）与罪性（sin）之别：罪行为外在行动，罪性为内心忏悔；前者要受戒律惩罚，后者要内心向上帝认错。

儒家和法家对德刑、礼法态度的区别，落实到实践措施上，就是：儒家教化为先，法家赏罚为先。从长效性来看，儒家更有远见。儒家提出的根本性问题是如何培养人，如何对待他人，自己如何做人，治国需要怎样的人，等等。

早期儒家主张，对自己要克制，要自省、自戒、自讼；要有自知之明，"知之为知之，不知为不知"，能者为师；不做名不正、言不顺之事；己欲立而立人，己欲达而达人，己所不欲，勿施于人，克己复礼。人要与人为善，要有爱心，要宽恕；教育要因材施教，不问出身，一视同仁，有教无类；要见义勇为，要推己及人，"老吾老以及人之老，幼吾幼以及人之幼"。所有人天生本质都是好的，任何人也都可以通过礼仪教化、道德修养，变成好人；德行最好的人是圣人；圣人能爱民，能治国，能以民为本，"民贵君轻"；能秉持中庸衡平，公道为政；圣人能以德服人，仁者无敌，天下归仁。

人的天性如欲望、自利等，决定了人本身存在诸多缺陷，因此，儒家把人性想象得多善良、少恶念，强调自律多于他律、德治优于刑治等，这只有在人类文明达到相当高的境界——世界大同之日来临时，庶几可以实现。

早期的儒家动辄祖述尧舜，迷恋三代，是在借古寄情，在心中勾画未来大同世界图景。儒家诸多崇高理想，与《圣经》中提倡的忏悔自省、爱人如己的标准相比，毫不逊色，具有很高的普世诉求。由此观之，早期儒家思想不是保守落后，而是过于超前，许多愿景别说是在春秋战国时期，即便在今日世界，也难以兑现。后儒的"天人感应"，

"纲常礼教"，"去天理，灭人欲"，"饿死事小，失节事大"等理论，无疑与早期儒家的初衷相距甚远。至于把孔、孟神化为"至圣先师"，则跟孔子对鬼神的"未能事人，焉能事鬼"，"务民之义，敬鬼神而远之"的态度更是背向而行，孔子连自己都不相信鬼神，后人却奉其为神，地下夫子夫复何言？

从短效性来看，还是法家的功效更为显著。战场如马场，激烈的赛马比赛中，选手始终扬鞭策马，才能领先获胜。战国时期法家之所以得势，就在于各国均有朝不保夕的生存压力，非胜即败，非存即亡，要保证自己不被淘汰，就得快马加鞭，竭力争胜。至于马力能否长时间承受高频节奏，一时难以顾及，也无须顾及，成王败寇是硬道理。法家学说急功近利，付诸实践，能够立竿见影。而儒家学说倡导的德礼育人、先教后罚及失礼入刑等，是慢工细活，得有持久耐心。这样一来，法家仿如百米赛跑选手，比的是爆发力；儒家则是马拉松选手，比的是耐力。战国时期的情势，更需要百米健将。

战国时期是中国法律大发展的时期，魏国李悝编就《法经》，赵国吴起变法，秦国商鞅改法为"律"等，都是为了适应新形势，在争霸中立于不败之地。与以往不同的是，以孔子为代表的儒家只认周天子一家，认为任何人都应该服从周天子，才算有礼；法家则想拥立新的君主，君主只不过换了个姓氏而已。他们的分歧不是要不要君主，而是要哪一姓的君主，至于专制君主赖以生存的社会等级秩序是不能改变的，只是一基于宗法血缘，一基于军功。这时礼法的对立，不是观点的对立，而是时代变化带来的礼法功能主次上的暂时转换。礼法关系就仿佛是大棒与金元的关系。法是大棒，在一定时期内只要大棒；礼则既是大棒，又是金元。战国时期更需要大棒，但也没有人说不需要金元，什么时候两者都需要，就要看天下局势发展趋势如何。儒家思想陈义过高，短时间难以实行。 晏子就指出，凡是儒生都是圆通的大师，不可以用法度约束他们；他们生性傲慢，不宜作为臣下；他们推崇丧事过于追求尽哀，不惜破产厚葬，这不可作为风俗来提倡的；他们到处游说，乞求高官厚禄，这种人不可以用来治理国家；孔子过于装饰外表，要求上朝下朝礼节繁杂，走路的礼节也很烦琐，让人很难弄懂其中的学问，一整年也学不会礼仪。 用这样的主张治理齐国的风俗，对于老百姓来说，一点不适用，"其道也，不可以示世；其教也，不可以导民"①。 孔子在卫国被围困了五天，差点饿死，还被百姓讽刺为"四体不勤，五谷不分"的书呆子。 难能可贵的是，尽管孔子经历了重重磨难，但初心不改，毕生都在为恢复、传播及弘扬礼乐文明而奔波劳累。

关于儒家与法家在中国法律史上的区别和联系，近代学者多有论述，具代表性的有：

第一，儒家就是法家。 "法制史和法律理念史上的儒家不是什么儒家，简直就是一种法家和法律家。 明确地说，儒家是中国社会历史农业阶段中的法律家和法学家。""儒家思想的骨干是有义务而没有权利，有家而无个人，有彻底干涉而无自由，有差别而无平等，重让而非争……这些原理表现于法律理念便形成和君主专制及农业社会需要相适应的王道主义、礼治主义、德治主义、差别的责任等原则，应用于法律，便形成了中国的旧法制。"②

第二，中国的法治，有法家的法治，也有儒家的法治。 前者主张由政府或统治者颁布苛虐的法令，厉行严刑峻法，以满足霸王武力征服的野心，是刻薄寡恩、急功近利、无情无理的。 ……儒家的法治则不

---

① 《晏子春秋·外篇不合经术者第八》。

② 蔡枢衡：在《中国法律之批判》，正中书局 1942 年版。

然，是法治与礼治、法律与道德、法律与人情相辅而行的，兼容并包的。①

第三，法家的法就是儒家礼。"法家本是儒家支流，法家的法，就是儒家的礼，名虽不同，其君尊臣卑、父尊子卑、男尊女卑之义则同。"儒家、法家原本相通。②

第四，差别性与同一性规范之争。"所谓儒法之争主体上是礼治、法治之争，更具体言之，亦即差别性行为规范及同一性行为规范之争。至于德治、人治与刑治之争则是较次要的。采用何种行为规范是主体，用德化或用刑罚的力量来推行某种行为规范，则是次要问题。"③

第五，儒家并不完全排斥法律及刑罚，法家也不一定完全排斥孝道。如秦始皇在文化思想上，开始以法家为主，兼用了一些其他学派的做法，阴阳家（周为火、秦为水）、儒家（博士官由儒充任）、道家、宗教神学（长生不老）都有一定的地位。秦孝公变法如此剧烈，偏偏被谥为"孝公"；秦始皇统一天下后，第一站就到峄山聚儒而论礼；题勒"孝道显明"；会稽刻石，匡饬异俗，则提倡男女忠诚守孝；故秦始皇必以清议而纳母归。"孝"字一字必在世家方有意义，所以当时孝字即等于 Decency（符合礼仪，体面）。④

总括上述，无论差别说也好，相通说也好，儒、法探寻治国规则体

---

① 贺麟：《儒家思想的新开展》，《思想与时代》1941 年 8 月。

② 参见陈独秀：《孔子与中国》，《东方杂志》1937 年第 34 卷第 18、19 号。

③ 参见瞿同祖：《中国法律之儒化》，《瞿同祖法学论著集》，中国政法大学出版社 1998 年版，第 362 页。

④ 转引自傅斯年：《论孔子学说所以适应于秦汉以来的社会缘故》，《人生问题发端——傅斯年学术散论》，学林出版社 1997 年版，第 129 - 139 页。

系的总原则分歧不大，即礼和法、德与刑都应该发挥各自的作用，互补而不排斥。 如果按权重划分，则礼重刑轻。

3. 法家暂时胜出

礼法对立，是政治派系的对立，而非学理的对立，法家理论塑造了极端专制权力，导致集权膨胀，重罚主义泛滥，儒家法律理念暂时受挫。

儒家经历了春秋战国，到荀子而被改进，儒学发生了大的变化，最突出的就是它的可操作性加强了，特别是荀子，提出了礼法一体理论，但他学生辈中的一批人如韩非、李斯等，更多继承了荀子法的一面而舍弃了礼的一面，一味求助于赏罚思想，而深得秦王的赏识。

到秦始皇时期，秦始皇借法家改革的强劲势头，一举荡灭六国，建立起统一的专制帝国。 然而，巍巍强大的秦国仅存在了十五年，就被民众掀起的熊熊反抗烈火烧得焦头烂额。 秦朝的大起大落，给后人留下了若干值得思考的课题，法律理念也包含其中。

法家法律理念最大的影响就是树立起了极端的专制权威，通过宣扬皇权至上与严刑峻法，为君主专制提供了理论依据。 李斯就曾痛斥那些提倡节俭、敢于劝谏的人士，称他们是君主实现专制的障碍，不应存留于世。 他曾当面向秦二世说：君主所以能长期处于尊位，独占天下之利，没有其他门道，无非就是"独断而深督责，必深罚，故天下不敢犯也"。 秦二世把这一套理论付诸实践，造成"杀人众者为忠臣，刑者相半于道，而死人日成积于市"的局面。[1] 秦始皇父子的极欲和重罚，形成恶性循环，这是秦国迅速崩溃的原因之一。

多种思想的并存，有利于维护秦帝国的统治，但又必然与秦始皇的

---

[1] 《资治通鉴》卷八，《秦纪》三。

集权欲望发生冲突，激化矛盾，各家思想尤其是喜欢议论王道政治的儒家必然首当其冲，受到毁灭打击，其中"焚书坑儒"最具代表性。 先说"焚书"。 公元前 213 年，博士七十人被召集到咸阳宫，为秦始皇祝寿，顺便提些治国建议，周清臣等主张实行郡县制，淳于越则竭力提倡复古。 儒士们对政治评头论足，本来也是议政的一种方式，聪明的君主会从中吸取有益的东西。 不料李斯等"军师"却上纲上线，说他们以古非今，是"惑乱黔首"，旨在与当今政治唱对台戏。 又说：古时天下散乱，就是因为言论太自由了，现在皇帝并有天下，私学之间却对政府的法令议论纷纷，对皇帝的号召口是心非。 这种情况不禁止的话，君主的权势就会削弱，臣民就会结党，建议烧书，防止自由化言论扩散。 秦始皇长子扶苏劝说："天下初定，远方黔首未集，诸生皆颂法孔子，今上皆重法绳之，臣恐天下不安。 唯上察之。"秦始皇大怒，竟派他到北方去监督蒙恬守上郡，离开政权核心圈。①

再说坑儒，也比较复杂。 焚书后的两年，即公元前 211 年，卢生、侯生等了解秦始皇怕死，相信长生不老之术，建议在咸阳附近建270 间宫室，夜夜住宿异室，可以预防歹徒行刺，但背后又议论是非，编派皇帝的不是；徐福耗费巨资，声称要为秦始皇寻求不老仙丹，经费用完，却东渡不归。 如上种种，触怒秦皇，酿成了坑杀 460 名士人的惨剧。

焚书是否是秦始皇的本意还很难说，其实烧的书既有儒家经典《诗》、《书》等，也有百家语，不单单是儒家一家②；至于坑儒，主要是方术之士引火烧身，与剿灭儒家没有内在关系。 再说，秦还有大

---

① 《史记》卷六,《秦始皇本纪》第六。
② 参见《史记》卷六,《秦始皇本纪》第六。

量的儒家经典被保存下来，也有不少人在钻研儒家学术，秦一灭亡，就有伏生、叔孙通等儒生招收弟子，讲授儒家学说。所以焚书坑儒，谈不上纯粹的礼、法交锋。不过，"焚书坑儒"，毕竟是文化史上的一次浩劫，是文化专制的空前强化，开了以暴力来禁止思维、窒息言论的恶例，为权力的肆无忌惮创造了机会。

经过秦朝的打压，儒家毕竟在战国到秦时期被冷落了一段时间，礼法虽存在过形式的对立，但只是暂时的，在条件成熟的时候，礼法还是合到一起，恢复了春秋以前的那种状况。秦家父子在思想上是信奉法家的，但是他们的个人专断使严肃的法家失去了再思考的余地。秦朝的迅速灭亡无疑为法家招来了恶名，但是法家为君主专制设计的理论，并没有因为秦朝的灭亡而被抛弃，相反，在经过改进之后，更加发扬光大。儒学的复兴也就是在秦朝的灭亡后，适应了时世，融儒于法。

秦朝的建立和巩固，标志着中国第一次法律大讨论由百家争鸣变成法家一家独霸。春秋战国时期，最先强调法治、推行变法的势力，都纷纷建立起了自己的国家，最终形成群雄争霸的局面。最后，采用法家思想最彻底的秦国脱颖而出，独占鳌头，完成了一统中国大业，奠定了两千年集权社会的基础。

为了塑造不同法律模式，实现法的价值，两派之间针锋相对，势同水火，法家必欲置儒家于死地而后快。秦王朝的建立及秦始皇的暴虐，使儒家遭受厄运，但法家塑造的法治秩序在把专制权力推向极端的同时，也使自己失去了转圜的余地，"言轨于法"、"以吏为师"的思维定式，使得法律精英独立思考、自由讨论治国规则体系的平台开始塌陷，知识分子群体——士，曾经拥有广阔言论自由空间，此后则日趋狭窄，受到的限制越来越多，历史上首次自由讨论法律的黄金时代也就此终结。

第二节 儒、法理念的调和

一、儒家"与时而变"

经过春秋战国的法律大辩论,儒法两派的高下地位分晓已现,儒家在一场非纯学术性较量中几乎全军覆没,法家的法律思潮被推到历史的前台,法家法律理念中最显要的功能就是为君主专制设计了皇权至上和严刑峻法理论。 秦国借法家改革的强劲势头,荡灭六国,建立起统一的专制帝国。

秦朝的灭亡,使得法家"刻薄寡恩"式的法律宗旨走向死胡同,如商鞅等法家人物都陷入无所藏身的境地。 法家的法律理念虽遭到百般诟病,但并没有因为秦朝的灭亡而被抛弃,相反,经过改进之后,更加发扬光大;儒学的命运也正是在秦朝灭亡后得到复兴。 到汉武帝时代,两大法律流派由过去的势不两立到握手言和,共同铸就了统一的法律指导思想。 所以有如此结局,一方面应归功于汉初儒家善于根据形势,调整自己,另一方面,与汉武帝对儒法两家法律理念的实质及价值有清醒的认识有关。

汉初是中国儒学的一次复兴良机。 经过秦朝的高压和秦末的大乱,儒家学者用鲜血和生命换来了教训,汉朝建立后,从血海尸骨中逃生的儒家仅存硕果如叔孙通, "进退与时变化"[1],调整自己,适应社会,再也不敢做"书呆子"式的"帝王师",而是降低道统标准,积极向官方靠拢,说服当政者,刚柔并用,完成"以师为吏"角色的转变,重新阐发自家学说。 最著名的就是郦食其出山,说服刘邦,尊重儒生长者;陆贾动员刘邦,了解诗书;叔孙通为刘邦制定礼仪;贾谊先礼后

---

[1] 《史记》卷九十九,《刘敬、叔孙通列传》第三十九。

法思想的阐发；等等。① 儒家由早先的"道统"不离口变得实用化了。以叔孙通为代表的儒家在制定了汉代礼仪制度后，重新树立起了礼乐治国的信心。

汉初刘邦虽然改变了对儒家的看法，但儒家法律理念成为国家法律的指导思想远远没有完成，思想仍有多元发展的势头。在现实社会最受宠的不是儒家，而是"黄老学说"。汉初文帝、景帝、文帝窦后等都喜欢用黄老或刑名，不喜欢儒术。儒学博士辕固生对窦太后说，《老子》一书是"家人言耳"，差点被送去喂猪，一批儒生被整得死去活来。② 儒学地位的提高，是在汉武帝时期。汉武帝刘彻即位时十七岁，富有胆识。汉武帝即位后的第六年，窦太后死去，汉武帝得以施展自己的抱负。此时，汉朝建立六十多年，不再需要无为而治，而是有为而治。治天下靠什么？ 他认为，儒家思想比黄老更适合他的需要，选中了被儒生重新诠释过的讲求实际的儒学。在汉武帝手里，儒学异彩重放，青春焕发。武安侯田蚡为丞相时，"黜黄老、刑名百家之言，延文学儒者数百人"，公孙弘因为研究春秋有名，从平民布衣直升为"天子三公"，既而拜为丞相。他们都善于察言观色，看君主的脸色行事，从不自作主张，擅断是非，以极为务实的策略来确定儒家地位，如公孙弘每次提出建议后，参加会议，总"使人主自择，不肯面折庭争"，汉武帝很喜欢他；他心地刻薄，表面上则与人为善；他研习的《春秋》经义，却"习文法吏事，缘饰以儒术"③，也就是说儒法兼治。

---

① 《史记》卷九十九,《刘敬、叔孙通列传》第三十九;《史记》卷八十四,《贾生列传》第二十四。

② 《史记》卷十二,《孝武本纪》第十二

③ 《汉书》卷五十八,《公孙弘传》第二十八。

儒学地位急剧提高，天下儒士闻风而动，希图借此寻求政治出路，谋取政治利益。 汉武帝多次策问，征求保持大一统的良方。《春秋》公羊学大师董仲舒应召而出，为汉武帝解决了这一问题："《春秋》大一统者，天地之常经，古今之通谊也。 今师异道，人异论，百家殊方，指意不同。 是以上亡（无）以持一统，法制数变，下不知所守。臣愚以为诸不在六艺之科、孔子之术者，皆绝其道，勿使并进。 邪辟之说灭息，然后统纪可一，而法度可明，民知所从矣。"①在董仲舒看来，思想的混乱必然导致政治动乱，百家的邪辟之说，不利于汉朝大一统局面的稳固，必须断绝它们的政治生路。 "罢黜百家，独尊儒术"的口号就是在这样的背景下出台的。 董仲舒虽然强调儒学的决定地位，但没有否定法律，只是把儒学大一统作为"统纪可一，而法度可明，民知所从"的前提。 汉武帝采纳了他建议，儒学代替"黄老之学"成为官方的政治学说。

儒学的尊君、礼制等级和忠孝思想，有助于维护君主的权威，严密控制人的思想意志与约束人的行为同等重要，儒家德治仁政学说又能为君主政治进行某些修饰和补充，儒家制定的各种仪制典章，可以将专制主义的暴力统治装扮得温情脉脉，儒家坚持尊卑人伦观念，成为人际关系和睦包容的润滑剂。 此后，经过历代统治阶层的一再确认，儒家法律理念至少表面上成为传统法律理念的主流，对中国的法律发展有很大的影响。 儒家思想的国家意识形态化，既是儒家及时调整自己的结果，也是吸收其他学派特别是法家的学术成果的结果，所谓"独尊儒术"，已不单单是尊孔子、孟子的儒术，而是经过改造过的儒术。

---

① 《汉书》卷五十六,《董仲舒传》第二十六。

二、政治家调和儒、法

儒生地位的上升，带来了儒家思想的复兴，从法律主张中儒家终于找回了他们向往已久的荣光。 但是，汉武帝的崇儒，并非以儒家学说作为全部政策的出发点，而是注重儒术的装饰功能，"虽好儒，好其名而不知其实，慕其华而废其质"①，是阳儒实法。 法律的惩治约束功能，汉武帝一天也没忘记。 在德与刑、礼与法的关系上，他内心更崇尚刑或法。 这更多地贯穿在他的施政实践中。

汉武帝时期，儒士扬眉吐气，凭借对儒家经典的研习而位高权重。可是，并非儒家独尊，专攻刑名、揣摩法术、崇尚严刑峻法的吏员同样身居高位。 史书上记载的"酷吏"，既有"本法循理"、为政清廉之吏，也有玩弄法术、深文周纳之吏，他们在汉武帝朝廷，与儒士同样风光。 特别是后者，颇有战国及秦朝时期"法家"的做派，把法、术、势研究得透彻，运用得娴熟。 武帝时，宁成、周阳由、赵禹、张汤、杜周等都是有名的酷吏，一度非常得势，其中最著名的要数张汤、杜周。 张汤以严酷著称，但他最大的能耐就是善于揣摩上意，根据汉武帝的好恶任用手下，断案定罪，而非依法断案。 如汉武帝喜欢文学，他办案时，就特意请研究《尚书》、《春秋》的儒学博士担任司法官，帮助审理解释疑难案件；汉武帝有心要释放的犯罪嫌疑人，他总千方百计为其开脱罪责；汉武帝意下要治罪的，则放手究治，置之死地而后快；汉武帝认可的案子，往自己身上揽功，不认可的案子，则把责任推诿给属下；虽然"为人多诈"、"文深意忌"，却刻意结交儒士官员，连靠儒学起家的丞相公孙弘都在汉武帝面前说他的好话。 张汤得由"首席大法官"廷尉再升为"首席监察官"御史大夫。

---

① 《温国文正司马公文集》卷十二。

另一酷吏杜周，与张汤的关系密切，在张汤的提携保荐下，位居廷尉、御史大夫，权倾一时。 他的办案风格深得张汤真传，善于随汉武帝喜好行事，"上所欲济者，因陷之，上所欲释者，久系待问而微见其冤状"。 所办案件，动辄牵连成千上万乃至十多万人，遍及数百里。有人曾质问杜周说："你担任天子的法官，不依法断案，专门按照君主的意思断狱，难道这就是真正的司法吗？"杜周回答说："法律从哪里来的呢？ 以前君主肯定的东西编成法律，当下君主肯定的东西整理为令，既然现在被肯定了，何必用过去的法律来约束呢？"①在杜周看来，君主的令就是法，法由主定，法为主用。

汉武帝在推崇儒术的同时，努力实践法家的刑名法术，并在实践中着力化解儒法两家的宿怨，通过高超的御臣之术，使儒法共存，心甘情愿地供其驱使。 尽管秦亡之后，法家名声不佳，但汉武帝时期，不管是循吏，还是酷吏，不管是儒士，还是法士，只要为他所用，维护他的权威，即好吏良士。 儒法各得其所，相安无事。 此后中国的司法队伍中，儒法兼容，法中有儒，儒中有法，彼此配合，相得益彰，儒法的实际地位不分伯仲。

汉代以儒生为代表的法律精英，因为能"进退与时变化"②，实现了儒学的复兴。 春秋战国时期，曾经遭受法家百般凌辱、被世人冷嘲热讽的儒家法律精英文化，在后辈们努力下，重新焕发荣光，孔子、孟子、荀子等大师级的儒学精英们享受的无尽哀荣，是他们生前始料不及

---

① 《史记》卷一百二十二，《酷吏列传》第六十二载："周为廷尉，其治大放张汤而善候伺。上所欲挤者，因而陷之；上所欲释者，久系待问，而微见其冤状。客有让周曰：'君为天子决平，不循三尺法，专以人主意指为狱。狱者固如是乎？'周曰：'三尺安出哉？前主所是著为律，后主所是疏为令，当时为是，何古之法乎！'"

② 《史记》卷九十九，《刘敬、叔孙通列传》第三十九。

的。 儒家法律精英也曾想清理法家余绪，其中以董仲舒最为活跃，祭出"罢黜百家，独尊儒术"的大旗。 可是，正如法家法律精英无法清除儒家法律精英一样，欲将已经形成深厚底蕴的法律文化流派一夜之间荡灭无遗，谈何容易！ 以铁腕治国、专断暴戾著称似秦始皇者，也未能对儒家法律精英赶尽杀绝。 况且董仲舒等依赖的君主汉武帝，"虽好儒，好其名而不知其实，慕其华而废其质"[1]，是"阳儒阴法"的政治谋略家，就更不可能对法家痛下杀手，反而让法家得以托庇于儒家法律文化的外衣，将自己崇尚的"法"或"刑"巧妙地融进了儒家的礼，并在君主那里获得默认。 这不仅彻底"洗刷"了因秦朝迅疾灭亡而招致的"刻薄寡恩"等骂名，也使自己的法理念春风化雨般融进了中国法律文化体系，塑造了礼法合一的法律体系，深深影响了数千年的中国传统法律精神及法律心理。

三、礼、法结合的基调

中国传统法律的基调是德刑并存、礼法合一。 汉武帝在促进法律的儒化中，起了关键作用。 汉武帝以前，儒士参与司法实践的并不多见，汉武帝时期，情况有所改观，儒士把儒术逐步渗透到司法实践及法律解释中，开启了法律儒法化、礼法结合的先河。

按照董仲舒的思维定式，圣人治国，首先要确定等级尊卑，使儒家传统的礼成为阴阳之道的体现。 等级制是君主政治生存的保障，董仲舒则为强化等级制提供了更为精巧的理论，那就是三纲五常，并以儒家经典指导司法实践。 最为突出的就是"引经断狱"或"春秋决狱"，核心是"论心定罪"。

董仲舒不过一介老儒，身为廷尉、刻薄寡恩的张汤居然肯屈尊纡

---

[1] 《温国文正司马公文集》卷十二。

贵，不耻下问，几次上门请教相关案件的处理意见，完全是因汉武帝尊崇儒术。董仲舒则当仁不让，动以经义解析案例，并且作《春秋决事比》232 则。"论心定罪"，就是弄清案件原委，考察犯罪动机，强调"心"、"志"的善恶。符合孔子《春秋》经之义的动机为善，否则为恶。善者从轻，恶者从重。汉儒以《春秋》改造汉律，目的并不是要以经义取代法律，当时也无法以经义取代法律，大量的案件仍然以法论处，《春秋》决狱引礼入律、引经注律、经义与法律相结合的尝试，开始了中国法律的儒化。汉武帝在司法领域率先实行两者的融合，从此以后，儒家思想从司法领域向法律制度渗透，进而改造了当时的法律制度。到唐代《唐律疏议》的制定颁布，法律制度与儒家思想完全融为一体，以礼法定罪也取代了春秋决狱。以儒家经典指导司法，甚至以经代法，用经典作为量刑定罪的依据，开启了以经注律之风，目的在于将法律制度纳入礼法合一的思想轨道。传统中国的法律，从汉武帝之后，基本沿着外儒内法的方向发展。

虽然整个汉代并没有出现完备的礼法合一的法典，但经过魏晋南北朝，直至隋唐，德刑并用、礼法合一的法理念正式形诸法典，下延明清，薪火相传。因此，德刑并存、礼法合一的中国传统法律的基调，可以说是在汉武帝时期奠定的。

在董仲舒的倡导下，儒家经义中的法律意识逐渐为社会认同或接受，法律适用原则的儒化也随之起步，主要表现在"上请原则"、"恤刑原则"及"亲亲相得首匿"原则等方面。曹魏以后，中国法律儒化步伐加快，曹魏时期"八议"正式入律；《北魏律》与《陈律》中，规定了"官当"；《晋律》出现"准五服以制罪"；《北齐律》"重罪10条"：反逆（造反的行为）、大逆（毁坏皇帝宗庙、山陵、宫殿的行为）、叛（叛变的行为）、降（投降敌国的行为）、恶逆（殴打谋杀尊亲属的行为）、不道（凶残杀人行为）、不敬（盗用皇帝器物及对皇帝不尊重的行为）、不孝（不侍奉父母，不按礼制服丧的行为）、不义（杀本府长官和授业老师的行为）、内乱（亲属间乱伦的行为）；隋文帝《开皇律》，把"重罪十条"改为"十恶"：谋反、谋大逆、谋判、恶逆、不道、大不敬、不孝、不睦、不义、内乱。

第三节　礼、法融合与固化

一、"德本刑用"的确立

迄至唐朝，以"德礼为政教之本，刑罚为政教之用，犹昏晓阳秋相须而成者也"①为指导思想，逐步形成了以礼为内容，以法为形式，融礼法于一体的法律体系，以唐朝"德本刑用"原则为标志，儒、法两家最终握手言和，由寇雠变为战友。礼法合一的中国法律体系由此逐步建立起来。

《唐律疏议》是传统中国礼法结合得较好的典型：礼的纲领和原则构成了法律的基础，比如三纲教条，不仅是法律结构的基础，而且也是法典内容的核心，作为罪名核心的"十恶"乃是"三纲"原则的具体化和条文化；法律直接或间接地取自礼的规则，如"八议"取自《周礼》，"七出"、"三不去"取自《大戴礼记》，等等；疏议的解释往往以礼为资源，其中征引儒家的经典文献约有20种，提到的有100多种。除此以外，唐朝的令、格、式也与礼有着或多或少的联系。②唐律因而成为中国传统法律的经典。礼法合并历经三国、两晋、南北朝、隋直至唐渐渐形成，在唐律中得到了最好体现。《四库全书提

---

① 长孙无忌等：《唐律疏议·卷首》，中华书局1983年版。

② 参见长孙无忌等：《唐律疏议》，中华书局1983年版。

要》解云："唐律一准于礼，得古今之平，故宋氏多采用之，元时断狱亦每引为据。 明洪武初命儒臣与刑官进讲唐律，后命刘惟谦等详定明律，其篇目一准终于唐。"后代律法在一些具体条文上有所变化，但对"以刑弼教"、"修刑以复礼"的宗旨则恪守不渝，"科条所布，于扶翼世教之意，未尝不兢兢焉"①。 其实，更完整的说法应该是"唐律一准乎礼、法"。 因为它是汉以后儒法、德刑、礼法互相融合的结果。后世的法律，大多秉承唐律精神，在唐律基础上的发展、改进和完善。"礼"所涵盖的家庭、伦理与社会等级差序成为法律的基本内容，中国专制统治者所用的治国法宝就是"礼法"，它不仅是古人所说的礼仪法度，还是可以禁乱止争的礼防；此外，又不仅是礼防，还是道德化的法律，法律化的道德，是法律与道德合二为一的混合物。 一切社会生活与社会关系皆可纳入其中。 其主要表现特点是等级序列和纲常伦理。它所维护的社会秩序为"礼法秩序"。

秦汉以降，由于"道统"与"君统"（政统）的统一，礼与法的融合，士与吏角色分别的模糊，专制集权日益强化。 儒家也好，法家也好，其他诸家也好，尽管出身不同，学派不同，在为社会寻找法律模式方面可谓心有灵犀，不约而同。 法律精英思考的结果，是在法律模式与政治模式中间找到和谐，而在法律模式、政治模式与思想自由模式之间则难免冲突。 法律精英的另一大功劳就是把立法权交到专制统治者手里，论证并强化"法自君出"的合理性。 早期儒家自然伦理的价值理念，堪称普适，而政治伦理的价值理念，就是主张圣人治国，把一切权力，交到圣人手里，就符合道统了。 "天下有道，则礼乐征伐自天子出；天下无道，则礼乐征伐自诸侯出"的命题就是明证，但其根本性

————————

① 《清史稿》卷一百四十一，《志》第一百十七，《刑法》一。

的缺陷就是，没有设计出一旦圣人犯错该如何纠正的机制。法家强调的"法"、"术"、"势"等理念，也主张把一切权力收归君主，同样没有防止和纠正君主犯错的预案。从这个意义上看，儒、法两家的法律哲学殊途同归。法家是集权政治的当然设计师，儒家同样被誉为"权势者们的圣人"①，也就不足为怪了。

统治者对法律精英的功劳击节称赏，而法律精英从此也陷入了二律背反：把法律塑造成维护公权力特别是专制权力的工具，以维护公权力为主的刑法特别发达，维护私权的民商法、经济法以及与民众经济生活息息相关的法律从未成为国家主流法律，如果有的话，也只是以民间习惯形式或礼俗方式而出现，这些习惯，对社会成员的生活行为有一定约束作用，但与近代意义上的法律内涵及价值不可同日而语。

二、儒学理学化

唐律的制定和颁布，是商周以来中国法律理念发展的结果。但到了这时，还不能说传统中国法律理念就已经成熟了。礼、法合一的中国法律理念体系的正式形成，不是在唐朝，而是在宋元以后。伴随着传统法学思想体系的成熟，中国专制政治也达到了顶峰，专制集权极度成熟。传统法律理念的发展步调与专制集权是一致的。

儒家经过汉代的复兴后，面貌一新，但只是国家意识形态在大众观念中并不普遍，礼制适用对象也仅局限于社会上层，广大民众的礼法观念并未普及。

如上所述，春秋战国时礼法对立局面到汉以后开始改观，经魏晋南北朝到唐时基本结束。然而，从纲常名教的贯彻及礼法的实施看，到

---

① 参见刘泽华主编：《中国古代政治思想史》，南开大学出版社 1992 年版，第 50 页。

宋为止，礼法精神并没有完全渗透到社会生活和伦理结构中，社会成员的衣食住行、男女交往、伦理观念基本处于自由开放的社会氛围，如魏晋士人的放荡之风，木兰从军的故事，曹操的不拘礼法，唐人服饰的华奢，北宋婚姻的"不论阀阅"等，都与后世的礼法准则和礼法精神不相吻合。像比较能体现礼法精神的妇女贞节问题，宋以前并无歧视寡妇再嫁之俗见，"再醮之事，北宋以前，不独世家大族亦即，即公主亦有再醮者，汉、唐最多"①。所谓"汉唐之风"，某种程度上就是指自由开放之风。阐发儒家思想的程朱理学盛行也在宋元以后。

宋元以来，礼分为两个层面：一是礼法制度，二是礼教层面。礼法，着重于国家规则控制；礼教，侧重于民众精神教化。两个层面的结合，构成了系统完整的专制帝国的治国理念，其中"理学化"的儒学是最主要的理论依据。

宋代是理学的兴盛时代，但理学并未成为主流意识形态。朱熹的理学在南宋后期还被政府斥为"伪学"（1196 年庆元党禁），说他仿效民间的"食菜事魔"的秘密宗教，甚至连"四书"朱注都被查禁，因为怕他"越位"提出的政纲，那时"明君"还没有出现。程、朱法律思想炙手可热，成为官方哲学，是它适应了宋元以后趋于一统的大势。朱熹把"四书"中的《大学》放在第一位，而《大学》开宗明义的是大学之道，"在明明德，在新民"，从修齐到治平。朱熹思想处于由分裂向统一转变时期，当时各族各地经济有所发展，人民生活及思想的要求是不能再忍受继续分裂，而要求一个统一的天下，使物质和精神都得到广泛的流通，获得大的发展，分裂趋于一统，是大势所趋，人心所

---

① 《寄簃文存》卷三《说·再醮妇主婚人说》，《历代刑法考》，中华书局 1985 年版，第 2116 页。

向。 类似秦以前的战国末期。 朱熹眼中的德是明德之"德"，强调的是"道统"，标榜的是"正统"。 而在分裂时期，所谓的道统和政统是没有市场的。 蒙古初兴时才传到北方，过了七十多年(1313)，元代朱熹门徒熊禾，大力弘扬理学，向朝廷推荐朱熹及其理学思想，理学开始受到朝廷重视。 元仁宗年间，确定朱熹等注的《四书》为科举文本，从此，理学开始成为官方政治哲学，并影响到法律。① 朱熹牌位也被请进孔庙，配享孔子，明清愈渐隆盛。

理学延续了七百余年之久，"性与天道"是理学讨论的中心内容，创始人程颢说："父子君臣，天下之定理，无所逃于天地之间。"②天地之间只有此一理，所有一切，由此演化而来。 程颐认为，只要懂得三纲五常，则"百理皆具"，用天理进一步为伦理纲常染上神秘色彩。朱熹认为，理的运动不停，叫作"天理流行"③。 三纲五常是天理流行的体现，君臣、父子、兄弟、夫妇、朋友之间的伦理关系，都是理的具体内容，由于天理不变，所以三纲五常也永远不变，因为这是被理所规定的伦理原则，谁也不能逃避，人们对"天理"不能有丝毫的怀疑，谁冒犯了"三纲五常"，谁就违反了"天理"，否则就是有"私欲"。 宣传理学的目的，就是"存天理，灭人欲"。

可见理学将儒学推向了极端。 它以儒学为主，同时吸收了佛学和道学思想，在思想史上是继先秦诸子、两汉经学、魏晋玄学、隋唐佛学之后又一新的发展阶段。 它是哲学问题，同时也涉及法律、政治、道德、教育、宗教等许多领域。

---

① 参见金克木:《主题学的应用》,《读书》1986 年第 3 期。
② 《二程遗书·语录》。
③ 《朱子语类》卷一。

到了明代，程朱理学发展为心学。理学主张以教化为主，反对专靠刑名，认为刑名是无可奈何的外在的东西。他们也继承了董仲舒的"天人感应"说，把自然界的变化附会到人事方面，强调以谨修人事来奉行天道，天道就是程朱阐发的"万世不变"的纲常伦理。董仲舒与程朱思想的目的都是为了维护纲常伦理，"同植纲常，同扶名教"。在立法上，主张因时因地立法；德、刑关系上，认为没有先后，而是互为表里；执法上，提倡恰当及时地运用赏罚。儒学因理学进而礼教化。

三、礼教法制化

1. 强化等级伦理观

经朱熹发展过的儒学在明清两代得到了前所未有的礼遇。在法律中，朱氏儒家的法律理念充分贯彻于法律制定中，《大明律》、《大清律例》、《大清通礼》等都是礼法思想付诸实施的标志；这种法律理念不仅在司法实践中得到应用，还在民间得到了广泛推行。程朱理学到了清代得到进一步发展，出现了一批理学的倡导者和实践者。君主方面，以康熙、乾隆等皇帝为代表，倡导以孝治天下。

在礼教层面，统治者竭力宣扬伦理观念。康熙在位时，多次巡幸孔府，以示尊孔；雍正对孔教也分外推崇，取士首重"四书"文，要求士子按照朱注观点发表见解。这些都成了乾隆效法的典范。正如他所说："朕幼诵简编，心仪先圣，一言一动，无不奉圣训为法程。"[①]良好的教育，使他有条件钻研儒家经典，并能予以评析。这为其等级伦理观念的形成准备了必要条件。在"法祖"的前提下，他既有继承，又有不少创新。地方官员在落实最高统治者治国理念上也不遗余力，

---

① 《清高宗实录》卷二百九十二，乾隆十二年六月。

理学名臣李光地、陆龙其、汤斌、蓝鼎元、张伯行等都是得力干将，他们一方面宣传礼教精神，另一方面推行礼法，控制社会生活。

经过顺治、康熙、雍正三代人的推崇，孔子及其宗室的地位迅速上升，乾隆时达到顶峰，置孔子于"天子"之上。乾隆在位期间，本着"总仪先圣之诚"的目的，凡九巡孔府，对孔子牌位行以臣见君的三跪九叩之礼，礼节隆盛，空前绝后。对于孔府及其宗室，乾隆特别予以保护优待。乾隆九年，山东开矿，乾隆担心妨碍孔林，传谕停开。①他每次驾幸孔府，都给孔府族人丰厚的赏赐。

统治者对孔子如此青睐，是因为他们认识到："自古圣明帝王，继天立极，觉世牖民，道德之精蕴，至孔子而集其大成者。后之为治者，有以知三纲所由以立，五典之所由以叙，八政之所由以措，九经之所由以举，五礼六乐之所由以昭，遵而循之，治法赖以常存，人道赖以不泯。"②以伦理定等级，正是孔教的核心，只有推崇孔教，才有利于维护封建的"治法"和"人道"。

关于等级伦理的作用，乾隆认为国家的平安，取决于等级伦理秩序的稳定。他坚信，"为君之道，不外教养两端"，教和养，二者不可偏废。教养的作用在家庭内部最易体现，凡是无处不顺其亲者就是孝子；无处不敬其长者就是悌弟。符合等级伦理规范者，首先必须具备"孝"、"悌"，假如一人如此，人人仿效；一家如此，一乡仿效，风俗就好了。人们行为不端，触陷法网，即因为不孝不悌。只要伦理秩序稳定了，就会"豫顺积于家庭，太和翔于宇宙"，国家平安由此开

---

① 《清高宗实录》卷二百二十三，乾隆九年八月。
② 《清高宗实录》卷三〇九，乾隆十三年三月。

始①，修身齐家治国平天下，皆赖此"一以贯之"。 天下不安，是由于百姓平日不知"尊亲大义"，即打破了等级伦理秩序。

乾隆从理论上阐明了伦理等级关系，并指出了伦理秩序的稳定是国家平安的前提。 按照他的观点，任何人都应永远安于本分，不可逾越自己的名分界限。 为实践他的等级伦理观，乾隆处处注意在实际生活中随时随地根据他的观点框架，采取切实措施，规矩臣民的言行。

2．礼、法维护纲常礼教

对于礼教，政府主要通过宣传三纲五常、男尊女卑的手段，使其深入普通民众的灵魂深处。 儒教历来重视从精神上坚定妇对夫的顺从信念，孟子的"男女授受不亲"，董仲舒的"三纲五常"，宋儒的"饿死事小，失节事大"等节操观及所谓"万恶淫为首，百善孝为先"的孝行论等，大多针对妇女而言。 清朝前期，宣扬妇女对男性忠贞的舆论与礼法的结合比历朝都来得密切。 礼法除了从物质生活、精神生活及社会交往上限制妇女的行动以外，对恪守或违背传统"妇道"的妇女还制订了详细的奖惩条文。

在《大清律例·刑律·犯奸》律中，和奸罪仍照明律被列为"犯奸"罪律文的首条："凡和奸，杖八十。 有夫者，杖九十。"②凡犯和奸罪者，皆男女同坐。 男女私情在礼法制度下是绝对不允许的。 即使未婚夫妇，如不正式履行结婚仪式而同居的，也要作和奸罪处理。 和奸罪本身并未构成危害社会及他人的利益，法律禁止和奸，主要是从维护传统的"道德风化"着眼，在女方是"失贞"，在男方是"淫乱"，而社会舆论及礼法对女子失贞的苛责比对男子的"淫乱"往往要严

---

① 《清高宗实录》卷一百三十,乾隆五年十一月。

② 《大清律例》卷三十三,《刑律·犯奸》。

得多。

清代礼法处罚往往女重于男，唯独在维护女子贞操方面给予女方较多的"偏向"，这主要表现在旌表贞节上。清朝节妇一般指守寡不嫁的妇女，且题请旌表有一定年限，因朝而定。如康熙六年议准"民女三十岁以前亡夫守节，至五十岁以后完全节操者题请旌表"。雍正元年条件又有所放宽，考虑到直省地方有力之家尚能将节妇情况上报，乡村贫穷人家则多湮没无闻，要督抚学臣及有司遍加采访，"务使苦寒守节之家同沾恩泽，至节妇年逾四十而身故，计其守节已逾十五载以上者，亦应酌量旌表"①。妇女只要在丈夫死后十五年守节不嫁，龄过四十岁，即可旌表。政府将发给三十两银子给她家建立牌坊。

到乾隆前期，政府将旌表范围进一步放宽，对承办官员提出了具体而严格的要求。乾隆十四年，将旌表的范围扩大到夫亡代夫奉养双亲者、抚孤续嗣者、拒暴保洁捐躯者、处境艰难守节弥坚者以及寻常守节者。地方官员的责任也很明确，错报、漏报旌表对象的，上自督抚学政，下到乡里胥役，都要受到参处。旌表已成为一种强制性的礼法制度。在实际操作中，除按上述总原则进行操作外，对不少事例还不时加以补充，使旌表制度更加经常化、具体化。②旌表种类有贞妇旌表、烈妇旌表、妇女拒奸因以致身死的旌表等。为了防止妇女犯奸失贞，清朝礼法有一套比前期更为严密的条规来惩办犯奸之妇。在政府的舆论宣传和法律保障下，"三从四德"、纲常礼教等变成压抑人性、束缚女性自由的枷锁，女性逐步沦为男性的附庸，无数女性死于"礼教"这

---

① 光绪《大清会典事例》卷四〇三，《礼部·风教·旌表节孝一》。

② 《清高宗实录》卷三百四十四，乾隆十四年七月上。

把无影刀下。①

四、礼、法的固化

1. 礼、法助推大一统

"礼法"理念强调"礼政"为主，"刑政"为辅。但历朝君王在确定治国方针时，还是偏好把儒家礼治大旗扛在前面，即便像朱元璋那样，内心并不喜欢甚至厌恶孟子的"民为贵，社稷次之，君为轻"及"君之视臣如手足，则臣视君如腹心；君之视臣如犬马，则臣视君如国人；君之视臣如土芥，则臣视君如寇雠"等论说，甚至一度宣布"罢免孟子配享孔庙"，将孟子的牌位撤出孔庙。但迫于儒家积年的影响力，朱元璋不久又恢复了孟子配享孔庙的资格，充其量是把《孟子》进行删节，砍掉孟子原文 85 条，剩下 100 多条，编了一本《孟子节文》发行推广，好歹保证孔、孟儒家大旗不倒。

帝国晚期，清朝统治者以儒家思想为指导，将儒家礼法观点做了进一步阐发，提出具体可行的礼治观念。如康熙认为，帝王致治，首先在于维系风化，辨别等威，崇尚节俭，禁止奢侈。如果内外官员平民人等，服用奢靡，僭越无度，富者趋尚华丽，贫者互相效尤，就会导致"窘乏为非，盗窃诈伪，人心嚣陵，风俗颓坏"，它与治理教化，"所关尤为匪细"②。雍正上谕道："国家欲安黎民，莫先于厚风俗；厚风俗莫要于崇节俭。《周礼》一书，上下有等，财用有度，所以防僭越，禁奢侈也。"③乾隆也提出："黜奢崇俭，风俗攸关。"④以上诸观

---

① 参见张仁善：《礼·法·社会——清代法律转型与社会变迁》，商务印书馆 2013 年版。

② 《清圣祖实录》卷三十九，康熙十一年癸丑条。

③ 《清世宗实录》卷十，雍正六年己未条。

④ 《清高宗实录》卷二百四十五，乾隆十年七月。

点，概括起来主要强调了以下三点。第一，礼制与物质生活是紧密联系的。要保证等级身份的标记不被破坏，人们就必须按照礼制的标准去消费。要做到这一点，生活必须节俭，抑制消费欲望；奢侈了，消费生活势必要越过礼制界限。第二，礼制关系到社会风俗。实现风俗淳朴是清朝统治者治理国家的根本大计，"所谓制治未乱、保邦未危者，必以风俗人心为之本，人心正则俗醇，而朝廷清明，国祚久远胥于此"①。第三，礼制关系到专制权威。如康熙所言，帝王施行王政，首要任务是维系风化，辨别等威。帝王本身就是专制权威的最高象征，这种权威又建立在森严的等级基础之上。一旦上下等威不辨，则意味着最高权威的丧失，帝王统治的失败。保证最高权威的安稳，需要强有力的政治工具维护等级体系，礼制恰恰具备辨别等威的功用。

清朝统治者关于礼制与社会生活关系的理论就是节俭、等威、风俗、王政四位一体的理论。节俭可以防僭越、辨等威；辨等威可以厚风俗；厚风俗可以安王政。其中节俭是根本，节俭一失，礼制不兴。所以乾隆在制定《大清通礼》时指出重新制定礼制的主要原因就是因为以前的礼制对社会生活限制得太少。制礼本来是为了"整齐万民，防其淫侈，救其凋敝"，可是秦汉以后，礼制只粗略具备郊庙、朝廷仪制，具体名物规则，则皆为有司收藏，只在运用之际才临时出示，即使缙绅学士都不能通晓。至于间阎车服宫室、嫁娶丧祭之纪，均未辨等威、议数度。现在则要萃集历代礼书，结合清朝会典，将冠婚丧祭一切仪制斟酌增损，编成一节，做到简单明了，使士民易于遵守。②他特别强调不但要让中上层的社会生活有礼可循，而且要让下层的社会生活

---

① 王先谦:《东华录》,乾隆十四,乾隆六年七月辛未条。

② 见《清高宗圣训》卷二百五十一,《兴礼乐》,乾隆元年六月乙酉条。

有礼可守；要改变过去礼制条文由官府制定，官府收藏的状况，把它们应用于广大士民之中，做到闾阎乡里家喻户晓，真正发挥礼制的"安上治民"作用。

清朝全面继承和发展了以儒家为主体的中国传统文化，并巧妙地将满族本位的统治术融合与隐藏于汉族传统文化中，同时将历代君王勤政爱民及孝治观念发扬光大，使得儒家经典中相关礼法理念，成功地转变为施政实践，清朝因此成为传统礼法文化的集大成者。① 清朝中期，是传统中国政治发展的顶峰期，也是中国历史上礼法、礼教、礼义结合得最好的时期，它们对社会生活的规范，是全方位的，包括物质生活、精神生活、观念意识等，有利于专制王权的巩固，清代礼制的详备过程与专制皇权日益加强的过程相一致。 皇权的加强是礼制详备的基础，礼制的详备及其对等级制度的维护有助于皇权的加强，促进了帝国大一统局面的形成。

2. 礼、法理念的固化

礼制教化固然有利于专制皇权的巩固、大一统局面的形成，但是专制皇权主宰下的大一统局面具有社会变迁的极大惰性，它把人们的思想、行为纳入一元化的统治下。 经过礼制的规范，人们形成了崇尚权威的政治观念，崇拜祖先的伦理观念，封闭僵化的保守观念，以及重本轻末的价值观念；行动上安于本分，不思进取，这也是我们经常说的儒家文化对中国社会的负面作用。 "五四"时期提出的打倒"孔家店"、批判吃人的"礼教"口号、破除纲常伦理的热潮，矛头对准的实际是经过朱熹阐发、阐释后的"理学"化儒学。

────────────

① 参见常建华:《清代的国家与社会研究》,人民出版社 2006 年版,冯尔康序,第 2 页。

　　历史上堪称"法律大讨论"的局面只在春秋战国时期昙花一现，就形式而言，百花齐放、百家争鸣中确实洋溢着民主自由的空气，诸子百家精英人士也在相对宽松的环境中，获得充分展示自己精神追求的空间和舞台。 实际上，这只是"疑似"民主自由，法律精英们设计的法律样式是不允许民主自由精神存在的。

　　秦汉以降，中国法律文化中，连春秋时期的"疑似"法律大讨论局面都没出现过。 这在某种程度上反映了中国法律传统超强的稳定性和连续性，但法律的功能主要体现在彰显公权、抑制私权，维护专制、否定民主等方面，法律精英们的任务就是想尽一切办法论证专制权力存在的合理性，他们自身也变成了专制权力的附着物，自掘陷阱，成为"人治"社会的牺牲品。 从此以后，法律精英要么专注律学，要么皓首穷经，争取功名，要么醉心考据，埋头注经。 他们再也没有机会、也不敢就法的价值、法的功能、法律对公权的制约及对私权的保障、权力制衡、司法独立、基本人权、法律面前人人平等、依法治国、言论自由等诸多与法治相关的问题进行探讨，充其量只能在刑罚的轻重、肉刑的存废、律条的繁简、君王的圣明与昏庸等方面作文章。 他们的"法治"理想就是圣君盛世理想、专制集权理想及"人治"理想，法律精英应该具有的独立人格和鲜明的个性未能得到培育，"中国固有文化上个人独立的人格，除在道德一方面为儒家所重以外，其他在法律方面、政治方面、社会方面都没有真正实现"①。 有人提倡"文死谏"、"武死战"，但这个"死"也只为一家一姓的专制王权而死，并非为法治理想而死。 即使对现行政治秩序提出质疑或抗争，也都是以承认和维护现行"君统"的合理性为前提。 如海瑞，即使对皇帝所作所为恨之入

---

　　① 　张东荪:《思想与社会》,辽宁教育出版社 1998 年版,第 235 页。

骨，也不过采取备棺上朝的形式冒死进谏，从没想到通过立法限制皇权或通过法律程序罢免皇权；另一种抗议的方式是"彼可取而代之"、黄袍加身、揭竿而起的改朝换代。这些成了集权社会政权交接的正常形式。法律精英在这样的政治、社会环境中，显然难以获得独立的生存空间。

第四节　礼、法分离

一、礼、法遭遇新挑战

从乾隆后期到 20 世纪初的这段时期，是中国传统集权由成熟走向衰落时期，也是由于外来力量的入侵，中国社会性质发生变化的时期。在历史变迁的转折关头，法律理念也面临新的变化。乾、嘉、道时期，各种矛盾日益激化，法律所依存的政治实体开始衰落，社会生活从诸多方面冲击传统礼法规范，依靠礼法制度和礼法观念维系的社会秩序开始呈失控趋势。不少有识之士不断对传统法律理念的合理性提出质疑，对传统法律的弊端进行批评，戴震、俞正燮、龚自珍、魏源等都是这一时期的代表。但他们仅仅局限在对传统法律理念的批判，而没能提出如何以及为什么要进行法律的革新。

鸦片战争后，中国的传统社会秩序受到外来力量的冲击，民族危机日渐加深，治外法权的丧失，就是主要标志之一。1843 年（道光二十三年）《中英五口通商章程规定》和《五口通商附粘善后条款》规定：凡"英人华民交涉词讼"，"其英人如何科罪，由英国议定章程法律，发给管事官（领事）照办。华民如何科罪，应治以中国之法"。次年中美《望厦条约》除明确上述条款外，又规定："合众国民人在中国各港口，自因财产涉讼，由本国领等官讯明办理，若合众国民人在中国与别国贸易之人因事争论者，应听两造查照各本国所立条约办理，中国官员均不得过问。"接着，法、俄、日等国也相继在中国取得这种特权。于是，凡在中国享有领事裁判权的国家，其在华侨民如果犯罪，成为民刑诉讼的被告，可以不受中国法律制裁。

外来势力的渗透，使人们不得不睁眼看世界。有识之士看世界，从以坚船利炮为主，逐步涉及政治、军事、法律制度，一方面对传统法律理念体系提出批评，一方面提出一些适应新时代的法律理念。20 世纪初，清朝经过大规模民众运动的冲击及帝国主义列强的压迫，处境艰难，政局难撑，朝野上下普遍呼吁实行新政，戡乱御侮，倡行立宪，厉行变革成了时代思潮的主旋律。废除旧律，编纂、颁布新律，则为该"主旋律"中的最强音之一。随着立宪运动的兴起，中国法律理念发展进入了一个新的阶段，在近代法律学理基础上，实现了礼法制度的分离。

1901 年（光绪二十七年）以后，修律呼声越来越强，不少人开始对旧律进行检讨，参照西律，揭示旧律利弊得失。同年八月癸丑（9 月27 日），张之洞、刘坤一等在如何变法的一揽子建议中，提到《大清律例》较之汉隋唐明律极为仁恕宽平，而与西方刑法相比，清律在执行中又存在诸多弊病，可以由总署致电各国驻华使节，访求各国著名律师来华充当法律教习，博采各国矿务、铁路、商务、刑律，帮助中国修订类似的法律，并预言若能及早制定四律，"非特兴利之先资，实为妨害之要著矣"①。张之洞等人的建议很快得到最高当局的首肯，朝廷随即任命他们为修律大臣，谕令沈家本、伍廷芳等，将一切现行律例按照通商交涉情形，参酌各国法律，妥为拟议，务须中外通行，有裨治理。

---

① 参见《光绪朝东华录》，光绪二十七年八月癸丑条，总第 4744、4763 - 4764 页。

当年，刑部也奏请开馆修律。 此后，修律者将注意力集中于收回治外法权上。① 从此，清末法律进入由法律精英修订的阶段。

二、新型法理念的诞生

近代法律精英，一方面大胆探索西方先进法律，翻译馆专门介绍翻译西方法律著作，还直接聘请外国法学专家如日本的冈田朝太郎、松冈义正及小河滋次郎等亲临授课，讲解西方法律。 所以，他们的法律理念西化的烙印很深，锐意改革中国传统的法律理念，但另一方面，又能正确对待中国传统，不盲目崇拜，从实际出发，结合国情，有所取舍。

清末法理派认为，治国必须抓好立法、司法、守法三个环节。 法学理论上，重视对法律科学的研究。 立法指导思想上，主张以国家主义取代家族主义。 司法原则上，主张与传统礼法原则决裂，如用刑改重从轻；民族在法律面前平等；反对刑有等级；废除奴婢和人口买卖；倾向男女平等；刑法以正式条文为准，不用比附……旧律中刑、民不分，皇帝集立法、行政、司法于一身，外省州县也均一身兼行政、司法之权。 不同社会成员犯罪，官方定罪的依据首先是该成员在社会中的身份地位，是否有情、理、义等亲族情愫；身份、地位不同，诉讼上享有的权利就不一样。 连对诉讼证据证明效力的确定也要以提供证据者的身份地位的高低贵贱为依据。 父家长对家庭成员享有直接告诉权，可以不经任何诉讼手续，即可将子女送官定罪。 有关"诉讼"制度的"干名犯义"、"子孙违犯教令"、"亲属容隐"、"妇人犯罪"、"服制"、"八议"等名目源于礼法，用于礼法，完全排除了诉讼程序的公开性、司法的独立性和公民权益的平等权。 这些都成了法理派着

① 参见《光绪朝东华录》，光绪二十八年四月丙申条；《清史稿》卷一百四十二，《志》第一百十七，《刑法》一。

手改革的对象。

清末修律，先后编成了《大清刑事民事诉讼法草案》、《大清刑律草案》、《大清现行刑律》、《大清新刑律》、《海商法》等，但真正由政府颁布施行的只有《大清新刑律》。这部法律是中国法制近代化的标志。

三、第二次法律大讨论

1. 礼、法之争的升级版

春秋战国时期，儒、法两家曾有"礼治主义"、"法治主义"的交锋，清末再度出现了"礼法之争"。前一次交锋是为了解决用何种手段塑造集权秩序的问题，这一次的"礼法之争"则是聚焦于修律宗旨是实现近代西方的法治秩序，还是维系中国固有的礼教民情。因此，此次堪称升级版的礼法之争。

中国法律近代化道路并不平坦。清末修律的目的，是为了收回治外法权。但在具体法律指导思想和法律技术问题上，出现了激烈的争论。争论在法理派与礼教派之间进行，主要集中于立法指导思想和新刑律体例之争，从根本上说，就是如何对待礼法合一的传统法律理念及法律体系。

沈家本等的奏折及1906年新编的《刑事民事诉讼法草案》完全将《大清律例》置于对立面。沈家本的诉讼法主张将近代西方的陪审制及律师辩护制引入中国，自然会遇到"礼法"厚墙的堵截。所以，他们一上折，即遭到以张之洞为首的礼教派的反击，《大清刑事民事诉讼法草案》未经公布便遭否定，胎死腹中。此为礼法争论的第一阶段。然而，《大清刑事民事诉讼法草案》掀起的礼法之争的波澜，在《大清刑律草案》和《大清新刑律》的讨论修订中得以扩散，而后形成一股汹涌澎湃的浪潮，挟带着千回万转的旋涡，冲击着传统法律的堤岸。

考虑到各衙门签注草案时，对未列子孙违犯教令和奸无夫奸两条"争之尤力"，又查旧律所谓违教令本与十恶之不孝有别，故止处十等刑罚。 历来呈控违犯案件，大抵因游荡荒废、不务正业而起，现行的违警律与游荡不事正业已有明文，足资引用。 如有殴骂父母而奉有缺情形，则新刑律原稿的暴行胁迫遗弃尊亲属条文及这次拟增的侮辱尊亲各条皆可援用；干犯名义即原案中的诬告侮辱，也已加重。 最后将危害乘舆，内乱外患，对尊亲属有犯、强盗、发冢各项及和奸无夫妇女之罪及《附则》第五条拟定为《暂行章程》五条，"藉以沟通新旧而利推行，体察全国教育、警察、监狱周备之时，再行酌量变通"，作为对礼教派的妥协与安慰。

2. 家族与国家主义之争

礼教派要求将附则内容写进正文，被拒绝采纳。 修改后的《修正刑律草案》就是后来的《大清新刑律》，礼教派对宪政编查馆的动作仍不满足，不甘息手罢休，其代表人物劳乃宣竟在资政院发起百人签名，炮制了《新刑律修正案》，对《大清新刑律》修改、增纂、移改，重点仍在礼法诸条上。

《新刑律草案》签注中，礼教派的论调已活跃一时，甚嚣尘上。自宣统元年正月二十七日朝廷发出上谕后，他们如获"尚方宝剑"，得理不退，步步进逼，大有推翻《大清新刑律》之势。 法理派不甘于有言无行，毅然站起来回驳礼教派的指责。 法理派出台《修正刑律草案》，礼教派则应以《修正刑律草案说帖》；法理派拿出《酌拟办法说帖》，礼教派则对以《声明管见说帖》；法理派编定《大清新刑律》及《暂行章程》，礼教派则抛出《新刑律修正案》。 双方互不相让，中间势力及外国法界人士也加入战团。 争论的焦点渐渐聚集到家族成员的身份地位及等级伦理教条上。

为了迁就礼教派，法理派在编订刑律草案及修正刑律草案时在礼教伦纪方面做出的种种让步，这时反倒成了手中甩不掉的"矛"和"盾"，被礼教派揪住不放。礼教派指出，所修刑律草案内容本身就有许多与各国法律不同。如第 82 条，对尊亲属范围的划定；第 311 条，凡杀尊亲属者处死刑；第 316 条，凡对尊亲属加暴行未至伤害者处三等至五等有期徒刑或五百元以下五十元以上罚金；第 289 条，凡和奸有夫之妇，处三等至五等有期徒刑；等等。诸条现订刑律与各国法律罪名的轻重有无"在在互有出入"，若一概与外国统一，则新刑律无法施行。"总之，一国之律必与各国之律处处相同，然后乃能令在国内居住之外国人遵奉，万万无此理，亦万万无此事。以此为收回领事裁判权之策，是终无收回之望也。"所谓整顿本国律例，以期与东西各国改同一律，只要大体相同，如操作程序和刑狱条件，不一定罪名条款一一相同，各国认为妥善，就可望收回裁判权。所以舍弃礼教风俗是为了收回领事裁判权的论点站不住脚。① 近代刑法体系框架的搭建及其引发的法律大辩论，随着《大清刑律草案》的提交、讨论、表决而日趋激烈。家族主义和国家主义，是争论的主要焦点之一。

家族主义者着重在以下方面阐述法律依据家族主义的必要性：礼教派认为法律产生于政体，政体产生于礼教，礼教产生于风俗，风俗产生于生计。家法是农桑国家风俗的"大本"，礼教、政体皆基于家法。君王于臣如同子之于父，名分严格，情愫亲密，"法律皆以维持家法为重，家家之家治而一国之国治矣"，所谓"人人亲其亲，长其长，而天下平是也"。国家主义者曾将当今中国的贫弱归咎于家法政治，称全国人民只知有家，不知有国，因此要破坏自古以来的家法之治，代之以

① 参见劳乃宣:《修正刑律草案说帖》,《新刑律修正案汇录》。

欧美尚平等、重权利的商法政治。礼教派不以为然，指出，中国人民只知有家，不知有国，不是家法政治造成的。先秦时，列国人民无不知爱国，秦以后，由于专制政体的形成，实行愚民政策，国家的政权由官吏操纵，人民除纳税外，不晓国家，爱情施于一家之外，无所付用。因此只知有家，不知有国。人民不爱国源于专爱家；先禁人民爱家，然后令其爱国的立论没有抓住事情的本质，不能成立。礼教派认为，我国现在若破坏家族制度，无数老弱者唯有"转死沟壑"，旧社会基础已经破坏，新社会基础尚未确立，值此新旧递嬗之际，关系到国家的存亡，必须使过渡时代的制度互相维系，才能收"万全之效"。经济方面，亲族制可实行家长共有，减少纠纷，否定家族主义，不符合经济政策。宗教方面，中国尊崇孔教，孔教精神首重忠孝，"国家一视"，现在孔教没有马上废除，否定家族主义"显悖本国宗教"。政治方面，我国尚处于预备立宪阶段，立即破坏家族制度未必正确，否定家族主义，"实不适于中国之政治现象"。人口方面，一国的盛衰，可以用国民的繁殖力来检验，否定家族制，必然降低国民的繁殖力。概括而言，礼教派认为，我国国民缺乏国家思想，原因在于专制政体，不在于家族制，否定家族制，与我国政治、经济、宗教、人口等实情相违背。①

国家主义者的主张与家族主义者水火不容，他们认为，家族主义适用于专制统治时代，而今时代不同了，法律指导思想也应随之变化。②中国要在弱肉强食的险恶环境中生存下来，必须由家族主义进化到国家

---

① 参见《林氏（芝屏）辨明国家主义与家族主义不容两立说》，见《新刑律修正案汇录》。

② 参见《关于修改刑律的演讲》。

主义；现在正处于"预备立宪"时代，法律既不能以家族主义为指导思想，也不能兼用家族主义与国家主义，只能采用国家主义指导立法，只要全国的家长、家人都对国家负责，四万万"人"都变成四万万"国民"，中国就会富强。 最后归结到一点：新刑律符合国家主义精神，即宪政精神，必须遵从原稿所订，而不得加入反对宪法精神的内容。

3. 道德与法律关系之争

法律与道德在新律中如何体现，是争论的另一焦点。 礼教派始终坚持：刑以弼教，礼刑相辅，不可缺一。 具体到刑律条款，在无夫奸和尊长卑幼关系上分歧尤大。 法理派认为和奸禁无可禁，诛不胜诛，即使刑章具在，也只为具文，必须依靠"教育普及，家庭严正，舆论之力盛，廉耻之心生"，"然后淫靡之风可以少衰"。 防遏此等丑行，在教育而不在法律。 法律与道德教化虽不是一回事，但实际上互为表里，以为法律与道德教化竟不相关，"实谬妄之论也"。 因此，旧律有关伦常各条如干名犯义，犯罪存留养亲，亲属相奸，亲属相盗，亲属相殴，夫妻相殴，发冢，犯奸，包括和奸有夫、无夫妇女和强奸，子孙违法等都应当列入正文。 总之，修律不能违背中国礼教民情；收回治外法权，无须改定纲常伦纪律文。

法理派意见则相反，主张道德与法律分开，违犯道德的行为通过教化解决，触犯刑律的则绳之以法。 他们拒绝了礼教派提出的将干名犯义、犯罪存留养亲、亲属相奸、亲属相盗、亲属相殴、故杀子孙、杀有服卑幼、夫妻相殴、无夫奸、子孙违犯教令等编入新刑律的要求。①

----

① 参见沈家本：《书劳提学新刑律草案说帖后》，《寄簃文存》卷八《跋》，《历代刑法考》中华书局 1985 年版，总第 2283－2286 页。此文又名《沈大臣酌拟办法说帖》，见《新刑律修正案汇录》。

　　清末法理派提出的法律西化构想是制度层次上变革的一次尝试，代表了一种要求学习先进的正常心态，也是在考察世界大势后得到的启发。 远的不说，近邻日本明治以前，法律抄自中国；明治以后，继抄法国，而后直抄德国，对于收回治外法权起了很大作用。① 法理派在修律过程中，大量翻译日本法，并聘请日法学专家直接参与新刑律的编纂，新刑律草案也基本以改革后的日本刑律为模本。

　　4.礼、法分离的实现

　　强大的政治压力则最终促使法理派的构想成为现实。 宣统二年（1910）十一月十一日，礼教派向资政院提交《修正刑律草案》，十二月六日会议移改对尊亲属有犯不得适用正当防卫之例，未获通过。 初八会议和奸罪一条，多数表示赞成，但在初九日的议决中因人数不够而被搁置，初十日又因其他议案太多，未及议论此案而闭会。 十二月二十五日朝廷下令颁布《大清新刑律》，其他修正意见留待来年再议。② 至此，礼教派数年来策划修改《大清新刑律》的努力因朝廷一道上谕而付诸东流。 在舆论界，他们也因此声名大跌，"诸家报章辄以反对新刑律相讥，嘲讽诋讥不一而足"③。 一部以国家主义为指导，与礼法合一的传统法有本质区别的新刑律几番周折，终于问世。

　　中国传统的礼法合一的法律理念体系，在沈家本的修律活动中，遭到了前所未有的冲击，为中国法律理念的更新和民众法治意识的增强，铺平了道路。 新律首次把西方的法律理念直接应用到立法实践中去，创建了近代法制模式，把中国传统律学上升为法学，使法学正式成为学

---

　　① 参见《德国法科进士赫善心氏与蒋员外楷问答》，《新刑律修正案汇录》。

　　② 参见《新刑律修正案》，《新刑律修正案汇录》。

　　③ 参见《新刑律修正案》。

术及国家政治生活中的重要因素。 修律过程功劳卓著的沈家本，也被法史名家杨鸿烈称为"媒介中西两大法系成为眷属的一个冰人"。

近代法律理念演变的主要特点有三。 其一，近代法律理念是在对传统法律理念和法律体系批判与吸收西方法律理念过程中形成的，思想流派呈多元化趋势。 近代法律理念变革的过程，就是西方法律理念与中国传统法律理念斗争的过程，也是西方法律系思想不断移植的过程。 其二，思考法律的层次随着民族危机的加深而呈螺旋式上升趋势。 每一次民族危机，都引发出对法律问题的思考，后一次革新都是在前一次基础上产生的。 其三，法律理念的精英化意识浓厚，社会化不够，这与整个近代中国的命运及政治运动都有关系，救亡压过启蒙，启蒙程度浅显，缺乏广泛的社会基础，普通民众的民主、法律意识觉醒不够。

四、礼、法之争的回响

1. 礼、法强韧的基础

作为传统法理念的支柱——礼法理念，存续时段之久，功能韧性之强，举世罕见，堪称神奇。 究其原因，主要有二。

其一，传统社会、经济的支撑。

宗法结构是礼法体系的社会基础。 宗法结构下，以家族为本位，法律伦理化、伦理法律化的宗法精神渗透一切，君臣父子、三纲五常、天理人欲、孝悌忠恕等，无不浸透了宗法精神。 维护上下尊卑等级序列，是探讨法律规律的主要宗旨，儒家也好，法家也好，维护等级这一点是不变的。 衣食住行、婚嫁丧葬、人际交往礼仪等，都具有相应的等级，不可逾越。 法律功能上，过于强调民众的义务，轻视民众的人身权利，更多的是要人民服从既有的社会秩序，个人不应有独立性，诸如"君要臣死，臣不得不死"，子女孝顺父母，父母在家庭中对财产的支配权及对子女的主婚权、教令权，丧服之制，修齐治平，移孝作忠，等等，均表明个体地位的低下。家长地位的崇高，移孝作忠的推衍，家国一体的实现，法自君出，君权即法权等，是礼法思想的主要支点。法律理念在争辩中成长，在禁锢中窒息，法律讨论的氛围宽松与否，与专制政治的盛衰成反比：中央集权相对弱势，法律理念活跃；集权控制强大，法律理念禁锢。

其二，传统政治、文化的维系。

以权力为核心的政治模式和官僚制度是礼法体系的政治基础。纵观中国历史，强大的君主专制和以权力为核心的官僚制度禁锢着人们的思想，法律理念的改革总跳不出制度的罗网，只能在制度的圈子里循环思维，即如何维护这个制度体系。改革无非就是省刑、轻徭薄赋、明主、清官、青天、公正廉明一类的东西，无法脱离预设的制度轨道，专制政府极力推行教化的力量，以儒家学说为基础的道德力量，始终维系着文官制度整体的运行。制度的过于成熟，压抑个体自由，使西方倡导天赋人权的理论和法律面前人人平等的意识迟迟不能生根。

以儒家、法家学说为主导的思维模式是礼法体系的文化基础。儒家学说的本质是保守的、等级的、伦理的、专制的理论，在各个时期，儒家学说的遭遇不一样，但总的趋势是，其在意识形态中的地位是在不断上升的，并逐渐成为官方意识形态，束缚人的思想，规范人民的言行。法家学说与儒家学说在追究君主专制目标上一致，汉以后，在儒家招牌的掩护之下，悄然发挥着维护集权政治秩序的功能，却没有受到过多责难，在一些紧要关头，儒家反倒成了批评的对象。近代尤其如此：每一次思想启蒙，都是伴随着对儒家伦理学说的批判，清末法律变革如此，"五四"亦如此。

2.礼、法分离轨迹的非常态

近代中国社会变迁的非常态——外部动因的逼迫。中国法律理念发生质的变革，一方面是中国社会缓慢变迁的结果，更主要的是被西方列强逼出来的：西方通过不平等条约，攫取在华"领事裁判权"，中国要收回司法主权，不得不修律变法。标准呢？无疑是西方列强定的。但究竟是哪个西方标准，国人却不甚了了，紧急形势下，只能随意采摘，感觉哪个适合中国就用哪个。本土的理念也适当保留一点。近代中国法制就这样诞生了。

中国近代化的过程，本身就是被动的过程，是被挟裹进近代化旋涡的。法律作为政治的一部分，自然也踏上了这条路。法律精英也在各种政治、社会压力下觉醒过来，重新审视中国传统法律模式，接触外来的法律理念。在整个政治近代化潮流中，中国的法制近代化可以说是"弄潮儿"，它表现得最彻底。只是在司法上，缺少与之协调的大环境，法制在实践中常常走形，这不是法律制度本身的问题，而是整个社会的政治、经济及民众意识的制约所致。法律从传统向近代的转型，是在救亡图存、争取主权独立的压力下实现的，主动不够，被动有余。

法律引导社会发展，社会发展则决定法律走向。两者关系如何适度，近代哲人不乏精辟论述。孟德斯鸠在论法的精神时谈到，"为某一国人民而制定的法律，应该是非常适合于该国的人民的"，"法律应该和政制所能容忍的自由程度有关；和居民的宗教、性脾、财富、人口、贸易、风俗、习惯相适应"①。一句话，法律应该与政治、社会、风俗相和谐。涂尔干及亨利·布律尔等著名法学家或法律社会学家也都指出：法律如同社会群体一样是可变的、多样的，它或多或少完善地表现了社会群体的意志；它像语言、艺术、宗

---

① 孟德斯鸠：《论法的精神》,张雁深译,商务印书馆 1994 年版,第 6－7 页。

教等一样，是社会生活的反映，不能把它与另外那些与它关系甚密的社会现象割裂开来。① 他们都把法律看成社会的反映，认为法律应该"适合"人们的社会生活。

伏尔泰论法律也说："法律就像我们的习俗。 比如人们在君士坦丁堡必须穿着土耳其长袍，而在巴黎却得穿齐膝的紧身外衣。"他又说："法律和习俗并不矛盾，习俗如果好，法律也就没有什么用处了。"②从未出过西洋、一生浸淫于中国传统文化的劳乃宣，在清末刑律创制的讨论中，也明确提出了风俗为法律之母的命题：

> 法律何自生乎？生于政体。政体何自生乎？生于礼教。礼教何自生乎？生于风俗。风俗何自生乎？生于生计。宇内人民生计，其大类有三：曰农桑，曰猎牧，曰工商……
>
> 是故风俗者，法律之母也，立法而不因其俗，其凿枘也必矣。中国，农桑之国也，故政治从家法；朔方，猎牧之国也，故政治从兵法；欧美，工商之国也，故政治从商法。若以中国家法政治治朔方，以朔方兵法政治治欧美，不待智者而知其不可行也。今欲以欧美之商法政治治中国，抑独可行之无弊乎？……法律之不能与风俗相违，非数千年来实地试验确有成绩，不容以空言理想凭虚臆断者哉。
>
> 今之所谓新法，其法理之原，固我国之所固有也。修其废坠，进以变通，不待外求而道在是矣。何必震于他人之赫赫，而皇皇焉弃其所学而学之哉！

---

① 参见亨利·莱维·布律尔：《法律社会学》，许钧译，上海人民出版社 1987 年版，第 98 页。

② 伏尔泰：《哲学辞典》，续建国编译，北京出版社 2008 年版。第 141－143 页。

> 然则居今日而谈变法,将何适之从哉? 曰:本乎我国固有之家族主义修而明之,扩而充之,以期渐进于国民主义,事半功倍,莫逾乎是。①

劳乃宣的观点,与诸多西哲观点有暗合之处。 这也成为他坚持修律必须与本国风俗民情相适应的基本依据。

事实上,习惯与法律不能完全画等号。 新习惯可以适应新法律,旧习惯则可能与新法律相抵触,不能以旧习惯来否定新法律。 但是,在清末修律伊始,法理派没有把中国传统社会生活习惯的变迁作为修律的主要依据,反而过分强调了修律对收回治外法权的重要性。 收回治外法权并不是法律本身能解决的问题,因而轻易地被礼教派抓住弱点,猛烈抨击。 而当礼教派摆出中国一成不变的风俗民情、生活习惯时,法理派又未能及时地列出社会生活变迁的种种现象,驳斥礼教派生活习惯古已如此、法律仍要维持原貌的观点。

3. 礼、法之争回响

"礼法之争"是清末修律过程中,"法理派"与"礼教派"之间就修律原则展开的争论,焦点是模仿世界先进法律文明时如何兼顾中国传统的礼教民情,实质就是如何处理引进先进法律制度与本土社会、文化传统的关系之争。

近世中国,法学大师辈出,早先的沈家本、伍廷芳、董康、王宠惠等,稍晚些的吴经熊、王世杰、周鲠生、钱端升、杨兆龙、张君劢等,大多为学贯中西、享誉世界法坛的精英人物。 在引进、创制近代化的

---

① 《新刑律修正案汇录序》,宣统二年岁次庚戌季冬之月桐乡劳乃宣序,《新刑律修正案汇录》,劳乃宣编:《桐乡劳先生遗稿》,桐乡卢氏校刻本。

法律体系过程中，他们居功至伟，至于如何让先进的法律体系适应中国本土社会，他们却没有做出相应的应对。在法律实践中，一旦移植的法律文本在本土水土不服，便无人能提出具体解决方略。只有少数法学大师在经历了法学界大张旗鼓引进西方法律制度的过程后，头脑冷静下来，开始反思单纯依赖移植外来法律、抛弃本土法律传统带来的弊端。

法学界元老董康就多次检讨过近代中国法制变革中过于蔑视法律传统、罔顾社会实际的教训，痛定思痛地说："一切法律，悉随社会为转移，而社会基于各本国之惯习，自不待言。"我国的法系，基于东方之种族，暨历代之因革，"除涉及国际诸端，应采大同外，余未可强我从人"。当年修律时，关于改革诸点，"阳为征引载籍，其实隐寓破坏宗旨，当时引起新旧两党之争……至今思之，当年激烈争议，为无谓也"，"从前改良司法，采用大陆，久蒙削趾就履之诮，改弦易辙，已逮其时"。董康还说，民国十多年以来，"适用新制之后，案牍留滞，什佰曩昔，始悟当年误采大陆制之非，盖于手续愈密，进行愈钝，良以法律与习惯背驰也。往岁漫游英美，实地考察，益征此说之非诬"。董康又说，他以前也是排斥礼教"最烈之一人"，经历三十余年后，觉得"曩昔之主张，无非自抉藩篱，自决堤防，颇忏悔之无地也"，这种感觉是他经过数十年的修律实践、游历东西、考察比较各国司法状况后得出的，指出中国在修律时，对传统的东西弃之如敝帚，反而"失其师承"。结果，法愈密则愈扰民，如以前民事案件，依法判结者，"百无一二也"，今则民事法规完密，各种费用增多，诉讼时间长，终审判决后，法官算是尽了责任，而"人民之痛苦深矣"。所以，提倡礼先法后，德主刑辅，情法调和，减少诉讼，与司法独立并不矛盾：

　　总之，出乎礼者入乎刑，刑为最后之制裁，不敌礼平时之陶育。此后吾国欲养成司法人材，宜调剂于情法之间，必使无讼，以为考成。若视此秩为梯荣之阶，谋生之具，殊失吾人希望提倡司法独立之本旨矣。①

经过反省，董康似乎回归了"调剂情法，必使无讼"，毋失"提倡司法独立之本旨"的司法理念。这并不是董康法学理念的倒退，而是他基于对法律制度与社会实际的对照比较，目睹司法制度与社会实际产生隔阂后，对忽视法律与社会相适应者的谆谆告诫。可惜董康只是少数派，与当时一味热衷效仿西法的滚滚潮流节拍不符，绝大多数人还在机械地移植西方法律制度而乐此不疲。

　　当下中国在立法、司法等方面依然存在着学习西方制度与保持中国特色的矛盾，完全照搬西方不行，完全固守传统也不行。如何在这两者之间找到最佳切合点，而非一味鄙视传统、仰视西方，或孤芳自赏、拒绝先进，这需要具有超越文化界限，才能做出大智慧性的回答。从这个意义上说，百年前出现的"礼法之争"难题至今尚未被完全破解，新时期的"礼法关系"讨论还将延续下去。后进国家要树立起学习一切先进法律的意识，不能故步自封；在学习过程中，要注重民众法律意识的启蒙，促进全社会法治意识的提高。在学习外来先进法律文化的同时，应注意对本土优秀法律文化遗产的继承，法律变革还要与社会变革同步进行，否则，再先进的法律，也难以在保守落后的土壤中植根、

---

　　① 参见董康：《民国十三年司法之回顾》，《法学季刊》1925 年第 2 卷第 3 期；董康：《前清司法概要》，《法学季刊》1924 年第 2 卷第 2 期；董康：《前清司法制度》，《法学杂志》1935 年第 8 卷第 4 期。

开花、结果；政治改革必须为法律改革提供条件和保障，政治民主化是法制现代化的前提，政治要为法律理念的争鸣提供必要的自由氛围，确保法律公平高效地实施。

第四章　法体系文明

　　就具体国家和地区来说，法系的形成都大大晚于法律的产生，但由于民族、国家以及地理等方面的原因，法系的某些特点往往在这些国家最初的法律中就已经显现出来了。　历史上，中华法系与印度法系、伊斯兰法系、大陆法系、英美法系并称五大法系，曾经覆盖整个东亚法圈，持续时间位居几大法系之首。　从现有资料看，中华法系萌芽于先秦，形成于秦汉，而完备于隋唐，成熟于明清。　近代以来，西方法律意识及制度与其舰炮、商品等一起涌入中国，风雨飘摇中的清朝统治者，在外来压力下，为了维系垂危的政权，收回治外法权，不得不抛弃传统法律体系，引进西方法律体系，试图与西方法体系接轨，由故步自封转向开放模仿。　传统中华法系趋于解体。

　　就社会规范而言，人们的认识是多元的，不相信世上只有一套完全的准则，而认为掌握政权的统治者们所制定的法律以外，还有诸多其他法律规范，如道德、习惯、宗教、圣贤教谕、宗教信条、祖先遗训、家族规范、乡民约定、社会团体章程、人与人之间的契约，等等。[1] 本章拟采列举方式，粗略勾勒中国法体系的构成及发展轨迹。

第一节　法体系流变

传统法律以律典为主，除了律典之外，各个朝代还有一些其他的法律形式。早期君王的训令如"誓"、"谟"、"诰"、"命"、"谕"、"令"等，对属民行为也有强制约束力，在"人治"为主的社会，准法律特质明显。从先秦至明清，就法律形式而言，秦朝有律、令、廷行事、为吏之道、法律答问等；汉代有律、令、科、比等；魏晋时期有律、令、科、比、格、式等；隋唐为律、令、格、式；宋于律、令、格、式外，重视编敕，并有"断例"和"指挥"；元代重视"条格"和"断例"；明有大诰、职掌、祖训、集礼、宪纲、条例、事类等；清有事例、则例、条例、章程等。

一、法体系萌芽

中国古代存在着多种法律形式，各代的法律形式也不尽一样。最早的法律多称为"刑"，如夏朝的"禹刑"，商朝的"汤刑"[2]，周朝的"九刑"、"吕刑"等。以"礼"和"刑"两部分为主体的规则体系，西周时逐渐成形。"礼"是西周全部行为规范和制度规范的总称，是消极的正面性规范；"刑"是刑事制裁方式，是积极的惩罚性规范。周礼虽然不全是法，但包含了西周法律的主要内容，是社会管理和人们行为的主要准则，规范的范围也要比"刑"广。

---

[1]　参见张伟仁：《天眼与天平——中西司法者的图像和标志》，中国法制史学会、"中央研究院"历史语言研究所主编：《法制史研究》2011 年第 20 期，第 196 页。

[2]　《左传·昭公六年》："夏有乱政，而作禹刑，商有乱政，而作汤刑。"

春秋战国时期，刑的地位不断上升，中国法律所谓"以刑为主"论调也源于此时。春秋末期郑国"铸刑书于鼎，以为国之常法"，邓析制"竹刑"，晋国铸"刑鼎"，都是为了将法律向公众颁布，便于民众遵守和监督，揭开了法律史上制定和公布成文法的序幕。

战国时代，成文立法运动趋于高潮，新兴的经济关系和政治关系得到了法律上的反映，且法律的名称由"刑"改为"法"。如李悝编纂之《法经》，被认为是我国第一部成文法典，虽然其名称由先前的"刑"演变为"法"，但其全部六篇内容是典型的刑法。对此，《晋书·刑法志》说得十分清楚："悝撰次诸国法，著《法经》以为王者之政莫急于盗贼，故其律始于盗、贼。盗贼须劾捕，故著网、捕二篇。其轻狡、越城、博戏、借假不廉、淫侈、逾制，以为杂律一篇。又以其律具其加减是故所著六篇而已，然皆罪名之制也。"可见，《法经》是应"王者之政"这一国家利益之需，故而属"公法"，其内容又都是"罪名之制"，所以属刑法典。

二、法体系发展

秦国商鞅变法时，以李悝的《法经》为蓝本，易"法"为律，将《法经》的"盗"、"贼"、"网"（一说"囚"）、"捕"、"杂"、"具"等"六法"改为六律，并根据治国的需要增加了一些新的内容。据《睡虎地秦墓竹简》中记载，当时秦的律名有近三十种。秦统一中国后，这些秦律当继续沿用。

汉承秦制，其《九章律》是在秦代六律的基础上，加进萧何所创的《户》、《兴》、《厩》三篇而成。在正律《九章律》之外，又有《傍章》、《朝律》、《越宫律》等，还颁行有杂律多种，内容涉及行政、经济、礼仪、司法等各个方面。从秦汉两朝法律的编纂体例看，律与其他形式的法律，既有综合编纂的，也有单行法。就法律形式言，秦有律、命、令、制、诏、程、式、课、法律答问、廷行事等；汉为律、令、科、品、比等。

秦朝主要律典

律：秦律除《盗》、《贼》、《囚》、《捕》、《杂》、《具》六律外，尚有下述单行律，即置吏律，效律，传食律，行书律，内史杂律，属邦律，除吏律，除弟子律，游士律，田律，厩苑律，仓律，金布律，关市律，徭律，赍律，公车司马猎律，藏律，傅律，军爵律，中劳律，戍律，屯表律，尉杂律，工律，均工律，司空律，等等。①

令：焚书令，田令，有罪者相坐诛、收族令，等等。②

程：工人程。

式：封诊式。

课：牛羊课。

法律答问。

文告：语书。

汉朝主要律典

律，分"正律"和"杂律"。正律有：九章律（9篇，综合编纂类），傍章（18篇），朝律（6篇），越宫律（27篇），（吕后）二年律令（律令名28种，综合编纂类）；杂律（单行律）有：大乐律，尉律，上计律，酎金律，钱律，田律，田租税律，左官律，挟书律。③

---

①　参见《睡虎地秦墓竹简》。

②　参见《史记》卷六，《秦始皇本纪》第六；《睡虎地秦墓竹简》、《史记》卷八十七，《李斯列传》第二十七。

③　参见《汉书·刑法志》《晋书·刑法志》、江陵张家山汉简、《汉书·昭帝纪》、《周礼·春官·典路》注、《续汉书·礼仪志》注、《史记·将相名臣表》、《汉书·诸侯王表》、《汉书·惠帝纪》等。

令有四类:

以甲乙丙为名(综合编纂类):令甲,令乙,令丙。

以地区为名(综合编纂类):乐浪挈令,北边挈令。

以官署为名(综合编纂类):光禄挈令,大尉挈令,廷尉挈令,廷尉板令,大鸿胪挈令,御史挈令。

以内容为名(多为单行法):秩禄令,宫卫令,品令,任子令,予告令,功令,受所监临令(以上为职官管理类);田令,水令,马复令,金布令,缗钱令(以上为经济管理类);祠令,祀令,斋令(以上为礼仪类);戍卒令,公令,卖爵令(以上为军事类);狱令,讞狱令(以上为司法类);胎养令,养老令(以上为养老、胎养类)。

品:仪品,守御器品,复作品,就品,赎品,烽火品。

科:讞法科,首匿科,宁告科,钻科,亡逃科,异子科,投书弃市科。①

以上列举并非秦汉全部法律。从秦汉两代的法律看,其法律形式、体例结构和内容十分纷杂。以汉代为例,律分正律、杂律,杂律多是单行法规,内容也相对单一。如《大乐律》是关于宗庙祭祀与任官仪式的法律,《田律》是关于农事、田赋管理的法律等。

令是仅次于律的重要法律载体,其体例结构依内容之不同,既有综合编纂的方式,也有大量的单行法。②

三、法体系成型

据载,魏修律18篇时,曾制定《州郡令》45篇,《尚书官令》、

---

① 参见杨一凡:《中华法系研究中的一个重大误区——"诸法合体、民刑不分"说质疑》,《中国社会科学》2002年第6期,第78-94页。

② 参见杨一凡:《对中华法系的再认识》,《批判与重建——中国法律史研究反拨》,法律出版社2002年版。

《军中令》180 余篇。 晋令为 2306 条，南北朝时期，南宋、南齐沿用晋令。 梁、陈各制令 30 卷；北齐有《新令》40 卷，又有《权令》2 卷。 隋朝制定有《开皇令》、《大业令》各 30 卷。 唐代令典修订频繁，其中《贞观令》为 30 卷，1590 余条，其他令典仅存其名称难以详考。 这里仅将魏、晋、梁、隋、唐五种有代表性的令典与同期颁行的律典的篇名列举如下：

魏国主要律典

律：18 篇，分刑名、盗律、劫略、贼律、诈律、毁亡、告劾、系讯、断狱、请赇、兴擅、乏留、掠事、偿赃、户律、捕律、杂律、免坐。①

令：州郡令 45 篇，尚书官令，军中令 180 余篇。

晋朝主要律典

律：20 篇，1 刑名，2 法例，3 盗律，4 贼律，5 诈伪，6 请赇，7 告劾，8 捕律，9 系讯，10 断狱，11 杂律，12 户律，13 擅兴，14 毁亡，15 卫宫，16 水火，17 厩律，18 关市，19 违制，20 诸侯。

令：晋令 40 篇，1 户，2 学，3 贡士，4 官品，5 吏员，6 俸廪，7 服制，8 祠，9 户调，10 佃，11 复除，12 关市，13 捕亡，14 狱官，15 鞭杖，16 医药疾病，17 丧葬，18 杂上，19 杂中，20 杂下，21 门下散骑中书，22 尚书，23 三台秘书，24 王公侯，25 军吏员，26 选吏，27 选将，28 选杂士，29 宫卫，30 赎，31 军战，32 军水战，33—38 军法，39—40 杂法。

隋朝主要律典

律：开皇律 12 篇，1 名例，2 卫禁，3 职制，4 户婚，5 厩库，6 擅

---

① 参见《大唐六典》、《历代刑法志》，群众出版社 1988 年版。

兴，7 贼盗，8 斗讼，9 诈伪，10 杂律，11 捕亡，12 断狱。

令：开皇令 30 卷，1 官品上，2 官品下，3 诸省台职员，4 诸寺职员，5 诸卫职员，6 东宫职员，7 行台诸监、职员，8 诸州郡县镇戍职员，9 命妇品员，10 祠，11 户，12 学，13 选举，14 封爵俸廪，15 考课，16 宫卫军防，17 衣服，18 卤簿上，19 卤簿下，20 仪制，21 公式上，22 公式下，23 田，24 赋役，25 仓库厩牧，26 关市，27 假宁，28 狱官，29 丧葬，30 杂。

唐朝主要律典

唐代处于传统中国法律制度的成熟时期，其法律形式以及编纂体例都比较规范。法律形式有律、令、格、式。《唐六典》卷六云："凡律以正刑定罪，令以设范立制，格以禁违正邪，式以轨物程事。"[1]律、令、格、式四者之中，律，是定罪科刑的大法，只有违法犯罪，方一断以律；令，规定等级名分和国家各项规章制度；格，是皇帝因人因事之需临时颁布的"制"、"敕"；式，是有关国家机构的办事细则和公文程式。[2]因制、敕内容庞杂，执行中难免出现前后矛盾的现象，故唐朝定期由省部把增删后的格汇编成相对固定、普遍适用的成制，谓之"永格"。格以适用范围分为"散颁格"、"留司格"两种，散颁格颁行天下，留司格留在官府，不公开颁布。

唐代编纂的律主要有武德律、贞观律、永徽律等；令有武德令、贞观令、永徽令、开元令等；格有贞观初格 7 卷、贞观后格 18 卷、永徽留司格 18 卷、永徽散颁格 7 卷、垂拱留司格 6 卷、垂拱散颁格 3 卷、神龙散颁格 7 卷、太极格 10 卷、开元前格 10 卷、开元新格 10 卷、开

---

[1] 《大唐六典》卷六《刑部》。

[2] 参见《新唐书》卷五十六，《志》第四十六，《刑法》。

元后格 10 卷等；式有武德式 14 卷、贞观式 33 卷、永徽式 14 卷、垂拱式 20 卷、神龙式 20 卷、开元式 20 卷等。"律、令、格、式，天下通规。"①它们在唐代法律体系中是既分工又统一的关系。令是从正面规定的各种规章制度，式是为贯彻律、令而制定的细则性法规，格是对律、令、式等法律进行修正补充的措施。律用以惩罚犯罪，与令、格、式协调应用，共同筑构起唐代法律体系，是辐射东亚地区的"中华法系"的主干。兹列主要律典篇目如下：

律：《永徽律》，对永徽律逐条进行的解释，称《永徽律疏》，后世称《唐律疏议》。计有 12 篇 30 卷：1 名例，2 卫禁，3 职制，4 户婚，5 厩库，6 擅兴，7 贼盗，8 斗讼，9 诈伪，10 杂律，11 捕亡，12 断狱。

令：《贞观令》1546 条，分 1 官品（上、下），2 三师三公台省职员，3 寺监职员，4 卫府职员，5 东宫王府职员，6 州县镇戍狱渎关津职员，7 内外命妇职员，8 祠，9 户，10 选举，11 考课，12 宫卫，13 军防，14 衣服，15 仪制，16 卤簿（上下），17 公式（上下），18 田，19 赋役，20 仓库，21 厩牧，22 关市，23 医疾，24 狱官，25 营缮，26 丧葬，27 杂令，28 学，29 封爵，30 禄，31 乐，32 捕亡，33 假宁。②

格：唐格 24 篇，分 1 吏部，2 司封，3 司勋，4 考功（以上属吏部），5 户部，6 度支，7 金部，8 仓部（以上属户部），9 礼部，10 祠部，11 膳部，12 主客（以上属礼部），13 兵部，14 职方，15 驾部，16 库部（以上属兵部），17 刑部，18 都官，19 比部，20 司门（以上属刑部），21 工部，22 屯田，23 虞部，24 水部（以上属工部）。

① 《旧唐书》卷五十,《志》第三十,《刑法》。
② 仁井田陞:《唐令拾遗》,长春出版社 1989 年版。

式：开元时期的《式》共计 33 篇，具体篇目也以曹司为名，除了上述命名《格》的 24 曹司之名外，还有秘书、太常、司农、光禄、太仆、太府、少府监门、宿卫和记帐等 9 篇。

《唐六典》：具有行政法典性质的官修政书或官典，采"以官统典"形式，记述三师、三公、尚书都省、吏部、户部、礼部、兵部、刑部、工部及门下省等官衙职掌及演变。

宋朝主要律典

《宋刑统》：1 名例，2 卫禁，3 职制，4 户婚，5 厩库，6 擅兴，7 贼盗，8 斗讼，9 诈伪，10 杂律，11 捕亡，12 断狱。

令：《天圣令》，共计 30 卷，前 20 卷缺，后 10 卷为田令（卷二一），赋令（卷二二），仓库令（卷二三），厩牧令（卷二四），关市令（卷二五），医疾令（卷二六），狱官令（卷二七），营缮令（卷二八），丧葬令（卷二九），杂令（卷三十）；吏部条法：差注门，奏辟门，考任门，宫观岳庙门，印纸门，荐举门，关门，改官门，磨勘门。①

编敕：将君主对不同案件处理的诏令定期加以编纂，形成编敕，是具有普遍约束力的法律规范。宋代的各种编敕有 80 余部，敕与律都是在行的法律形式，两者并行不悖，敕仅在法律效力上，享有优于律适用的效力；敕优于律而首先适用的司法原则，自《宋刑统》颁布实施起，就成为宋代的定制："今后凡有刑狱，宜据所犯罪名，须具引律、令、格、式，逐色有无正文，然后检详后敕，须是名目条件同，即以后敕定罪。后敕内无正条，即以格文定罪。格内又无正条，即以律文定罪。"②

---

① 参见天一阁藏：《明抄本天圣令校证》，中华书局 2006 年版。
② 《宋刑统》卷三十，《断狱律·断罪引律令格式》。

断例：审案成例。　例，在宋代的作用也十分突出，例经常破法、代法。

指挥：尚书省官署对下级官署如吏部、户部、刑部的指令。

条例：将皇帝针对某事的命令或中央命令经皇帝批准汇编而成。

条法事类，将敕、令、格、式以"事"分类，分门编纂，形成"条法事类"。　如"庆元条法事类"等，包括：［缺］，职制门，选举门，文书门，［缺］，榷禁门，财用门，［缺］，库务门，［缺］，赋役门，农桑门，道释门，公吏门，［缺］，刑狱门，当赎门，服制门，蛮夷门，畜产门，杂门。

四、法体系完备

元朝主要律典

元朝主要法律形式有：

条格：是由皇帝亲自裁定或由中书省等中央机关颁发给下属官府的政令，主要有关民事、行政、财政等方面的法规。

断例：经皇帝或司法官员所判案件的成例，多属刑事法规，以临时颁发的政令和判例为主，与划一的法规有所不同，其法律内容很不规范。

元朝政权确立前，多援用蒙古习惯法，元朝政权建立后，先后颁布律典，主要有：

《至元新格》：元世祖至元制定的一部以行政法为主的综合法典，也是元代首部成文法典。

《大元通制》：元英宗时期仿唐、宋旧律篇目修订而成，是一部法规集成或准法典。　内容由诏制、条格、断例、别类组成，为元代基本的法律形式。

《至正条格》：元末顺帝时期编纂的一部综合行政法典，包括诏制、条格和断例，是对《大元通制》的补充。

《元典章》（《大元圣政国朝典章》）：地方官与民间书坊合作汇编而成，元代前、中期法律汇编。元朝长期没有颁行法典，官府日常行政和司法工作主要使用历年积累下来的单行法规、条令和案例，随着时间推移，需要对这些单行条文进行汇集、筛选、分类，编辑成书，以方便使用，《元典章》应当就是为此目的编纂的。《元典章》分国典、朝纲、吏部、户部、礼部、兵部、刑部、工部八大类。书中所载大量的民事、刑事诉讼案例，有助于了解元代基层纠纷状况，可以补正史、文集等传统史料之不足。①

明朝主要律典

《大明律》：洪武三十年（1398）颁布，30 卷，460 条，由名例、吏律、户律、礼律、兵律、刑律、工律七部分组成。

《钦定律诰》：147 条，有关死罪规定，律 111 条（不准赎 102条，准赎 9 条）；诰 36 条（不准赎 12 条，准赎 24 条）。②

《明大诰》：236 条，由朱元璋颁布的诰令组成，分大诰一编，大诰续编，大诰三编，大诰武臣。

诸司职掌：吏部、户部、礼部、兵部、刑部、工部、都察院、大理寺等职掌。

《大明令》：吏令、户令、礼令、兵令、刑令、工令。

条例：弘治问刑条例，嘉靖问刑条例，万历问刑条例，充军条例，真犯杂犯死罪条例等；《大明律集解附例》开律、例合编体例先河。

《大明会典》：官职制度为纲，官领其事，事归于职，分宗人府、

---

① 参见《元典章·前言》，中华书局、天津古籍出版社 2011 年版。

② 参见杨一凡：《明初重典考》，湖南人民出版社 1984 年版，第 9 页。

吏部、户部、礼部、兵部、刑部、工部、都察院等。

专门规章：两院发刻司道酌议钱粮征解事宜，重订赋役成规，催征钱粮降罚事例，盐法条例，工部为建殿堂修都城劝民捐款章程，工部厂库须知，漕运议单……

教民榜文：民间户婚、田土、斗殴、相争一切小事，须要经由本里老人、里甲断决。若系奸、盗、诈伪、人命重事，方许赴官陈告。

清朝主要律典

律例：《大清律集解附例》、《大清律例》等。篇目沿用《大明律》，律、例合编的法律体例成于乾隆五年（1740）的《大清律例》中得到完整体现，《大清律例》定期增修，沿用至1911年，它也是传统法律体系完备的标志性律典。

则例：《六部则例》（吏部、户部、礼部、兵部、刑部、工部），宗人府、内阁、理藩院等则例，《吏部铨选则例》，《吏部处分则例》，《验封司则例》，《稽勋司则例》，《督捕则例》，《八旗则例》，《绿营则例》，《军器则例》，还有《学政全书》等。

会典（会典、则例、事例等）：康熙、雍正、乾隆、嘉庆、光绪"五朝会典"；另有乾隆《大清会典则例》，嘉庆《大清会典则例》，光绪《大清会典事例》等。

条例：各部通行条例，科场条例等。

礼制：《大清通礼》，《皇朝礼器图式》等。

专门规章：《钦定学政全书》，《赋役全书》，《孚惠全书》，《户部漕运全书》等。

诏令：御制学规，"圣谕十六条"，《圣谕广训》，《州县提纲》，《钦颁州县事宜》。

各省专例：禁止械斗专例（江西），禁止刀匪专例（曹兖），禁止袍哥专例（川陕），禁止绑架勒索专例（两广）等。

从现存的明清两代法律典籍来看，占法律总量绝大多数的是有关刑事、行政、经济、军事、礼仪方面的法律，仅单行法就有数百种。 明清时期颁行如此众多的各类单行法，有"辅律"用意，更重要的是用这些法律来进一步完善国家的法律制度，它们是国家法律体系的组成部分。①

五、法体系转型

1901 年以后，无数法律精英寻寻觅觅，探寻中国法学、法律的发展趋向。 清末以沈家本、伍廷芳等为代表，以收回治外法权作为修律的主要支撑点，着力打破中国法学传统，实现传统律学向近代法学的转型。

清政府主导新政运动，1906 年宣布"仿行预备立宪"，其后相继诞生了《钦定宪法大纲》及《宪法重大信条十九信条》等最早的宪法性文件，标志中国"宪政"列车开始启动，宪法创制步上征程。

清末法理派从世界形势的变迁中重新审视中国传统法律，认识到它的落后性和改革的必要性，并着手修律，努力创制全新的法律体系，以《大清新刑律》为代表的部门法典体系就是其标志性的成果。 加之其他单行法律、法规，如《大清商律》、《大清报律》、《破产律》，法律草案如《大清民事刑事诉讼法草案》、《大清民律草案》等，近代法律体系的创制初具规模。②

中华民国北京政府时期，因为政局不稳，没有足够的人力、物力支

---

① 本节主要参见董康：《前清司法制度》，《法学杂志》1935 年第 8 卷第 4 期；杨一凡：《明初重典考》，湖南人民出版社 1984 年版；冯尔康：《清史史料学》，故宫出版社 2013 年版。

② 参见《大清新法令》，商务印书馆 2011 年版。

持立法，加上各地畛域分明，政出多门，无法在短期内用整齐划一的法律制度规范全国，因而始终没有形成统一的法律体系。 没有统一的成文法典，导致中国进入了中国历史上一种特殊的司法模式时段——"判例法"时期，更准确地说，是"准判例法"时期，因为判例并不是判例法，这里只是强调大理院判例的拘束力。

南京国民政府建立后，加快了创制新型法律的步伐。 1928 年，《中华民国刑法》、《中华民国刑事诉讼法》率先颁布施行。 1929 年至 1930 年间，为配合上海会审公廨的撤废，国民政府加大立法力度，用两年左右的时间，推出完整的《中华民国民法》，包括总则、债、物权、亲属、继承五编。 前三编主要照搬德国、瑞士、日本模式，后两编兼顾中国传统习惯。 《中华民国民事诉讼法》随之创制颁布。 随后，国民政府于 1932 年通过、1935 年 7 月 22 日修正公布了《法院组织法》，1935 年修订颁布《中华民国刑法》（俗称"新刑法"），其他一系列行政法规也相继颁布。 随着 1936 年 5 月 5 日 "中华民国宪法草案"（简称"五五宪草"）的颁行，1947 年《中华民国宪法》的颁行，南京国民政府以根本法、刑法、刑事诉讼法、民法、民事诉讼法及系列行政法律规章组成的"六法体系"趋于完备。 从《民国法规集成》所收集的法律法规看，民国法律体系洋洋大观，事无巨细，靡不明载华章，体系的完整性，结构的严密性，不输于任何一个大陆法系国家[①]，法律体系的近代化（或"西化"）基本完成。

1949 年前夕，中国共产党宣布废除以国民党"六法全书"为法律体系的"伪法统"，即"一切反动法律"，下令各级人民政府的司法审

---

① 参见《民国法规集成》，黄山书社 1999 年版。

判，不得援引其条文。① 新政权把先前半个世纪仿效西方创制的法律体系统统废除，断然转向苏联模式。 其后的法律体系创制及实施颇多曲折。

第二节　法体系特征

一、法形式多样性

中国传统法律体系中，不但有刑事法律，而且有行政、民事、经济等法律的存在。 从法律体系角度而言，是诸法并存。 一方面，中华法系的"诸法"并不是现代意义上的刑法、民法等诸法，而是中国古代特有的诸法，即以礼、律、令为主要表现形式的诸法。 另一方面，从法典编纂结构上看，它们并非"合体"，而是各自独立的。 即使从现代部门法的角度考察，同样不能得出"诸法合体"的结论。 因为虽然令、格、式包含有现代多种部门法的规范，的确是"诸法合体"的，但其中基本没有刑法规范（格中的"刑部格"除外），而律则是纯粹的刑法典。②

传统中国法律体系中，刑事法律和行政法律最为发达，它们是传统中国法律中的主要内容，形成了以"公法文化"为主法律特质。 法律多元，是古今中外的世界性现象，即使在当代最发达国家，国家法也不是唯一的法律，在所谓正式法之外，还存在大量的非正式法律。③ 传

---

① 《废除国民党的六法全书及其一切反动法律（一九四九年三月三十一日）》。这是董必武签署的，由董必武和薄一波、蓝公武、杨秀峰以华北人民政府主席和副主席名义发布的训令。《董必武法学文集》，法律出版社 2001 年版，第 14 - 15 页。

② 李玉生：《唐代法律体系研究》，《法学家》2004 年第 5 期。

③ 参见梁治平：《清代习惯法：社会与国家》，中国政法大学出版社 1996 年版，第 32 页。

统中国，由于社会构成的复杂性，就整个法律体系而言，法律多元、诸法并存的特征更为突出；在大一统局面及集权政治层面，总体呈公法性功能。

传统中国法律的调整方法和手段往往是泛刑罚化的，即以刑罚或类似刑罚制裁的手段来规定民事、行政乃至经济法律规范的法律后果。的确，由于专制主义的一以贯之和儒家宗法伦理的强大渗透力，中国古代刑事法极为发达，以致刑事法的调整方法常常侵凌到其他法律领域，造成以刑事责任替代民事责任和行政责任的现象。但不能因此否定中国古代民事法律和行政法律的存在。

除书面颁布成文法典外，传统法典还有镂金刻石传统。早期的铸刑鼎、铸刑书等，属于镂法于金；后期的勒石示禁，则为碑禁规约。其中勒石示禁，汉代以后逐渐流行起来，至明清时，碑禁体系趋于成熟。

传统中国刻石申约明禁的历史较为悠久。史载汉代庐江太守王景"驱率吏民，修起芜废，教用犁耕，由是垦辟倍多，境内丰给。遂铭石刻誓，令民知常禁。又训令蚕织，为作法制，皆著于乡亭"①。不过唐代以前，刻石申约明禁仍属偶然事例，直到唐宋时期，以刻石立碑的方式颁布诏书、法规、公文，才成为国家权力机构的常用手段，出现了大量的皇帝御撰诏书碑、官箴石刻以及敕牒碑、公据碑等公文石刻。

宋元时期，带有禁令内容的诏书圣旨碑及公文碑的流行广布，公文碑也多以诏书、圣旨为依据，附以实际内容，故禁令内容首先在皇权石刻中渐趋鲜明，并对明清的皇禁碑有直接影响。明清时期，碑禁体系趋于成熟。皇禁碑是指圣旨、敕谕碑中带有禁止性规定的碑刻，也即

---

① 《后汉书》卷七十六《循吏列传》。

并非所有的圣旨碑或敕谕碑都含有敕禁的内容。明清皇禁碑有通敕禁碑和专敕禁碑之别。"诏天下摹勒"的通敕性诏书，即全国通行的政令法规。专敕碑则针对具体事件、对象所发敕令①，如学则碑。无论是通敕禁碑还是专敕禁碑，都属于强制性禁止规范，颁行手法异于成文典章，实际生活中，则与典章作用相同，具有强制性约束功能。

申明亭等，也是张贴、公示君主圣谕和政府禁令的主要场所，一般设在官衙附近或交通要道等稠人广众之处。在资讯不发达的时代，这种直接公示法律法规的办法是重要的普法宣传手段之一。

二、刑法传承性强

早在夏商周时期，就出现了行政、民事、经济、军事、礼仪等方面的法律规范，秦汉以后各朝也颁行了大量的律典和刑事法律之外的各种形式的法律。由于年代久远，唐宋以前的法律失传颇多，此后，保存相对完整。

《法经》、《九章律》、《魏律》、《晋律》、《北齐律》、《开皇律》、《唐律疏议》、《宋刑统》、《大元通制》、《大明律》、《大清律》等分别是中国古代各个朝代的主要法典，它们的内容也基本是刑事性的。如从唐律的结构与内容来看，唐律有十二篇，502条，篇目依次为：名例、卫禁、职制、户婚、厩库、擅兴、贼盗、斗讼、诈伪、杂律、捕亡和断狱。其中，《名例律》是关于五刑、十恶、八议等刑法制度以及刑法适用原则的规定，相当于现代刑法的总则；《卫禁律》以下十一篇虽然有的篇名，如职制、户婚、厩库、捕亡、断狱等，看上去似乎包含有非刑法的内容，但实际上都是有关各种犯罪及其如何处罚的

---

① 参见叶昌炽撰、韩锐校注:《语石校注》,今日中国出版社1995年版,第335 - 336页。

规定，相当于现代刑法的分则。 唐代人也说，制定唐律的目的是"正刑定罪"，由此看来，唐律完全是规定犯罪与刑罚的刑法典。

《大明律》、《大清律例》，由名例律、吏律、户律、礼律、兵律、刑律、工律等七部分组成，属于刑事法典。 虽然不少内容在后世看来，应归入其他部门法，如吏律中的一些内容当归于行政法典，户律中的婚姻、田债等当归于民事法典，但在当时，就行为性质而言，具有社会危害性，属刑事法律禁止或处罚范畴。

传统中国初期的法律的确是以刑法为中心，《禹刑》、《汤刑》、《九刑》等法律都是以刑罚制裁为主要内容的。 春秋战国时期出现的"法"和"律"，虽然使中国法律发生了许多变化，但它们的内涵和性质与先前的"刑"并无实质的差别，这种法律传统对秦汉以后的历朝历代都产生了重大影响，使传统中国法典在相当长时期内都凸显了刑典特色。

放眼世界法律文明，"以刑为中心"几乎是所有国家在法律产生初期的共同现象。 梅因曾说过："法典愈古老，它的刑事立法就愈完整、愈详细。"[1]马克斯·韦伯说得更明确："除非到了一般都十分发达的法律状况，总的说来，起初任何的控诉都是一种对犯罪的控诉。"[2]相对于西方法律而言，传统中国法律以刑事法律为主的过程要长得多，这是集权政治强大和社会结构相对封闭及发展滞缓造成的。

三、行政法典发达

除民事法律外，中国古代为了确认国家机关的组织、权责和管理制

---

[1]　亨利·萨姆奈·梅因：《古代法》，高敏、翟慧虹译，中国社会科学出版社2011 年版，第 281 - 282 页。

[2]　马克斯·韦伯：《经济与社会》(下)，商务印书馆 1998 年版，第 7 页。

度，以保证国家机器的运转，同时也为了督励官吏忠于职守，整肃队伍，也颁行了大量行政法规，而且逐渐法典化。 这不仅是中国封建法律体系的重要组成部分，也是世界上最有价值、最完备的传统行政法。[1] 不过，这里的"行政法典"与近代意义上的行政法不能完全等同，缺乏行政程序法、行政许可法等，更多以机构组织法、官吏管理法等为表现形式，所颁行政法典更偏向于官典性质。

作为历史悠久的中央集权国家，中国的官僚制度独具特色，国家治理主要由君主通过各级官吏来运行，素来倡导"明主治吏不治民"、"治民必先治吏"，如何选拔、任用、监督、管理和控制官吏，以保障君主的统治地位和王朝的永固，是统治者所要解决的根本性问题。 吏治制度的完善和官典法文化的发达，成为中国传统法律文化的一大特色。

官僚机构的设置以及由此开始的"吏治之制"在夏朝便已萌芽。"夏后氏官百"据文献所载便有负责造车的"车正"，掌管畜牧的"牧正"，安排王室膳食的"厄正"等[2]。 仅此可隐约看到，夏朝统治者已设置官僚机构并任命官吏来管理国家。 殷商时就已出现专门用来惩戒百官的法律——"官刑"，主要对付官吏的"三风十愆"，以整饬吏治。[3] 到西周时期，已经建立起一套维护君主统治的职官制度，即《周礼》所谓"体国经野，设官分职"，面广量大，内容十分详备。《周礼》以天、地、春、夏、秋、冬六官为纲目，分述治、教、礼、政、刑、工六大门类的管理事务，因其完全根据官吏职司分类编成，故而又

---

① 张晋藩:《中华法制文明的演进》,中国政法大学出版社 1999 年版,第 8 页。

② 《礼记·明堂位》。

③ 《尚书·伊训》,参见沈家本:《历代刑法考》卷二"殷官刑"条,中华书局 1985 年版,总第 818 页。

称《周官》。作为中国古代非常重要的经籍文献，"《周礼》所记的整齐的'六'制度，虽不完全可靠，不能全部作为依据，但也能反映出古代设官定职的一个大概轮廓"①。

中国古代行政立法源远流长，内容详备，自夏朝发展至唐朝，行政法律在体系、形式和内容等方面都已逐步完备。这可以从《唐六典》记载的内容中找到清楚的证明。章太炎对唐朝的法律体系曾有评论说："迄唐有《六典》、《开元礼》，由是律始专为刑书，不统宪典之纲矣。"②唐令及宋代的《天圣令》等令典，将行政法典的编纂水平推向高峰。清代卷帙浩繁的会典、会典则例、会典事例、各部则例以及各省专例，则使行政法典的体系和内容臻于详备。

传统行政法典以官典为主，晚近以来，随着以大陆法系为主的法律体系的引进，尤其是南京国民政府"六法体系"的构建，行政法典才逐步有了近代意义上的专门分类。

四、私法相对隐晦

传统民事法律体系，有别于世界其他法律文明体系，独树一帜，形成了中国特有的民事法律规则及纠纷化解原则。

中国古代法典中，无论是高度发达的《唐律》，还是最为详备的《大清律例》，都很少有"私法"的规定。③有学者认为，由于传统中国缺乏个人主义、权利本位和私法自治这样一些被西方民法视为社会基础与观念基础的东西，所以，传统中国没有民法可言。但是中国古人

---

① 臧云甫等：《历代官制、兵制、科举制表释》，江苏古籍出版社 1987 年版，第 2 页。

② 章太炎：《章氏丛书·检论》卷三《汉律考》。

③ 参见梁治平：《清代习惯法：社会与国家》，中国政法大学出版社 1996 年版，第 31 页。

也要结婚生子和组织家庭，也有买卖交易和借贷租赁之类的活动，所有这些，都是谁也无法否认的最基本的社会生活活动。 如果这些活动不是民事行为，那么它们又是什么行为呢？ 如果调整这些行为的法律不是民法规范，那么它们又是什么性质的法律呢？ 只能是民事法律。 中国古代只是没有颁布形式上的民法典，或者没有西方市民法意义上的民法（Civil Law），但实实在在存在着功能上的民事法律。 只不过是有些条文在后世看来，当属于民事方面的违约责任却刑罚化了，在当时的政治生活中，不少所谓"民事行为"，则是对社会政治秩序或伦理秩序的明显或潜在危害性。

从民事法律的结构看，对社会成员身份地位关系的调整一直是古代民事法规的主要内容。 在浓烈的专制主义和宗法家族主义的社会氛围中，社会成员地位的等差性，需要法律特别是民事法律的确认。 中国古代君与臣、主与奴以及士农工商的身份关系，得到法律严格确认和保护。 而婚姻家庭法规对个人在家庭、家族中的身份地位和相互关系的调整与保护，更是细致入微：父子、夫妇、祖孙、兄弟姐妹、叔侄，乃至对于妾、嫡子、庶子、长子、次子、继子、私生子、遗腹子、义子、赘婿等关系都有调整，其中的制度规范更是十分周详，如婚姻法中的六礼、婚书媒妁、七出、三不去、同姓不婚、良贱不婚、中表不婚、断离、和离、媵妾制度等；家庭法中的亲子关系、丧服制度、留养存亲、子孙别籍异财、违反教令制度等；继承法中的嫡长子继承、宗祧继承、遗嘱继承、立继兼祧、死丧钱物、户绝制度等。

财产关系方面，法律的调整同样非常细密，且历史悠久。 早在西周时代，青铜铭文便对确认财产关系流转的契约和民事诉讼判例多有记载，由于青铜鼎的珍贵，所谓"惟器与铭，不可假人"，充分反映了周人对于所有权关系变动的重视。 晋人关于"民有私约如律令"的习惯，更是显示了契约在民事法律关系中的地位和作用。后世关于物权和债权制度的法律规范都朝着不断丰富和完善的方向发展，从而形成了饶有特色的民事财产法律制度，如质剂和傅别、典权和质权、红契和白契、亲邻优先购买权、出举和负债及永佃权制度等。

中国地缘辽阔，地区风俗习惯差异大，宗法关系的影响，礼教观念的渗透，乡村社会潜在的民事纠纷调处主体……诸多因素使得中央政府很难也不需要提炼出一部普适于各地民事习惯的私法典。地方官眼中的"细故"案件，被视为民事纠纷，在诉诸官府前，多经过家族、乡治的多重调解，真正诉至公堂的案件为数不多。传统中国虽没有国家层面上的私法典或民法典，却有一整套调处民事纠纷的规则或机制：既有官方《户部则例》一类的定例，也有乡规民约、家规族训等，在历史长河中，它们一直是社会生活的调节器，社会和谐的润滑剂，也是中国悠久法律传统智慧的结晶。

第三节　地方性禁令

地方法律体系是地方官员根据本地区的实际情况，制定颁布的一系列禁止性命令，有的表现为告示、晓谕，张贴公布在申明亭等处，有的镂刻于金石，公示于众。相较于前者，后者更具严肃性和持续的警示性。传统中国刻石申约明禁的历史较为悠久，《礼记·月令·孟冬之月》云："物勒工名，以考其诚。"宋欧阳修《相州昼锦堂记》："勒之金石，播之声诗。"均说明将文字内容镂刻于金石的正规、持久意义。早期镂刻于青铜等器物上的禁令层级较高，一般都是拥有诸侯国王侯身份的人才有资格和条件制作，适用范围较广；而刻在石碑上的禁令，成本较低，制作方便，因地、因事，地方官员（晚近以府州县主官为主）均可立碑晓禁。史载汉代庐江太守王景"驱率吏民，修起芜废，教用犁耕，由是垦辟倍多，境内丰给。遂铭石刻誓，令民知常禁。又训令蚕织，为作法制，皆著于乡亭"①。不过唐代以前，刻石申约明禁仍属偶然事例，直到唐宋时期，以刻石立碑的方式颁布诏书、法规、公文，才成为国家权力机构的常用手段，出现了大量的皇帝御撰诏书碑、官箴石刻，以及敕牒碑、公据碑等公文石刻。明清"勒石永禁"、"奉宪示禁"等禁碑不断被刻立，它们是官府主导、官民互动以及官绅合作建构地方法律秩序的代表性模式。尽管碑文前序一般特别声明是绅民向官府呈请呼吁的结果，但都是以官府名义颁刻的，成为地方性禁令。②

地方碑禁内容大多针对发生在某一地区、可能造成危害公共安全或公共利益的群体性行为而制定的，也有的是为了整顿社会治安、扭转社会风气而制定的。

一、保护公共资源

传统中国当政者一向有保护自然资源的传统，春秋时期就有士大夫里革夏天强行砍断鲁宣公渔网，劝止鲁宣公捕捞鱼苗，并讲述了保护草木虫鱼使它们生息繁殖的意义。鲁宣公知过即改，还把提意见的里革大加表扬。③秦朝中央颁布的田令等，也禁止乱砍乱伐、滥捕滥捞，以保护自然生态。这一传统也被后世不少地方政府或地方官所继承。如武夷山九曲溪，当地政府历来有保护水源的传统，清代康熙时期，建宁府为了强化对九曲溪的保护，通过在岩壁上刻上禁令，严禁放毒张网捕鱼，成为地方性法令。经"勒石永禁"后，这条禁令成为地方法规，

---

① 《后汉书》卷七十六，《循吏列传》。

② 参见李雪梅：《法制"镂之金石"传统与明清碑禁体系》，中华书局 2015 年版，第 343 页；《碑刻法律史料考》，社会科学文献出版社 2009 年版。

③ 参见《国语·鲁语上·里革断罟匡君》。

一旦有人违犯，"许地方士民、僧道等协拿送县，以凭枷责示众"①。

有的地方官为保护风水树而树立碑禁。 如四川西昌县官府，曾与乡村联合刻立碑，禁止砍伐风水树："中山树株永远封禁，以培风水而免砍伐。 各宜禀遵勿违。 特示。"②古代水利工程大多涉及诸多地区的利益，光靠个别地方政府筹措规划，难以解决，大多情况下，需要跨界地方政府出面协调，制定规条，共同遵守，才能综合利用水源，防止因个别地方保护，而各自划界，相关碑禁的防治意义就显得尤为重要，如《湘湖水利永禁私筑（勒石）记》。 至于水源利用引发的区域纠纷，也需通过协商沟通，达成妥协，找出折中方案，以求永远弭息纠纷，该方案往往被地方政府刻于石碑，视为禁令，如《都总管镇国定两县水碑》（金代天眷二年洪洞广胜寺水神庙）即为解决赵城、洪洞二县用水之争而设。

四川成都县，曾有生监把持寺庙，独占寺庙财产，引发檀越不满，激起纷争。 当地政府乃发令立碑晓禁："其士民施舍之田产，修建之寺庙，俱该僧尼道士经管，（以）〔亦〕不许檀越擅自售卖。 如遇犯案到官者，该地方官随时办酌，按律惩处，仍行勒石示禁可也。"③

二、禁止官吏扰民

地方官吏，借口公务，乘机扰民害民之事历代皆有，不少地方官府，时常颁刻禁令，防微杜渐。 如清代光绪年间福州船政大臣、福建

---

① 《禁鱼令刻石》，康熙三十五年（1696）三月，福建武夷山小九曲金谷岩壁，建宁府崇安县颁布。参见朱平安：《武夷山摩崖石刻与武夷文化研究》，厦门大学出版社2008年版，第479页。

② 《西昌县禁伐树木告示碑》，同治十三年二月上浣，四川西昌南海乡（官禁乡禁合刻），《北图藏拓》84册，第77页。

③ 敕禁生监把持寺庙碑（乾隆三十一年四月八日），藏于留坝县张良庙中。

巡抚丁宝桢，鉴于台湾府属管理乘买补仓粮之际，需索民众，中饱私囊，特颁禁令："倘有承行吏书敢再勒派业户，按照田亩缴价，许受累者，指名禀究，除将该管官查参外，定将该衙蠹立毙杖下，本部院言出法随，幸勿以身尝试，凛之切切，特示。"（光绪二年二月）该禁碑由台湾府凤山县知县孙继组遵奉刊立。一省巡抚，在自己辖区内，就官吏需索扰民行为进行晓禁，并规定了具体罚则："管官查参"，"衙蠹立毙杖下"。

又如禁止漕粮陋规。清代苏松常镇督粮道曾立碑示禁："漕粮一切陋规，本道历经禁革，并不丝毫染指。此心可对天日。属吏仍指苛征，小民未沾实济。今特再行勒石，务期肺肠洗涤。道府监兑州县，毋事虚名矫饰。如有私取分文，必遭天诛地殛。"①

另如清代《嘉定县为禁盗捕诬扳立十家保结告示碑》（碑原在嘉定县南翔镇，年月原缺）、《禁衙蠹乘参访巧织款案陷害盐商告示碑》（顺治十二年）、《嘉定县永禁捕役嘱扳殃民告示碑》（乾隆三十一年十一月）以及《常熟县永禁苛派行户渔肉铺家碑》（康熙九年）、《元和县严禁滋扰虎丘山塘铺户及进香客船碑》（嘉庆十一年）、《元长吴三县永禁诈索商船碑》（嘉庆十五年）、《嘉定县为禁光棍串通兵书扰累铺户告示碑》（康熙二十四年五月）、《苏松两府为禁布牙假冒布号告示碑》（顺治十六年四月）、《松江府为禁奸胥市侩私勒茶商陋规告示碑》（康熙十二年十一月）、《上海县为禁行头向宁帮烛业需索诈扰告示碑》（同治七年六月）、《嘉定县为申明放赎奴婢定则告示碑》（乾隆四年）以及《嘉定县为浚河禁派育婴堂杂泛差徭告示碑》（乾隆

① 《苏松常镇督粮道杨示禁》（现存常熟碑刻博物馆），江苏省博物馆编：《江苏省明清以来碑刻资料选集》，三联书店1959年版，第657页。

二十三年八月)等①，均属于此类禁碑。

三、禁止群体事件

明清时期，江南一带民众经常举行迎神赛会，不法之人往往借机向民户敛钱，为了防止此类事件再度发生，地方政府特颁布禁令，刻石立碑："嗣后不准再有迎神赛会、聚众游境，以及藉端敛钱情事。倘敢阳奉阴违，一经察出或被告发，定将首事人并该主持经保严办，决不宽贷，其各凛遵。"②

雇主与工匠的雇佣与被雇佣的关系，在明清时期工商业相对发达地区所在皆有。由于对工匠的需求量大，工匠一旦对工资等不满足，往往相约集体罢工，令雇主十分被动，影响正常手工业生产。加之缺乏劳动保护等相关规定，雇主之于雇佣处于强势地位，为了维持生产，阻止工匠罢工，雇主便请求官府，颁布地方性禁令，并勒石立碑，晓示工匠。如清代苏州长洲县府曾刻石颁布"永禁机匠叫歇"禁令："示谕机匠人等知悉：恪遵宪禁，各安其业，毋得聚众叫歇恔工，致干照把持行市律究处，枷号示众。"③该禁令中不但规定对于挟众叫歇的"不法棍徒"，允许当地邻人等闹到官府，而且以"比照"国家刑法的方式，制定了对当事人的刑事处罚标准，完全成为地方性刑事规则。与此类碑禁相似的还有如：《元和县严禁机匠借端生事倡众停工碑》（道光二

---

① 上海博物馆图书资料室编：《上海碑刻资料选辑》，上海人民出版社 1980 年版，第 454、457、453 页；苏州历史博物馆、江苏师范学院历史系、南京大学明清史研究室合编：《明清苏州工商业碑刻集》，江苏人民出版社 1981 年版。

② 《苏州府长洲县正堂禁示碑》（同治七年三月二十八日），苏州警察博物馆碑廊。

③ 长洲县永禁机匠叫歇碑雍正十二年(1734)，苏州历史博物馆、江苏师范学院历史系、南京大学明清史研究室合编：《明清苏州工商业碑刻集》，江苏人民出版社1981 年版，第 15 - 16 页。

年）、《苏州府为永禁踹匠齐行增价碑》（康熙三十二年）、《苏州府约束踹匠碑》（康熙四十年）、《元长吴三县严禁纸作坊工匠把持停工勒增工价碑》（乾隆二十一年）、《吴县永禁造箔工匠倡众停工碑》（道光十七年）等。

四、维护地方治安

维护地方治安，是地方官吏的职责，每个辖区的治安情况都不同，地方政府在制定相应的禁令时，一般都要根据辖区治安特点，有针对性地拟定内容，制作碑禁。由于社会治安涉及面广，各地的禁令也是五花八门，阻葬的、打劫寡妇的、贩卖私盐的、聚众赌博的，等等，均属于政府禁止、打压的对象。如清代松江府知府与青浦县知县等，就曾针对上述行为制立碑禁。《青浦县为禁地方弊害告示碑》（碑原在青浦县金泽镇）："嗣后敢有地棍奸徒，故违严禁，恃强为害者，许诸色人等协力擒拿解府，以凭严拿究解（院司）各宪，按律究拟，断不轻贷。"[1]

该碑为松江府、青浦县两级行政主官联署制立，足见阻葬、劫孀、聚赌、贩盐等对地方秩序的危害程度已经非常严重。另如松江一带脚夫吹手群体，会因工价等事，结帮横行，敲诈勒索，刁难客户，严重影响地方治安。为此，官府不断发令加以制止，所立《松江府规定脚价工钱告示碑》（康熙二十二年二月）、《嘉定县严禁脚夫夫结党横行告示碑》（康熙二十五年）、《华亭县为禁脚夫霸占婚丧扛抬告示碑》（乾隆二十年十月）、《上海县为禁脚夫人等分段把持告示碑》（嘉庆六年十一月）、《为禁吹手勒霸并规定吹手工价告示碑》（同治八年五

---

[1] 上海博物馆图书资料室编：《上海碑刻资料选辑》，上海人民出版社 1980 年版，第 449-451 页。

月）等，均是针对此类群体的。 再如乞丐地棍等，往往群集而行，划定地盘，结党滋事，妨碍观瞻，地方政府也会贴文立碑，试图禁绝。如：《上海县为禁止流丐成群结党滋潜扰告示碑》（道光二年六月）、《上海县为严禁流丐结党盘踞扰累告示碑》（道光四年十一月）、《青浦县永禁流丐勒诈滋扰告示碑》（道光二十三年七月）、《松江府为禁流丐土匪勾结盘踞强索肆窃告示碑》（道光二十五年八月）、《严禁恶丐结党强索扰累闾里告示碑》（同治十二年十一月）、《松江府永禁地棍恃强为害告示碑》（康熙四十一年三月）等①，均属于此类碑禁。

碑禁在众多地方性禁令中，最具权威性，其他禁令文告也不少，一般通过抄录张贴于公众易于见到的地方，以便民众对照执行。 如广东广宁为禁止当地民众抢捞过往散落竹排，而特发禁令文告：

> 嗣后如遇有贩运竹木排张，经由该处河面，预当约束乡人子弟，安分守法，毋得藉端拦阻，肆意讹索。如竹木排张船只，有遭风遇涨，被水冲漂，不得乘机捞抢，盗卖勒赎。店铺人等，亦不得窝留私买。倘敢故违，一经访问或被告发，定饬严拿，勒交究办。绅耆牌保，如敢纵容包庇及串通分肥，亦即一并拿究，决不宽贷，各宜凛遵，毋违。特示。（嘉庆十七年三月刻）②

诸如此类的碑禁还有很多，有时连粪行占据码头地盘、索扰农民的行为，都得由政府制立碑禁，告示防治，如《常昭二县严禁粪行占埠索

---

① 上海博物馆图书资料室编:《上海碑刻资料选辑》,上海人民出版社 1980 年版。

② 广东广宁县同治九年十二月刊刻的《广东提刑按察使司为严禁捞回抢竹木排张告示》,是一份官禁文件抄白。

扰农民碑》（光绪二十八年）等。 这类禁令，均具有地方性法规性质，在某一地区、某一时段或针对某一类人群行之有效，成为国家法律体系的补充。

第四节 乡规民约

习惯，是一种民间沿传相袭的风俗惯习。 沿用这些风俗惯习的民众，经过长时间的实际生活的体验，将其视为符合他们活动地区状况的生活习惯。 习惯获得该地区人群的普遍默认，能够调整彼此的人际关系，调处相关纠纷，从中可以享受到对各自利益的保护，并不断加以总结，通过文字形式制定出来，演化成某些规则。 辗转流传，历时越久远，这些规则效力就可能越高。 它们不是君主圣谕所颁布，也不是立法机关所确定，而是民间自发生成、长期存在及协商制定的，在法律没有对相关领域做出明文规定之前，这些规则就自然而然地成为民间规约，今人常俗称之为"民间法"。

近代"法"的含义众所周知，民间是否有"法"，还可商榷。 其实，正如"契"一样，传统中国人的智慧给我们留下了足够美妙的词汇："乡规民约"、"家规族训"、"行业规范"（简称"行规"），如果为了避免今、古"法"在词义引用上的歧义，不妨直接就用"民间规约"来表示，它基本涵盖了"乡规民约"、"家规族训"、"行业规范"等概念。 民间规约来源于风俗习惯，但不是所有风俗习惯都可以变成民间规约，它们之间相通，而不等同。

一、乡村规约

传统中国，西周封建时期，通过层层分封，由诸侯、卿大夫、士等管理社会；秦汉郡县制度实行后，则通过各级官僚管理社会；科举制度之后，身份世袭等级界限被打破，除法律禁止参加科举考试的特殊群体外，所有男性社会成员（个别时期女子可以参加科举）只要通过科举考试，就有可能进入文官系列。科举取士之后，官员以品划分，共计七品或九品，七品或九品是文官系列中最低等级，他们多担任州县官职务，州县官也就构成了最基层的文官群体。

通过科举考试的官府对社会的控制一般只到县一级，最低级的品官也是到知州、知县一级，乡村一级行政不在国家文官体系序列。州县官主要任务是维护一方治安，按时收缴田赋、征派徭役、处理重大刑事案件，其他日常工作多由乡村自治。因此，在国家法律体系和地方官府禁令约束不到的地方，乡民就自创规约，这些规约只能在某个区域或某个特定的群体之间适用，大原则是不与国家法冲突，又能兼顾到乡民利益，划分乡民权利、义务，获得乡民认同。

民谚云："十里不同风，百里不同俗。"若干个"十里"、"百里"区域的乡民，就是本区域的主人，要保证大家和睦相处，相安无事，当然得自己规范自己的行为。一些五花八门的明示规约无疑成了乡民的行为守则。这些规则可以是书面签约，也可以签约后再勒石开示。乡村规约所涉事务比较重要，而且关系到绝大多数乡民利益，如为官府尽职、自然生态、风水吉地、社会治安、阖村祖祠等。

第一，完成官府义务。

这方面的规约，较早勒石的属汉代建初二年（77）的《侍廷里父老僤买田约束石券》较具代表性。僤（亦作弹、单）是汉代乡里一种组织的名称。里有父老，其级别低于乡、县三老，是汉代基层社会中负责沟通官方与民间事务的人物。担任父老者，有年龄、德性和中赀等方面的要求。"中赀"指需要一定的财产基础。里中父老接受官府差遣，但没有俸禄。因此出任父老一职，在获得当地居民尊重的同时，也要承受一定的经济负担。"父老僤"正是为解决这一问题而由民间自发设立的。碑文载"侍廷里父老僤祭尊于季、主疏左巨等廿五人，共为约束石券"，即侍廷里有父老资格的 25 人集体购买田 82 亩，以供僤内成员担任父老的费用，并对成员的土地使用权、继承权，以及退还、转借、假贷等可能出现的情况做了相应的规定。这一乡里社会的自助组织与《刘熊碑》中所载官办和官助民办以平均更役及敛钱雇役为任务的"正弹"性质有所不同①，其约束内容，反映了民间社会中一定程度上存在自治与管理功能。

虽说保甲制度是传统中国创造性基层社会治理模式，但官方只是保甲的倡导者、推行者，保甲内部的运行，官府无法介入，也无须介入，关键还得靠乡民自己管理，通过制定规约，把立甲的原因、入甲各户的权利、义务、纳粮交费的规定等，都写进规约，各户照公约执行。只是各村情况不一样，各村立甲公约特色明显。如浙东奉化县廿乙都二庄应家棚地方因原甲首家庭变故，难以应付官府的差务，又找不出一个实力雄厚的新甲首出面，全权包揽全甲事务，只能将责任重新分摊，由各户共同出力出资，保证该甲的正常运行。新的规约由此产生：

> 议明应、陈、蒋三姓并异姓等捐资创立甲，挨次轮办，上可以早完国课，下可以安静众户。所捐之款，其生息所出可抵粮务应用之。其人法臻美，善事可久长，爰立一式四纸，四堡各执一纸。所议条款开列于后（计十议）。

> 光绪十五年清和月四堡公启②

---

① 参见高文：《汉碑集释》，河南大学出版社 1997 年版，第 11 页。

② 张介人编：《清代浙东契约文书辑选》，浙江大学出版社 2010 年版，第 105 页。

奉化县应家棚"立甲十议"公约由应家棚各户协议签订，涉及内容广泛细致，诸如甲首应当由谁轮流承当、祀众及孀寡例不当甲、挨次当甲以三年为一周期、甲众应交的费用、契据与地产的抵押要求、催粮人的身份及责任以及其他各项杂费的捐献标准等，均规定明确，成为适用于应家棚地区的共同规约，且与国家法律并无直接关联。

第二，保护自然资源。

相对于各家拥有财富而言，恐怕没人比乡民们更关心自己所生活的环境。除了国家法律会对自然生态资源做出原则性保护规定之外，乡村规约亦对生于斯、长于斯的生活空间做出了详细的、保护性的约定。这里是乡民祖祖辈辈生活之处，他们也知道什么最需要保护，如何保护。乾隆年间，广东乳源县某乡为保护森林资源而树立《封山育林禁约山界碑》，众公议十条禁例，"若有犯禁，一列照簿公罚。强硬不服者，送官究治，决不容情。为此，立碑晓谕"（乾隆二十一年孟冬）①。从署名情况看，该碑禁有 22 户姓氏参与规约的制定，覆盖面广及全乡；十条规约对所禁事项规定详细，无论是本乡人还是外地人、汉族还是少数民族、砍伐树木还是偷盗庄稼等，均有禁约，属于典型性的乡村规约。对于违禁者，决定先按照规约，公开处罚，乡规约束不了的，则"送官究治，决不容情"。将国法作为乡规的救济防线，无疑增加了乡规的权威性。

不少村子也有保护自然资源的习惯，只是范围相对小些，保护的对象更具体，制定规约的群体也比较集中特殊，如某族（个别地方族村合一）、某共同祭奉的庙祠等。还有为风水吉地而立规保护树木的，如

---

① 广州乳源县《封山育林禁约山界碑》，谭棣华等编：《广东碑刻集》，广东教育出版社 2001 年版，第 149 页。

广州仁化县恩村乡某族为保护风水宝地所立的禁止砍伐碑禁："为严禁本村后山树木事……如有不遵约束，敢行盗窃者，倘经捉获，或被查知，定必重罚，断不轻饶。如敢持横抗拒，即捆呈官究治，幸各凛遵，毋违。此禁。"（大清光绪十五年岁次己丑仲秋月吉日族长蒙陈瑞暨合族绅耆仝立）①该村规制定的目的很明确，该村的风水"端资树木以扶持"，乱砍乱伐，势必破坏风水，所以规定，"一条一枚，亦必勿剪勿伐"，一旦违犯，严惩当事人；举报或当场抓获违反者，则予以奖赏。从署名来看，该碑刻是族长蒙陈瑞暨合族绅耆共同制立的，蒙姓氏族当为该村主要村民。

徽州人非常讲究风水，重视保护村中的水口林、坟山荫木。祁门县塔坊乡和田黄氏家族在乾隆三十二年（1767）二月，就订立了一份禁立坟山的合约，前两条就是罚戏："一、坟山毋许盗砍窃取，如违罚戏安醮；二、纵火烧山松杉桩脑，如违，罚戏一台。"②又如，祁门县彭龙乡环砂村一块清嘉庆二年（1797）的"永禁碑"，碑文阐述了乱砍滥伐的危害性，强调保护山林资源，严禁乱砍滥伐，严禁纵火毁林垦荒的意义，并制定了各项奖惩的措施，如："纵火烧山者，罚戏一台，仍要追赔木价；挖桩脑者无问松、杉杂植，罚戏斗台；采薪带取松、杉二木，并烧炭故毁，无问干湿，概在禁内，违禁者罚戏一台。"③正是由于先人们严格遵守森林保护的乡规民约，才使得今天祁门的水口林成为一道靓丽的风景。

---

① 《严禁本村后山树木碑记》，光绪十五年，广州仁化县恩村乡政府西侧门楼，《广东碑刻集》，第112页。

② 陈琪：《古徽州民间"罚戏护林"习俗》，《安徽林业》2006年第4期。

③ 参见春杨：《晚清乡土社会民事纠纷调解制度研究》，北京大学出版社2009年版，第212页。

　　乡村规约大都具有奖励和惩戒的功能，如"罚戏"为惩罚，观戏自然就是奖励。"公议演戏勒碑"的习俗要求，乡规民约经过宗族或村人制定好后，要写进宗谱，要张榜张贴，还要演戏刻碑告诫众人。演戏花费大，有轰动效应，一旦定下日子演戏，宗祠要杀猪请客，还要请乡邻绅士，前来助兴观摩。演戏前，要将乡规民约当场宣布，要求合村民众及周边村民不得违反，否则要罚戏重禁。邻村绅士除了冠以观摩之名前来助兴外，更重要的是顺便充当见证人，实际上也起到监督作用。① "罚戏"规约，算得上是"雅罚"，既愉悦了广大乡民，又警示了乡民，对违规者则达到惩罚目的。这种处罚方式在 1990 年代拍摄的电影《被告山杠爷》中被演示出来。堆堆坪村支书杠爷在全村集会时，对山娃媳妇虐待老人行为予以惩治，罚她为本次全村电影放映买单，同时宣布：本村今后若有谁打骂老人，就罚谁出资给全村放场电影作为惩罚。这条村规，当场获得全村人赞同。这是传统乡规民约的再现。

　　有的村庄供奉神庙，期盼神灵托庇保佑，认为神庙周围的树木，可以安妥神性，不能轻易砍伐，需立村规，加以禁止。如山西盂县上社镇大西里村有三官庙、虾蟆庙两座神庙，为村民敬奉。村民专门制立规约碑禁，特别保护庙宇周期的树木："有人烧坡者。罚米一石。"（乾隆三十二年七月）②碑文清楚写明，该碑禁是经"合村公议"订立，实际明示该规约的公信力，是全村人必须遵守的规约。可见，乡

---

　　① 参见春杨：《晚清乡土社会民事纠纷调解制度研究》，北京大学出版社 2009 年版，第 211 页。

　　② 《三官庙禁山碑记》，山西盂县上社镇大西里村虾蟆庙，刘泽民、李玉明总主编：《三晋石刻大全·阳泉市盂县卷》，山西出版集团、三晋出版社 2010 年版，第 296 页。

规民约不是刻在碑上、写在纸上看的，而是要让村民实实在在地遵照执行的，不得苟且侥幸。

第三，维护社会治安。

虽然传统中国有"普天之下莫非王土，率土之滨莫非王臣"之说，但王是否有如此无边的"法力"值得怀疑，倒是"天高皇帝远"一说，更符合中国乡土社会实际。乡民只要不杀人放火、沦为贼盗，按时完粮纳税，一生基本不会与官府发生关系。乡村治安，基本也由乡民自理，不少乡村的治安规约，就是乡村社会组织和乡村社会自治的形象写照。如云南安宁县曾有二十个村的村代表34人，共同议定乡村治安问题，并以代表共同签约的方式确定相应规则。

为了让诸多村落"欲享太平，共安无事"，规则要求对本村不安定分子、外来的不法人员、下乡扰民的书吏，大家一同警惕，严加防范；村规处分不了，及时报官申请支援。有意思的是这件文书以同心圆并有放射型的方式签名画押①，非常形象地体现出大家共同遵守合同、齐心协力的内涵，特别强调二十村士民人等"公同情愿，并无逼迫"的签约过程。

淳朴的民风，是乡村社会追求理想境界。针对一些地区存在的不良风气，村民如果意识到此类风气有可能对村民日常生活和社会风气造成恶劣影响，也会通过协商签约的方式，加以防治。规约一旦制定，村民会互相提醒监督，保证规约的执行。如清代某村王氏村民，自发签约禁赌。王氏族人针对本族本村赌风盛行、导致村民不务正业、生活贫困，集众写立禁约，禁止赌博以警后患。上援朝廷法律、乡党禁

---

① 吴晓亮、徐政芸主编：《云南省博物馆馆藏契约文书整理与汇编》第三卷，人民出版社2013年版，第270页。

条，下定村规民约，详细规定了对参与赌博之人以及纵容赌博者的惩罚标准，希望达到"家风自此振兴，人心从兹改革"的目的。该规约对立规的理由、惩罚的依据、各自存照的要求等，都交代明确，以便众人知晓，严格执行，具有权威性和约束力。①

一些乡村为了体现本村村民皆为"良民"身份，连在当地赎身的奴仆，都不准居留当地，甚至要以乡约制立碑禁。如广州番禺县中浣四户大姓就倡议制立公禁碑，对已经赎身的奴仆去留做了严厉规定："我乡主仆之分最严。凡奴仆赎身者，例应远迁异地。如在本乡居住，其子孙冠婚、丧祭、屋制、服饰，仍要守奴仆之分，永远不得创立大小祠宇。倘不遵约束，我乡绅士切勿赡徇容庇，并许乡人投首，即著更保驱逐，本局将其屋宇地段投价给回。现因办理王仆陈亚湛一款，特申明禁，用垂永久。光绪十一年五月中浣仁让局王、何、黎、李四禁公禁。"②碑文充满了身份歧视，有强烈的排外倾向，却为当地乡民所接受，具有规约功效。

其他如集资办会、祈福免灾等规约，是凝聚人心、维系熟人社会的有效手段，也是丰富乡民精神生活的重要方式。因为各乡村信奉的神灵不一样，经济发展水平也不平衡，办会的规模、所需费用因地而异，所以订立的规约也不同，但就某一地而言，一旦规约制定，签约人就得自觉遵守，不得有违。如唐宋时期，敦煌地区一直有立社传统，为了立社，乡村民众往往签订立社规约，约定立社入社的条件，保证"社"的组织和运行，其中如：唐大中年间儒风坊西巷村邻社条，大中四年正

---

① 转引自春杨：《晚清乡土社会民事纠纷调解制度研究》，北京大学出版社2009年版，第 209 - 210 页。

② 《四姓公禁碑》，光绪十一年五月中浣，《广东碑刻集》，第 74 页。

月廿五日比丘福惠等修窟立凭、敦煌郡等某乙社条、立社条件、上祖社条，大中九年九月廿九日社长王武等再立条件、某甲等谨立社条，大中十四年正月廿四日旌坊巷女人社社条，唐景福三年五月十日立社条件，后周显德六年正月三日女人社再立条件，吐蕃申年五月社人王奴子等立社条件状，宋太平兴国七年二月立社条，景德元年五月廿一日窟头修佛堂社再立条件等。 立社、办会，是传统乡民的习惯，但由谁牵头、经费怎么摊派、参加人员资格等，都要在规约中确定下来，方能保证会社活动的正常开展。 如清代浙东某村村民签订的"应友坎会"会则，对办会的宗旨、时间、会首的权利义务、会友的权利义务、应交会费的数量等，都有详细说明，该规则由村民（会友）制定，大家共同遵照执行。 乡村做会，规模较大，次数较多（如应友坎会每年举办3次），会钱只能由村民摊派，集体承办，选出会首负责操办，属于全村的"公益事务"，通过相关规则明确村民的权利义务，以保证"会"的正常举行。①

二、行业规约

乡村规约，顾名思义，就是乡村民众的生活准则。 在市镇经商的生意人，也有自己的组织如"会馆"等，为了互助合作，保证信誉，也会制定行业规则，俗称"行规"（近代以来一般称为"××章程"）。勒石明示，以约束经营组织或经营个体的生意行为，维持市场秩序，为同业者的经营活动创造良好的内外部环境。

行规一般是行业准入的标准，也是行业组织维系的必要保证，主要依据同业人员约定及习惯形成，内容主要涉及维护行业信誉、保障公平

---

① 《"应友坎会"会则》（光绪四年），张介人编：《清代浙东契约文书辑选》，浙江大学出版社 2010 年版，第 110 页。

买卖、严禁缺斤短两、严禁买卖赃物、偷逃税款等。 如北京《新立皮行碑记》中有严禁购买同行失窃货物（实即制止倒买倒卖同行的货物）的行业规则。 碑文规定："有行中见贼偷盗去生熟皮章货物，本行人不准买。 如有买者，公议量力罚款。 不依规矩者，公举伊贼同谋。""有看见本行人买贼偷、失丢皮章货物，于行中会馆总管言明。 会中送银二两，作为薪水。"①规范既禁止购买盗赃，同时奖励举报盗贼、协助查找失窃物品之人，奖惩并重，是较为典型的行业内部自律规范。

"诚信为本"、"童叟无欺"、"和气生财"等，都是传统中国生意人普遍信守的道德原则。 尽管也有"无商不奸"之说，但此"奸"多指没有商人不想赚别人的钱，并不全是指通过坑蒙拐骗、获取不义之财的经营理念或行为。 因此，售卖假冒伪劣商品、贬损其他经营者的声誉等，都是不少行规禁止的对象。 如光绪三十二年（1906）苏州《银楼业安怀公所议定简章》规定："如有以低货假冒，或影射他家牌号，混蒙销售易兑者，最足诬坏名誉，扰害营谋。 一经查悉，轻则酌罚，重则禀官请究。"②对违背行规者，情节轻的由行会内部处罚，严重的则由行会申请官府惩治。

同质行业之间必然存在生意上的竞争，如果没有行业自律，难免发生恶意竞争，结果导致经营无序，市场紊乱。 因此，不少行业会馆根据经营特色及市场规律，制定出本行业的经营行规，互相约束，保证良性竞争。 如山西杂货行，就曾根据杂货行的经营特点，制定杂货行

---

① 彭泽益编：《清代工商行业碑文集粹》，中州古籍出版社1997年版，第24页。
② 彭泽益编：《清代工商行业碑文集粹》，中州古籍出版社1997年版，第117页。

规，并刻碑为禁（大清乾隆五十年岁次乙巳九月十七日，阆镇杂货行全立）①。该行规对本行业诸多经营要求、开行事项、行业禁忌、待客之道、公平竞争都有详细规定，并在本行内部，对违规者可以进行一定的经济处罚。该行规制定后，未必报送官府，但通过立碑晓禁，无疑对杂货行业经营者的自律产生了约束力。

提倡行业互助，也是行规的重要内容之一。行业互助救济是使业内人员贫弱病死各有所安，而行业应急救援特指行业内人员因受到外部侵扰而使同业采取联合应对的做法。因涉及行业整体利益，对"联动"行为的设定相对谨慎并强调公私分辨。如康熙六十年（1721）北京《正乙祠公议条规》：

> 人有患难，理宜相恤，事逢横逆，更当相扶，庶不负公建斯祠之盛举耳。今公议，自作召祸，及不入斯会者，不在议内。如有忠厚之人，横遭飞灾，同行相助。知单传到，即刻亲来，各怀公愤相救，虽冒危险不辞，如全行友解患扶危之谊。嗣议之后，知传不到，逢险退避者，罚银十两。②

由碑文可知，应急性救援的对象是入会者和忠厚之人，游手好闲、品行不端或自行作恶招灾惹祸的人，不得享受救助。

有的会馆根据时代的变化，不断改进、更新行规，使之适应行情发展需要。如嘉庆二十四年（1819）《苏州如意会重立新规碑》，对重

---

① 《公议杂货行规碑记》（此碑立于清乾隆五十年，现存于河南省社旗县山陕会馆西廊坊），张正明、科大卫、王勇红主编：《明清山西碑刻资料选》（续二），山西出版集团、山西经济出版社 2009 年版，第 379 - 380 页。

② 彭泽益编：《清代工商行业碑文集粹》，第 35 - 36 页。

立碑禁的原因做了说明：以前的行规，"日久废弛，条例紊乱"，虽经数次修订，"仍复不遵规例，恐蹈前辙之弊，不得不整立规条，重整新规"①。 所谓"日久废弛"，并不仅见于工商行规，在官府颁刻诸如禁当官、禁衙役滋扰、禁垄断把持、禁假冒商标等工商禁碑中，也不断提到"日久禁弛"而致重新立碑之事。 有的行业是从无到有、从小到大，相应行规需随之重新制订或调整，如同治十年（1871）《上海县为油麻业遵照公议定章加银告示碑》勒写"油麻一业，咸丰六年以前未立行规，并无司事"，其原因是"因店业常稀，生意未广"，至同治初年，"店业渐增，生意渐广，公事渐繁"，建立公所、议立行规便成为迫切之事。② 这说明油麻行业前后发生变化，需要建所立规，规范行业行为。

对于公产契券保全，不少会馆还会采用勒石备案的方式。 根据《大清律例·户律》"盗卖田宅第六条例文"规定："凡子孙盗卖祖遗祀产……其祠产义田令勒石报官，或族党自立议单公据，方准按例治罪。"会馆对于行业公产，将契券备案勒石，并由官府出具示禁保护碑，不仅符合法律规定，而且也是防止公产流失最有力度的保全方式。官府对工商行业提出的保护公产请求，也多给予支持③，国家法与工商行规很大程度上保持了统一。

三、会社规约

传统中国，民间存在诸多会社，它们均有自己的规约，自治特色明显，涉及的范围较广。

---

① 王国平等编：《明清以来苏州社会史碑刻集》，323 页。

② 彭泽益编：《清代工商行业碑文集粹》，第 75 页。

③ 参见李雪梅：《工商行业规范与清代非正式法——以工商会馆碑刻为中心》，《法律科学》2010 年第 6 期。

慈善事业主要由民间的宗族、善会善堂、私塾书院及其他机构承担，国家机关对此多表示支持，对于各专门机构订立的慈善规约（或章程）也会给予行政上的认可，以鼓励民间机构发展慈善事业，协助减轻政府的负担。晚清同治年间学者余治辑编的古代慈善规约集《得一录》，收集了六十多种相关规约。这里特罗列规约名称，以方便读者大致了解有关规约的内容：范氏义庄规条、同善会章程、保婴会规条、育婴堂章程、恤嫠会条约、清节堂章程、儒寡会章程、恤颐堂章程、冬月收养遗孩条程、冬月恤丐条约、救生局章程、救火章程、施药局章程、栖流局章程、义仓章程、救荒章程、济荒粥赈章程、灾年恤产保婴规条、蚕商局章程、伐蛟事宜、捕蝗章程、勤俭社约、放生会章程、放生官河条约、赏节会规约、区种章程、借米实惠法、恤寒会事宜、葬亲社约、永安会条程、保墓良规、收埋路毙浮尸章程、尸场经费章程、施棺代赈条约、教孝条约、义门族约、宗祠条规、治家规范、学宫洒扫职规条、书院规条、义学章程、粤东启蒙义塾规条、变通小学义塾章程、蒙馆条约、收毁淫书局章程、翼化堂章程、惜字会条程、惜谷会条约、首善堂章程、汇旌节孝坊祠条程、劝善提纲、抚教局章程、吕氏条约、保甲章程、双惜扶颠局规约、官长约、乡绅约、高子宪约、训俗条约、身世十二戒、羁所改作章程、不费钱功德条例等。上述规约涉及的范围以慈善事业为主，其中也不乏教育、对失足人士的教化、保甲制度、普法宣传等。

此外，还有按群体类型签订的规约。如文人活动，也往往有结社会社规约，只是所取社名，较之乡民，要雅致得多，所以文化人的会社多称"雅集"，诸如：文雅社约、义学约、乡射约、稽山会约、楚中会条、赤山会约、东林会约、讲宗约会规、证人社约言、续证人社约诫、胜莲社约、志学会约、真率会约、古欢社约、塾讲规约、钟山书院规约、读书社约、放生会约、月会约、圣节会约等。

至于综合性乡约，或以家族为单元，或以区域为单元，或以活动内容为单元。代表性的有：吕氏乡约、增益蓝田吕氏乡约、南赣乡约、泰泉乡礼、乡约篇、乡甲约、治乡三约、同里公约、现行乡约选要等。①

总之，传统中国的乡规民约，依照类型，可分为行政和自然村乡规民约、宗族乡规民约、会社乡规民约和某一特定群体或组织乡规民约；从内容看，大体上可以划分为宗族的族规家法、森林保护规约、宗族族产和坟墓禁约、议事合同、会社规约、禁赌公约、兴办学校和教育公约以及和息文约等；就功能而言，可分为告知性、禁止性、奖励类、惩戒类和议事类乡规民约；在表现形式上，可分为纸质类、碑刻类和木质类，大多互相兼通，纸质类最为简易，可以每户人手一份，便于保留对照，刻于碑坊、祠堂，既是为了公布于众，增加宣传教育面，也是为了标明其严肃性和恒久性。② 民间规约与国家法关系，目标大致一致，都是为了塑造稳定和谐的社会秩序，功能上互为补充，相辅相成：国家法起了宏观规范、导向性作用，民间规约则是乡民生活规则的细化，更贴近乡民生活的环境和自然需求，更接"地气"，也更能为大众所接受。

---

① 有关传统中国的民间规约文献的整理成果以杨一凡、刘笃才点校的《中国古代民间规约》(社会科学文献出版社 2014 年版)收集得相对丰富。

② 参见春杨：《晚清乡土社会民事纠纷调解制度研究》，北京大学出版社 2009 年版，第 208 页。

第五节　家规族训

家庭是社会的细胞，家族是家的扩大化。宗法血缘结构是社会结构的基础，君主集权是父氏家长权力的升级，家庭、家族结构的稳定与否，直接关系到国家结构的安危。因此，维系宗法血缘关系，成为传统中国法律的主要功能之一。秦汉之前的宗族是贵族化的宗族，秦汉以后的宗族，则逐步平民化。宗族治理途径官民结合，但以自治为主，自治的规则体系主要表现为家规族训，举凡"家规"、"家典"、"家训"、"家诫"、"族训"、"宗规"、"族规"、"族约"、"祠规"、"义庄规条"等，都可纳入其中。许多宗族特别制定专门的家规族训，有的在修纂族谱时，订定条例。这些规例涉及家族成员生活的各个方面，诸如对家庭、宗族、亲友、君主、国家、法律的态度，它们不仅是人伦道德标杆，还是全面规范族人行为的基本准则，具有强制约束力，实践中可操作性强。而所谓的纲常名教，核心是讲究对长上的孝道，对君主的忠道，对国法的遵守。学界也常统称家规族训为"家族法"，或归到"民间法"之列。它们虽不属于国家法律体系，但无论是功能还是形式，都与国家法律体系关联密切。一定时期，它们可能与国家发生冲突，但总体而言，与国家法律多为互通、互动及互补关系，是维系基层社会秩序不可或缺的规则体系。民间的重视，加上国家的倡导，使得家规族训呈现出多姿多态的特点。

一、修身齐家的总纲

1. 日用伦常规范

古人有"一屋不扫，何以扫天下"之说，意思是要为天下做贡献，首先得把家事安顿好，连家都治理不好的人，不能指望他在社会上有所作为。修身、齐家、治国、平天下，既是儒家倡导的做人、处事、报国的基本要求，也是传统中国对个人德行和志向的普遍期许。重视家庭（家族）成员道德品行的养成和家庭（家族）伦理秩序的维护，一直是社会主流风尚。不少家庭或家族，尤其是士大夫家庭，都有自己的家训或族训，世代相传。也有以"家风"形式传承，由口耳相传演变为家族习惯。家训往往由本族最有名望或最有学问的人制定，后世族人传承不断。家规、族规为家庭、家族成员的行为准则。与规约相比，家训更偏重于道德上的教训，规约偏重于行为上的规范。

为什么要有家规族训？广东宝安《鳌台王氏族谱·家规》序言中就说："因是体先志以立规，撮名言而作则。其事不外日用伦常，其义同于布帛菽粟。循是而行，譬之木从绳则正焉。"订立家规，是为了按照祖先的要求，规范日用伦常行为。江苏武进城南张氏讲到订立的原因："王者以一人治天下，则有纪纲，君子以一身教家人，则有家训，纪纲不立，天下不平矣，家训不设，家人不齐矣。"①所谓"家训不设，家人不齐"，族人要对宗族取得共识才能众志成城，依靠家训取得认识上的一致，族人才能接受族长的治理，宗族才能团结，成为牢不可破的群体。张氏是从正面讲道理，而浙江山阴柯桥杨氏则从正反两面来讲同样的道理："自古教国必先教家，故能不出家而教成于国，诚由平时父诏兄勉，有以启其为善之心，而杜其从恶之念也。盖一家之内，贤愚不齐，若非尊长时切提撕，愚者既茫然而无所适，贤者亦因循怠忽，渐即寝弛。遂至目染耳濡，习与性成，礼义廉耻之心灭，孝友睦姻之俗坏，为人伦患，为世道忧，关系匪轻。此家训之不可不亟讲也。"②山东即墨杨氏认为对普通人必须加强伦理教育，所以致力于家

---

① 民国《毗陵城南张氏宗谱》卷二，《宗规》。
② 光绪浙江绍兴《山阴柯桥杨氏宗谱》卷一《家训》。

训的制定，所谓："上品之人不教而善，下品之人虽教亦不善。 品之最上最下者寡，而中人常多。 教则成，不教则败，是故教不可以已也。"①儒家讲"修身、齐家、治国、平天下"，这修身、齐家是做人的根基，然后才可治国、平天下。 家族规范做人准则，从家庭、家族做起，所以这种修齐思想的族规制定是完全必要的。

历史上的家训很多。 其中流传较广甚至成为家训范本的，主要有《颜氏家训》、《朱子家语》以及《曾国藩家书》等。 颜之推的《颜氏家训》，成书于隋朝，他通过记述个人经历、思想、学识，告诫子孙如何立身、处世，提出了一些切实可行的教育方法和主张，继承和发展了儒家以"明人伦"为宗旨的"诚意、正心、修身、齐家、治国、平天下"的传统教育思想，如把读书做人作为家训的核心，把圣贤之书的主旨归纳为"诚孝、慎言、检迹"六字；选择正确的人生偶像，要求子女"慕贤"；确立家庭教育的各项准则。 该书自成书以来一直被作为家教范本，历代统治者对《颜氏家训》非常推崇，甚至认为"古今家训，以此为祖"，被后世广为征引，唐代以后出现的数十种家训，莫不直接或间接地受到《颜氏家训》的影响。 宋代朱熹《朱熹家训》、明末清初朱伯庐的《朱子家训》、清代陈宏谋的《养正遗规》，都曾直接取材或间接借鉴于《颜氏家训》，并在此基础上有所发展。 家训主要针对家庭、家族成员的生活习惯、文化教育、待人接物、德行养成、法律意识等提出具体要求，内容广泛，切实可行。 如《朱熹家训》从日常生活行为规则到尊卑夫妇长幼师生之礼，从读书做人到遵纪守法，都有详细规训。 其中"勿以善小而不为，勿以恶小而为之"，"处世无私仇，治家无私法"及"勿损人而利己，勿妒贤而嫉能"等，均成为后世

① 山东即墨《杨氏家乘·家训》。

广为流传的修身齐家格言。《朱子家训》以修身齐家为宗旨，集择偶婚配、修谱祭祀、为人处世、读书出仕、戒讼和息等规则之大全，从日常起居到待人接物，从读书做人到遵纪守法等诸多方面，多有涉及。《朱子家训》也成为士大夫家庭的家训典范。如清代绪池州《仙源杜氏宗谱》、《家政十四条》，就仿效或直接援用《朱子家训》的有关内容：宗庙宜肃，祭祀宜谨，祭器宜珍，祠产宜理，宗谱宜修，尊卑宜序，义仓宜设，文会宜兴，嫁娶宜慎，闺阃宜严，赏罚宜明，诸费宜节，家仆宜束，诸事宜治。①

类似的家训还有广东宝安《鳌台王氏族谱·家规》：敦孝悌、明礼制、睦乡邻、早完粮、修道路、端士习、慎婚娶、禁鸦片、禁充役、息争讼、禁盗卖、禁非歹、禁赌博、禁私承。光绪间修成的湖南益阳《熊氏续修族谱》中的《家训》，含有孝、悌、友谊、朋友、睦族、和邻、正家、贻谋、勤俭、改过、行恕、种德、劝诫、溺女戒、酒戒、色戒、财戒、气戒、争讼戒等近二十条。嘉庆江西清江《云溪徐氏族谱》卷一《宗训》，有谨遵国法、笃念天伦、敦睦宗族、笃课儿孙、崇尚节义、整饬闺门、确守俭勤、致戒争讼、听命尊长、敬重斯文等条文。歙县蔚川胡氏《规条》：洁祠宇，守祀产，修坟墓，孝父母，友兄弟，正风化，睦宗族，防继庶，植贞节，重婚姻，劝职业，训勤俭，供正赋，树行检，息词讼，等等。②再如河北《郎氏族谱》所定《郎氏家规》，规定"可行者十则"，也基本属于说教一类的家训：崇儒风，正人品，敦本源，勤学问，重婚丧，谨仕进，诚祭祀，慎居正，恤臧获，

---

① 参见光绪池州《仙源杜氏宗谱》卷首，《家政十四条》。

② 民国歙县《蔚川胡氏家谱》卷二，道光二年岁在壬午《规条》，民国四年线装活字本。

奖节义。 该族谱在列举了十条可行规则后，特地指出，如果按照这十条去做，男人能忠良，女人能贞顺，都是美好的德行，对于家庭家族来说，都是不可多得的，要是尊长者，就应该褒奖他们，是年幼者，应当敬贺他们，目的是"鼓励人材，振家之声在此也，可亟行之"。 另外如清代的《曾国藩家书》等，就常被视为曾氏家族的"准家训"。

有的家庭根据实际需要，有针对性地制定家训。 乾隆任丘边氏家族家训，首先对族人的行为提出总体要求："应事接物，胸中要有分晓，外面要存浑厚，遇人轻我必是我无可重处，故君子必自反一经一番折挫长一番见识，加一分体贴知有一分物情。"以此为总纲，进而提出十多条具体的训诫原则，如要经常对以往过失进行反思；要多做好事，不做坏事，分清天堂地狱的界限；要充分发挥自己的聪明才智，为社会多做贡献；不要对人炫耀自己有达官显贵的亲友，以免被人瞧不起；与没有共同语言的人，就减少交往；请客吃饭，别人不问，就不要讲说诗文自矜博雅，免得客人中有不知者自惭形秽，转而怀恨；对险恶之人不可与他们开玩笑；不要在别人面前哭穷，惹人讨厌；要培养自己的度量；对待父母之孝，在老、病、鳏寡、贫乏四方面要特别注意；要求妇孝，丈夫首先得孝；读书要律典与经史并重，发生纠纷，如何自保。① 这样的家训，简洁实用，看上去就是官宦人家的家训。

一些世家大族的家规族训，历经数世，被不断修改充实，逐渐系统。 如五代吴越王钱镠，先后为子孙制定了《武肃王八训》、《遗训（十条）》，要求子孙"忠孝爱民"、"克勤克俭"、"唯读唯耕"，从而世代相传，成为家风。 后世子孙在此基础上，修订增补，如《钱

---

① 参见《边氏族谱·笃叙堂家训》，乾隆丙子三月十三世孙边元厚著，乾隆三十五年刻本，河北大学图书馆藏。

氏文林公支宗谱》（光绪辛巳版）就编订《钱氏家训》，按孝、悌、忠、信、礼、义、廉、耻，分别编订家训。明清两代钱氏后人编成的《钱氏家乘》中，则又按个人、家庭、社会、国家等内容，分类整理制定而成《钱氏家训》，如："心术不可得罪于天地，言行皆当无愧于圣贤"；"能改过，天地不怒，能安分，则鬼神无权"；"欲造优美之家庭，须立良好之规则，内外门闾整洁，尊卑次序谨严"；"信交朋友，惠普相邻，恤寡矜孤，敬老怀幼"；"执法如山，守身如玉，爱民如子，去蠹如仇，严以驭役，宽以恤民；利在一身勿谋也，利在天下必谋之，利在一时固谋也，利在万世更谋之"①。

总之，家规族训包含伦理、职业、理财、婚姻、交友、处世、普法、娱乐诸方面的内容，总体劝孝尽忠、循礼守法等基本原则基本相同，内容详略、规条粗细、质量高低及篇幅大小等，则因家族不同而异。

二、孝道伦理的准则

家规族训多以三纲五常为中心内容，涉及范围广泛，要求族人恪守孝道伦理居于其首。康熙时县令山东即墨杨玠撰拟的《家训》："孝于亲，忠于君，友于兄弟，义于乡党。立志希圣贤，学文追古昔，此其大者。"将孝亲置放于人伦总纲的首列地位。至于如何孝亲，他的族人云："人子于父母，所谓昊天罔极，只是随分尽职。士则读书，农则力田，百工则执技业。先得父母心安，再尽孝道。将为善，思贻父母令名必果；将为不善，思贻父母羞辱必不果，乃孝子极致。父母之前，不可有愁苦之容，悲叹之声。孝乃庸行，却是一生做不完的

---

① 《钱氏文林公支宗谱》，2010 年庚寅年续辑《钱氏宗谱》，义庄藏版，第 6－8 页。

事。 宁死不伤亲心，所以为恭。 今人往往以小事伤其亲心而不恤，岂非名教罪人乎！”又云：“人子孝，当及时。 古人云：‘树欲静而风不宁，子欲养而亲不待。’一念及此，能不儆省乎！”①杨氏家族的提倡孝行，有具体明确要求：首先自身有份正常的职业，能使父母安心；其次是为人做事力求稳妥，它们关乎父母荣辱名誉，应做良善的事情，要让父母因子孙的善行，得到好名声，即做扬名后世、振兴家声的事情；再次是永远不让父母伤心；另外是尽孝应一辈子坚持，要及时进行，不可等待，要始终孝顺父祖。 江西宜黄谢氏因养育之恩讲孝顺原因：“夫人生于来，三年乳哺，万状劬劳，恩深罔极塞天横地，为人子者综甘旨奉养，和颜悦色，昏定晨省，犹恐难酬于万一，矧敢忘生我育我之恩于膜外乎。 嗣后子侄急宜猛醒。”②湖南平江叶氏家训，要求从三方面孝顺父母：一是儿子不仅奉养双亲，更能体察父母之情，加以满足，同时本人声名好，不辱父母教诲；二是从事士农本业，生活上能够赡养老亲；三是充当工匠、商贾的人，尚能做到省吃俭用以养活老人。③

各个宗族的家训，普遍将遵行孝道视为做人的根本，是关于敬天地神明与远离鬼魅的大事，并将孝亲区分为三个层次，即普通的孝子，能够赡养老人，做到衣食无缺；良好的孝子，不仅生活上关照无缺，还要做到父母所未曾想到的、不要求的事情，让他们心情舒畅，大喜过望；大孝子，在孝养之外，为人尽忠于朝廷，对社会有善举，能够扬名显亲于世。④ 孝道伦理，由家庭扩展到宗族，就需要尊祖敬宗，和睦宗族。家规族训中，普遍都对如何尊祖敬宗、和睦宗族提出要求。

---

① 山东即墨《杨氏家乘·家训》。
② 同治宜黄《宜邑谢氏六修族谱·家规》。
③ 光绪《平江叶氏族谱》卷一，《家训五条》。
④ 参见冯尔康：《国法·家法·社会》，《南京大学法律评论》2006 年秋季号。

三、维系宗族的纽带

1. 和睦宗族

和睦宗族，需要宗族成员尊老爱幼，互相帮助，保持宗族成员的团结友爱。江苏《辋川里姚氏宗谱》中《宗规》计八条，其中一条就是"宗族当睦"，睦族的关键有"三要"、"四务"。"三要"为"尊尊，老老，贤贤"。"四务"为"衿幼弱，恤孤寡，周贫乏，解忿竟"。引申触类，为"义田，义仓，义学，义冢"，教养同族，使族人生死无失其所，是豪杰之士分内之事，族人能以祖宗之念为念，就应"自知宗族之当睦矣"①。民国贵州《紫江朱氏家乘》卷四，《旧谱家规十二则》，为族人约定：

> 须体尊祖则敬宗，敬宗则收族之义，凡族中之贫乏者，遇有冠婚丧祭不能举行者，稍有力之家，当同忧共患，或一身独任，或众擎共举，为之成全其事。视其人之材力可任何事者，为之设法安置，或攒会凑本，使之经营，或出田议租，令其耕种，俾得养赡身家，不至流于匪僻。如其子弟聪颖无力读书者，则帮出学资，送之就傅，俾得发名成业，亦增宗族之光。②

该家规把睦族与孝亲同时表达出来。广东嘉应州洪氏家族亦复如此，祖训第一条讲述孝亲与睦族："一谕族人，子必孝亲，弟必敬兄，幼必顺长，卑必承尊，处宗族以和恭为先，处乡党以忠厚为本，凡我族人，尚其勉诸。"第七条"睦族乡"，复申睦族之道："宗族于我固有

---

① 姚孟廉重修，同治十二年敦睦堂木活字本。
② 朱启钤修，民国二十四年排印本，南开大学图书馆藏。

亲疏，然吾祖宗视之，则均是子孙，无亲疏也。"①绍兴吴氏族训讲到睦族及其原因："宗族者，吾祖宗一体之分也。于服制固有亲疏，于祖宗实为同气。故睦族之道，贫乏相赒，患难相恤，疾病相扶，事业相劝，过失相戒，财产相让，酒食相与，能如是则宗族之恩谊实笃，而祖宗之灵爽亦安矣。"②江西清江县杨氏讲求"敦族谊"："水源木本，百世犹亲，虽富贵贫贱不同，而一脉之传堪念，故患难必相扶持，颠危务加怜恤，即有睚眦小嫌，经尊长处断，正宜冰解，若以大凌小，以贵欺贱，以富虐贫，以强暴弱，以众残寡，以卑抗尊，拘衅成仇，大伤祖志，此风胡可训哉。"③江西清江徐氏强调族人"通有无"的互助："我族皆真支嫡派，无容异视，通有无，济缓急，庆吊往来，得古同井相亲睦之意。"④诸家族均强调，一个宗族的人，不论有多少世代，都是一个老祖宗的后人，不应当有亲疏厚薄之分，要有同宗通脉的本源观念。

2. 纯洁谱系

以血缘为纽带的宗法社会，是传统中国社会结构的基本特征。宗族社会围绕男系血缘网络组建，族谱成了该网络的线路图，通过编修增补族谱，可以保持家族血脉持久的传承性，增强家族内部的团结和睦。因此，各家规族训对维系家族血缘的纯洁性，都对异姓乱宗保持高度警惕，不断通过族谱对家族成员身份进行确认。有的义庄规条对族谱的保护及宗祧继承等还有特别规定。江苏《辋川里姚氏宗谱》、《宗规》"谱牒当重"条中就声明：谱牒收藏贵密，保守贵久。每岁祭祖

---

① 《洪氏宗谱·原谱祖训·续训》，浙江人民出版社 1982 年版。
② 民国绍兴《汤浦吴氏宗谱》卷一，《吴氏家训》。
③ 乾隆江西《清江永滨杨氏三修族谱·族戒》。
④ 嘉庆江西清江《云溪徐氏族谱·宗训》。

时，宜各带原本入祠，会看一遍。祭毕，仍各带回收藏。如有鼠侵油污磨坏字迹者，族长同族众即在宗祖前量加惩戒。另择本房贤能子孙收管，登名于簿，以便稽查。或有不肖辈鬻谱卖宗，或誊写原本，瞒众觅利，致使以假混真紊乱宗派者，不惟得罪族人，抑且得罪宗祖，众共黜之，不许入祠，仍会众呈官，追谱治罪（姚孟廉重修，同治十二年敦睦堂木活字本）。擅自处理族谱，紊乱宗派，是得罪祖宗的大过，不但处以族规，还要报官治罪。《延陵义庄规条》规定："谱最重宗祧，遇有乏嗣之家，先从近支后及远支有丁入继，若远近丁单，严格遵守一子两祧、三祧之例。倘因家寒，近支不肯承继者，邀族众赴庄神位前议立。如应嗣不愿嗣者，照不遵祖训，将本人除籍，亦不得以弟嗣史，以紊昭穆。族人不得以异姓子祧。如有违例，继立异姓子女，不准入册支给。如有将己子过继与人，破荡他人家业，后虽归宗，断不准给。"[①]直隶交河《李氏谱例·家训》："凡有晚妻带来之子，不许叙入族谱，有犯异姓乱宗之例。凡无子之家必遵长门无子过次门之长，次门无子过长门之次之例，不许乱争，如无应继之人，必择其近支之子多者而继之，如近支无人必选其远支之有才者而继之。如远近均无可继，过嗣外人之子必须合族人等立字画押，然后许入族谱，不然，断无绪入族谱之例。"异姓乱宗，受到家规族训的严格限制。

　　清末民初以降，纯洁谱系的族谱功能在民间继续延续，官府在立法和司法实践中，也尽量尊重民间的相关习惯，承认其证据证明力。如对于防止异姓乱宗问题，维系宗族稳定，民初大理院做过系列司法解释：大清现行律例有异姓不得乱宗之文明文，故从前旧谱，若将异姓之

①　苏州碑刻博物馆：《明清以来苏州社会史碑刻集》，苏州大学出版社 1998 年版，第 276 - 281 页。

子于血统之子显为者，自不得轻改其例紊乱（四年上字 1271 号）；查异姓乱宗主修谱牒之人固得拒绝其记载，然谱例已有特别准许之修订者，亦无拒绝之权，而其他族人尤无藉辞干涉之余地（九年上字 916 号）①。 关于族规谱例的法律效力，如"谱例既于族人公共议立，事后如仍以公议修改，或就特定事项不予援照。 或追溯既往，除去由该谱例所生之关系者，其公议既不害于公益，即属有效"（七年上字 531 号）。 大理院判决例八年上字第 940 号规定："谱例乃合族关于谱牒之规则，实即团体之一种规约。 于不背强行法规，不害公安良俗之范围内，自应有拘束其族人之权力。"②

南京国民政府时期，司法院先后以司法解释为变通，来弥补民法条文在相关内容上的阙如。 如 1928 年司法解释："姓族谱系关于全族人丁及事迹之纪实，其所定条款除显与现行法令及党义政纲相抵触者外，当不失为一姓之自治规约，对于族众自有拘束之效力。"1929 年司法解释："谱例乃阖族关于谱牒之规则，实即宗族团体之一种规约，在不背强行法规不害公秩良俗之范围内，自有拘束族众之效力。"1930 年司法解释："族谱牒系关于全族丁口及其身份事迹之记载，苟非该族谱例所禁止，不问族人身份之取得及记载之事迹是否合法，均应据实登载昭示来兹，不得有所异议。"同年司法解释："谱牒仅以供同族稽考世系之用，其记载虽有错误，但非确有利害关系即其权利将因此受损害时，纵属同房族之人，亦不许率意告争，以免无益之诉讼。"同年又做出司法解释："谱例系一族修谱之规约，其新创或修改应得合族各派之

---

① 大理院判例解释：《民法汇览》，民国十三年编辑，上海世界书局印行，第 1 页。

② 郭卫：《大理院判决例全书》，上海会文堂新记书局 1931 年版，第 206 页。

同意，非一派所得专擅。"①司法解释明确了族谱"除显与现行法令及党义政纲相抵触者外"及"在不背强行法规不害公秩良俗之范围内"，具有存在价值，相关当事人的合情或合理要求，可以获得司法支持。②司法官处理相关问题时，则力求审慎、周全，在承认传统宗族制度的前提下，做出适当判决，既不违背现代法律精神，又与法律传统切合，使传统家族纽带与现行民法典的刚性规制互为补充。家规族训对于谱系的有关规定，在国家立法和司法层面得以自然延伸。

3. 保护祠堂

祠堂，就是家族祭祀、调解、司法的空间，生活在这空间的成员，都有义务保护祠堂财产，维护祠堂庄严。在族人心中，具有教堂般的意义。没有祠堂，就没有真正意义上的宗族，所以家规、族训、祠规等，就成为维系各宗族的重要准则。各宗族的情况不同，祠规内容也不一样，但总体而言，都离不开对祠堂的保护、祭祀祖先的规程义务、宗族集体荣誉的维护、违背祠规应受的处罚等。如绩溪华阳邵氏祠规就把对祠堂的保护维修置于首位，以下依次为：保障祠堂的整洁，宗祠锁钥保管，大门的开启，祭祀时间及祭品的准备，鳏寡孤独的周济，祠扁悬挂，幼殇冥配、僧道倡优、夫出嫁招夫之妇均不得入祠以及婚姻嫁娶须择阀阅相当者，禁止族中以强欺弱、倚众暴寡，恃尊凌卑，以幼犯长，靠富欺贫，捏故占产，诬人名节，挑弄是非，唆讼滋事，盗窃损

①　参见十七年上字第三九号；十八年上字第二二六五号；十九年上字第八二四号；十九年上字第一八四八号；十九年上字第二〇一六号。转见"最高法院"判例编辑委员会：《最高法院判例要旨》(1927—1998)，万森兴业有限公司2001年版，第589页。

②　参见中国第二历史档案馆馆藏最高法院档案，全宗号十六，案卷号1137，更正宗谱；案卷号1136登谱上诉；案卷号9，立谱。

物，以及一切犯法违理不平之事，保护父祖骸骨、祖坟风水，宗祠调处纠纷，不准游手好闲、烟赌酗酒，以入不肖之途，提倡忠孝节义，立继以承嗣，宗祠应立谱系，谱牒重修周期，本祠首事人的选举，祠规的学习宣传等。 光绪江西《豫章黄祠四修主谱·道光庚戌公议条规》规定：祠堂要设专人管理，祠宇内外最宜收拾洁净，门庭极要光采，庶几来往观者不为鄙笑，祠内住宿人等不许赌博酗酒滋事，不得随便租赁他人。 相关规定，要具呈南昌县宪府存案，后人毋得异言。① 直隶交河《李氏谱例·家训》要求：祠堂专人看管；祠堂门常常封锁，非祭祀不许擅开；合族人等到祠堂大门首俱要下马下车，违者重处。

为了保护祠堂的周围环境，防止家族风水宝地受到侵害，有的宗族专门制定了保护条例，勒石立碑。 如清同治七年（1768），福建南安县丰州傅氏祠堂董事绅耆所立《禁碑》规定祠堂"五禁"：祠堂龙身，不准用厕池；祠堂前后，不准栽树木以及堆涂粪；祠堂护厝顶，不准披曝等物；祠堂内，不准收贮物件以及披晒五谷；祠堂内管棚并椅桌等物，不许借用。 "以上诸禁，违者问众公诛。"

家族的存在，须由族长、祠堂、谱牒和祠产来加以维系。 族长，为一族的最高管理者，监管本族成员的行为，董理本族事务；祠堂，用以祭祀家族共同的祖先，举行公共活动，宣布重大事件；谱牒，用以记述宗族系统的来龙去脉，明确血亲谱系分布，明确族人的行为规范；祠产，用以保证宗族事务的正常开展，支付公共事业费用，救济弱势族人。 这些基本都已通过家规族训（也称"家法"、"家政"、"谱例"、"祠规"等）予以确定。

---

① 黄祖络等修，黄振声等纂，光绪二十五年刊本，国家图书馆藏。

4. 义庄规条

为了保证家族本源的巩固持久，设立公共义庄等作为同族互助的财务支撑显得十分必要，与义庄管理、物质资助的流程、接受救济的人员资格等有关的"义庄规条"应运而生。 比较早的义庄规条为宋代范仲淹所定《范氏义庄条例》，规定义庄管理运作规程，受助对象，还对受益人即族人有一些监督措施，对于违法义庄规矩的人，有不同的处罚措施，比如罚款、取消获得救济资格、送官等，兼具家族慈善规则和约束族人行为规范的双重功能。 后世义庄规则，多以其为模本，内容不断丰富，管理也日益规范。

义庄规模大小不一，管理规则由家族制定，族人共同遵守。 经呈送官府批准的道光、咸丰年间的《常熟邹氏隆志堂义庄规条》规定：义庄通过接受捐献，有义田、义庄、庄神、祠塾、义墓等促成，对义田的租息、给米的多寡、资助对象等都有详细规定，如享受救济的多为本族中老弱病残、鳏寡孤独、寡妇守节至 50 岁者、无力读书、结婚、丧葬等弱势群体。 无资格享受者则有：族中有田产者，稍有资本经营者，有亲房照应者，出外者，此外不孝不悌、赌博、健讼、酗酒、无赖并僧道、屠户、壮年游惰、荡费祖基及为不可言事、自取困穷者，概不准给，除非以后改正不良行为，经族人公保，才可以享受义产的资助。另外还规定，收养异姓子女，及将亲生子女出继外姓者，不给；已嫁女非因守寡无靠归母家者，不给。 目的是保证家族血脉的纯洁性。 为纠察庄务，还设正、副司监，由全族公选，一应庄中要务，皆由司监纠之。 虽族中尊长，不得干预阻挠。 庄中有要事，也必须先诉知司监、司正，会同庄裔，从公理论，勿遽滋事，紊乱成规。 该规条制定后，还主动呈送江南苏州府常熟县儒学，获得官府认可，强制约束力大为增加。①

《济阳义庄规条》也规定了帮助救济对象为庄中弱势群体或遇意外紧急事务的族人，但也限制特殊人员，不得享有受助资格，如族中有出继外姓及螟蛉异姓子女者，概不准入籍，亦不准支给钱米，也是为了维系宗族血统的正宗。对于行为不端的族中子弟，如不孝不悌，流入匪类，或犯倡优隶卒，身为奴仆，卖女做妾，玷辱祖先者，义当出族，连妻子均不准支领赡米，小过停给，改悔再给。各房司事随时稽查，毋得隐匿不报。②义庄规条不仅是同宗互助协议，还是防范不良分子的戒规。《延陵义庄规条》也有对不良族人的处罚措施：族姓中如有不孝不悌，不安本分，流入匪类、作奸犯科及为童仆婢妾，并不忍明言之事，有玷祖宗，义当摒弃，出族除籍。出族者，及其妻女子孙。除籍者，只除本身之籍。③为了强化义庄管理，规条要求，庄内一切出入事宜，均由庄正、庄副，司事等秉公办理，族中尊长不得干预侵扰，庄正亦不得徇私滥给，保证义庄规条的实施。

四、效忠君国的义务

家规族训集中地体现着国法中以孝治天下的精神，把孝道与忠道有机地联系在一起。具体体现在如下方面：

---

① 藏于苏州碑刻博物馆。王国平、唐力行主编：《明清以来苏州社会史碑刻集》，苏州大学出版社 1988 年版，第 230-235 页。

② 道光二十一年(1841)正月，苏州碑刻博物馆。《明清以来苏州社会史碑刻集》，苏州大学出版社 1988 年版，第 258-263 页。

③ 道光二十一年春正月，庄正锦心谨勒，苏州碑刻博物馆，《明清以来苏州社会史碑刻集》，苏州大学出版社 1998 年版，第 276-281 页。

1. 践行圣谕

有的家庭根据自身特色，自立家训，做到言简意赅，通俗易懂，最为省事也最为严肃的家训，就是直接援用皇帝的圣训作为家训。如明太祖朱元璋曾颁布"圣谕六条"："孝顺父母，尊敬长上，和睦乡里，教训子孙，各安生业，毋作非为。"有的家庭就将其制成家训牌，置于中堂案几，垂范子孙。如清代泉州地区有家庭就用木雕龙纹制成了家训牌："孝顺父母，尊敬长上，和睦乡里，教训子孙，各安生业，莫作非为。"全部内容与朱元璋圣谕的区别就一个字，将"毋"改成了"莫"，也许因"莫"比"毋"更易懂上口。

一些家训作者多在自己订立的家训中将圣谕作为家训的基础，要求子弟家人恪守"圣谕"。如明代士人高攀龙在《家训》中说："人失学不读书者，但守太祖高皇帝圣谕六言……时时在心上转一过，口中念一过，胜于诵经，自然生长善根，消沉罪过。""于毋作非为内，尤要痛戒嫖、赌、告状，此三者不读书人尤易犯，破家丧身尤速也。"[1]另一学者姚舜牧在家训中叮嘱家人：凡人要学好，不必他求，只要遵守太祖的圣谕即可。祠堂也成了讲圣谕、行乡约的重要场所。江苏《辋川里姚氏宗谱》之《宗规》八条第一条就规定：

> 圣谕当遵，"孝顺父母，尊敬长上，和睦邻里，教训子孙，各安生理，毋作非为"，这六句包尽做人的道理。凡为忠臣烈士孝子顺孙，皆由此出。无论贤愚，皆晓得次文义，只是不肯著实遵行，故自陷于过恶。祖宗在上其忍使子孙辈如此。今于宗祠内仿乡约仪节，每月朔

---

① 高攀龙：《高子遗书》。

望族长督率子弟齐赴听讲,各宜恭敬体认,其成美俗。①

他们都把宣讲圣谕、行乡约之责视为家规的首要准则,要求族人自觉遵行。

宗族集会,族尊宣讲族规家训,一般都以君王的圣谕作为开讲内容,以便族人明白做人的道理,遵照行事。如康熙皇帝的"圣谕十六条"和雍正皇帝的《圣谕广训》,就经常被刊入族谱,制作家规族训,以便学习。有的宗族为郑重其事,特设宣讲人员(讲正、讲副)专司其职。在宣讲中,宗族告诫族人不得有不良行为,不得与不良分子交往,遇到不良分子应报告县官。所以宣讲族规及圣谕,对族人既是思想教育,同时还是思想控制,对维护地方治安也是有利的。

有的家训制定后,为凸显其严肃性、权威性,还主动禀明官府,以求扩大影响,协助监督。如清代广东肇庆黄岗区东禺村梁氏宗族针对家庭男女,于雍正九年(1731)制定《男女箴规》十六条并禀明县官,"姜、戴、杨三位太爷,俱批回宣谕训族",遂"勒石训诲"。《男十条》的内容为:"孝顺父母,尊敬长上,和睦乡里,教训子孙,各安生理,毋作非为,勤力耕种,早完钱粮,忍性为高,为善最乐。"《女六箴》为:"侍奉翁姑,尊敬丈夫,和睦娣母,闺门谨守,夜眠早起,勤俭家务。"箴规制定后,落实到实际生活中,要求家族各房房长各执一本,早晚教训子孙。其男女箴规一本,记过一本,族正轮流收执,按时节祭祀宣讲。"如有善者,加胙奖赏。如过即行责罚;略轻者书于过簿,俟时节祭祀宣讲箴规家训,即令所犯之人跪于太祖案前,听讲毕然后发落。"家训原本主要是对家庭家族成员进行伦理品性教育,偏向

---

① 姚孟廉重修,同治十二年敦睦堂木活字本。

于道德层面，但一旦经报官府"勒石训诲"，就成了禁止性的规范，趋于行为层面。

2. 感戴君恩

嘉庆元年，嘉应州进士洪钟鸣为家族撰拟家训《读训》第一条是忠君："君恩重于亲恩，谚云'宁可终身无父，不可一日无君'，生当圣明省刑薄敛，敬先尊贤，永享太平，其敢忘诸！"①认为生活在人世，特别是在太平盛世，是因皇帝宵衣旰食的治理所致，应当感谢皇上恩德，尽忠皇上。平江叶氏祖训："家训莫大于人伦，人伦莫先于君父。君也者，祖宗所赖以存身家、所赖以立子孙、所赖以生长陶成而绵绵延延维持于勿替者也。世徒见身在草茅，业安耕凿，若无所谓臣，无可为忠，不知'普天之下莫非王土，率土之滨莫非王臣'，不必搢笏垂绅也。即此食旧德、服先畴，凡隶版图，悉归统属，皆所谓臣矣。不必鞠躬尽瘁也，但使安家室、训子弟、早完程课、不犯律条，亦可为忠矣。况自先世以来，久享太平之福，使吾侪得有今日，何莫非受用不穷、所当图报者哉！伏读圣谕广训十有六条，纲举目张，言言切至，何一非生民日用之资。今欲一道同风，宜于岁时会合，集族中父老子弟当堂听讲，而又恭录其尤关于宗族最为切近而易行者。每门刊布几条，使之家谕户晓，相与父诫其子，兄勉其弟，是亦同文不倍遵道无偏之意也，愿与吾族勉之。"②理喻族人不要以为平民百姓与皇帝没有关系，能够安居乐业就是皇帝赐予的，不能身在福中不知福，要遵纪守法，为君尽忠。江苏武进高氏《家训》亦就平民百姓与皇帝的关系，进一步说：皇帝对天下臣民都有恩，一个小民能种田，有居处，

---

① 嘉应《洪氏宗谱·原谱祖训》。
② 光绪湖南《平江叶氏族谱·家训五条》。

安居乐业，就是因为皇帝"宵旰忧劳，为之兴利备患"，否则怎能享太平之福。① 基于同样的理解，江西清江徐氏《宗训》说："食毛践土，福享太平，黎民尤当尽乎忠顺。"②

3. 为国尽职

族规对外出做官的人有特殊的规范，主要是：尽职守，竭诚办公；不贪赃枉法，保持身家；有担待，为君分忧，而不得诿过于皇上。 即墨杨氏，在清代修谱，特设"仕宦事君之道"的祖训，举出明代祖先做官之道，尊奉传承。 如嘉靖朝"太原公"曰："居官尽职，只宜图报，不可望报。"万历朝"沛令公"曰："做官为名宦乡贤，为以清白为第一义。""云和公"曰："官府莅事，民呼曰爷。 爷者，人呼父之称。要思父之于子，其保护爱惜如何笃挚，我果可以不愧其名耶？ 日日警省，自不敢不处官事如家事。"所谓只宜图报，是说做官的唯一目的，是报皇上的委任之恩，实心实意替皇上办事，扶绥黎民。 所谓清白，就是为官清廉，不做贪赃枉法的事。 所谓官被民尊为爷，就要为民做主，爱护百姓。 杨氏基于这种认识，于是规定：（1）忠君与对君主负责："事君要存得一点真实忠爱之心。 不尔，即声誉赫然，不过功名之士。 况名者，鬼神所忌。 有名无实，自古及今，鲜有不败者，可畏也。""事君要有担当。 关系大，故以身任之。 若左瞻右顾，如何办得天下事。"这里特别讲"担当"，不要"好名"，意思是上头有不对的地方，自家承担下来，不要让人感到皇上有错。 担当的另一层意思是勇于任事，不可瞻前顾后、畏缩不前。 （2）廉洁奉公，不可贪赃："贪墨是居官首戒"，显亲扬名是做官的一个目标，但是"贪墨残忍，

---

① 江苏《毗陵高氏宗谱》卷一，《家训》。

② 嘉庆江西清江《云溪徐氏族谱·宗训》。

上挂弹章，下致诅咒，是未能显亲，先辱其亲矣。身没之后，何以见祖父于地下"，而且"身死名污，子孙至为羞称"。（3）做官应进退有度，不得朋比结党："大臣事君，第一要远权势，绝黉缘，去朋比。君子难进而易退，禄位之场不可久恋，功名之地不可久居……贪进无厌，即是廉耻道丧，非君子之节。"①

五、循礼守法的本分

1. 遵守礼法

遵守法律、政令，是守法的基本内容。许多族谱登载政府的有关法律条文，如《丧服之制》、《本宗九族图》、《三父八母服制之图》、《律例歌》等。这些律文的载入，是为让族人懂得礼仪，遵守法律。此外，许多宗族郑重其事地制定其他守法的家规，尤其关注禁赌与防盗。清江杨氏家规"遵功令"，即关于禁赌、盗的事："赌博上干法纪，奸邪冒触王章，然由赌入盗往往皆然，须防闲惩创，斯为良善，若因赌丧家，流入匪类，一投宪纲，有玷家声。"②湖南益阳熊氏家规"戒赌博"："吾见有以赌博开场者，利以诱之，食以啖之，女色以煽炽之，此所谓迷魂阵也。世人误入歧途，废时旷业，败家荡产。一经发觉，亏体辱亲，为害不浅。近今更可耻者，男女混入，一场交头蹑足，不独体统无存，而淫盗之门亦自此而开也。愿我子孙永以为戒。"③康雍乾之世，文字狱盛行，宗族修谱，特加留意，以免犯罪，临淦黄氏为此立出专门条规：旧谱有的文字，在当今犯禁，故行删削，所谓"阙旧文以遵功令"："吾族谱年远，文翰参差，字面不无违碍，

---

① 山东即墨《杨氏家乘·家训》。

② 乾隆江西《清江永滨杨氏三修族谱·族戒》。

③ 湖南益阳《熊氏续修族谱·家训》。

已奉各宪明示，不许记载，故今谱以新修序为首，前代旧序行谊一概不镌。"①

有的家谱要求族人"读书要律典与经史并重"，因为："今人多鄙刀笔刑名为不足学，而一遇仓卒之变，无所适从，有因小故而蹈重典者，皆由平日不知律令故也。夫律既有本条，又有新例，情伪多端，轻重不一，若不留心寓目，将同于不知法度之人，况场屋判题用律，讲约化民用律，是律为朝廷大政，谆切示人，岂可忽视之乎。"②该家训主要是教育族人如何与他人相处，给别人留有余地，给人面子，同时提醒自己族人，一旦陷入麻烦，如何自救：那就是在阅读经史的同时，注意法律典籍，增加法律知识，避免触犯法律。触犯法律后，要知道如何利用法律工具自我保护。

2. 完粮纳税

完粮纳税，是报效君国的直接体现，也是普通民众的基本义务。清江徐氏"谨遵国法"家训云："田畴赋税，国家岁有常供，务须及早完纳，以报君恩，方见遵王守法之实意。凡我族人，宜凛此为首训。"又说："天下之治，治于王法，人能循理奉法，遵王道路，则可以寡一生之过而优游于化日之中。"③清江聂氏"完国课"的宗训："维正之供，朝廷之常法，以下贡上，小民之输将。古语云：国课早完鸡犬静，衙门不到梦魂安。我等族内凡有钱漕，各宜及时早完，免致追呼滋扰。愿世世子孙无欠官粮也。"④临淦黄氏订立"早输纳以免

---

① 道光江西《临淦窗前黄氏重修族谱·条例》。

② 参见《边氏族谱·笃叙堂家训》，乾隆丙子三月十三世孙边元厚著，乾隆三十五年刻本，河北大学图书馆藏。

③ 嘉庆江西清江《云溪徐氏族谱·宗训》。

④ 光绪江西清江《湖庄聂氏四修族谱·宗训八条》。

差扰"的族规，原因是："粮为国课所系，微论绅衿士庶皆当早纳，无待追呼，诚能依限输将，俯仰无累，妻孥宴然。倘有违缓，胥役叩门，多方需索无名之费，或反浮于应纳数目，甚至捶楚日加，仍不能为宽贷，与其去钱受刑而完之于后，曷若守法良民而完之于先为愈也。"①广东宝安《鳌台王氏族谱·家规》"早完粮"规定："既编民而为户，宜奉上以急公。惟各遵四月完半、八月全完之例，毋贻通图负欠之名。倘故顽拖遗累，一切差费，固惟其人是问，复唤到祠切责，儆戒将来。"指出既然是国家的户民，就应该急君国所急，主动按时交清公粮，否则要受家规族训处罚。江苏武进胡氏家训讲"赋税宜依期完纳，差徭合依理承认"。归纳家训讲述完纳赋税及其原因，可以看到四个方面：一是人人都应纳税，平民、士绅均包括在内；二是要按期及时完纳，不可让差役追比，受刑辱祖，而完粮之后，可以安心地过生活，如此才是守法良民；三是纳粮当差是天理国法所应当承担的，是感戴天恩的表现；四是完粮是守法行为，如此才是顺民、良民。说到底，赋税是国家的经济基础，纳税是尽忠的表现，是对国家的支持，是所有农民应尽的义务。另外，家规遵循还是家族息讼解纷的原则及家族司法的标准（参阅本书第六章）。

有人说，在西方社会，基督教会教育人们遵守法律，当是指《圣经》在培养人们法律意识中所起的作用。传统中国没有一神崇拜的信仰习惯，民众的神灵信仰往往带有较强的功利色彩，他们更关心世俗生活中人本身的社会地位、声誉及社会关系，这些又始源于血缘伦常、德性修为及处世方式。基督教法规意识启蒙路径是开放式的，社会化程度高，传统中国宗族自治呈封闭状态，家规族训法律意识启蒙的社会化

---

① 道光江西《临淦窗前黄氏重修族谱·条例》。

程度相对低下，所幸的是，儒法结合的主流文化观，既指导国法的制定，也引导家规的编撰，使众多家规国法，在文化上形成了比较统一的价值追求，便于家规、国法的衔接，有效地避免了家规族训的碎片化。

家规族训虽不属于国家法律体系，但无论是形式，还是功能，都与国家法律体系关联密切，一定时期，可能与国家发生冲突，但总体而言，家规族训与国家法律多为互通、互动及互补关系，是维系基层社会秩序不可或缺的规则体系。因此，在传统中国，家庭、宗族是教导人们遵守规则的初始单位，家规族训发挥了启蒙民众法律意识的功能。

第五章　契约文明

就法学理论而言，西方国家的契约理论比中国系统完善，西谚早有"合意生法律"（consent makes the law）、"合意生成契约法"（agreements constitute the law of contract）、"合意优于法律"（the agreement of parties overrides the law）等说法。但"契约"一词并非西方人发明，在悠久的文明长河中，中国人早已总结出一整套的处理民事纠纷的规则，其中"契"就是传统中国人权利、义务意识或契约精神的体现。近代的"契约"，传统中国一般称"契"，或由此演化的"合同"。为了行文方便，本章多以"契约"表述。

传统中国没有统一的民法典，许多刑律包含了民事法律的内容，所以学界曾经流行的通说是：法律是民刑不分的法律，中国法制史甚至就是刑法史。假如上述观点成立，人们不禁要问：传统中国没有民法典，那么几千年的中国社会，有了民事纠纷是如何处理的？纠纷处理的依据或规则是什么？很难想象，一个没有妥善处理相互纠纷规则的民族，其历史文明能延续数千年之久。近代以来中国使用的"民法"概念是从英文"Civil Law"翻译过来的，而该词源于"市民法"，是Civil Society（市民社会）背景下的民事法律规定。中国传统社会并无西方意义上的市民社会，民事法律关系也不能与市民社会下的民事法律关系强拉硬对，完全用西方"民法"概念解释传统中国的民事法律关系，往往无法得出符合历史实际的结论。如果因为没有民法典，就认为传统中国没有民事规则，这无疑忽视了民事交往事实。

民间通说的"口说无凭、立字为据"等，反映了民间对签订"契"一类字据的重视。早在先秦时期我国就有"约契盟誓，则约定而反无日"①之说，除早期的傅别、质剂等之外，汉魏晋以来流行"民有私约如律令"之说。汉时，"如律令语，不独诏书，凡上告下之文，皆得用之；其后民间契约，道家符咒，亦皆用"②。北魏时期文献典籍中已正式记载有"契约"二字，现代法律意义上的"合同"一词在唐宋也已出现。唐代的"官有政法、人（民）从私契"等，则是官方对契约效力的承认。宋元以后不再有这类表述，但官方认可的契约及民间通行的契约一并存在，民众敬畏契约、尊重契约的传统一直存在。③契约及契约精神在传统中国比较发达，至于对其进行抽象的法理概括则稍有逊色。

第一节　契约嬗变

传统中国契约具有悠久的历史，可溯源至原始社会末期，经周、

---

① 《韩诗外传》卷六。

② 参见王国维《观堂集林》第三册，中华书局1959年版，第845－846页。

③ 参见霍存福：《中国古代契约精神的内涵及现代价值——敬畏契约、尊重契约与对契约的制度性安排之理解》，《吉林大学学报》2008年第5期。

秦、汉、唐、宋、明、清等朝代的发展，形成了独具特色的传统中国契约法律制度。

一、契约雏形

西周前期，分封建制，土地国有，社会一度繁盛。中期以后，由于私田的开垦，地方诸侯经济发展迅速，出现了以土地、牛马、奴隶等为标的物的民事交换行为。据文献记载，西周时期的民事契约称为"傅别"、"书契"或"质剂"。《周礼·天官·小宰》记载："听称责以傅别、听取予以书契、听买卖以质剂。"①取予，是指财物所有权由一方给予、一方取入的转移，在这种转换过程中，则应以书契为凭。这就是说，借贷契约用傅别，买卖契约用质剂，授予收受契约用书契。关于傅别的形式，郑玄曰："傅别，谓为大手书于一札，中字别之。"②刘熙曰："别，别也，大书中央，中破别之也。"③关于质剂的形式，郑玄曰："质剂，谓两书一札，同而别之。"④关于书契的形式，郑玄曰："书契……其券之象，书两札，刻其侧。"⑤刘熙曰："契，刻也，刻识其数也。"⑥清代孙诒让对这三种判书做过这样的比较说明："盖质剂、傅别、书契，同为券书，特质剂，手书一札，前后文同，而中别之，使各执其半札，傅别则为手书大字，中字而别其札，使各执其半字。书契则书两札，使各执其一札。傅别札、字半别；质剂，则唯札半别，而字全具，不半别；书契，则书两札，札亦不半别

---

① 郑玄注、贾公彦疏：《周礼注疏》卷三，《小宰》。
② 郑玄注：《周礼·天官·小宰》。
③ 刘熙：《释名·释书契》。
④ 《周礼·天官·小宰》；孙诒让：《周礼正义》。
⑤ 郑玄注：《周礼·地官·质人》。
⑥ 刘熙：《释名·释书契》。

也。"①这种用竹简木牍制作契约的习惯,大致起源于原始社会后期。据清代袁枚考证:"黎民买卖田土,无文契票约,但用竹签一片,售价若干,用刀划数目于签上,对劈为二,买者买者各执其半以为信。日久转卖,则取原主之半签合而验之。"②这种原始契约与傅别形式的契约基本相同。③

部分出土的青铜器对当时的契约活动也有记述,《九年卫鼎》、《卫盉》、《倗生簋》等青铜器铭文的内容描述了西周时期契约存在与发展的情形。例如,有缺失的格伯簋铭文记载,"正月初吉癸子"为缔约时间,双方当事人为格伯与倗生。格伯以自己的乘马换倗生的田地。"析"即从中分开,双方各执一半为据。这里的"各执一半"除了具有证据作用外,还有记录或表达双方合意与认同的意味。④西周时期的礼器铭文有很多类似的材料,尽管记载的交易内容不尽相同,但都采用相近的契约形式,即在双方合意认同后,明确界定了标的物,在官方或在第三方的监督见证下予以确认并交付。

二、契约发展

秦汉时期的经济发展较快,随着土地私有制的确立,契约的使用更加广泛,尤其是在土地交易中发挥重要的作用。秦汉时期一改西周早期"田里不鬻"的原则,土地、房屋、财物、奴婢等都成为民事法律关系的客体进入流通领域,因此契约形式多样化,出现了买卖、租佃、借贷契约以及债务的担保等规定,契约关系十分活跃,契约也越来越完

---

① 《周礼·天官·小宰》;孙诒让:《周礼正义》。
② 袁枚:《子不语》卷二十一,《割竹签》。
③ 参见张传玺:《契约史买地券研究》,中华书局2008版,第40页。
④ 参见张传玺:《中国历代契约汇编考释(上)》,北京大学出版社1995年版,第21、26页。

善。 居延汉简《乐奴卖田契》记载："置长乐里乐奴田卅五亩,贾钱九百,钱毕已。 丈田即不足,计亩数环(还)钱。 旁人淳于次孺、王充、郑少卿、古(沽)酒旁二斗,皆饮之。"①从此简可以看出,当事人乐奴将其土地卖与他方,而且有证人参与并举行沽酒的仪式。 汉代契约文书的格式广为流传,契约的使用涉及日常用品到土地房屋,汉代契约格式里都有当事人、地点、证人和固定的立约程序等内容。② 秦汉时期,还出现了契约担保方面的法律规定,债务担保包括用物担保和保证担保。 同时法律规定无论何种担保形式,须以双方或第三方同意为前提。 《法律答问》中载:"百姓有债,勿敢擅强质,擅强质和受质者,皆赀二甲。"③东汉时,还将"合同"称为"莂","莂"与"傅别"类似,两书相同,而分别持有,双方合同,以加验证。

晋唐以来,中国社会经济得以发展,各个领域的经济关系都十分活跃。 例如,京城长安市上行业的空前增加;海陆贸易的发达;邸店、柜坊的广泛设立和"飞钱"这种类似后来汇票的出现等。④ 商品贸易关系的发展,必然要通过民事规范来调整,契约成为不可缺少的重要保证。 隋唐时期的契约法更加丰富,这一时期契约的种类繁多,除买卖、借贷、租赁契约外,还有雇佣、寄存等契约。 唐朝法律规定,契约是债务发生的重要依据,尤其是田宅、奴婢、大牲畜的买卖,订立契

① 李祝环:《中国传统民事契约研究》,《法律史论集》第 2 卷,法律出版社 1999年版,第 70 页。

② 宋格文:《天人之间:汉代的契约与国家——美国学者论中国法律传统》,中国政法大学出版社 2000 年版,第 174 页。

③ 张晋藩、怀效锋:《中国法制通史》第七卷《明》,法律出版社 1999 年版,第 235页。

④ 程延军、杜海英:《论传统中国契约法律制度的基本特征及成因》,《内蒙古大学学报》(人文社会科学版)2007 年第 2 期。

约是法定程序，而且在订立契约前须经官方"公验"。 土地买卖"皆须经所部官司申牒"，否则"财没不追，地还本主"①。 另外，为了保障跨地域经济贸易的发展，晋唐时期的债务担保制度随之发达起来，唐文书契约中明书"若先悔者，出绢五（匹）"②，出现了以财产负责的"收质"、以劳役偿债的"人身折酬"和债权人私力扣押债务人财产的"牵掣"制度。③ 再有，受契约介质材料由青铜、竹木到帛、纸的转化，给契约内容的记录和第三人画押作保以及官方对契约的监管提供了极大的便利，促进了传统契约的发展。

三、契约定型

宋元以来，"义利并重"逐步成为商人或官商共利的主张，为宋元时期商品经济的发展提供了思想基础。 唐朝的"永业田"、"口分田"制度在唐朝后期遭到严重的破坏，土地兼并日益严重，直接导致宋元时期土地商品化及租佃制的普遍确立。 因此，以土地房宅交易为核心的民事契约表现出规范严密的特征，标准化并逐渐走向成熟。 北宋太宗太平兴国八年（983）国子监丞知开封府司录参军赵孚上书，契约由中保人私立，导致界限不清，引发争讼，建议制定统一的文契，立为榜样。④ 据此，在继承汉唐民间契约的基础上，形成官方制定的标准化契约样本。 契约格式趋于统一，适应了官府的管理与控制。 官府既统一印卖契纸以适应契约统一之需要，又同时降低民间自行起草契约的效力。 宋代后期，形成了"粘二契"制度，即将民间草契粘连于官契之

---

① 怀效锋：《中国法制史》，中国政法大学出版社1998年版，第183、184页。
② 张晋藩：《中国法律的传统与近代转型》，法律出版社1997年版，第324页。
③ 叶孝信：《中国法制史》，北京大学出版社1996年版，第191页。
④ 李祝环：《中国传统民事契约研究》，《法律史论集》第2卷，法律出版社1999年版，第272页。

首，它体现出在当时既重视民间草契的合意性，又力求便于官府的监管。 另外，宋代的契约种类增加，分类较细，有买卖契约、典当契约、租佃契约、借贷契约和担保契约等。 买卖契约又细分为绝卖和活卖两种。 订立契约的程序更加规范，要遵循"先问亲邻"、"输钱印契"、"过割赋税"、"原主离业"四要件。①

元代契约进一步发展，在"粘二契"的基础上，将官版契纸分为"正契"和"契根"上下两联，并规定契纸的印制权归户部。 契约订立程序比宋代更加严格规范，当事人须先"经官给据"，才允许"先问亲邻"、"印契税契"、"过割赋税"，目的是为了加强官府对民间契约活动的监督。②

明代沿袭各代传统，民事行为规范仍以法律规范、习惯、礼教为准则，《大明律》中有关民事的规定较前代详尽。 明代债的制度有了较大的发展，尤其体现在契约的发展中。 明代法律对于契约形式并无具体的规定，但民间民事习惯所确认的契约形式已相当规范，并且当事人一般都按各种契式订立契约。 契约种类方面，明代契约种类主要有卖田、卖屋、卖男、当田、当屋、租田、借贷、典雇、包工、赁船、租店、伙资经商等十几种。③

契约格式方面也有所进步，明代的契约形式主要有单契和合同契两种。 单契是基于双方信任，一方出具给另一方的凭证，是契约发展过

---

① 程延军、杜海英：《论传统中国契约法律制度的基本特征及成因》，《内蒙古大学学报》（人文社会科学版）2007 年第 2 期。

② 李祝环：《中国传统民事契约研究》，《法律史论集》第 2 卷，法律出版社 1999 年版，第 80 页。

③ 张传玺：《中国历代契约会编考释》，北京大学出版社 1995 年版，第 21、26 页。

程中的简化形式。 单契的出现表明，契约因适应商品经济发展的需要，为方便交易、提高效率而得以简化。 这一时期人们信仰合法有效的契约，继续遵循"民约如律令"的民间习惯，足以表明法律对契约的认可和支持。 不仅如此，明代法律还对无效契约的种类和责任做出了详细的规定。① 政府也对契约的签订和效力进行鼓励和保护，明"教民榜文"（第三十六条）就规定："乡里人民，或有生理不前，家道消乏，因遇非灾横祸，缺少用度，不得已要将父祖所置田地产业变卖者，许其明立文契，从便出卖。 里邻亲属合该画字，不许把持刁蹬，揿索财物酒食。 违者，治罪。"从法律上保障部分不动产买卖契约签订中的意思自治。

契约法在清代中后期渐渐定型。 首先，清代涉及契约的法规广泛地见诸《大清律例》、《大清会典》、《户部则例》、《户律则例》和适用于少数民族的特别法以及省、道、府、州、县衙门颁布的省例、告示、章程。 其次，交换中私人之间订立契约已经相当普遍，买地、租房、雇工、合伙、借贷、婚娶都以契约作为民事关系成立的凭证，人们借助契约来体现和证实自己的权利，官方也确认"民间执业，全以契券为凭……盖有契斯有业，失契即失业也"②。 第三，清代官府要求使用官契订立契约，以保证契约格式的统一和防止伪契的出现，规定私契"官不为据"，作废以后依官契纸重做，并将契价的一半没收归官府。第四，清代契约的形式成型化，一般包括标的、价款、酬金、期限以及立约人的权利义务等内容。 土地、房屋、奴婢等重要标的物的买卖，

---

① 张晋藩、怀效锋：《中国法制通史》第七卷《明》，法律出版社 1999 年版，第 243页。

② 叶孝信：《中国法制史》，北京大学出版社 1996 年版，第 131 页。

须经官府批准，交纳契税，取得官府颁发的加盖官印的契尾。 第五，契约保障制度十分完善，中人附署和违约责任的规定都很详细。 契约签订时，需要负有连带责任的"中人"在契约上签字，保证契约的履行，清代法律还规定签订契约后，一方反悔，要将契价的一半交给官府，作为处罚。①

总之，明清时期是传统中国商品经济的高度发展阶段，作为调整民商法律关系重要组成部分的契约，在继承前代优秀成果的基础上，其形式多样、内容确定、官方监管严密、多重法规确认等。 这些都反映了明清时期契约的成熟与完善，实现了形式到内容、种类与规范的定型化。

第二节　契约习惯

一、合同为真

最早的契约较大型且重要者，常镌刻于青铜器皿上，一旦成立，便难于作伪。 在用简牍作为书写材料的时代里，人们想出将契约内容一式二份刻在同一简上，还写上"同"字，并从中剖开，交易双方各执一半，当两份合在一起时，"同"字的左半与右半是否完全相合，就成了验证契书真伪的标志。 如吐鲁番阿斯塔那53号墓出土的《西晋泰始九年(273)高昌翟姜女买棺约》，契文一开头，就写有"同"字的右半。②

魏晋以后，傅别、质剂之制使用越来越少，纸契则日渐普遍，合同形式产生并发展起来。 合同形式脱胎于书契，又吸收傅别之长发展而

---

① 程延军、杜海英：《论传统中国契约法律制度的基本特征及成因》，《内蒙古大学学报》(人文社会科学版)2007年第2期。
② 《文物》1972年第1期。

来。其形式是"书两札",将两札并起。合写一个大"同"字,后来合并大写"合同"二字。每一札上都有"同"的半字或"合同"的两半字,为合券的验证。只有当两契背面的"合同"字完全吻合,才证明都是真契。由判书形式的书契约所以发展为合同之契,原因大致有二:一是纸的发明和广泛使用,纸契代替了竹木契,二是在一制两份或数份纸契上,用大书字的办法为款缝,代替书契的刻侧之制,方便易行。①

后世的契券,也称合同,清人赵翼考证道:"合同,今俗作契券,有所谓合同者,以两纸尾相并,共写'合同'二字于其上,而各执其一以为验,盖本古法也。"②平步青也说:"今人署券,二纸叠并,大书'合同'两字,各执一纸。"③"合同"含有契约当事人达成一致的含义,意指会合、齐同,写"同"或"合同",用以验证合券,体现了缔约各方的合意,与西周所谓的"傅别"、"质剂"相似。这就是为什么中国契约又称"合同"的原因。

合同签订后,签订者必须署名,即"署名为信",就是以自己亲自签名作为凭信。然而,如遇到文盲时就会出现困难,便出现了"画指为信"或"画指为验":在券契文书中自己姓名位下亲自画上签押,或画上自己中指节印痕,有时还注明"手不解书,以指节为明"④。这是说,自己不会书写,以画本人指节作为证明。有的则由别人帮其书写名字,自己在名字后画个"十"字,表示签名。在没有印章时,也有

---

① 张传玺:《契约史买地券研究》,中华书局 2008 版,第 48 页。

② 赵翼:《陔余丛考》卷三十三,《合同》,上海古籍出版社 2011 年版,第 636 - 637 页。

③ 平步青:《霞外攟屑》卷十,《合同》,上海古籍出版社 1982 年版,第 717 页。

④ 《吐鲁番出土文书》第二卷,《唐西州高昌县赵怀愿买舍券》,第 84 页。

用手印纹，即捺上自己的中指指纹印为凭者。这些都是为了证明契约的诚信度。这一习惯，至少在十六国以前就已经形成。①

二、中人作证

订立契约，除当事者双方外，还要邀请第三方到场，并且在契约上写明备案，以起证人的作用，即证明契约的真实性及有效性。如西汉神爵二年（公元前60）广汉县节宽德《卖布袍券》，在券简尾就写有"时在旁候史张子卿、戍卒杜忠知卷约，沽旁二斗"②。这是说，节宽德在订立卖布袍券时，张子卿和杜忠都在场见证此事。"沽旁二斗"在有的券契上写作"古（沽）酒旁二斗，皆饮之"，"沽酒各半"，"沽各半"等，这是在契券订立完成、沽酒酬谢在场者，交易双方各承担一半沽酒钱的意思，其目的在于要在旁者充当证人。一旦出现争议，还须请订立契约时的证人来作证评断。

汉魏以后，这些订立契约时在场的证人，有了专门的称呼，如"时人"、"书券"等。在高昌王国时期，券尾的称谓通常都是"倩书"（书写券契者）、"时见"（当时亲见者）、"临座"（面临在座者）。到了唐代又有了一些新变化，在契尾除了契约双方主人签名押署外，还有"知见人"或"见人"，也就是订立契约时的见证人，少则一二人，多则六七人。

在券契中也有称为"保人"者，少则一二人，多则五六人；如是奴婢买卖契约，保人必须在五人以上。"保人"的作用不同于"知见人"，他不仅见证了券契的订立，而且要担保契约义务人完成自己的义

---

① 参见乜小红：《论我国古代契约的法理基础》，《中国社会经济史研究》2009年第2期。

② 张传玺主编：《中国历代契约会编考释（上）》，北京大学出版社1995年版，第33页。

务，否则，就要承担契约义务的连带责任。这类保人，到了清代，常被称为"中保人"或"中人"。他们除了担保责任外，还起从中介绍的作用，故有时又称为"中保说合人"①。

三、履行保障

唐代《杂令》的"公私以财物出举"条，比较全面地规定了有息借贷契约（出举）的订立、利息禁制、履行方式、司法救济、质押物处理、保证责任等，同时也兼及无息借贷契约（非出息之债）的司法救济问题。《宋刑统》卷二六《杂律·受寄财物辄费用》载道：

> 诸公私以财物出举者，任依私契，官不为理。每月取利，不得过六分。积日虽多，不得过一倍。若官物及公廨，本利停讫，每计过五十日不送尽者，余本生利如初，不得更过一倍。家资尽者，役身折酬。役通取户内男口。又不得回利为本（其放财物为粟麦者，亦不得回利为本及过一倍）。若违法积利、契外掣夺及非出息之债者，官为理。收质者，非对物主不得辄卖。若计利过本不赎，听告市司对卖，有剩还之。如负债者逃，保人代偿。②

从《杂令》文意看，国家对有息借贷的不干预、不参与有两个限定条件。一是对最高利息率的限制，"每月取利，不得过六分"；二是对利息的总量控制，"积日虽多，不得过一倍"，即利息总量不得超过本金。公家参与私契订立（作为贷方）者，稍微特殊些："若官物及公

---

① 参见乜小红：《论我国古代契约的法理基础》，《中国社会经济史研究》2009年第2期。

② 窦仪等：《宋刑统》。

廨，本利停讫，每计过五十日不送尽者，余本生利如初"，但利息总量
的要求仍是"不得更过一倍"。

在本金与利息的关系上，《杂令》又规定：又不得回利为本（其放
财物为粟麦者，亦不得回利为本，及过一倍）。 这是说，利息不能返折
为本金，重新生利，即禁止计算复利；同时，借贷无论以财物偿还或以
粟麦偿还，虽过时限，利息累计不得超过本金，即不能过一倍。[1]　"一
本一利"及禁止"回利为本"，这是历朝历代借贷契约法律制度的基本
要求之一。

在订立契约时，事先讲明违约受罚的种种约定，并明确写入契文
中。 在汉代简牍式的券契中，还不大见有违约受罚的文字记载，在进
入十六国时期的纸质契约文书后，便有了违约加倍受罚的记载。 如
《前秦建元十三年（377）七月廿五日赵伯龙买婢券》中以中毡七张买一
名八岁幼婢，券文说："有人认名及反悔者，罚中毡十四张，入不悔
者。"[2]从这一时期起，这一模式便成了订契约时的一种惯例，常常在
券契中写有"二主和同立券，券成之后，各不得反悔，悔者一罚二人不
悔人"一类的话。 这虽然是预防性文言，却是对契约履行中出现非诚
信行为的一种警示。 唐代对于涉及钱财交易一类的契约，违约惩罚十
分严厉。 如《唐乾封三年（668）张善熹于左憧熹边举钱契》，张向左借
了银钱二十文，契文规定："月别生利银钱二文，到月满，张即须送
利。 到左须钱之日，张并须本利酬还。 若延引不还，听左拽取张家财

---

①　霍存福:《论传统中国契约与国家法的关系——以唐代法律与借贷契约的关
系为中心》,《当代法学》2005 年第 1 期。

②　俄罗斯科学院东方研究所圣彼得堡分所、俄罗斯科学出版社东方文学部、上
海古籍出版社编:《俄藏敦煌文献》第十五册,上海古籍出版社、俄罗斯科学出版社东
方文学部 2001 年版,第 212 页。

杂物，平为本钱直。 身东西不在，一仰妻儿、保人偿钱使了。 若延引不与左钱者，将中渠菜园半亩，与作钱质，要须得好菜处。"①这就是债权人可以私力扣押债务人财产的"牵掣"制度。

四、抵赦条款

古代统治者一方面对私人之间免除债务的行为颇为推崇，如《国策》所记的冯驩越权代孟尝君烧掉债券而免债的事例，另一方面国家也会直接利用公权力颁布赦令，赦免人们的私债。 统治者一般在即位、改年号、册立太子等国家重大事件发生时颁布赦令，可能涉及刑事、行政以及民事等领域内的事务。

统治者所颁布的民事赦令内容，不仅涉及公债的赦免，甚至也向私债领域扩张，而且不仅赦免违法私债，还赦免合法私债。 如后唐庄宗发布赦令："理国之道，莫若安民；劝课之规，宜从薄赋。 庶遂息肩之望，冀谐鼓腹之谣。 应诸道户口，并宜罢其差役，各务营农。 所系残欠赋税，及诸务悬欠积年课利，及公私债负等，其汴州城内，自收复日已前，并不在征理之限；其诸道，自壬午年十二月已前，并放。"②后晋高祖石敬瑭天福五年春正月接受朝贺时降德音："应天福三年终，公私债欠，一切除放。"③后唐明宗还曾经针对应夏、银、绥、宥等州发布赦免私债的赦令，曰："应夏、银、绥、宥等州管内，罪无轻重，常赦所不原者，并公私债负、残欠税物，一切并放；兼自刺史、指挥使、押衙已下，皆勒依旧，各与改转官资。"④南宋淳熙十六年（1189）光宗登基赦文云："凡民间所欠债负，不以久近、多少，一切除放。"沈家

---

① 《吐鲁番出土文书》第三卷，第219页。
② 薛居正等：《旧五代史》，中华书局1976年版，第416页。
③ 薛居正等：《旧五代史》，中华书局1976年版，第1037页。
④ 薛居正等：《旧五代史》，中华书局1976年版，第1747页。

本对此曾评论道："民间债负乃私有之权，本不应在赦中。赦本非美事，此尤为失之甚者。今时之赦无此事，盖不用宋法矣。"[1]

沈家本的观点是在受西法东渐的影响下，基于私权神圣观念做出的评价。他正视私人权利，批评国家公权力的赦除民间债负是公权介入、干涉私权，力图扭转积习已久的国家贱视民间私有权的传统，主张公权力不要深入介入私权事务，这无疑是历史的进步。[2] 不过，在传统社会，生产率低下，当政者能根据时势需要，减免民众负担，公私债务一律由国家买单，让民众享受部分红利，也不失为一种"仁政"，对于化解纠纷、缓和矛盾及笼络民心，应当说具有一定的积极作用。

第三节 契约类型与效力

一、契约类型

1. 买卖契约

近代以来，随着西方契约概念的引进，契约逐渐被"合同"（Contract）所代替，相对于近代"合同"概念而言，契约的范畴更广泛。契（约）与"合同"是不同层次的概念。契（约）包括单契和合同：单契以田房买卖、典、租佃、借贷为主要内容；合同以分家析产、族产管理、换产、合伙、合股等为主要内容。单契是一式一份的契约，如民间借约；合同则为各种一式多份的契约。契约与合同在外延上是包含的关系，合同是契约下位阶概念。单契多为不平等关系，如

---

① 沈家本：《历代刑法考》，中华书局1985年版，第773－774页。
② 参见霍存福：《敦煌吐鲁番借贷契约的抵赦条款与国家对民间债负的赦免——唐宋时期民间高利贷与国家控制的博弈》，《甘肃政法学院学报》2007年第2期。

卖身契、典当契等；合同则为平等关系。①

因此，中国传统契约比西方的合同概念要广。其实，按内容分，契所涉及的范围非常广泛，它们既有私对私的契约，也有公对私的契约。如云南省馆藏契约文书中所反映的那样，举凡买卖、租佃、典当、借贷、赋役、加找（又作添找或添找加价等）、退还（又作吐退）、赠与、对换、收付、义助、归并和记账等经济活动，绝大部分都与乡村的土地有关。即便是在数量不多的"宗族"文书中，遗产继承和家产分配也多与乡村的不动产有关。买卖对象举凡有山场、田塘、住房、屋基地、风水地、店面、林木、厕所、牲畜和人等，其中以土地的买卖最为频繁。买卖的原因多样，既有一般的"无钱用度"、"管业不便"等，也有"诉讼无费"、"交易缺用"，甚至有"缴纳壮丁训练费无着"、"无法豆（凑）款各队部（村自卫队）伙食钱"等原因。买卖者的身份及关系也十分复杂，有同宗或同族之间的、族人与祠堂之间的、私家对公家的、主仆之间的、两姓之间的买卖，其中同宗之间的买卖契约最为普遍。②

2. 活契与死契

买卖契约有绝卖契和活卖契两种。绝卖契，也称"死契"或"杜契"，即事主一次性将土地等财产的所有权卖断，不再赎找，不再加价；通常注明"绝卖永不回赎"的字样。一般说来，它是一次性的永久性买卖契约，反映的是土地等财产所有权的变动。

活卖契与死契相对，是为卖主保留回赎权的契约。从这批契约文

---

① 参见俞江：《"契约"与"合同"之辨：以清代契约文书为出发点》，《中国社会科学》2003 年第 6 期。

② 参见吴晓亮、徐政芸主编：《云南省博物馆馆藏契约文书整理与汇编》第一卷（上）"前言"，人民出版社 2012 年版，第 3 - 4 页。

书中可以看到此类契约五花八门，形式多种多样，有典当契、对换契、添加价契、退还契等，其中，最典型、最通用的形式为典当契。在这种交易中，实际上只是土地等财产的使用权发生变动，因为事主通常可以地产、地契等作保，在约定的时限内向买方偿还原典金额后，即可收回地权。但是，如果事主在超过规定的期限仍无力赎回财产时，土地等财产的所有权就会真正发生变动。典契就会演变成一份"死契"了。①

有的契约本来是活契，但由于种种原因，转变成了死契。民间对这种契约转换有约定俗成的认定方式。还以土地买卖契约为例，买卖双方如果是签的契约为"永卖契"，"永卖"而非"绝卖"，就不是死契。以下则契约为例：

立永卖契

殷新今因钱粮无办，情愿将祖父遗下分授民田一处，土坐秧田畈，田计一蚯，量计二分零。其田四址：东至荣彰田，南至润珠田，西至水沟，北至安法田为界，俱立四址分明。其田情愿出卖与坤山为业，三面议开，田价钱八千四百文正。其钱当日随契收足。自卖之后，任从出钱人管业布种收花，中间并无房亲争执等事，此系两相情愿，各无异言，恐后无凭，立此永卖契为照。

再批：其粮照号开割过户输粮并照。

道光拾壹年十月日立永卖契殷新押。

见弟昌法押。

---

① 参见吴晓亮、徐政芸主编：《云南省博物馆馆藏契约文书整理与汇编》第一卷（上）"前言"，人民出版社 2012 年版，第 3 页。

见中文锐押。

代笔起森押。①

上引殿新"永卖契"所卖的田地并非属于"绝卖",而是田面权的转移,田底权仍然在殿新手中,因为契文中并未出现"绝卖"字样,如有可能,殿新在归还毛坤山买田原价后可以赎回自己的土地,这种"一田两主"的现象是清代地权转移过程中的普遍现象之一。 清朝就明文规定:"卖产立有绝卖文契,并未注有找贴字样者,概不准贴赎。 如契未载绝卖字样,或注定年限回赎者,并听回赎。 若卖主无力回赎,许凭中公估找贴一次,另立绝卖契纸。 若买主不愿找贴,听其别卖,归还原价。 倘已经卖绝,契载确凿,复行告找告赎,及执产动归原先尽亲邻之说,藉端揑勒,希图短价者,俱照不应重律治罪。"②殿新卖田契中没有注明"绝卖"字样,也没有"找价"之词,转移给毛坤山的仅仅是田面权和向国家纳税的义务。 毛坤山享有在该块田地上"管业布种收花"的充分权利。 这种"布种收花"仅仅是指毛坤山在田面权的层面上行使自己的权利,这种权利包括耕种收获或者再次转移产权,但毛坤山并没有获得该块田地的田底权。 事实上,作为土地交易的一方,买方往往不只是停留在田面权的转移上,虽然自耕农希望自己有朝一日生活有所改善时,仍然可以以原价"不拘年远"将自己的土地"取赎",但这是买主所不愿意看到的。 一旦当卖地农户无力或者无望"取赎"自己的田地产业时,便产生了"绝卖"这种绝对的产权转移方

① 王万盈辑校:《清代宁波契约文书辑校》,天津古籍出版社2008年版,"前言",第2-3页。

② 《钦定大清会典事例》卷七百五十五,《刑部·典买·田宅》。

式，在"绝卖"基础上重新订立相应补充契约也就成了必要。 这样就出现了"找卖契"或"找尽契"以及"除票"等形式。 找契与除票就是由"永卖"到"绝卖"的最后阶段。

　　所谓"找契"，就是自耕农在出卖田面之后，因无力赎回或者完全转移产权时所采取的一种制度安排，从而使原来由初始的"永卖"关系变为"绝卖"的关系。 清代法律规定，"典当地亩，例准回赎"，"若卖主无力回赎，许凭中公估找贴一次，另立绝卖契纸。 若卖主不愿找贴，听其别卖，归还原价"①。 在清代，这种以获取买卖差价为主要内容的契约被称为"找契"，找契或者找价的性质就在于出租人无力赎回，便收回其租价与卖价之间的差额，从而使原来只是出卖田面权的关系变为绝卖田底权的关系。 经"找"之后，出租人便丧失了对自己土地的全部权利，双方应当另立绝卖契，或者立找契，以找契作为绝卖契。② 这种严密的程序性安排，充分保证了典卖人的权利，兼顾了"情势变更"状态下买卖双方的公平利益。

　　为避免"活业"引起脱漏税粮，有的朝代法律规定："不税契者笞五十，仍追田宅价钱一半入官；不过割者，一亩至五亩，笞四十，每五亩加一等罪，止杖一百，其田入官。"③而在私约关系上，则强调加找之后要订立绝卖契，完成过割推收。 于是，自宋代开始使用的表示绝卖的"杜绝卖契"或"卖断契"更为普及了。 在契约关系上承认活卖与绝卖的分离，表明明代的土地买卖发展到了一个更高的

---

① 《钦定大清会典事例》卷一百六十，《户部·田赋》。
② 参见王万盈辑校：《清代宁波契约文书辑校》，天津古籍出版社 2008 年版，"前言"，第 2-3,5-6 页。
③ 《大明律》卷五，《户律·田宅》。

阶段。①

3. 红契与白契

官府为了保障人们合法的权利，消除财产等纠纷，维持社会秩序，很重视契约的内容书写和形式制作。 "凡人论诉田业，只凭契照。"这些记载都说明了契约的财产证明作用。

私契、官契在司法中的证据证明力不同。 私契，有时也称"白契"，即没有经过官府登记、钤印、纳税等手续，属于民间私下签订的契约文书，主要适用于除土地房产交易以外的民事行为中，如家族内部的财产分割、交易、借贷、典当、合伙、合股、雇佣、立嗣、继承等。"私契"之所以能广泛应用于民事中，是因为它们对缔约双方来说，就是一份约定俗成、合理有效、共同遵守、可以延续承继的文书。 官府很早就对土地买卖等经济行为实施约束和管理，主要体现在"红契"、"官契"、"契尾"等文书中。

在清代浙东地区的土地买卖契约文书中，所有契文均有固定格式，这种格式并不是民间自发形成的"俗例"，而是由国家规定的契文格式，主要由卖田人姓名、所卖田地名称、面积、田地坐落四至、买田人姓名、田亩价格、付款方式、买田人享受的权利、田亩权属的转移、交易的时间、中间人、见证人、契约书写人等十多个部分组成。② 官府为使契约更好地明晰财产权利，同时保证政府的税收所得，不断规范契约内容和形式，强调契的法律证明力，如《周礼·地官·司市》曰："以质剂结信而止讼。"《明公书判清明集》曰："在法，交易只凭契照。

---

① 参见杨国桢：《明清土地契约文书研究》(修订版)，中国人民大学出版社2009年版，"序言"，第21页。

② 王万盈辑校：《清代宁波契约文书辑校》，天津古籍出版社2008年版，"前言"，第4页。

凡人论诉田业，只凭契照。"所谓"红契"因此出现。① "红契"较之
"私契"更具法律效力。 "红契"、"官契"数量不多，其性质都是经
官府登记认可的文书，但两者略有差别。 "红契"通常在原始买卖文
书上钤有官印，以示该契得到官府的认可；而"官契"是民国年间由官
府印制的契纸，可表明官府对民间契约行为的直接管理；"契尾"多是
官府印制。 一般情况下，契尾与契约的原始文本相粘连，上钤官印。
在附有"契尾"的文书中，明嘉靖二十七年（1548）通海的一件绝卖房
契，是云南地区迄今发现最早的一件，距今 460 余年；光绪三十三年
（1907）的宜良文书中存有最晚的 1 件。②

二、契约效力

1. 听讼依据

所有权本身存在一个立体的内部结构，即纵向结构和横向结构：纵
向结构，指同一所有权并存着不同层次的权利；横向结构，指同一所有
权并存着不同作用的权能。 所有权内部结构的运动，也就是不同层次
权利和不同权能的分离组合。 传统中国社会，由于始终未能形成完备
的契约法，因而对于所有权及其内部结构缺乏理论的升华，但在社会生
活中，人们通过不同的乡规俗例实现这种分离组合，契约文书便是实物
证明。③ 传统中国的契约，自其第一种记述形式（竹木简牍）开始，就

---

① 张传玺：《中国古代契约形式的源和流》，《文史》第十六辑，中华书局 1982 年
版。
② 参见吴晓亮、徐政芸主编：《云南省博物馆馆藏契约文书整理与汇编》第一卷
（上）"前言"，人民出版社 2012 年版，第 4 页。
③ 参见杨国桢：《明清土地契约文书研究》（修订版），中国人民大学出版社
2009 年版，"序言"，第 1-2 页。

注意到了其遏制、杜绝争讼的机制，并在诉讼程序上注意发挥其证据功能。① 《周礼·地官·司市》讲"以质剂结信而止讼"，这是一种宽泛意义上的止讼，具有事先的防范意味。 在具体操作上，《周礼·秋官·朝士》："凡有责者，有判书以治则听。""判书"即契券，在司法上，无契券就不予受理。 东汉郑众在解释《周礼·天官·小宰》听称责以傅别时说："'称责'谓贷予；'傅别'，谓券书也。 '听'讼'责'者，以券书决之。"也指听讼以"券书"为据。 又《周礼·秋官·大司寇》："以两剂禁民狱，入钧金，三日乃致于朝，然后听之。"注："狱，谓相告以罪名者。 剂，今券书也。 使狱者各赍券书，既两券书，使入钧金，又三日乃治之，重刑也。 不券书，不入金，则是亦自服不直者也。"讼者提供不出券书，就等于"自服不直"，就得输官司。

《左传·文公六年》载赵盾"始为国政"，采取了"制事典，正法罪，辟刑狱，董逋逃，由质要"等一系列新政。 其中"由质要"，"由，用也；质要，券契也"，所谓"'由质要'者，谓断争财之狱，用券契正定之也"，则不过是《周礼》所载的以契约为证据的制度，在春秋时期的实践情形，不过是申明旧制。

在唐朝和宋朝，法律承认"私契"的效力，民间借贷、租赁、卖买、雇佣等契约，都是确认产权的依据。 比如，遇到国家罚没罪人财产，却存在财产权纠纷时，契约的证据作用就显现出来了。 基本沿袭了唐令的宋仁宗天圣《狱官令》规定："诸犯罪资财入官者，若受人寄借及质钱之属，当时即有言请，券证分明者，皆不在录限。 其有竞

（竞）财，官司未决者，权行检校。"①就是说，对犯罪人没收财物时，如有与他人发生寄托、借贷、质押等契约关系者，只要当时声明在案，有契券能够充分证明，就不应被籍录没收；对存在财产权纠纷（竞物归属）等问题者，则官府应予以登记，以备将来断定。

无论是哪类契约，只要是当事方意思自治的体现，就要自觉遵守；发生诉讼，所签契约即最主要证据。如宁波发现的清代七百余件文书中，所有契约的签订，都是具有法律效力的文书，一旦签订，双方就必须按照契文内容明确彼此职责。买的一方享有"管业布种收花"或者"管业居住并改造"的权利，并同时承担"照号开割过户输粮"的义务；卖方则在"其钱当日随契收足"之后，原有缴纳田赋的义务随着契约的签订也发生相应转移。这是所有清代契约签订中的通例，毋须赘言。如果卖方感觉卖价过低时，可以通过"中人"，三方议定之后再次获得差价，这种"差价"也是三方协商的结果，从中也体现着契约中的"自由同意"原则。②

2. 红契优于白契

两种契约均对签订双方有很强的约束力，但受法律保护的程度不一样。白契作为一种凭证，符合签约当事人意思自治，一旦发生纠纷，可以在多种调处手段中，起到明晰当事方权利义务的作用，即便在官府，也多予以承认。但特殊的契约尤其是与国家利益直接关联的契约，如土地买卖等契约中，官府的认可度大大降低，甚至会限制相关白契。

---

① 《天一阁藏明钞本天圣令校证》，中华书局 2006 年版，第 338 页。

② 参见王万盈辑校：《清代宁波契约文书辑校》，天津古籍出版社 2008 年版，第 10 - 11 页。

官府钤印的卖田"红契"及其附属的官文书，是具备完全法律效力的文件。因为"红契"的意义除纳税与官方管理外，更多表现出了当时建立契约的规范化与格式化，包括建立"红契"的当事人，看重的是对于财产所有权的官方认证及其权利保障。①

"白契"在实际生活中也具有产权证明的性质，但它是不完全的法律文本。在特定的条件下，如付诸诉讼时，"白契"的产权证明效力便受到限制，甚至被否定，从而有改变实际产权关系的可能。在一般的情况下，比如没有权势或作弊手段隐匿田亩、逃避钱粮，履行税契过割是订立土地契约不可缺少的手续。元代以来，税契后黏附土地买卖契约末尾的官府文书，称为"契尾"。"契尾"初无定式，元时和明代前期，由各县自拟行用。正德时，明廷废止官版契本，颁行官版户部契尾，使契尾的格式规范化。下引徽州府黟县的实例，可能是户部契尾未降之时，该县根据官版户部契尾格式自行印造的。此后，除一些边远地区继续使用官版契本（契根即契尾）外，各县一般都依据部颁契尾格式印造使用，但执行情况并不完全一致。② 格式也不一样。如江苏布政使司刷颁的格式如下：

契尾

抚部院挂藩字号，发府县

江南江苏等处承宣布政使司为请复契尾之旧例以杜私征捏契

---

① 参见王旭：《契纸千年：中国传统契约的形式与演变》，北京大学出版社 2013年版，"序一"，第 5 页。

② 参见杨国桢：《明清土地契约文书研究》（修订版），中国人民大学出版社 2009 年版，"序言"，第 54 页。

事。奉江抚部院邵咨宪行，准户部咨开："民间置买田地房产投税，应仍照旧例复设契尾，由布政司编号给发地方官，粘连民契之后，填明价值银数，钤印给民收执，所收税银仍令尽收尽解"等因。奉旨："依议，钦此。"咨院行司。奉此，合置契尾颁给该州、县，凡有绅士军民置买田地、房产、洲荡，务令赍契到官，按照买价遵依定例完税，即将田房价税数目、年月日期填入契尾，粘连原契，用印钤盖，给付业户收执。如有不粘契尾，仍用白契投税，及契尾内无本司印信者，查出仍以漏税治罪，产业半没入官。胥役产牙勒索滋扰，该业户立即据实告究。

须至契尾者。

计开据府州县都图甲业户用价两买州、县都图甲卖主

乾隆年月日完税银两钱分厘讫

右给业户准此

乾隆日给布政使司①

乾隆十五年（1750），因各地刷颁契尾格式不一，繁简不一，实行中弊端甚多，故改由户部颁发格式通行。这种通行的格式，分前、后两半幅，前幅由业户收执，后幅同季册汇送布政司查核。使用时，当面骑字截开，平分为二。从此到清末，各省布政使司刷颁的都是这一格式，只是说明文字详略不同。②

---

① 厦门大学历史系资料室藏。原件粘连卖田契约之后，自乾隆至宣统间的格式相同。转引自杨国桢：《明清土地契约文书研究》（修订版），中国人民大学出版社2009年版，第58页。

② 参见杨国桢：《明清土地契约文书研究》（修订版），中国人民大学出版社2009年版，第58页。

可见在实践中，契约在司法上的证明力非常强，有则受理，无则拒受；即使受理，无法提供契约者也会败诉，契约成为诉讼中之基本证据，国家司法机关对于自愿达成的契约协议具有强制执行力。

3. 证明力持久

民间谚语云"千年田，八百主"，说明通过"正买正卖"的地权转移十分普遍和频繁。土地的争夺若以买卖为主，须有契约，法权关系才得以产生。明清时代，特权地主仍然可以利用这些契式进行勒买，事实上这种现象也大量存在，但从法权关系上做出明确规范，不能不说是一个历史性的进步。①

遵守信约，是中国人的传统。契约一经签订后，当事方会不由自主地履行相关权利和义务，约束力具有很强的持续性和持久性，不会轻易变更，这些特征在土地等不动产买卖中尤其突出。如昆明"土地与财产关系文书"目录中涉及"龙院村"字样的契约文书具有地域集中、事主单一、时间延续性强等特点，时间跨度为乾隆五十一年至民国三十八年（1786—1949），历时163年；在龙院村的契约文书中，李纯、李香兄弟对同村村民土地的购买、李增贵叔伯兄弟之间的土地买卖，以及李香之侄李文藻在同一年间多次购买土地等事例都非常典型。又如宜良县"土地与财产关系文书"主要集中在于姓；其中，桃花村的于受卿从民国十一年至民国三十四年间（1922—1945）的20余年间购买土地房产就达35次；到1950年止，于受卿其人与土地等财产相关的经济活动达50次。永胜县彝族支系的契约文书多是"蓝"姓、"海"姓土地

---

① 参见杨国桢：《明清土地契约文书研究》（修订版），中国人民大学出版社2009年版，"序言"，第19页。

房产的经济活动，时间集中在晚清至民国。① 又如清末浙东土地租佃中的时间往往持续较长，但不论时间多寡，只要不是土地绝卖，卖方都可以"不拘年远，原价取赎"。 如毛荣昌卖田契就颇为典型：毛荣昌将自己名下祀田的田面权以六千文的价钱在道光二十六年（1846）出卖与毛坤山后，其后代在同治九年（1870）原价将其赎回，毛坤山租种该地的时间长达二十五年，但仍能据契赎回，"其契当即还他"②。 说明清末浙东地区的契约执行的彻底性。 土地等不动产契约一经签订，就确定当事方的权利、义务关系，在契约没有解除之前，拘束力将长期存在，也反映了民众对契约的尊重。

第四节　契约精神与典制

一、契约精神

一个国家法治化程度高低与否，不能仅仅以颁布法典的多少或法典的系统程度作为唯一的评价标准，而应该以社会的秩序化、规范化程度高低为标准来衡量。 同理，民事法典是否发达，并不能作为民事法律关系是否正常的唯一标准，而要以民事关系确立、民事纠纷发生后有没有为当事各方认可的关系准则或解决依据。 传统中国没有统一的民法典，却有源远流长的契（约），这些契约充当了调整、维系民事法律关系的主要角色。 它既是民事关系准则，也是民事纠纷解决依据。 传统中国人的诚信惯习、自由意思、平等态度以及合和精神等都得到了充分的体现，成为社会和谐的基石。

---

① 参见吴晓亮、徐政芸主编：《云南省博物馆馆藏契约文书整理与汇编》第一卷（上），人民出版社 2012 年版，"前言"，第 6 页。

② 王万盈辑校：《清代宁波契约文书辑校》，天津古籍出版社 2008 年版，"前言"，第 11 页。

1. 诚信惯习

诚信是我国所固有的一种优良传统，也是延续了几千年的一种民族美德，在中国儒家的思想体系里，是伦理道德内容中的一部分。《礼记》载："诚者，天之道也；思诚者，人之道也。"①这是说"诚"是天地间运行的一种法则，而追求诚是人的法则，是人对天地间这一法则的尊崇、追求和效仿，它要求人们都应具有真实、毋欺的品性。"信"也是儒家的一种道德规范，即言出要兑现，孔子曾说："道千乘之国，敬事而信，节用而爱人，使民以时。"②说的是，治理千乘之国，对百姓凡事要讲诚信，要取信于民；还要爱惜民力。他要求做人要"言必信，行必果"③，即要求凡事说到做到。"信"就是指遵守承诺、诚实不妄的品格，被儒家列为"五常"伦理道德"仁、义、礼、智、信"中的一种。"诚"和"信"具有相同的含义，因此，古人常说："诚则信矣，信则诚矣。"④

由上可见，早在先秦时，人们就已将"诚"和"信"联结在一起教化人、律于己了。在纲常伦教思想的支配下，人们对自己习惯于要求事事遵守诚信的原则，对他人也常用诚信来衡量其品格。诚信成了人们待人接物的准则，也成了人与人之间日常交往中不言而喻的信条。传统中国的各种契约，正是建立在这种道德规范和思想基础之上，靠诚信来维系的各种人际约定的关系，都受一种主体精神所支配，这就是诚信原则。

---

① 郑氏注、孔颖达疏：《礼记正义》卷五《中庸》。
② 《论语·学而》。
③ 《论语·子路》。
④ 朱子编：《二程遗书》卷二十五《畅潜道本》中有云："学贵信，信在诚，诚则信矣，信则诚矣，不信不立，不诚不行。"文渊阁四库全书本。

　　中国一直有广泛而频繁的契约实践，传世的大量实契表明：中国存在契约，存在相应的契约意识和契约观念，有特定的契约文化。传统中国采取的虽是等级社会与国家的结构方式，但政治等级上的君臣、官吏、官民之分，社会等级上的良贱之别，家族家庭内部等级上的亲疏、尊卑、长幼之异，并未消灭经济生活中契约的平等。因为政治生活、社会生活、家庭伦理生活与经济生活不同，在朝、在家、在外不同，古代的中国也是一个契约社会，契约本身也是人们的一种生活方式；中国人的契约意识和契约观念，一直是视契约为确定权利义务的，尤其债权契约是持有财富的象征；中国人有关契约的概念，也一直在突出契约内容对双方当事人的"约束"性质。"约束"二字，比较传神，与古罗法的"债为法锁"之意相同；中国人也有契约精神，这其中，既有他们对契约的敬畏，将约定等同于法律，也有他们对契约的尊重，视约定优先于规定，更主要也更为基础性的是，中国人对契约的理解，是将其作为一种制度安排，以为契约是"立信"、"结信"、"征信"的。① 不少契约的结尾，也会大大书写"信行"二字，表示立契人将以诚信态度履行契约。

　　除了刻、印而成的契约外，传统中国还有未经刻印的契约，即"信义"，生意人常挂在嘴边的所谓"货真价实"、"童叟无欺"、"金字招牌"等，往往是不需要书面契约加以明确的；熟人社会的民间借贷，也经常不需要签订字据，甚至不谈利息。这些已经超越了契约规则，在当今民法理论中，则被提炼为"诚实信用原则"。所以，中国人的契约精神，既是一种法律精神，也是一种道德精神。

---

　　① 参见霍存福：《传统中国契约精神的内涵及其现代价值——敬畏契约、尊重契约与对契约的制度性安排之理解》，《吉林大学社会科学学报》2008 年第 5 期。

2. 自由意思

契约本性是自由的，传统中国契约自然也保有这一本性，否则契约就不成其为契约。 自北凉、高昌至唐代初中期的契约多强调自由的一面，契约中，充斥着大量的"两和立契"之类的套语。 在道理上，有此事实，表达出来，便成为契约语言；而有此语言，也表明其事实是存在的。①

"和"之字义，与"强"相对。 但在中国，它并不是一个简单字眼，而是表示一种意志关系，强调的是意志自由。 晋代律学家张斐注云："不和，谓之强。"②自由就其本性而言，即无强迫。 "和"之用字，它传神地反映了交易的自由性质。 高昌时期，"和"更多地与"同"连用，形成"和同"用法，则"和"字很快就取得了表示双方意志关系的意义，所谓的"二主和同立券"。 同时，高昌人在其他契约形式比如借贷、租赁、雇佣契约中，"和"又与"可"字连用，形成"和可"用法，唐代沿袭之。 但唐人更多的是使用"两和立契"句式，表示的都是双方的意志关系，即不存在强制，双方意志是"和"而"同"的。 高昌人借贷契约中出现的"三主"、"四主"、"七主"、"九主"、"和同立券"的情形，是债务人共借，但非连保同借，每个人只对自己的那部分债务负责，故也只是"二主和同立券"的变体，没有特殊意义。 唐代借贷契约，套语一律使用"两和立契"字样。 高昌租赁契约"三主和同立券"，意义同前述。 唐代该类契约，初则沿用高昌人的"二主"或"贰主"，后则改用"两主"；其最普遍使用的

① 霍存福、刘晓林：《契约本性与古代中国的契约自由、平等——传统中国契约语言与社会史的考察》，《甘肃社会科学》2010 年第 2 期。

② 《晋书》卷三十，《刑法志》。

"两和立契"，实际是"两主和可立契"、"两主和同立契"的缩略表达法；至于"两家平和，画指为记"，"两主言和，立契为记"，比较特别，但恰好反映了"和"的特征，讨论立契过程的心"平"气"和"，等等。

总之，"两和立契"，后多接"画指为记"一语，但"两和立契"的句意是独立的，也就是强调缔约人之间是自由的，双方之间并不存在一方抑勒而另一方受胁迫的情形。退一步讲，包含这些套语的契约即表达了这样一层意义。金、元、明时期的契约比如土地、房屋的典买契中，往往有"亦不是债欠准折"①，"系是一色现钞，并非抑勒准折债负"②，或"此系两愿，各无抑勒"，"系是二比情愿，原非逼勒"，"系是两愿，原非逼勒"③等表述，表明典或卖不是债主强迫债务人用田、房抵债，典、卖行为是自由的，也在表达与"两和立契"同样的意义。时易世迁，词句不同，含义无别。不过，对于北凉、高昌、唐代的"两和立契"套语，除了揭示其经验、常识的一面外，似应更关注其作为意识的一面。有关"两和立契"所强调的"两人和同"立契、"和立私契"等内容，不是可有可无的纯粹套话，而是有着实际意义的。

3. 平等态度

平等是契约自由的前提和必然要求，故契约与平等也是共生的。唐后期及五代、宋、元时期的契约，多强调平等的一面，故"两共对面平章"使用普遍，几乎代替了此前的"两和立契"。古代的契约平

---

① 杨国桢:《明清土地契约文书研究》,人民出版社 1988 年版,第 30 页。

② 黄时鉴辑点:《元代法律资料辑存》,浙江古籍出版社 1988 年版,第 239、240 页。

③ 杨国桢:《明清土地契约文书研究》,人民出版社 1988 年版,第 30 页。

等，重在缔约人之间的平等。体现在契约语言上，就是"两共对面平章"，"两共平章"，"两共对面平章已定"，"两共对面平章立□"，"两共对坐商宜已定"，"两共对面平章为定"，"两共对面，贷绢为定"等。买卖、借贷、租赁、雇佣契约如此，代管田产文凭也是如此。

"平章"二字作为动词，含义为商量处理，重在发表意见、与人共商。议事场合，参加"平章"的人可能是特许的。《太平御览》卷二百二十三《职官部二十一·谏议大夫》引《唐书》："王珪为谏议大夫，尝有论谏，太宗称善。遂诏：'每宰相入内平章大计，必使谏官随入，与闻政事。'"但既然宰相论事可以称为"平章大计"，故特别受委派者之发言权，也叫"平章"政事。在这样一种意义上，"平章"也被用作名词，称呼宰相。

于是，我们就容易弄清，为什么在唐、宋、元时期的契约中"两共对面平章"会被使用得如此普遍，它实际是当时缔约双方面对面地商议情形的比较文雅的用词，借用的是政治场合使用的"大词"，所以，"两共对面平章"有时又被直接替换成了"两共对坐商宜已定"、"两共面对商议为定"等比较通俗的日常语言，"平章"也就是"商议"。

契约中"两共对面平章"套语，一般出现在契约后部，后接"更不休悔"，强调不许悔约。契约中"两共对面平章"套语出现在唐代"平章"一词大行之时。那么，"两和立契"与"两共对面平章"，各有自己的意义，为何后者能代替前者呢？理论上，"两和立契"重在昭示"两和"即自由地达成合意的一面，同时也包含了"面对面地讨论"而达成合意的意义在内；"两共对面平章"重在揭示"面对面地讨论"而达成双方合意，同时也意味着这种讨论应当是"两和"即意志自由的。就是说，两者可以是互相包含的，它们不会同时出现在同一个契约的表述中，道理在此。 故我们虽然分别讨论了"两和立契"与"两共对面平章"，二者的共同性则不能忽略。

古代中国是一个等级社会，政治等级上有君与臣、官与吏、官与民之分，社会等级上有良与贱之别，家庭内部等级上有"五服"制度显示的亲疏、尊卑、长幼差异等。 一个连穿衣戴帽的服色、服饰都必须按照各自等级进行而不得逾越的社会（更不消说住居房舍、出行工具、婚丧嫁娶等方面的规格了），缺乏基本的平等，又怎么会容纳天性平等的契约了呢？

首先，契约是家庭之间或家庭外部签订的。 这意味着：家庭内部等级对契约的签订和履行，虽然可能有影响，但不会太大。 家庭之间的交往由家长进行，家长由"父、祖、兄、伯叔"等担当，此时就回归了平等。 两个家长进行的交易，类似契约发达的古罗马由"家父"们签订契约，家子和妻也是属于"家父"所有的。

其次，契约也可以在官与吏、官与民之间签订。 官可以从民那里置业，靠俸禄或赏赐买入土地、房屋（不计入国家或君主赐田以及非契约性的巧取豪夺），官僚地主由此产生；吏也如是；民也可以从败落的官（或吏）那里买入土地、房屋、奴婢，就如"旧时王谢堂前燕，飞入寻常百姓家"一样。 此时，官、吏、民都是作为法律要求的家长身份进行交易的。①

4. 和合精神

传统中国契约中"两和立券"、"先和后券"、"和同"等表示契约合意的句式几乎已成定格，"先和后券"一句在许多契约中又被写成

————————

① 参见霍存福、刘晓林：《契约本性与古代中国的契约自由、平等（续）——传统中国契约语言与社会史的考察》，《甘肃社会科学》2010 年第 3 期。

"和同"一词。《高昌延昌三十六年（596）宋某夏田券》中有"二主和同，各不得口"字样，说明"和同"，是强调契约合意的表述方法。强调契约合意的"和同"、"两和"和反对契约"不和"的字样不仅大量见于唐代契约，而且正式出现在国家法典中。如《唐律疏议·杂律》疏议曰："买奴婢马牛驼骡驴等，依令，并立市券，两和市买"；《唐律疏议·名例律》："诸略、和诱人、若和同相卖"；《唐律疏议·杂律》："诸买卖不和，而较固取者……杖八十"。

以上规定说明，唐律不仅将"两和"、"和同"、"不和"等法律概念规定于法典之中，更是强调契约必须建立在立约双方合意的基础上，必须有双方意思一致。

古人所追求的诚信、和合意识，即便到了近代社会，依然有其生命力，民众认为对比较重要的相关事件需增强可信度或约束力，也本着意愿平等原则，按照传统契约精神及合和意识，签订"合同字据文约"，如下列即云南安宁县民为承嗣而立的合同字据：

> 立出合同字据文约人陈定邦，因祖父身故无嗣，典主将自己长子陈湘承嗣……今当族内立字之后，二比永不得争端异议，此系二比情愿，并无逼迫等情，恐口无凭，立此合同字据文约存照。
>
> 民国二十一年四月初五（日）
>
> 立出合字据文约人陈定邦（花押）
>
> 凭族内陈嘉谟（花押）
>
> 陈汝林（花押）
>
> 陈其仁（花押）
>
> 凭乡党徐翠（画十）
>
> 徐洲（花押）

代字陈五楼(花押)

永远合同字据文约存照(骑缝字)①

其字据人、族内证人、乡党证人、代书人等形式要件,均继承了传统民间契的格式,属于白契类型,其对相关当事人的拘束效力受到当地民众的普遍认可。 传统的契与近代的合同被很好地衔接起来,实现自然转型。 时至今日,这种契约精神与和合意识仍保持着旺盛生命力。

二、有契无典

孟德斯鸠在《论法的精神》中谈到,凡是存在的任何法律制度都与其所赖以生存的环境有重要的关系,影响法律特征有很多因素,如政治制度、气候、土地、人口与宗教等。 为什么在汉代及之前的中国,没有像晚期的罗马共和国或早期的罗马帝国那样发展出一套"契约法"或"债法"呢? 有国外学者总结出两个原因:一是汉代及之前的中国从未产生过一个独立于政府的专业法律阶层(当然它反过来又会引发更多的问题),来对有关的协议术语及内容做出专业的解释,以至于当时不存在推动立法的机制,来制定涵盖民间协议订立及运行等方方面面内容的法律规范;二是官员、贵族等统治阶级在整体上轻视和怀疑商人阶层,即使他们自己曾经参与订立过商业协议,但仍会认为商业行为本身并不值得去进行专门的立法探讨与研究,所以才导致了这样的结果。②

---

① 《安宁合同字据文约陈定邦祖父身故无嗣典主以自己长子承嗣》,吴晓亮、徐政芸主编:《云南博物馆馆藏契约文书整理与汇编》第 3 卷《安宁契约·社会关系·其他》,人民出版社 2013 年版,第 258 页。

② 参见马若斐:《传统中国法的精神》,陈煜译,中国政法大学出版社 2013 年版,第 205 - 206 页。

独立于政府的专业法律阶层与能否出现"契约法"或"债法"并无直接关联，因为不同时期，法律阶层探讨问题的侧重点并不相同。 处于社会强势地位的特权阶层如何看待工商业群体？ 他们支持还是打压涉及工商业团体之间协作、互惠的协议？ 这些均是契约法能否顺利成长的重要因素。 造成传统中国有契约形式却无民法典颁布的原因是多元的，包括经济、政治及文化诸因素。

1. 经济结构的束缚

作为意识形态领域的组成部分之一的法律，植根于它赖以生存的经济基础，同时也反作用于其经济基础。 古代的自然经济、小农经济结构，造成市场经济组织的狭隘和简单。 众所周知，西周是奴隶社会的繁盛时期。 这个农业国实行土地国有，民众拥有少量的私有不动产，即使动产的交易也是很有限的。 其地域狭小，货币和交通的限制以及商品交换的意识处于萌芽状态，所以铭文中记载的凭契约进行的民事流转活动并不是很多。 因此，我们所见到的几乎都是土地、奴隶等重要物品的交易契约或因契约关系发生纠纷的记述，而且这些铭文记述的事件均发生在西周中后期私田出现的情况下。 秦汉以后，古代中国社会推行重农抑商的政策，歧视商人，以重租税以困辱之，唐代禁止从事工商者骑马，明代禁止商人穿细纱，尤其是唐代的"宫室"和明清时对商贾富户的公开掠夺①，导致商品经济的萌芽遭到禁锢，生产仅用于自我消费的产品。 自给自足的自然经济长期抑制着包括契约法在内的民事法律的发展。 此外，国家基于维护社会秩序的首要宗旨，对盐、酒、铁等实行专卖

---

① 梁治平:《寻求自然秩序中的和谐》,中国政法大学出版社 1997 年版,第148 页。

垄断制度，缩小了民间市场上交易标的物的范围，造成契约法调整的民事法律关系的减缩。

自然经济结构导致传统中国契约在发展过程中被压抑，不具备今天合同法的理论原则、精细的内容和科学的结构体系，统一完备的民法典难以产生。

2. 集权政治的规制

古代皇权统治中具有以"天下为家"的理念，导致中国传统社会强调"以全部个体共存为基础"意识，皇帝以维护"公"利益为名，抑制臣民的"私"是理所当然的，这也同儒法两家共同渲染的"以公废私"相一致。清人方大湜言："户婚田土钱债偷窃等案，自衙门内视之，皆细故也。自百姓视之，则利害切己，故并不细。即是细故，而一州一县之中重案少，细故多。必待命盗重案而始经心，一年能有几起命盗耶？"①可以说，方大湜一语道破天机，民事纠纷主要涉及私人之间的田土钱债纠纷，统治者认为这些事情与其统治没有直接的利害关系，故将此类纠纷称为"民间细故"；所谓"王者之政，莫急于盗贼"。他们好腾出时间和精力来应付那些威胁到其统治的"命盗"等"重案"。

传统中国历来追求法律的宽简、约省，反对繁冗，统治者必须考虑把民商事等非重要的内容删除、省略或压缩减少，而保留对维护其统治至关重要的部分——刑事法律规定。古代法典中寥寥数条，言简意赅的情况比比皆是。如以完备著称的《唐律疏议》只有十二章502条，并且是民刑不分、以刑为主的。这就造成了契约方面的法律规定粗陋，责任刑事化，散见于案例或民间习俗中，而没有民法典的颁布。

---

① 方大湜：《平平言》，卷三《勿忽细故》。

其次，传统中国十分重视和谐，追求无讼。孔子曰："听讼，吾犹人也。必也使无讼乎。"①这说明了人们对待诉讼的心态和价值理念。这种理念造成了民事契约的官府监管与第三方保证，除了官府的税收管理作用外，中人为了保证契约的有效和顺利履行，起到了见证的作用，以防止诉讼的发生。

3. 文化观念的导向

第一，义、利观的倡导。传统儒家的重义轻利思想，制约了中国民事法律关系的发展②，也影响了传统中国契约的形成。孔子曾说："君子喻于义，小人喻于利。"③这讲出了义与利的分别即道德上的对立。在儒家眼中，行为本身的正当与否比起其有利与否更为重要。统治者思想道德上推行重义抑利，大力推行民本商末、重农抑商的政策，始终成为贯穿于这一时期的正统思想。宋代以后，在法律思想领域开始提倡义利并重，这给予了民商事活动一个极大的发展空间，使契约得以逐步标准化，一直到明清时期发展成熟。不过，社会上层，对义的崇尚远远超过对利的崇尚，士农工商"四民"的划等，"万般皆下品，唯有读书高"的信条，读书做官的动机，等等，都无助于推动明晰私产的私法典产生。

第二，法律与道德的同化。纵观历朝历代法律制度及其指导思想，传统法律与道德之间关系复杂模糊。西周时期，法就包容在博大精深的"礼"之中，通过"周公制礼"，礼法发生初步的融合。魏晋南北朝时，礼法进一步融合，如"八议"入律等。明清也是如此。

---

① 《论语·颜渊》。

② 参见叶孝信：《中国民法史》，上海人民出版社 1993 年版，第 32 页。

③ 《论语·里仁》。

法律过分的道德化、伦理化，势必排挤和抑制民事法律制度包括契约的发展。相反，道德法律化，也会出现过于发达的道德意识对技术的抑制乃至扼杀，而确定保护私权与调整各种权益冲突的"私法"就是一种技术①，契约法律制度显得模糊和粗陋。

第三，宗法观念的制约。梅因认为，所有进步社会发展运动的一个特点都是"从身份到契约"的运动。② 然而，古代中国在原始社会解体时，血缘纽带却更加坚韧，家族、等级观念无法被代替。这必然会成为契约法发展的强有力的制约，不仅抑制民事行为的自由展开，而且大量家法族规的存在都在有意无意地侵占着民事法律扩展的空间。分家析产、宗祧继承等，都是在孝道伦理原则支配下，使得个体服从家族香火的延续。家庭成员并非独立经济地位的主体，社会化的私法典往往要让位于伦理化的家规族训。

第四，精英意识的狭窄。一个时代的法律精英都有不同的使命和担当，传统法律精英在探索法律规则过程中，始终把实现治国安邦、创建和谐社会作为立法宗旨。因此，维护国家稳定的刑、政和实现和谐社会的礼、德，始终是他们重点讨论的论题，一旦形成结论，便成定论，统治者禁止更改，法律精英的使命便告完成。除此以外的规则，与君国大事无太大关系的"细故"一类，难入他们的法眼，犯不着花更多的时间和精力进行抽象概括和规则提炼。契约或契约现象，反而在民众日常生活与基层司法官的行政实践中得到充分展示。传统中国历来重视法律的实用性，忽视对其做抽象、规范性

---

① 李功国、陈永胜：《敦煌、吐鲁番出土的契约文书研究》，《商事法论文集》，法律出版社 2001 年版，第 222 页。

② 梅因：《古代法》，沈景一译，商务印书馆 1997 年版，第 97 页。

的总结概括，此乃传统法律的共同特点，契约典制也不例外。

总之，有契约形式及精神而无民法典体系，是数千年来传统政治、经济及文化因素综合作用的结果。

第六章　调解文明

第一节　息讼宣教

和谐，是传统中国人追求的理想社会状态。实现和谐，就要减少纷争，杜绝诉讼。孔子曾说："听讼，吾犹人也，必也使无讼乎！"[①]尽管后人对此有不同理解，但孔子提出的"无讼"思想，一直为后世奉为圭臬。社会各个层面都大力提倡推广无讼理念，帝国晚期，尤为系统。关于"息讼"宣教的原因和目的，学界多有论述[②]，本章拟重点论

---

① 《大学》第四十二。
② 涉及"息讼"宣教的相关代表性著述如瞿同祖《清代地方政府》（范忠信、晏锋译，法律出版社 2003 年版）、徐忠明《众生喧哗：明清法律文化的复调叙事》（清华大学出版社 2007 年版）、寺田浩明《权利与冤抑》（王亚新等译，清华大学出版社 2012 年版）、夫马进《中国诉讼社会史概论》（范愉译，中国政法大学法律古籍整理研究所编：《中国古代法律文献研究》2012 年第六辑）等。

述传统"息讼"宣教的层级及其现代性价值。

一、官府息讼宣教

不少君主为求子民忠孝，社会安定，政权巩固，往往通过发布上谕，劝导民众，平息纷争。如明太祖朱元璋就曾颁布"圣谕六言"："孝顺父母，恭敬长上，和睦乡里，教训子孙，各安生理，毋作非为。"这六句二十四字的圣谕，成了明清统治者进行道德宣传、倡导息讼的和谐总纲，统治者对民众的教化工作从此规范化、制度化。而"教民榜文"，则将"息讼"宣教系统化，具体化。教民榜文（第十九条）就规定，在每乡每里，各置一个木铎（以铜为之，中悬木舌，摇晃发声），从本里内选年老或残疾之人，令小儿牵引，持铃铛循行本里，俱令"直言叫唤，使众闻知，劝其为善，毋犯刑宪"，其词就是洪武皇帝的圣谕六条，每月宣讲六次。

依据圣谕六条的总精神，政府根据社会实际，将具体"息讼"宣教内容写进教民榜文，知晓民众。如（第二十三条）针对一些地区人民好词讼者多，虽为细微事务，不能忍让，直接赴京告状的实际情况，要求今后老人须恳切告诫本里人民："凡有户婚、田土、斗殴、相争等项细微事务，互相含忍；设若被人凌辱太甚，情理难容，亦须赴老人处告诉，量事轻重，剖断责罚，亦得伸其抑郁，免致官府系累。若顽民不遵榜谕，不听老人告诫，辄赴官府告状，或径赴京越诉，许老人擒拿问罪。"（第二十五条）"乡里人民，贫富不等，凡遇婚姻、死丧、吉凶等事，本里人户要互相帮助。"（第二十八条）民间岁时依法祭祀，使福善祸淫，民知戒惧，不敢为恶。（第三十二条）民间子弟，均要入学读书，每年十月初开学，至腊月结束。（第三十三、三十五条）乡里人民，年幼子弟，皆须敬让，年长者以礼导后生；长幼相爱，和睦宗族邻里，不犯刑宪，父母妻子，朝夕相守，如此则"日久自无争讼，优游田里，安享太平"。（第三十八条）民间词讼，自下而上陈告，越诉者有罪，所司官吏今后敢有仍前不遵者，"以违制论的决"。教民榜文的总精神（第三十九条）"皆系教民孝弟忠信礼义廉耻等事"，要求所在官吏、老人、里甲人等，各宜趋善避恶，保守身家，遵守奉行，毋视虚文，务在实效，"违此令者，各照所犯罪之"。教民榜文充分考虑到宣传对象的普遍性，民众行为的可操作性，对家庭、社会、长幼、夫妻、老人、官员等都有劝诫，对忍让、读书、互助、互敬、互爱等均有要求，进而把"息讼"宣教上升到普法高度，充分体现了民间自发性与国家强制性紧密结合的特征。

明清易代，顺治九年（1652），顺治帝将朱元璋的"圣谕六言"钦定为"六谕文"，原封不动地沿用下来，作为教化士民的准则。通过设立乡约，公举六十岁以上德业素著的生员（秀才），或素有德望的六七十岁的平民负责，每逢初一、十五，申明六谕，旌表善恶。此为清代"宣讲圣谕"之始。以宣讲圣谕的进行"息讼"宣教活动，到康熙、雍正时期进一步系统规范，形成定制。

康熙九年十月，康熙帝对礼部发布上谕，认为"至治之世，不以法令为亟，而以教化为先"，因为"法令禁于一时，而教化维于可久。若徒恃法令，而教化不先，是舍本而务末"。可是，摆在他面前的现状则是："风俗日敝、人心不古，嚣凌成习，僭滥多端。狙诈之术日工，狱讼之兴靡已。"对此，康熙忧心忡忡，感到对违法涉讼者"诛之则无知可悯，宥之则宪典难宽"。左右为难之际，他产生了"法古帝王、尚德缓刑、化民成俗"的创意，于是，提出了如下十六条纲领：

敦孝悌以重人伦，笃宗族以昭雍穆。

和乡党以息争讼，重农桑以足衣食。

尚节俭以惜财用,隆学校以端士习。

黜异端以崇正学,讲法律以儆愚顽。

明礼让以厚风俗,务本业以定民志。

训子弟以禁非为,息诬告以全善良。

诫窝逃以免株连,完钱粮以省催科。

联保甲以弭盗贼,解雠忿以重身命。①

要求礼部就以上诸条,如何训督劝导,如何责成内外文武主官督率举行等事项,拿出计划,形成定制,这就是著名的"上谕十六条"。较之朱元璋六条上谕文及教民榜文等,康熙的"上谕十六条"涉及家庭伦理、文化修养、遵纪守法、和睦息讼等诸多方面,核心内容则是号召民众遵纪守法,维持社会治安稳定,高度概括,言简意赅,成为清代"息讼"宣教的总纲。宣讲圣谕,成为地方官的重要职责,督抚等保举、荐举府州县官时,都要把这些人是否认真宣传上谕十六条作为必要条件之一。如果保荐册中没有注明这一条,保荐官要受降级调用处分。②

"上谕十六条"的雅驯抽象含义要能为广大普通民众所接受,便需要用简明易懂的语言将其解释明白。此项工作在雍正帝即位的第二年(1724)得以完成,通过对"上谕十六条"的逐条解释,扩展为洋洋一万多言的《圣谕广训》。《圣谕广训》意在广泛宣传圣谕,要求在直省各州县大乡大村人居稠密之处,均设立"讲约"所,从当地举、贡、生员等知识分子中,挑选老成者一人,担任"约正",再选朴实谨守者三四人,充任"值月",每月朔望(初一、十五),召集乡村的耆老、

① 《清圣祖实录》卷三十四,康熙九年十月癸巳条。

② 《清圣祖实录》卷一百二十二,康熙二十四年十月庚寅条。

里长及读书之人，宣读《圣谕广训》，"详示开导，务使乡曲愚民，共知鼓舞向善"。雍正以后，清朝历代中央和各地方政府均不断颁布政令，要求各自宣讲《圣谕广训》，宣讲时，要举行隆重仪式，宣讲时间都要达到一定长度，以示政府对教化的重视。

"上谕十六条"中，有一半左右的内容都在讲法律问题，包括普法和息讼，如"和乡党以息争讼，讲法律以儆愚顽，明礼让以厚风俗，训子弟以禁非为，息诬告以全善良，诫窝逃以免株连，完钱粮以省催科，联保甲以弭盗贼，解雠忿以重身命"等诸条，都与此相关。不过政府要民众了解法律，并非要求人们具有法律意识，善于利用法律捍卫自己的权利，而是希望人们自觉履行法律规定的义务，平时遇事互相礼让，发生纠纷亦尽量不要诉诸法律，不到万不得已，不要诉诸法庭。圣谕广训在这方面的阐述也尤为详细。例如：

阐发"和乡党以息争讼"一条时，大量引用《诗经》、《易经》资料，说明保持乡里和睦的重要性。俗话说，"远亲不如近邻"，雍正帝充分利用民间谚语通俗易懂的道理，告诉人们，只有邻居处好了，乡里和睦了，争讼自然会止息；平息诉讼，重在杜绝开端，乡邻之间，团结友爱，互相帮助，宽容礼让，父老子弟、士农工商融洽相处，邪恶顽愚之徒就会收敛；只要大家按照圣祖的话去做，人人淳朴敦厚，家家讲求德行，就可以"讼息人安，延及子孙，协和遍于万邦，太和烝于宇宙"。

阐述"讲法律以儆愚顽"一条时讲道：平时将颁行的法律进行有条有理、深入细致的剖析，讲明律意，就是要大家做到"见法知惧，观律怀行"，即见到法律，就该害怕刑罚，如了解越诉诬告受罚的律文，就自然会革除好打官司的习性。接着又苦口婆心地告诫百姓：法律千条万绪，不过是按照情理办事；天理人情，是人心所共同具有的；人心存在于情理之中，自身一定不会陷于法律罗网；况且你们本性纵然愚顽，或许不能通晓理义，但未必不爱惜自身和家庭。试想一蹈法网，就尝尽各种苦楚，与其到那时辗转呼号，想着躲避杖刑责罚，哪里比得上洗去自己的邪恶之心，及早悔过于清夜之间？与其倾资当产，求稍稍减轻自己的罪过，但国法终究不能脱逃，哪里比得上改掉恶行，多做善事，不触犯法令条规，使自身和家庭可以长保安全？倘若不自我警觉省悟，偶或触犯法律，上使父母受到耻辱，下连累妻子儿女，乡里不容留我，宗族不与我同列。即或希求皇恩侥幸免罪，但身败行亏，已不足与他人同列。这时再来追悔以前的过错，难道不太晚了吗?

阐述"解雠忿以重身命"一条时说：解除冤仇和怨忿，是全身保家之道。保养和平之气，消除亢戾之气，不须等到排除危难，化解纷争，而欺凌争竞的习气就自然平息化解，这种风气多么淳厚啊！一旦闾阎相保，营伍相安，下以承继家业，上以报效国家，悠闲自得地生活在太平盛世，共同升上仁者长寿的境域，就是解除冤仇和怨忿的最佳效果。① 简单而言，要求百姓讲情理，改恶习，做善事，多反省，避法律，保身家。否则，国法难容，后悔莫及。如果大家遇有纷争，都能平心静气，讲究礼让，就可以将矛盾化解于无形，和平安详地生活于幸福之乡。②

雍正帝通过摆事实、讲道理，从正反两方面，苦口婆心地要求民众知晓"息讼"的好处和兴讼的坏处。朝廷为了宣传《圣谕广训》，使之持久开展下去，特地将其作为一项重要的政治任务布置给各级政府，

---

① 参见雍正皇帝辑录整理:《康熙皇帝告万民书》、《康熙皇帝教子格言》，湖南人民出版社 1999 年版，第 47 页、第 82 页。

② 天津津河堂版《圣谕广训》。

组织宣讲《圣谕广训》的宣讲团，定期宣讲。这项宣教活动在整个清朝宣教活动中坚持的时间最长，覆盖最广。到清朝末期，还有官员主动组织宣讲活动。如丁日昌在任江苏藩司、巡抚时，为"端风化而正人心"，就大力"尊崇正学"，通饬辖区部属宣讲"圣谕"，并颁发《小学》各书，饬令认真劝解，俾城乡士民得以目染耳濡，纳身轨物。① 由于清末社会纷乱，朝纲松弛，因此，尽管朝廷频频发布谕令，要求加强圣谕宣讲，但一些地方官也揣摩出这只是朝廷的官样文章，雷大雨小，因而常常口诺心违，措施难见实效。如光绪二年（1876）御史吴鸿恩奏道："宣讲圣谕广训，巨典昭垂，自应认真举办，乃近来各地方官往往视为具文，实属不成事体。"②尽管清末宣讲圣谕活动不如早期那么严格，但在不少地方还是坚持了下来。有的省份在本地竟找不出能透彻宣讲《圣谕广训》的人士，只好从别省延请专家前来讲授，如光绪十五年，江苏廪生张敝、附生姜森因在乡里宣讲圣谕而稍有名气，被邀请到安徽宣讲。一项法律宣传活动方式能持续一个半世纪，实属不易。

二、民间息讼宣教

为了配合《圣谕广训》宣传，地方士绅还编排了朗朗上口的诗歌，供乡里民众吟唱，便于记忆，容易遵行。如《孝顺父母》歌吟唱道："我劝世人孝父母，父母之恩尔知否？怀胎十月苦难言，乳哺三年未释手。每逢疾病更关心，教读成人求配偶。岂徒生我爱劬劳，终身为我忙奔走。子欲养时亲不在，欲报罔极空回首。莫教风木泪沾襟，我劝世人孝父母。"《和睦乡里》吟唱道："我劝世人睦乡里，仁里原从

---

① 《抚吴公牍》卷一、卷二。
② 《光绪朝东华录》光绪二年正月戊戌条，中华书局 1958 年版，总第 185 页。

和睦始。 须知海内皆兄弟，安得邻居分彼此。 从来和气能致祥，自古乡情称美水。 东家有粟宜相周，西家有势勿轻使。 偶逢患难必扶持，若遇告状相劝止。 同乡共井如至亲，我劝世人睦乡里。"《教训子孙》歌吟唱道："我劝世人训子孙，子孙成败关家门。 良玉不琢不成器，若还骄养是病根。 寝坐视听胎有教，箕裘弓冶武当绳。 黄金万两有时尽，诗书一卷可常存。 养子不教父之过，爱而勿劳岂是恩。 世间不肖因姑息，我劝世人训子孙。"中心议题就是要求民众：做晚辈的，孝敬尊长；做长辈的，教育好子孙；邻里之间，和睦相处，消除纷争。

乡里的一些启蒙读物中，也把有关息讼、劝忍的内容编入其中，从幼小开始，就通过儿歌的形式，对民众进行"息讼"宣教。 如明人编的幼儿识字读物《幼学琼林》中，就有"圣人以无讼为贵"为核心的篇段。① 上引虽然是蒙学材料，却已引经据典，赞美圣君清官，讴歌无讼情境。 还有如《增广贤文》一类的启蒙读物，也多含有息讼材料，如"好讼之子，多数终凶"之类，则多是教育普通百姓的。《幼学琼林》、《增广贤文》等，均是传统中国蒙学资料中内容全、影响大的读物，民间甚至有"读了《增广》会说话，读了《幼学》走天下"之说，可见其普及的程度。 通过诵读相关"息讼"内容，可使民众从小接受远离诉讼的教育。 其遗产价值，不仅体现于传统中国的法制启蒙教育中，"无讼"、"厌讼"、"耻讼"与"多讼"、"好讼"、"健讼"观念，在创建和谐社会、推进法治化进程中的作用，仍是当今国人比较关注的话题之一。

直接以"忍"字为主题编辑的启蒙读物还有不少。 元代吴亮在《忍经》中就收集了不少有关内容，如《莫争打》歌就写道："时闲愤

---

① 参见程登吉：《幼学琼林·讼狱》。

怒便引拳，招引官方在眼前；下狱戴枷遭责罚，更须枉费几文钱……"①歌中建议人们遇事要学会克制、忍耐，一旦冲动伤人，就会惹上官司。但这些都未提到现代意义上的人身侵害和正当防卫的区别。在另一篇《劝忍词》中，对息讼与兴讼的利弊得失诠释得更详细："俗语有云：得忍且忍，得诫且诫，不忍不诫，小事成大。试观今人愤争致讼，以致亡身及亲、破家荡产者，其初亦有大故哉？……"②上述劝忍词中，把忍让、息讼的好处以及忍耐不住引起诉讼后如何对簿公堂、法庭一旦判决执行后可能产生哪些不良后果等，都有详细描述，交代得清清楚楚，给民众以足够的心理预期，警示效应明显。

一些地区有关息讼的警言警句还被书写成对联，刻挂在衙署大门的门柱上，目的是让有意诉讼的百姓一看，就心知肚明：打官司不容易。如山西平遥县衙正门门柱的对联就这样写道："莫寻仇，莫负气，莫听教唆到此地，费心费力费钱，就胜人，终累己；要酌理，要揆情，要度时事做这官，不勤不清不慎，易造孽，难欺天。"上联显然是写给百姓看的，是在提醒民众，遇有纠纷，当克制忍让，不要轻信他人教唆，动辄来衙门来告状。谁会教唆词讼呢？首当其冲的是被官府视为"讼棍"、在民间负有"恶讼师"骂名的所谓"民间律师"，其次应该是想从兴讼中牟利的相关人员。官府的提醒很明确：费心、费力、费钱之后，官司有可能打赢，但当事人自己也会筋疲力尽。意在警告民众：早知这样，何必当初！

诉讼花钱、花时间，古今中外同理。中国民谚有"赢了官司输了钱"之说，西谚也有"迟来的正义为非正义"（Justice delayed is

---

① 吴亮：《忍经·莫争打》，远方出版社 2006 年版，第 77 页。

② 吴亮：《忍经·将愤忍过片时心便清凉》，远方出版社 2006 年版，第 43 页。

justice denied）的古训。 它们都特别强调了司法效率与司法效益问题，大意是：即使司法裁判的结果是公正的，如果过迟做出裁判，或者过迟执行裁判结果，未能在第一时间内对当事人的权利实施救济，那也不能说司法是正义的，或者不是完全正义的。 当然中西方对"迟来的正义"的理解还有差异，不过打官司花钱、耗时间、费精力，则基本相同。 传统官府如此告诫，更多是在劝导民众，在提起诉讼之前，尽量平息纷争，一旦诉讼，则可能遇到意想不到的后果，因此，不到万不得已，不要诉诸公堂。

三、家族息讼宣教

以宗法制为社会结构基础的传统社会，家庭、宗族的"息讼"宣教在整个"息讼"宣教中最为直接，也最为有效。 家庭、宗族是社会成员出生、成长的地方，一个人首先是家庭、宗族的人，然后才是社会的人，在家庭、宗族中息讼理念的养成，直接影响到人们走向社会后的行为取向。 不少家规族训中，都有要求族人忍让、戒讼、敬畏法律尤其是刑事法律的内容。

1. 和睦处世

如明末清初朱伯庐的《朱子家训》中就所说："居家戒争讼，讼则终凶。"清代广东宝安鳌台王氏家规中，特列息讼一章，阐明息讼、兴讼的优劣之处：

> 同室操戈，固为不孝。同宗共斗，亦属不仁。即事在必争，当先投鸣通族袗者，集祠理处。使其大而化小小而化无。倘或认非为是，恃强凌弱，听唆结讼，设局陷人，幸而术先制胜，毕竟清夜难扪。况夫秦镜莫逃，害人亦终自害。至于被控之家，稍有可让，不妨相让。盖叔侄之气可受，而胥吏之态难堪。又何必因兹小忿，卒至败产破家

也。皆宜仰体上官息讼宁民之意，以存乡党和睦之风。

该息讼家规要求，族人间发生纠纷，首先应该在族内化解，而不是先报官。报了官之后，会引起一系列的麻烦。权其利害，当事方息讼之利，远远大于害。为了提升宗族息讼宣教的学理品位，该宗族特意在家谱中附录了心学大师王阳明的息讼理论——《王阳明谕俗》。王阳明指出，轻易争利构讼，不但累及己身，而且累及子孙，冤冤相报，贻害无穷，必须谨慎行事。[①]

宗族注重正面教导族人，和睦处世，杜绝纷争。江西清江湖庄聂氏族谱引用易经"讼则终凶"的古训，希望本族"世世子孙无罹法网也"[②]。直隶南皮侯氏家规中，也有戒同族争讼的规条，要求："嗣后族中兄弟伯叔有争宗长令各房长，会议处分不致成讼，其睽尚易合也，若迷而不悟必两败俱伤，伤宗族是伤本根矣，左氏所谓庇焉，而纵寻斧焉者也，其匪类无赖者宗长会众愧厉之不悛，会众箠之，又不悛禀于官而放绝之，告于祠堂，宗图上削其名字，俟三年能改然后复之。"[③]

2. 敬畏法律

官府法典编纂所追求的重要目标之一，就是使法律简单化，用通俗、生动、简洁、确定、清晰的语言，把复杂的法律关系表达出来，让民众都能明白法律意思，然后才谈得上培养他们自觉崇法、守法、用法、护法的意识。法律措辞应该能表达出令平民和精英都能喜欢和愿意接受的法律思想，正如司汤达赞扬《法国民法典》是"艺术、辞辩和

① 参见广东宝安《鳌台王氏族谱·家规》。
② 光绪江西清江《湖庄聂氏四修族谱·宗训八条》。
③ 民国直隶南皮《侯氏族谱》，《家规十条》旧八条，民国七年重修石印本，南开大学图书馆藏。

法律之母"①，在一个文盲充斥的国度，让民众能阅读理解系统成文的律义并非易事，普法宣传就得另辟蹊径，多采用口颂耳闻方式，传播法律，这样效果也许更佳。这就对法律宣传语词的使用提出了更高的要求。但朝廷法律经过多年增补、解释及演化，会日趋烦琐，令普通民众难以掌握、理解。

鉴于朝廷律例过于繁多、不便记忆的缺陷，一些宗族就把对律例内容进行简化后编成的《律例歌》写进族谱，让族人习颂，进行普法宣传。如清代广西平乐《邓氏宗谱》中，就引用苏轼《戏子由》的"读书万卷不读律，致君尧舜终无术"诗句，指出：律典本与经书并重，现在人多不讲求律典，竟有"因无碍之细故，而反蹈不宥之重典者"，这都是平日不知律令的缘故。因此，家谱中特别摘引了民间广为流传的《律例歌》，在宗族中广泛宣传，以求达到"家喻户晓、道一风同之盛"的目的。

由于《律例歌》是对《大清律例》内容的改编，每句四字，既言简意赅，又通俗上口，既便于记忆，又容易理解。这里特引出部分歌词，供读者赏读：

> 谋杀人命，拟斩监候，若系图财，立决不宥；斗殴杀人，律应拟绞，监候三年，身终难保；包揽词讼，越分为非，治罪从重；两人斗殴，误杀旁人，亦拟绞候，终丧其身……诬告平民，死于拖累，原告拟绞，教唆同罪；词讼告官，复行上控，除本罪外，枷号示众；邪术避行，拟绞羁囚，学习之人，罪问满流；聚众十八，抢犯获罪，为首拟斩，余发边卫；

---

① 转引自石佳友：《法典化的智慧——波塔利斯、法哲学与中国民法法典化》，《中国人民大学学报》2015 年第 6 期。

抢夺犯人,殴差致死,首从斩绞,分别问拟;联谋聚众,抗粮抗官,分别斩绞,法无可宽;借事聚众,罢市罢考,为首立斩,为从拟绞;刁民聚众,寒暑哄堂,斩决枭示,刑法非常;捏造言词,投贴揭帖,知而不首,俱拟绞决;生监恃符,包揽词讼,越分为非,治罪从重。①

该《律例歌》几乎就是大清律例的缩写版,以主要刑事犯罪行为的防治为中心,范围涉及家庭、伦理、社会,包含了程序法和实体法,对防治"诬告"、捏词兴讼、包揽词讼等行为,均有专门的惩罚性规定。 阅读对象可以是官员、农民、手工业者,也可以是知识分子、讼师,是比较典型的宗族息讼宣教素材,看得出该族谱的修订者具有较强的法律意识。

3. 忍讼教化

有的宗族还将忍讼族训刻在石碑上,以警示族人,不要轻易兴讼。兹以孔府宗族碑禁"忍讼歌"为例:

> 世宜忍耐莫经官,人也安然己也安然。
>
> 听人挑唆到衙前,告也要钱诉也要钱。
>
> 差人奉票又奉签,锁也要钱开也要钱。
>
> 约邻中证日三餐,茶也要钱烟也要钱。
>
> 三班人役最难言,审也要钱和也要钱。

---

① 广西平乐《邓氏宗谱》卷二,《律例歌》,光绪十七年十贤堂刊本,民国十三年续刊,南开大学图书馆藏。据史载,《律例歌》为清代历经康雍乾三代的甘汝来(1683—1739)所编,除《律例歌》外,甘氏还有《逊斋诗文奏议全集》、《圣谕广训疏义》、《周礼简注》、《宦迹纪略》等著述刊行于世。参见雷连城:《涞水历史文化辑萃》,中国文史出版社 2006 年版,第 437－438 页。

唆讼本来是奸贪，赢也要钱输也要钱。

听人诉讼官司缠，田也卖完屋也卖完。

食不充足衣不全，妻也艰难子也艰难。

始知讼害非浅鲜，骂也枉然悔也枉然。①

此"忍讼歌"通篇都是教育族人，学会忍耐，遇有纠纷，不要轻信挑唆，提起诉讼，因为一旦诉讼，无论输赢，都有可能花销无度，妻离子散，家破人亡。先是劝诫，后是威吓，与朝廷宣传《圣谕广训》的口吻基本一致，而且更加通俗易记，在传统宗族"息讼"宣教内容方面颇具代表性。

一些保存至今的宗族祠堂中，还留有此类劝讼资料。如云南建水地区建于清朝乾隆年间的张氏宗祠，就完整保留了张氏的劝忍家训"百忍"。兹将《张公百忍歌》录书如下："百忍歌，百忍歌，忍是大人之气量，忍是君子之根本，能忍夏不热，能忍冬不冷，能忍贫亦乐，能忍寿亦永。贵不忍则倾，富不忍则损，不忍小事变大事，不忍善事终成恨。父子不忍失慈孝，兄弟不忍失爱敬，朋友不忍失义气，夫妻不忍多竞争。刘伶折了名，只为酒不忍；陈灵减了国，只为色不忍；石崇破了家，只为财不忍；项羽送了命，只为气不忍。如今罪人都是不知忍，古来创业人，谁个不是忍。"

此类家训都把劝"忍"作为息讼的重要手段，且以此为主旨，订立家风：纠纷发生前，提倡忍；纠纷发生后，也提倡忍。总之，处置民

---

① 转引自王立艳：《谨小慎微做人上下协调为官——〈身世十二戒〉与〈州县初仕小补〉评析》，郭成伟主编：《官箴书点评与官箴文化研究》，中国法制出版社 2000 年版，第 335 页。

间纠纷的基本程序是"息讼"宣教第一，劝和调解第二，诉诸公堂置后。

4. 戒兴词讼

家规族训中，一般都含有告诫民众一旦发生争讼，不要轻易告状打官司的内容，因为一旦涉讼，后果难以逆料。宗族禁止族人告状的宗规在族谱中比比皆是。如江西徐氏戒词讼族规："天下词讼之结，多起于争，一忿未惩，而相与斗狠不已，致鸣于官，纠缠日久，奔走道路，匍匐公庭，辱身荡家，往往致贻后悔。族间稍有不平之事，念属同宗，经报尊长，无不可以劝释，至乡邻外侮，亦须酌量事势，不得任一时之气，致两造之穷。语云：讼则终凶。是诚居家之切诫也。"①告诫族人打官司败家受辱之害，还是听从族尊劝诫为好。清江杨氏族规讲求"息争讼"，指出："匍匐公庭，原非美事，倘万难获已，不得不鸣之官，若口角细务，须听人排释，如欲终讼，恐贻凶占，至于好勇斗狠，尤非善类，更宜禁阻。"②益阳熊氏戒讼族规："讼者，至危之事也。人非有大不得已之事，切莫与人构讼。若以好讼为能，破家所由起也。夫被人之凌辱，不讼止受气于一人，既讼则受辱于人人。仇人之刁唆，光棍之把持，干证之翻覆，讼师之刁难，差人之需索，经承之舞弊，贪官之鱼肉，清官之误断，皆不免焉。与其只受一人之凌辱者，大相悬矣。兼之本业抛荒、精神凋敝、举家惊怖，种种弊端不一，有识者宜慎之。"③特别指出，与他人发生纠纷，忍耐不讼，不过受了当事一个人的气；诉讼后，则大不一样了，诉讼的各个环节，都有

① 嘉庆江西清江《云溪徐氏族谱·宗训》。
② 乾隆江西《清江永滨杨氏三修族谱·族戒》。
③ 湖南益阳《熊氏续修族谱·家训》。

可能被人刁难。 之所以把诉讼过程描述得异常坎坷,即意在告诫族人,多一事,不如少一事,能不诉讼,千万别诉讼。 光绪湖南汉寿《盛氏族谱》卷首,《家规十六条》之一就是:"不许聚众斗殴,恐伤人命干连户族,即有不平之忿,必须先鸣族众,听候理处,毋得听信奸棍主摆作证,致兴讼端;奸淫邪慝,大伤风化,户族公举请律按究,免贻后悔。"①宁乡南塘刘氏民国《宁乡南塘刘氏四修族谱》卷二,《家约》:"族中有事不得构讼,须入祠凭族理处,不经族遽尔鸣官者处罚。"②族人有不平之忿,先要在族中处理,不得兴讼;真正恶逆分子,才由公族纠举送官,按律治罪。 总之,宗族认为族人打官司,不论胜负,都于己无益,也有损于宗族的形象。

四、宗教息讼宣教

传统中国是多神崇拜,而非一神崇拜,为了实现某种意愿,人们可以借用某种宗教教义,辅助教化。 对于外来宗教,则秉持宽容相待、为我所用的原则,加以吸收、阐释。 果报思想就是借助宗教意识而宣传的。 中国的果报观,有现世报,如《科场异闻录》、《太上感应篇》等,强调报应不应放在来生,而应放在现世;也有强调来世报的,多以佛家"轮回说"为主。③ 元杂剧《朱砂担》借东岳太尉之口说:"善有善报,恶有恶报。 天若不降严霜,松柏不如蒿草。 神灵若不报应,积善不如积恶。"公案文学中的此类记载多宣明:必须依赖报应刑,才能实现正义;恶人要遭惩处,案件才算了结,这也是民众最乐意见到的结局。 "息讼"宣教是传统国人进行果报开示的重要内容之一。 在"息

---

① 光绪二十七年广陵堂活字印本。
② 民国十年存著堂木活字印本。
③ 参见萨孟武:《〈水浒传〉与中国社会》,北京出版社 2005 年版,第 57 页。

讼"宣教上，佛教宣扬的为善、忍耐、因果等，道教宣扬的功过、无争、出世等，均与儒家息讼、克制、和谐等主张暗合。

其实，民间的"息讼"宣教，经常彼此借用，世俗与宗教结合，功利与信仰互通，现世与来世相映，这样民众反而可以各凭所信，各取所需，形式内容均为大众喜闻乐见，在"息讼"宣教与果报理念上，儒、释、道之间并无明显界限。编辑"劝善书"、散发"劝善文"等，就是民间"息讼"宣教的常用手段。《忍经·王龙舒劝诫》中，就成篇地引用佛、道的诫谕。例如，佛曰："我得无争三昧，最为人中第一。"又曰："六度万行，忍为第一。"突出了佛家的"忍"字。又如引用道家著述《朝天忏》曰："为人富贵昌炽者，从忍辱中来。"紫虚元君曰："饶、饶、饶，万祸千灾一旦消，忍、忍、忍，债主冤家从此尽。"孙真人曰："忍则百恶自灭，省则祸不及身。"均突出忍和饶，认为只要能忍和饶，一切纷争均可消弭于无形。

不忍、不饶，就容易发生诉讼，发生诉讼，就难有好的果报。为了让民众能具体理解忍让对息讼的正面功效，一些劝善文竟然通过量化的方式，针对不同对象，分别为涉诉行为打正、负分，果报好坏即取决于正负分值大小。如《文昌帝君功过格·居官》言：惩治讼师打证，保人身家，十功；摘发奸蠹讼棍，不使诈骗，十功；教诲顽民，使省息争，十功。相反，如果官吏"滥准词状，一纸一过"。也就是说，对官员的打分标准是按能否有效打击讼师、检举讼棍、教诲顽民及平息争讼来定的：做到了，就加十分"功"，做不到，则一案加一"过"。对于知识分子"士"，则劝诫他们不要代人书写词状，这样，可以从源头控制住词状或诬告。打分标准与官员有区别："不与人作词状，一次一功。"如果"代写一词状，十过；致人倾家及害命者加十倍；代作刁状，致人倾家，百过"。对于普通民众，则又是一个标准："阻人争讼，劝人和好者，一个功德"；"息人一讼"十个功德。功能越多，则果报越好，死后轮回的处境就更妙。①

《不费钱功德例》则深刻揭示了"诬告"、"唆讼"的恶果，要求必须严惩此类行为。惩罚了"诬告"，则"讼源清也。讼源清，则诡状少。可杜奸宄、败人家产之谋也"；"唆讼必惩"，则"息讼端也"；"讼端息，则人得安居乐业"。这就要求士人"不书诬揭，不写呈禀"，农家也要"不讼、不斗、不盗、不赌"②。从恶性程度而言，唆使诉讼比主动诉讼要严重得多，如《云谷禅师授袁了凡功过格》就规定"但若唆一人讼，则准三十过"，即唆讼一次，负分为三十。

刑法本有激励和惩罚功用，有些劝善文甚至仿照世俗刑罚，为劝诉和助诉制定了赏罚等级。如《自知录》划定："劝和斗争为一善。""劝人息讼，免死刑一人为十善；军刑、徒刑为五善；杖刑一人为二善；笞刑一人为一善。"反之，"赞助人词讼，死刑成，为三十过；军徒刑成，为二十过；杖刑成，为十过；笞刑成，为五过"。要是唆讼，惩罚就更严重了：若教唆取利，死刑，为百过；军徒刑为三十过，笞刑为十五过。③ 朝廷规定刑法的笞、杖、徒、流、死，在劝善文中被惟妙惟肖地演绎出来。善男信女们未必知道朝廷刑法的详细规定，却在拜佛、参道、修行中，潜移默化地了解到官府刑法内容，并尽量规避刑罚。

---

① 参见袁啸波编：《民间劝善书》，上海古籍出版社 1995 年版，第 251、238、218-219 页。

② 参见李日景：《不费钱功德例》，袁啸波编：《民间劝善书》，上海古籍出版社 1995 年版，第 160-162 页。

③ 参见《自知录》，袁啸波编：《民间劝善书》，上海古籍出版社 1995 年版，第 189-197页。

当然，这些戒律如果有"大师"级的高僧道士进行宣讲，则权威性、经典性及说服力就会更强，信众会更多，在传播手段比较单一的传统社会，聚徒讲经，能够直接快速地普及教义，提高规则意识。如晚明高僧憨山德清所作《息讼词》，就现身说法，陈说戒讼和争讼的得失利弊：

> 余生祸事惟讼，发念皆由性纵，遇人愤气欲鸣，劝之慎勿轻动。但云一纸入官，便受奸人愚弄。守候不能回家，耽延不能耕种。妻孥急得神昏，父母急得肠痛。产业由此消亡，性命由此断送。况且人寿无多，转眼一场春梦。逞威逞智奚为？报怨报仇何用？说到入情入理，自然唤醒懵懵。俾伊转意回头，此际阴功可颂。①

《息讼词》利用家庭、亲情、爱心、身家性命等干系，进行息讼劝诫，没有纯粹的说教，却充满佛家悲天悯人的温暖情怀，而且句句押韵，简明易懂，一听即能感觉到是高德法师在对信徒谆谆教导。宗教法师或牧师参与法制教育、感化罪犯，中外均有。时至今日，港、澳地区不少监狱或社区，在对罪犯进行改造、心理矫治以及实施恢复性司法中，仍注意吸收宗教界人士参加，这无疑有助于对罪犯的心灵感化。

由于传统中国不是一神崇拜的国家，民众充分享有信仰自由，很少有某种超人的精神偶像能一统民众的精神世界。儒、佛、道等，均有劝善戒争的息讼功效，与官方的息讼理念基本相符，所以三者在政治生活、社会生活和精神生活中能并行不悖，相安无事。反观天主教、基督新教，其教义也有"息讼"的宣教内容，如《圣经·旧约全书》"摩

---

① 《息讼词》，袁啸波编：《民间劝善书》，上海古籍出版社 1995 年版，第 138 页。

西十诫"中就告诫上帝的子民："当孝敬父亲，孝敬母亲，使你的日子在耶和华——你上帝所赐你的地上得以长久；不可杀人；不可奸淫；不可偷盗；不可作假见证陷害人；不可贪恋别人的房屋；也不可贪恋别人的妻子、仆婢、牛驴，以及他一切所有的。"①《新约全书·路加福音》中，耶稣对门徒阐述贫穷的人、饥饿的人、哀哭的人以及遭人恨恶辱骂的人与富裕的人、饱足的人、喜笑的人以及受人宠爱吹捧的人之间祸福果报的转换；②《圣经》还要求信众"凡事包容，凡事相信，凡事盼望，凡事忍耐"（《哥林多前书》13：7）；"凡所行的，都不要发怨言，起争论"（《腓立比书》2：14）；赦免犯过错的人，有过错的人"受了众人的责罚也就算了，倒不如赦免他，安慰他，免得他忧愁太过，甚至沉沦了，要向他显出坚定不移的爱心来"（《哥林多后书》2：5-8）。

《箴言》及《诗篇》中，也都有教人谦让、原谅的训诫，如："设筵满屋，大家相争，不如有快饼干，大家相安"（《箴言》17：1）；"有终日贪得无厌的，义人施舍二不吝惜"（《箴言》21：26）；别人做错了事情，爱他，就原谅，不要惩罚，因为"耶和华有恩惠，有怜悯，不轻易发怒，大有慈爱"（《诗篇》145：8）。《圣经》还要求徒众爱敌如友，别人打你左脸，可换右脸给人打之类的教导；上帝还发明了"末日审判"，以安慰在世间的吃亏者，警示作恶者。

这些教义也均具有劝人少争、无争的准"息讼"宣教内涵。息讼宣传在中西文化中原本暗合相通，只是《圣经》所倡导的权利意识，与前三者尚有一定差别，特别是"上帝面前众生平等"之类的观念，跟传

---

① 《旧约全书·出埃及记二十》。
② 《新约全书·路加福音六·福和祸》。

统中国官方礼法思维的节拍不完全相符，因为传统中国的天道、伦理秩序观中，每个人的身份地位天然存在差别，社会秩序往往围绕天道、伦理秩序来设置。

五、息讼宣教与权利让渡

传统中国的"息讼"宣教是全方位的，能够保持克制宽容、消除讼争，也往往被视为个人的良好品德或家族的传世家风。其主旨就是：忍让就能减少纷争，减少纷争就能减少诉讼，减少诉讼，社会秩序就能和谐安定。这既是历代政府追求的理想治理模式，也是绝大多数民众期盼的生活状态。三国时的"孔融让梨"之所以成为孩童启蒙的生动故事，清代军机大臣张英劝说桐城老家人建房时主动退后的家书"千里家书只为墙，让他三尺又何妨；长城万里今犹在，不见当年秦始皇"之所以能被后人吟诵不断，都因含有谦让、宽容之意，符合人与人之间相处的基本礼数。

世间本无绝对平等之事，即便在上帝面前，也无法做到"人人平等"，更不用说在法官面前了。司法虽说是守卫社会正义的"最后一道防线"，法庭、法官似乎是该"防线"的守护神，但其实司法本无绝对公正可言，法官的判决也未必完全可靠，否则就不会出现数道"审级"的设置，连美国联邦大法官波斯纳都承认："最高法院的判决是终极的，并不是因为这些判决是对的，而是因为这些判决是终极的。"同理推论：假如再有一个"超级法院"，那么许多最高法院的终审判决也可能被不断推翻。[①]

近世以来，科学昌明，实用主义盛行，"五四"以后，传统儒、佛、道等教化地位和作用日渐式微，取而代之的是各种新兴的"主义"

---

① 参见熊秉元：《波斯纳的锯子》，《读书》2014 年第 9 期。

或"学派"，民众也在诸多"主义"的引导下，重新调整安排自己的生活方式，直接后果就是造就了精神信仰的政治化、功利化。

虽不能把宣传教育直接与"息讼"宣教行为挂钩，但不能否认，它们在引导民众与人为善、和睦相处、互相帮助、克制谦让等方面所起的积极作用。礼法结合、德刑并用，是传统中国的基本治国方略。保持社会秩序的和谐稳定，首先要最大限度地防止或减少社会纷争，"定纷止争"也就成了礼法功能的主要外在体现，"息讼"宣教则自然成了实现"定纷止争"的首选方法，它可以将一切纷争消弭于未然。于是，国家、民间、家族及宗教等均成了"息讼"宣教的主要领域，它们融道德教化、普法宣传于一体，形式丰富多样，民众喜闻乐见，佶屈聱牙的法规条例，变成朗朗上口的息讼"段子"，使民众进耳入心。

古人所说"圣人以无讼为贵"，"无争无讼，安享太平"以及"安上全下，莫善乎礼"等理想的生活状态，就是平息争讼，平安相处，国家制定礼法的目的就是正人心、厚风俗、顺人情。曾参加制定《法国民法典》的法学家波塔利斯说过："切不可忘记：法为人而立，而非人为法而生；法律必须适应它所针对的人民的特征、习惯和情况。"[1]伏尔泰也说过："法律与习俗并不矛盾，习俗如果好，法律也就没有什么用处了。"[2]撇开工具性说教宣传不说，基于传统中国社会结构、社会生活基础上的善良风俗教育、忍让宽容感化等，很大程度上发挥了平息纷争、减少诉讼的作用，既降低了当事人的成本开销，又节约了国家有限的司法资源，无论是对国家、政府，还是对社会、民众，都传递了较

---

[1] 转引自石佳友：《法典化的智慧——波塔利斯、法哲学与中国民法法典化》，《中国人民大学学报》2015年第6期。

[2] 伏尔泰：《哲学辞典》，续建国编译，北京出版社2008年版，第143页。

多的正能量。

过于强调忍让息讼，固然会抑制个体权益的张扬，淡化法治意识；但过度主张个体权益，也可能导致整体权益的折损。许多情况下，个体让渡出部分私权，可维护整体权益的完整；政体权益的完整，可能福惠更多的个体，有助于在个体权益与整体权益之间保持最大平衡。时至今日，这仍不失其一定借鉴意义。

第二节　乡治调解

与息讼宣教形影相随的就是调解。息讼宣传，是为了防范纠纷产生；纠纷一旦产生，化解的首选方式不是诉讼，而是调解。调解是息讼与诉讼之间的过渡桥梁，调解作为一种解决纠纷的方式，在我国具有悠久的历史，由于调解不需要昂贵的诉讼费用，加上方法灵活，程序简便，因而深受民间欢迎，成为中国古代社会应用最为广泛的一种解决纠纷的方式，曾对中国古代社会的稳定与发展起了重要的积极作用。调解制度在传统中国行之有效，近代以来直至当下，在调处社会纠纷方面仍具有持续旺盛的生命力，可以看作传统中国对人类司法文明的一大贡献。

依据调解主持者的身份区别，可把我国的传统调解分为民间自行调解、乡治调解、宗族调解和州县官府调解几种形式。

一、自行调解

这是指纠纷双方当事人各自邀请乡邻、亲友、长辈或在当地民众中有威望者出面说和、劝导、调停，从而消除纷争的活动。它既无固定程序，也无差役的勒索，方法简单灵活，因而为民间所欢迎。如汉时洛阳有两族人互相仇杀且历时有年，其间几经官府干预都未能彻底解决问题，后由大侠客郭解出面劝说调停而解决。郭解的急公好义，被誉为"振人之命不矜其功"。

民间发生纠纷，多找乡间有威信的人出面调停，这些人多长期生活在当地，能力、资历及人品等都得到周围人的认可。既然是大家认同的调解人，普通纠纷调解结束后，一般都不用签订调解书，大家对调解的权威性、公正性基本认同，对调解结果不会有多大异议，都能口服心服。如沈从文《边城》记载："掌水码头的名叫顺顺……在这条河上，他就有了大小四只船，一个铺子，两个儿子了。但这个大方洒脱的人，事业虽十分顺手，却因欢喜交朋结友，慷慨而又能济人之急，为人却那么公正无私。水面上各事原本极其简单，一切皆为一个习惯所支配，谁个船碰了头，谁个船妨害了别一个人别一只船的利益，皆照例有习惯方法来解决。惟运用这种习惯规矩排调一切的，必需一个高年硕德的中心人物。某年秋天，那原来执事人死去了，顺顺作了这样一个代替者。那时他还只五十岁，为人既明事明理，正直和平又不爱财，故无人对他年龄怀疑。顺顺年龄虽不大，够不上'高年硕德'，但基于他'为人既明事明理，正直和平又不爱财'的品行，本地人敬佩他，大小事，首先请他出面处理。"

比较严重的纠纷，以不动产和轻伤害纠纷为主，一般要签订调解协议书。如云南安宁县民为了口角相争斗殴，经调解而签订合同：

　　立合同人谢登起、谢登贵系东界火龙村住人，因放水口角相争斗殴之事，今报至本城乡者公断，俟后自容理讲，不容逞强动手，如先动手者，罚钱拾千文入阆州充公，至于水浆照古例均放一人以分，十人十分，其有聚水塘者，须要水浆有余之时，方容进塘，若无余水之时，不容进塘，二比田地相连，不得借事生端，倘有借事生端者，亦罚钱拾千文。此系二比情愿，并非逼迫等情形，后恐后无凭，此合同存照。

咸丰三年十一月十日①

村民因为放水的事发生口角斗殴，报到乡长老那里，请求调解。调解结果双方接受，而且一并处理完水利纠纷，为了保证调解结果的严肃性、持久性，当事方与调解方都参与了合同的签订，明示公众。

乡土社会为熟人社会，左邻右舍互相熟知，历代政府都提倡息讼。打官司，在熟人社会往往被视为不讲情面，一旦打起官司，对簿公堂，则意味着互相撕破脸皮，在乡里会被人看低。乡邻也会认为，在本村本区发生纠纷引起诉讼，也是本村本区不体面的事。乡民发生纠纷，首先都是劝和调解；如果诉讼即将发生，也会千方百计平息诉讼。如元朝法律就有"告拦"制度，即通过非诉讼程序解决纠纷的规定。《元典章·刑部·诉讼》有专门子目和《田土告拦》的条款，该条款用一个案例和中央对该案件的批示，规定了"告拦"的内容。该案例记载：汴梁路封丘县民王成与祁阿马互争一顷一十六亩半的田土，在"官欲行归结前，在外有知识人郑直等将成劝和……因此，成等自愿商议休和。议将见争田地名除地段，对众另立私约合同文字"；"如此拦告以后，各不翻悔，如有翻悔之人，成等情愿甘当八十七以下，更将前顷土地尽数分付与不悔之人永远为主，更不争官赴告"。行省、礼部、中书省对这个私约都做了肯定性批示，一致的意见为："今后凡告婚姻、田宅、家财、债负，若有愿告拦，详审别无连枉，准告已后，不许

---

①　吴晓亮、徐政芸主编：《云南博物馆馆藏契约文书整理与汇编》第3卷《安宁契约·社会关系·其他》，《安宁调解口角相争斗殴合同》，人民出版社2013年版，第276页。

妄生词讼，连者治罪。"①也就是说，民间的户婚田债，如果民间有人出面调解，并达成协议，就不应再反悔告诉；对于此类案件，官府可以不予受理。

民间流行的"官刑"迷信，有事也促使乡邻出面拦告。《官场现形记》中就曾记道：王乡绅的家丁与赵温的家人争吵，王乡绅很愤怒，要送家丁去衙门，被赵温的父亲阻止。他的理由是："受过官刑的人，就是死了做了鬼，是一辈子不会超生的，不是毁了他吗？"②这类迷信，加深了民众畏讼心理，不但自己尽量避免卷入诉讼，也希望熟识的人不要轻易摊上官司。

出面拦告纠纷，多为乡邻自发进行，多采取劝和、说服、训诫等方式，陈述事理，剖析利害，取得双方的同意，达成谅解。比较正规的，都会签订"合同"一类的"谅解备忘录"，相关当事方分别保存，以做凭证。如清代四川南部县基层社会的纠纷解决存在一种"拦留"方式，且存留下了不少"拦留契约文书"。从现存的《南部档案》所存文书看，拦留契约文书涉及的范围较广，保存下来的"拦留契约文书"有53份，如：两姓氏越界争坟引起的欲诉纠纷，家长嗜酒逞凶导致家庭矛盾激化要当田产兴讼的纠纷；叔嫂言语暧昧兄愤恨告诉的纠纷，砍伐寺庙树木分赃不均引发的纠纷……所签戒约成规，都是邻居族人等在诉诸公堂之前，拦留下来，经过调解，达成协议，签约为证。约末多用"今恐人心不古，另生枝节，特凭众出立戒非、杜讼文约一纸张，永远存照"，"自今天之后，永敦和睦，二比不得借事生非，另生

---

① 参见《元典章》卷五十三，《刑部》卷之十五《告拦·田土告拦》第3册，中华书局、天津古籍出版社2011年版，第1789-1790页。

② 李宝嘉：《官场现形记》第一回《望成名学究训顽儿 讲制艺乡绅勖后进》。

枝节，倘仍蹈前辙，不遵礼法，有家族执戒约禀官纠治，立戒约一纸永远存［照］"以及"自后越此成规，听其执约禀官"等。[①] 拦留契约文书中，并未把调解作为纠纷解决的终极手段，而是标明违背调解协议，可以听凭报官处理，这样，就增加了调解文约的妥当性和警示性，也令被调解人在心理上能够承受。

当然，调解主要还是以正面引导为主，重在以调劝和，以调促和。如清朝嘉庆年间，顺天府宝坻县孀妇孙张氏与故夫堂兄孙文降发生土地所属纠纷，本里监生一人，民众五人皆出面调解，终使孙文降聆悟"念系一脉，骨肉相关"，主动退让，和孙张氏重立契据，并表示"俟后各守各业，均敦族好"而和解。 显然，诸如上述类似的纠纷，因多发生在邻里亲友之间，所以由民间有威望的人或亲友中公直之人出面调解，具有"使弱者心平，强者气沮……谊全姻睦"的效果。[②] 调解平衡了强弱双方态势，达到"谊全姻睦"的目的。

二、乡治调解

我国古代很早也有了乡治调解，它是具有半官方性质的调解，即由官方指定人员承担处理民间纠纷的任务，这些人员本身不属于官府正式职员编制，但在乡村自治组织中，他们调处纠纷的作用比较突出，是诉讼前的一个重要程序，具有准司法程序性质。

传统中国的调解制度系统化记载可追溯到周代。 《周礼》中有"六乡六遂"，基层自治单位依次为：五家为比，比有长；五比为闾，闾有胥；四闾为族，族有师；五族为党，党有正；五党为州，州有长；

---

① 参见吴佩林：《〈南部档案〉所存清代边陲地区基层社会纠纷解决中的拦留契约文书》，汪世荣等主编：《中国历代边疆法律治理的历史经验》（下），法律出版社2014年版，第111-116页。

② 汪辉祖：《治讼》，徐栋《牧令书》卷十七，《刑名上》。

五州为乡，乡有大夫。长、胥、师、正、长、大夫以外，还有鄙师、酂长、里宰、邻长等，都是早期乡治的负责人。《管子》中也有"朝治"与"乡治"。可见，自周代起，我国已有了乡治组织。《周礼·地官》记载的官名中就有"调人"，是专门负责调解事务的官员，他的作用是"掌司万民之难而谐和之"①。春秋战国之际，设有专门调解复仇案件的官员，也称为"调人"。秦国在商鞅变法后出现了什伍制度。

秦汉时，县以下设乡，乡设有秩、啬夫和三老，掌管道德教化和调解事务，调解不成再到县衙起诉："乡间居民十里为一亭，亭有长；十亭一乡，乡有三老、啬夫和游徼。"其中啬夫"职听讼"，大多以验问为手段调处息讼、平断曲直。东汉延续了该体制，"里有里魁，民有什伍"，"善恶相告"。调解程序也日益规范系统，如汉代调解程序：先由受理诉讼的司法机关依据原告诉状写成"爰书"，将爰书发往被告所在地的县廷或者戍所侯官，再由县廷或者戍所侯官将爰书交由乡啬夫或基层侯长负责验问，调解以息讼。三国两晋南北朝时期，不断继承加强邻里乡党之制，调解民事纠纷，以求"义兴讼息"，各种纠纷"计省昔十有余倍，于是海内安之"②。

唐朝实行乡保制，乡里讼事，则先由里正、村正、坊正调处，不能决断的纠纷，才会交府县处理。唐朝中期以前，乡治调解执行得比较好，"大小相维"、"详要各执"，"上不烦而下不扰"，小民安业；唐朝末期，乡治大坏，王朝衰败。③宋朝的都保制、元朝的社长制、明朝的里甲制、清朝的保甲制虽有些微差异，但都是国家的基层自治组

---

① 孙诒让：《周礼正义》，中华书局 1987 年版，第 38 页。

② 《魏书·食货志六》。

③ 参见《日知录校释》（上），岳麓书社 2011 年版，第 364 页。

织，保长、里正、乡长等既有催租征税、摊兵派饷的职能，还有调解民间纠纷的职能。

明清时期可以说是传统乡治调解制度最为成熟的时期。 明太祖曾诏令地方官员，选择民间公正高年老人，处理乡间词讼。 如户婚、田宅、斗殴一类的纠纷，由老人汇通里胥处断，案情严重的，才诉诸官府，否则就是"越诉"①。《大明律》和《大清律例》中，均保留了"命长老理一乡词讼"的条款，授权乡村里老调整有关家庭关系和不动产的"细事"②。 甚至规定未经乡里调解的民事纠纷，不能进入司法程序。 即使已向官府提起诉讼的，也要退回乡里，先行调解、公断；调解合理，不得再行诉讼。 但如果是地方里老解决不了的其他纠纷，则要提交到州县长官那里。 清朝的"上谕十六条"及《圣谕广训》等，也把调解作为处理民事"细故"及轻微伤害案件主要手段。

乡村长老、里甲长调处纠纷范围及运作模式如何落到实处？ 这方面以明初"教民榜文"等相关规定最为明确、具体。 明初推行里老之制，在乡里设立"申明亭"，向民众宣告户部颁发的《教民榜文》，其中规定："民间户婚、田土、斗殴、相争一切小事，须要经由本里老人、里甲断决。 若系奸、盗、诈伪、人命重事，方许赴官陈告。 是令出后，官吏敢有紊乱者，处以极刑。 民人敢有紊乱者，家迁化外。"显然，哪些可以直接报官，哪些必须经老人、里甲断决，才能报官，都有总体规定。 明政府把调解作为诉讼的前置程序，凡未经申明亭调解的不得提起诉讼。《教民榜文》张贴于官衙前的申明亭或"旌善

---

① 参见《明太祖实录》卷二百三十二，洪武二十七年四月壬午条，转见《日知录校释》，岳麓书社 2011 年版，第 363 - 364 页。

② 《大清律例·刑律·杂犯》。

亭"，有的贴在民众经常路过或聚集的地方。

乡村老人和里甲长以及民众在纠纷调处中权力与责任、权利与义务，政府都有细化要求，诸如：乡民纠纷告诉流程，（第一条）老人、里甲权力与责任，（第二条）老人、里甲的产生及权威的维护，（第三条）老人的过错处罚，（第七条、第八条、第九条）调解与官府司法的衔接，（第十条、第十一条、第四十一条）纠纷调解的公信力，（第十二条）老人、里甲权力滥用的防范，（第十三条、第十四条）老人、里甲的惩恶杨善责任，（第十六条、第十七条、第十八条）等。从教民榜文看，除部分重大刑事案件外，细故案件及轻微刑事案件，老人、里甲有预先调处的责任，包括对当事人的劝和、责罚，实在无法调处，才可以报官处理。同样，乡民如果越过老人、里甲直接报官的，官府将退回原乡村，由老人、里甲先行处理。老人、里甲的调处权力也受到官府的法律保护。这样，乡治调解得到了全方位的落实和保障。明初的乡治调解模式，到明中后期得到进一步发展，各地推行"乡约"制度，每里为一约，设"圣谕"、"天地神明纪纲法度"牌位，每半月一次集合本里人，宣讲圣谕，调处半月来的纠纷，约吏记录，如当事人同意和解，记入"和薄"，不同意者才可起诉至官府。明朝的乡治调解在中后期实行效果不佳，如宣宗、英宗时期，不少地方的申明亭、旌善亭都已倒塌，乡治调解无法正常进行，"小事不由里老，辄赴上司，狱讼之繁皆由于此"①。清朝对明朝的乡治调解制度基础上有所改进，特别是大力推行以宣讲"上谕十六条"及《圣谕广训》为中心的息讼调处政策。民国以来，乡村社会的乡治调解依然普遍。

明初《教民榜文》中的调解主体，被提得最多的为"老人"、"里

———————

① 《日知录校释》（上），第 364 页。

甲", 这里的"老人"不一定指年纪最大的人, 年长固然是一方面, 此外还要有能力、品行、声望、资历等。 "里甲"指里长、甲长。 可以调解的也不完全为这两类人, 还有"粮长"等, 不同时代、地区基层组织单位名称也不完全相同。 除"老人"、"里甲"外, 明清以至民国, 所谓乡约、耆民、公正、约长、约邻、族正、乡长、保长、村长、社长乡绅、会长等, 都是乡治调解的主体, 其身份有纯民间公选的, 也有民间公选由官方认定或授权的。 前者主要是调解, 后者则调解兼处断, 具有准司法人员的性质。 如清代族正制度, 始行于雍正朝, 乾隆朝继之, 然而经过多次讨论, 最终取消, 不过嘉庆、道光及其后的一些时间内, 在部分地方仍有实行。 族正由宗族提名, 选择族中"人品刚方、素为阖族敬惮之人"担任①, 但须经官府确认。 族正稽查不良分子, 交祠堂教化或送官审究; 调节民人族内外纠纷; 报告孝悌节义之人, 表彰善人善事。 他们非官府吏员或衙役, 也不是宗族祠堂管理人员, 介乎官民之间, 与保甲、乡约差不多职能②, 属于乡治调解。

　　传统中国的调解实践种类繁多, 但根本原则是宗法社会的礼让教化, "礼让为先、德化为主", 根基在于"亲亲"和"尊尊"。 历朝官府之所以如此青睐乡治的调处, 一方面因为乡村保长、里正等在乡村百姓中有一定的威信, 其作为调解中间人能获得争端双方的认同; 另一方面, 他们生活在乡村, 对当地的风土人情知根知底, 有利于争议的调查和解决, 是在尊重民间纠纷背景特征基础上的顺势所为。

---

　　① 《清朝文献通考》卷二十三《职役》。
　　② 乾隆《大清律例》卷二十五《刑律·贼盗下》:"若有匪类, 令其主报, 倘徇情容隐, 照保甲一体治罪。"参见冯尔康:《国法·家法·教化——以清朝为例》,《南京大学法律评论》2006 年秋季号。

第三节　宗族调解

一、纠纷发生后的优先调解

宗族调解是指宗族成员间发生纠纷时，族长依照家法族规进行的调解。 早在周代，钟鼎铭文中就有"宗子"调解纠纷的案例记载。 我国古代在儒家"宗族称孝焉，乡党称悌焉"的训条下，为了增强宗族间的协同关系，维护宗族的共同利益，多数同姓族人都聚族而居在同一村落里。 这种聚居的宗族推举辈长年高且有威望者作为族长，并制定或约定一些规范作为族人的行为准则。 宗族族长一方面负有统辖管理宗族之权，另一方面有对国家承担维持族内秩序的义务。 宋代的《燕翼诒谋录》记载赵州裒氏宗族的规约："有竹箄相授焉，族长欲挞有罪者，则用之。"清朝康熙年间《浙江藏氏族谱》规定："若自甘匪夷，败伦伤化，为贼为奴，当与众共黜之。"正是由于上述的族规村约贯串了儒家的礼制规范，起到了"补官法之不足，作良民之保障"的作用，家法与国法相通互补，才使得历朝统治者对宗族的权力都采取认可态度，并乐于把宗族内发生的纠纷推给族长去解决。

明清时期，政府更是大力倡导宗族及乡绅的"自治"权。 康熙《圣谕十六条》中就把"和乡党以息讼"与"完钱粮"、"弭盗贼"相提并重。 《大清律例》规定，轻微罪犯、妇女罪犯可以送交宗族，责成宗族管束训诫，至于民事纠纷，特别是婚姻、继承争端也大多批转宗族处理，"阖族公议"。 宗族纠纷的调处规定多在族谱中规定下来。

纠纷发生，在所难免，问题是发生纠纷以后，应该优先采取何种方式平息纠纷。 选择在宗族内部解决，是民间优先择用的手段，族谱规定一般性纠纷不得告官，而应到祠堂，由族尊召集当事双方来排解，即"在祖宗神位前论曲折，剖是非"。 处理原则是"以尊卑定顺逆，以曲折定是非"①。 这就同国家的宗亲法一样,实行"同罪异罚",维护尊长、压抑卑幼。 既然论是非,就不得因人的地位而有袒护——"殷实富豪者为之左袒,贫穷疏阔者为之右袒"②。 江苏《宜兴篠里任氏家谱》:"卑幼不告祠堂而讼者,责四十;尊者犯者,杖二十,年高则杖其爱子。 所讼事听宗长等究其虚实,坐如律。"安徽绩溪华阳邵氏宗谱载道:

> 受人欺侮,情固难容,然必须投告亲族,由祠调处。若逞意兴讼,两造机诈百出,欲罢不能,破家荡产,悔恨无及。惟父母之仇,祖坟被害,奸淫大变,应力申雪,其余皆可以情恕理遣。至禀祠时,应缴祠费洋三元为会众膳食之资,此外不必致谢。③

族规强调,父母之仇、祖坟受损及奸淫之行外,其余纠纷,都必须在本族中依族规先行处理,不准轻易兴讼。 歙县蔚川胡氏家谱"规条"中也提到:"族繁事杂,争竞在所不免,但不可轻举兴讼,当先鸣族贤房族家长,究明其巅末,公剖其是非,直者劝其涵容,曲者谕令输服居闲,曲为调停处分,以息其争端。 盖乡族以情理相兼,非比官府可用法直判也,如情伸事白可已即已,苟肆刁捏控,反自取破家之祸,后悔无及矣。"④族规赋予本族贤能家长处理宗族纠纷的权力。

---

① 《毗陵庄氏族谱》卷十一《训诫》。

② 《即墨杨氏家乘·家诫》。

③ 光绪绩溪《华阳邵氏宗谱》卷首《新增祠规》,绩溪邵俊培纂,光绪三十三年叙伦堂刊本。

④ 民国歙县《蔚川胡氏家谱》卷二,道光《规条》,道光二年岁在壬午夏阳月之吉,裔孙畏敬录述梓。民国四年线装活字本。

　　族长在本族享有最高权威，也承担较多的责任，直接关系到一族治理的好坏，族谱一般都赋予族长全权处理本族纠纷的权力和责任，明确其权利和义务，要求族人绝对服从族长权威。 如直隶交河《李氏谱例·家训》除制定家训十五条外，还制定了谱例十五条，其中有三分之一是有关族长权力、责任及权利、义务的："立总族长一位管理合族事物；既为族长必须品端心正，性情和平，乃可服人亦可拿事；凡定族长赖其约束族人，必须恪遵家训，规步方行，方可训教子弟，如行诣有愧，触犯规条，合族齐集公讨其罪，如稍有改悔，聊示薄惩以警其后，不然则削去族长名字，永远不许再立；凡族长已黜即刻公议明白，择其端方正直者而补之，不许久空其缺有误公事；不许恃族长名色做事不端，处事不公，以至家法紊乱，凡族人有犯训者公议明白，按事定罪，秉公处断，不得妄出己见，致令人心不服。"既然是"总族长"，就具有统领全族事务的资格，自身必须加强操守修养，处断要持有公心，这样才能负重，否则，全族可以重新公推公选其他的总族长。

二、不良行为的家法惩治

　　如若违反家规族训，就要处以家法。 原告即使有理，也要首先处罚他——惩治不先到祠堂理论、径直告官的错误，如武进王氏处分这样的族人，在祖宗神位前罚跪，办酒席一桌赔礼；[①]如果被告藐视祠堂权威，不到祠堂听从调解，祠堂先惩治他抗拒之罪，然后再判定是非；双方都愿意上衙门，则处分双方；倘若卑幼到官府告尊长，处罚更重；判断是非，处以家法，不服制裁，送官究治，情节严重，削除宗籍。 不许告官，是细微的民事纠纷，是在国法允许范围内的事情，政府所以允准，也是为减少行政成本。 宗族司法内容主要如下：

---

①　《晋陵王氏宗谱》卷一《凡例》。

1. 训诫性禁止

家规族训中所禁止的行为，包括宗族内和国家法律法规所禁止的行为。两者之间，有区别，有竞合，但总体理念基本相似，即注重忠孝德行，遵守国法家规。训诫性禁止为其主要形式。如河北《郎氏族谱》所定《郎氏家规》"可戒者十二则"：信异端，好浪荡，任残忍，尚奢侈，听谗谄，妄议论，妒富贵，羞贫穷，傲长上，骄乡邻，荒酒色，拖债负。族谱中声明，这些都是"谨遵先人之遗意而列书之"，要求族人"能择而从之改之"。

直隶交河《李氏谱例》计开家训十五条：（1）不许酗酒骂街；（2）叔嫂不许戏言；（3）不许充当衙役，犯者公举；（4）不许仗族大欺压邻里；（5）不许与外姓人论本族人是非；（6）不许助至亲厚友与本族人兴讼；（7）凡族人有婚丧大事，合族公办不许推诿；（8）不许招赌窝娼，既非良民正业，尤恐其引诱子弟为祸不浅；（9）子弟不许入茶馆酒市；（10）族人有鳏寡孤独贫乏身死，暴露不能买棺葬埋者，合族公办，具棺葬埋以全一脉之情；（11）不许交接浪荡子弟；（12）不许学剃头修脚；（13）不许与家奴为婚；（14）不许做戏子当吹手；（15）不许放纵牛驴马等类践踏田苗，致妨农业。①

光绪湖南汉寿《盛氏族谱》卷首，立《家规十六条》，举凡以下犯上、拖抗钱粮、良贱为婚、赌博窝娼、兴讼起衅、破坏祖坟等，既为国法所禁，亦为家规所戒；从事"贱役"、交接非人、异姓入谱乱宗、恃强凌弱等，则为家规族训所禁止。②

---

① 民国八年七修本。
② 参见光绪二十七年广陵堂活字印本。

2. 一般处罚

纠纷轻易不许告官，宗族必然有其处治族人办法，遂有相应的族规。其惩处的规则，包括经济、精神、肉体、逐出宗族等各方面，诸如：罚钱、罚宴席、罚戏等，主要为经济制裁；体罚、打板子等，为身体处罚；捆绑示众、罚跪羞辱等，为精神制裁；停胙、不许进祠堂、不许上谱、开除出宗等，为清除异类、维护宗族声誉。

一般轻微违背家规族训的行为，宗族多以经济处罚为主，情节严重的，则要处以责罚。如江苏宜兴篠里任氏宗法规定：不按规定参加祭祀的要罚银，数量多少依违规程度而定。如祭祀之日，齐明伐鼓一通，执事毕至；伐鼓二通，祭品齐备；发鼓三通，与祭毕至。至而后者，罚银一钱；无故不到者，罚银三钱；公派执事不到者，罚银五钱；与祭不敬者，罚银三钱；馂而失次喧哗者，罚银二钱。祠内桌凳碗碟及各样器皿，俱不许出祠堂。擅借及借与人者，各罚银一两。情节较重的，则要责罚，如各家田地园圃山场，申约严禁偷盗。食践者，痛责三十板，家人犯者，痛责四十板；妇女入寺观烧香者，罚银二两；出村看戏者，罚银一两，坐父兄夫男。或烧香责二十板，看戏责十板；族中有抗赖祠逋者，二祭日系于祠门，追完释放。族人在族规面前一律平等，处以家法时，不得偏袒一方。"有偏护者，合族尊卑长幼齐质直之。"①

祠堂功能"上以奉祖宗，下以治子孙也"，即除了祭奉祖宗神灵，就是治理子孙，进行宗族司法时，它犹如衙门，是宗族公权力的象征，宗族纠纷必须在祠堂当众了断，如民国湖南《宁乡南塘刘氏四修族谱》卷二《家约》规定：兄弟不睦，争夺财产，视若寇仇者，入祠处断惩

---

① 江苏《宜兴篠里任氏家谱》，《宗法下》。

责；卖女为人媵妾，饬令赎回，入祠惩责本房，知情不举者坐罪；娶妻原以为承祧，或为饥寒所迫，当另图生活，无故而嫁生妻者，入祠惩责；夫死愿守节，即家贫无依，当曲为保全，父母、兄弟通嫁者，许本妇入祠，经族处罚。 以上均为涉及族人之间的财产纠纷、婚娶对象、宗祧继承等。 有些行为不但处以体罚、罚款，还要附加耻辱法，使其在族人间难以抬头做人。 如直隶交河《李氏谱例·家训》规定："凡合族人等务要接以礼貌，方是世家体统，如敢违犯尊长，口出戏言者重处，如长辈不自尊重，戏骂晚辈者，罚出香烛外，更令其跪祠堂门首，以耻辱之；凡族中有不论是非，不遵家训毁骂宗族者，领受责罚外，凡合族人等不论辈次尊卑，令其逐门叩首以警众。"

3. 非刑处死

民间力量被朝廷禁止行使死刑执行权，只有极个别例外，如雍正朝曾给予族正处死不法分子的权力，不久即被朝廷收回，否则私刑泛滥，国家公权就有被挑战的可能。 但私权处死族人的现象屡屡发生。 直隶交河《李氏谱例·家训》规定"凡族中有不遵法律，败坏伦常，或做贼放火任意邪行者，合族公议立刻处死，伊家眷不得阻挠"，把宗族有权处死族人的规定明确写入族谱。 四川《南溪县志》卷4《礼俗篇·风俗》记载，该地区"乡有逆子，聚族科罪，坑埋沉渊，惨酷不恤，演之既久，尊为信条。 故赤贫之夫，越货之盗，养生送死，视为当然"①。非刑处死族人的惨状由此可见一斑。

一些家规之所以有相关处决族人的规定，不外乎：传统社会，宗族具有高度自治性；"天高皇帝远"，只要族人不去举告，官府很难及时追究宗族的违法行为；另外，族人违规犯法，多被看成本族的耻辱，有

---

① 巴蜀书社 1937 年版，第 615 页。

损家风族望，本着"家丑不外扬"的原则，依家法行刑，可把恶劣影响限制在本族之内。

朝廷希望宗族承担起化导、管束、治理族人的责任，但又不希望族权过于强大，乃至家法凌驾于国法之上，代替朝廷，行使死刑。 不同时期，朝廷对宗族死刑权的态度并不一样，有时适当下放，大多时期是完全收回的。 总之，对其始终保持高度警惕，一旦感觉有僭越王法之势，就及时谕令禁止。 如乾隆初期，江西一些地区宗族经常私立规约，处死族人，家规与国法之间发生冲突。 乾隆帝特发上谕给总理事务王大臣，予以禁止，特别提到，存在私刑处决族人的现象，多由于地方官疏于化导禁止，乡村族人如果真有罪大恶极不法之徒的话，应该送官治罪，乡民无权取代官方，草菅人命。 这显然是要维护国家司法机关的权威性和法律的严肃性，防止家规凌越国法，谕令"该省文武大员通行晓谕，严加禁止，倘有不遵谕、仍蹈前辙者，即行严拿，从重定拟，不少宽贷"①。

因为社会结构的演变比较缓慢，私刑处罚族人的习俗，民国时期许多乡村社会仍然存在。 家长、族长在本族内就是终审"法官"，可以对违背族规的成员做出终裁决定。 如河南一张姓宗族，有父女小家，女儿与外村来的木工小伙子发生暧昧关系，被张姓族人现场拿获，交给张氏祠堂。 族长连夜当众审理，认为该女儿所作所为，玷污了张家世代相传的良好名声，决定让老父自己动手吊死女儿，以留全尸，来世还可投胎为人。 这还算是从轻发落。② 站在国家法立场上，张氏族长的所作所为无疑触犯了国法；但因为是张氏宗族内部的事，乡邻若无人检

---

① 《清高宗实录》卷十八，乾隆元年五月丙午条。

② 王觉非：《逝者如斯》，中国青年出版社 2001 年版，第 17 页。

举，司法公权力不厉行监督，此类案件也就不了了之。至于乡邻，因为与己无关，对张氏族人的公断也就见怪不怪，犯不着节外生枝，再添是非。张姓处决违规族人的现象并非个别，清末民初，在内地乡村，时有发生，行刑之残酷，有时超逾国法。

三、家族司法与国家司法的对接

1. 家族司法与国家司法的竞合

族人如若违反宗族的禁止性规范，就要处以家法。家法与国法，有时看不出明显界限，对违背家规的行为，宗族司法优先于国家司法，家族司法的处罚力度有时高于国法，但两者含有诸多竞合。以湖南湘乡匡氏家规为例，该家法所涉不法罪名，大多与大清律例一致，涵盖了大清律例规定的伦理孝道、婚嫁丧祭等行为，如"以女市利而嫁与仓头之子为妻，既玷祖宗且辱同宗，照律杖一百"，直接依律例惩处，家规与国法基本并轨。也有超过国法处罚范围的，宗族自设罚等，惩罚程度也严于律例，如"逐出外境、田产编入宗祠"，户长房长渎职失察要负连带责任等。①

家规如果无法管束，则报官寻求支持。依照法律，不少非法行为只有国家权力机关才有权进行惩处，宗族应主动报官究治。有不少家族对此就拿捏得当，低调拟定家规，以防家规僭越国法，妥善处理国法与家规的关系，既保存宗族适度的司法权，又不致因滥用司法权而触犯国法，实现家规与国法的顺利对接。

2. 不服家规惩处者送官究治

不少家规族训规定，如果家规族训对不良族人实施处罚后，受罚者不服家法管束者，只得求助官府，帮助惩治。江苏《宜兴篠里任氏家

---

① 参见道光湖南湘乡《匡氏续修族谱》首卷,《家规》,道光八年解颐堂刊本。

谱》规定的送官究治的事项甚为详尽，如：各处坟茔申约严禁，"强梗不服者，送官治罪"。"凡不孝不悌、帷薄不修、盗贼奴隶，此族恶大条也，不幸有犯者，公逐不许入祠，鸣官正法；族中有下犯上、少凌长者，除不孝不悌公逐外，重者责四十板、罚银三两、纪过，轻者责三十板、罚银一两、记过，强梗不服者，送官治罪；赌博者责三十、纪过，开场者系于祠门三日、责五十、记过；获赃出首者，公给赏银二两，如本犯强梗不服，宗长、宗正等联名送官治罪。"民国《宁乡南塘刘氏四修族谱》卷二，《家约》："卑幼凌辱尊长，入祠分别亲疏责罪。 强葬祖山、侵犯祖茔，饬令起阡、醮谢，入祠惩责，不服送官。"有的宗族通过碑禁明确规定，不服宗法者将诉诸国法："各宜凛遵家训，入孝出悌，蹈矩循规。 倘有顽抗，不遵处罚，即行送官责惩，决不询（徇）情也。"①以上送官究治的共同特点是，宗族司法是前提，不服才送官究治。 至于宗族司法是否公正妥当，族人诉求是否合理正当，则无须顾及，因为对宗族而言，家规族训就是"良法"，不容违背。

3. 家规惩处后不思悔改者送官究治

经宗族司法后，受过处罚的族人可能当场表示服从裁决，事后却置若罔闻，我行我素。 宗族司法难以令族人改正行为的，对这些怙恶不悛的族人，宗族也会集体送官，借助公权威力，迫使违规族人改正言行。 道光江西《临淦窗前黄氏重修族谱》《条例》："若不守四民之常，违悖孝弟之道，奸淫窃盗，乖乱伦理，上辱祖父，下累妻子者，合当惩戒，不悛送官重究，仍削其谱系，黜以示劝惩。"②《宁乡南塘刘

---

① 谭棣华等编：《广东碑刻集》，广东高等教育出版社 2001 年版，第 704 页。

② 黄登第修，道光十五年本，国家图书馆藏。

氏四修族谱》卷二《家约》："子不孝父母、媳不敬翁姑，饬亲房伯叔带令入祠重责，不悛送官，永与族绝；不肖子弟不勤生理，流入匪类者，查实，入祠重责，不悛送官，不许入族；学法学打、帮恶行凶者，入祠重责，不悛送官，不许入族。"①光绪湖南汉寿《盛氏族谱》卷首《家规十六条》："诫子孙不许恃富压贫、以强欺弱、以众暴寡，纵妇放恣、坐拼吓诈，以及招谣（摇）撞骗等等不法，必集户族，先行规戒，任其改过自新，违者送治。"②至于合族送官后，官府如何处理，宗族无法干预，但只要一送官，则意味着该族人将失去在族中应有的权利，相应的族规处罚还会加剧，如不许入族，削除谱系等。

江苏《宜兴篠里任氏家谱》规定：凡是不孝不悌、帷簿不修、盗贼奴隶者，"公逐不许入祠，鸣官正法"。民国贵州《紫江朱氏家乘》卷四《旧谱家规十二则》：族人如果不安分，不听父兄教训，动辄惹是生非，好嫖赌不务正业者，即集族中房长、族长及正直老成加以训饬，加以责罚，许其改过自新，若还不改正，而且目无宗族者，族中即连名出首，送官惩治；再有不顾廉耻为娼盗者，一经族中查实，除送究外，即将其家除名。③

4．超越家法司法管辖范畴者送官究治

有的宗族主动将超越家法惩罚界限的行为人送官究治，或报官求助。绩溪梁安高氏家法就声明："国法有五刑之属，而家法不过杖责与驱逐二条，若罪不止此，即非家法所得而治矣……故家法止于杖责、驱逐，若罪不止此，则送官究治，不得私立死刑。"④不在家法处理范

① 民国十年存著堂木活字印本。
② 光绪二十七年广陵堂活字印本。
③ 朱启钤修，民国二十四年排印本，南开大学图书馆藏。
④ 高富浩纂修，光绪绩溪《梁安高氏宗谱》卷十一《家法》，光绪三年活字本。

围之内的刑罚，不应在宗族使用，应送官究治，以示对国法的尊重。

上述送官究治情形的共同特点是，家规国法并行不悖，宗族司法优先于国家司法。 然而，家族规范约束治理族人的功能并非万能，一旦家法失控，若不求助国法，会因少数"不法"之人的逆行，而影响整个宗族的利益，甚至受到国法制裁，那就得不偿失。 如《常熟邹氏隆志堂义庄规条》规定："义田备佃，赖彼力作，供我宗支，宜略示优别。凡每年租额全清之佃，每石赏给白米三千。 稍有丝毫拖欠，立即送官追究，勿稍姑宽。"①租佃义庄义田的佃户，可能是本宗族人员，也可能是非外族人员，发生抗佃拖租，前者可直接依据宗族法处理，后者则只得求助官府支持。 宗族中的不少荣誉，如贞节牌坊的赐建、忠孝节义门牌的颁封等，都得由官府来运作，朝廷敕予，从而扩大宗族在该地区的影响。 家规与国法无缝衔接，于家于国，堪为双赢，国家法与民间法在此保持着高度一致。

传统中国宗族，首先通过纠纷发生前的息讼宣教，希望族人能够保持克制宽容、消除讼争，息讼、忍讼、敬畏法律也往往被视为个人的良好品德或宗族的传世家风。 其基本逻辑就是：忍让就能减少纷争，减少纷争就能减少诉讼，减少诉讼，社会秩序就能和谐安定。 这既是历代政府追求的理想治理模式，也是绝大多数民众期盼的生活状态。 纠纷发生后，调解被视为优先解纷的手段。 通过调解，化解纠纷，可以保持宗族内部的团结，维系熟人社会秩序。 宗族发挥了调处纠纷的功能，分解了国家的司法负担，降低了民众的司法成本，节约了国家司法

---

① 《常熟邹氏隆志堂义庄规条》，道光、咸丰年间，苏州碑刻博物馆，王国平、唐力行主编：《明清以来苏州社会史碑刻集》，苏州大学出版社 1988 年版，第 230 - 235 页。

资源。

对于族人的不良行为，依照族规，在公共祠堂进行处罚，可以有效
预防违法犯罪，维护社会治安。对于不服家规处罚的族人，由宗族送
官究治，及时获得官府的支持，实现宗族司法与国法司法自然对接，国
家法与民间法在此变得高度契合。

第四节 官府调解

一、"细故"调解

民间纠纷的处理，在乡里一级，已有诸多调解主体介入，未经报
官，属于诉外调解；如果仍无法化解，则势必诉诸官府，若能调处，则
为诉内调解。笞、杖案件及"细故"案件，属州县自理词讼，基层主
官可以做出终裁，诉讼案件多寡，往往是衡量地方治安状况好坏的重要
标准。讼简庭清，既为政府提倡，也为舆情颂扬。由官府司法档案所
见诉讼案卷，多是按照特定公文程式处理过的归档文书，还有更多的报
官纠纷，多经官府先行调解予以化解，既无须审转，也无须归档。诉
内调解，是基层主官处理纠纷的优先选择。

官府调解一般是针对争议较大、民间调解难以解决的民事纠纷。
《周礼·地官司徒》属下就有"调人"一职，"掌司万民之难而谐和
之"。适用调解的案件，从涉讼主体来看，大多为亲属之间争讼的案
件。一方面是因为官员对此类案件首选调解息讼。地方官出于推行教
化的需要和对亲属伦常的珍惜，认为亲属之间相讼得不偿失。一经判
决，不管结果如何，都会伤害亲情，对伦常纲纪造成损害。因此亲民
官"民有父子兄弟相讼者，必恳切谕以天伦之重"①，促其撤诉。另一

---

① 胡文炳:《折狱龟鉴补》卷一,《犯义·息骨肉讼》。

方面，中国百姓在长期宗法生活的熏陶下，对亲情非常珍惜，对伦常也存在敬畏之心。即使争讼至官府，也并非把亲情和伦常完全弃之不顾，在官府以伦常劝解时也比较容易接受。这种心理基础使亲属案件息讼的成功率较高。从争讼内容上看，息讼案件绝大部分属于经济纠纷案件或与经济利益有关的案件，即使亲属相讼的也不例外。这类案件的增多，体现了随着经济生活活跃而导致的经济利益多元和百姓对自己"权利"的珍视。他们不再讳言利，而是敢于大胆维护自己的利益，就算兴讼也在所不惜，亲属之间也未能例外。因为经济纠纷案件属于"细故"，全部由州县自理，又基本不入国家"法眼"，常常"无法可依"，州县官拥有绝对自由裁量权，调解的权威性可以预见。

官府在审理民事纠纷时之所以先行调解，不仅由于官府提倡以礼治国，还因为纠纷的激烈化会打破熟人社会秩序，不利于和谐稳定，对于民事纠纷，多持息事宁人的态度。州县官府往往认为，乡民健讼，是民风浇薄、教化有亏的表现，是不良社会风气，如果恣意受理，科之律令，势将滋长民众诉讼习气，纵容讼师等民间醉心兴讼群体的猖獗。州县官有"父母官"之称，对辖区属民进行苦口婆心般的说服教育，是做慈爱"父母"的在对争吵子女尽爱护之责。在审理民事案件时，他们一般不会以客观刚性原则去判断当事方的行为合法与否，严格依法裁决，而会兼顾案情之外的因素如道德原则、伦理秩序及邻里关系等，形成非对、错的判断，要求当事方各自反省，退让一步，求得和解，达到永久的"案结事了"效果。相对于依法判决的非胜即败诉，调解也更加灵活，更注重当事人利益之间的利益平衡。

调解争讼，对官员的素养要求较高。亲民官要有效息讼，在调解时就得察言观色，耐心说服当事人，令其心甘情愿地撤回诉讼。这绝非易事，因为官方已动用各种手段，为争讼预设了重重防线，使百姓视诉讼为畏途，若非矛盾极深，或受"健讼"成习者的挑唆，当事人不会轻易对簿公堂。 如此，仍坚持兴讼者，当事人之间的冲突矛盾之深、告倒决心之大，可想而知。 所以，才干平庸和贪墨成性的官员，无法妥善平息当事人之间的冲突，使其甘愿撤诉，只有素养较高的廉能官吏才能胜任。 实践中，司法官会根据自己的经验，针对不同对象，见机行事，灵活机动，以求息事宁人。

二、奉行规劝

首先是一般性的劝告，官员们要么以伦理晓谕当事人，要么向当事人剖明利害关系，要么引经据典，说明"真相"，消除误解。 孔子即精于此道，据史载："孔子为鲁大司寇。 有父子讼者，孔子同狴执之，三月不别，其父请止。 夫子释之焉。"[①]孔子处理父子间的诉讼，先将儿子关了三个月不审，最后其父请求撤诉，孔子接受撤诉请求，将儿子一起释放，维系父子情义。 隋朝刘旷，"开皇初，为平乡令，单骑之官。 人有诤讼者，辄丁宁晓以义理，不加绳劾，各自引咎而去。 ……在职七年，风教大洽，狱中无系囚，争讼绝息，囹圄尽皆生草，庭可张罗"[②]。 刘旷通过"晓以义理"来调处纠纷，使争讼"绝息"，监狱闲置，法庭安静。 明代司法官赵豫任松江知府时，每遇诉讼，都劝当事人回家再三考虑，决定是否诉讼。 当时评论者把赵豫与另一名吏况钟相比，认为况钟是能吏，赵豫为良吏。 估计是因为赵豫善于调解，况钟善于强断，说他"犹有刀笔余习"[③]。 这样看来，赵豫的"明日来"，倒不完全是怠于讼事，而是为了给涉讼双方更多冷静思

---

① 参见《孔子家语》。
② 《隋书》卷二十五，《志》第二十，《刑法》。
③ 参见《大明英宗锐皇帝实录》卷九十九，正统七年十二月。

考的时间，以便纠纷的调解。

三、情义感化

官员亲自感化，有的甚至自己现身说法，让百姓明白亲情的可贵而自动撤诉。 如清代雍正年间翁运标做武陵知县时，"有兄弟讼田者，亲勘之。 坐田野中，忽自掩涕。 讼者惊问之，曰：'吾兄弟日相依。及来武陵，吾兄已不及见矣。 今见汝兄弟，偶思吾兄，故悲耳。'语未终，讼者亦感泣，以其田互让，乃中分之"。 翁用自己的思亲之情，打动涉讼骨肉兄弟，珍惜亲情，主动撤诉。 又有两姓人家为了一块湖中洲仇杀不已，积怨数十年。 翁运标劝谕多次无效，于是长时间站立雨中，并说："汝辈为一块土，世世瞿重法不顾，予何爱此身为？""两姓感动，乃亲为划界，讼自是息。"①清代陆陇其审理"兄弟争财诉讼"一案时，"不言其产之如何分配，及谁曲谁直，但令兄弟互呼"，"未及五十声，已各泪下沾襟，自愿息讼"②。 他采取了与翁运标相似的调解手段，达到了以情感平息讼争的效果。 多数官员相信，对于诉讼，"诚能开之以枉直，而晓之以利害，鲜有不愧服两释而退之"③。 有的官员在接到诉讼后即行自责，而使当事人悔悟撤诉。如许荆任桂阳太守，有兄弟二人为财争讼。 许荆认为兄弟讼财，是因为太守推行教化不称职所致，于是提出辞职，当事人兄弟悔悟撤诉。④

清代康雍之际，出了一位为世人交相称道的官员，名叫蓝鼎元。蓝鼎元将其任普宁令、兼摄潮阳令时判案的文书，汇集为《鹿洲公案》，有人因此而谓他"听讼如神，果有包孝肃遗风，每当疑狱难明，

---

① 胡文炳：《折狱龟鉴补》卷六，《杂犯下·息争洲讼》。
② 陆陇其：《陆稼书判读：兄弟争产之妙判》。
③ 张养浩：《为政忠告·牧民忠告》卷上，《听讼第三·弭讼》。
④ 胡文炳：《折狱龟鉴补》卷一，《犯义·兄弟讼财》。

虚公静鞫,似别有钩致之术"①。 他的种种作为,使得其成为清帝国官僚群体中的正面典范,他的吏治方法与听讼手法也多为其他时任及后代官吏所效仿。② 如《鹿洲公案》中的"兄弟讼田案"既是蓝鼎元处断颇为得意的案件典型,也是为清朝统治者所激赏称道的案件调解处理类型。 事后,蓝知县记述了他得意之调后的感言:

> 此案若寻常断法,弟兄各责三十板,将田均分,便可片言了事。令君偏委婉化导,使之自动天良,至于涕泣相让,此时兄弟、妯娌,友恭亲爱,岂三代以下风俗哉! 必如此,吏治乃称循良。③

本案争议的焦点是原被两造父亲遗留下的七亩田地的归属,蓝鼎元没有对原被两造所举的证据效力进行司法认定,查明真伪。 如果两份证据同属真实,效力相当,因公平裁断;如果相互矛盾,则是否应以遵循遗嘱优先原则。 结果是"以德化之",背离了现代意义上的认定事实、依法裁决的原则。 蓝鼎元始终没有聚焦于遗田的法律权利归属,而是教化与威吓并用,促使原被两造"幡然悔悟",知难而退。

这种非司法化的处理手法,实际效果皆大欢喜,却并不符合现代法治理念中的程序正义原则。 明确田土的法律权利归属,不是他要达到的最重要目的。 蓝鼎元自始至终并未引用任何当时律例规定,所依据

---

① 蓝鼎元:《蓝公案全传》,郭亚南点校,民族出版社 1995 年版,序言。

② 清人刘衡就说:"后承乏广东,见漳浦蓝太守鼎元曾任潮阳县,自述讯断疑难案件,汇为一帙,曰《鹿洲公案》,又名《益智新书》,抉奸摘伏,具有妙用。不时披览,颇能触发心灵,想此书通行久不难购求也。"刘衡:《蜀僚问答・律例而外尚有应读之书》。

③ 蓝鼎元:《鹿洲公案・兄弟讼田》。

的只是日常生活情理，法律之外尚有更多的"规范"在发挥作用。 本案动员参与的主体超越了原被两造与审判官的三角模式，就社会效应而言，这些主体的出现反倒显得合情合理，但均非法律上的诉讼关系人。蓝鼎元亦"官"亦"父"，县官的公共性权威与父亲的家长权威集于一身，加上动之以情，晓之以理，原被两造受教息讼，水到渠成。 蓝鼎元对当事人的随意责罚，起了恫吓促调作用，威权调解色彩浓厚。 然而，一则缺乏"合法性"的调处案例，不但主审官引以为自豪，也成为后代官员调解细故的范例。 蓝知县之所以认为本案的处理是平生得意之作，理由在于：如果认可双方提供的法庭证据，把兄弟各打五十大板，田地均分，简单易行，且显示公平，但可能造成兄弟两家数代不和，邻里不洽；通过委婉化导，耐心调解，双方主动撤诉，则避免了这些结果，维系了乡土社会所需的正常人际关系，可以与历史上最理想的"三代"社会相媲美。

四、排忧解难

有的官员自己慷慨解囊，帮助当事人解决生活困难，协调好利益纠纷，而使当事人息讼。 如曹魏时期张长年为汝南太守时，有郡民刘宗之兄弟分家析产，家庭贫困，家产只有一头牛，难以分割，起诉到郡中法庭。 张长年同情地说："汝曹当以一牛，故致此境，脱有二牛，各应得一，岂有讼理？ "兄弟二人因为只有一头牛，才争讼难决，如果有两头，就不会争讼了。 当即以自家一头牛赠送给刘家兄弟。 经此调解，全郡境内"各相诫约，咸敦敬让"①。 张太守的调解方式，感动了全郡百姓，大家都互相礼让，不愿兴讼了。

杭州灵隐寺大雄宝殿外，有一副对联："古迹重湖山，历数名贤，

---

① 胡文炳：《折狱龟鉴补》卷五，《杂犯上·赐牛息争》。

最难忘白傅留诗，苏公判案；胜缘结香火，来游初地，莫虚负三秋桂子，十里荷花。"其中的"白傅"就是白居易，"苏公"则为苏轼。苏轼担任杭州同判期间，断案有方，深得民众称赞。其实，这些纠纷中，不少是通过调解解决的，如民间广为流传的故事，就是苏轼曾为生活状况窘迫的诉讼双方写字作画，令其赴市叫卖，换取资本，双方债务，彼此两清，纠纷自然了结。遇到这样的判官，算是当事人幸运。明代王瑜镇守淮南时，"民有负金不能偿，至翁婿兄弟相讼者"。王瑜曰："奈何以财故伤恩！"即代偿，而劝其敦睦。[1]

五、义理服众

官员饱读诗书，通晓典故，具备说服当事人的技巧，才能在判决时引经据典，针对不同的情况，找到符合天理人情的解决办法，从而促使当事人接受调解，撤回诉讼。《折狱龟鉴补》中，记载了四个夫妻争讼的案例。四个案件当中，三个是因为妻子怀孕时间不正常被丈夫怀疑不贞而引起的。三个妇女，有的怀孕长达两年，有的结婚仅五个月就生了孩子，丈夫认为妻子与他人有奸情而诉至官府。官员在判决时引经据典，说明妇女怀孕数十年到五个月生孩子都是正常的，有的甚至天赋异禀，奇才神诞，无须大惊小怪。其中《怀妊二年》中官府的调解书最为典型："人妊十月、九月而生者，常也。妊七月而生，生而寿考者，世间多有。"[2]官员说明非正常怀孕生子，不仅历史上常见，而且所生儿子日后都有大发达，哄得妇人的丈夫开心撤诉，一家和好如初，可见官员博览群书对说服当事人的重要性。

另外一个夫妻相讼的案件是丈夫怀疑妻子不贞引起的。江宁一位

---

[1]　胡文炳:《折狱龟鉴补》卷一,《犯义·亲在争产》。

[2]　胡文炳:《折狱龟鉴补》卷一,《犯义·怀妊二年》。

韩姓女子许嫁给同城李秀才的儿子，有一天她被风吹到九十里以外的一个地方，后被人送回，李秀才不相信风能把人吹到那么远，怀疑韩女与他人有奸情。于是诉至官府要求退婚。江宁知县袁枚博古通今，素有"才子"之称，他开导男方家长道："古代还有风把人吹到六千里之外的，你知道吗？"秀才不信，袁枚拿出元代郝经的《陵川集》给秀才看，并说："郝文忠公（郝经谥文忠）是一代忠臣，难道会作诳语吗？只是当年被风吹到六千里之外的吴门女子，最后嫁给了宰相。只怕你儿子没福做宰相啊？"听了袁枚的话，李秀才大喜，"两家婚配如初"。论者在最后明确地说："是知听讼者，当博古也。"[1]这里袁枚不仅针对诉者的秀才身份以忠臣之书示之，而且利用人们希望子孙富贵的心理进行劝告，表现出了非凡的学人素养。

依据现代科学原理，上述调处理由难以证成。但试想，在普罗大众科学知识贫乏的情况下，司法官凭借深厚的人文素养和高超的调处智慧，弥合亲属间的裂痕，挽救可能崩溃的家庭，未必不是另一层面上实质正义的体现。

除上述调解外，尚有"官批民调"等调解方式。官员在审理案件过程中，对于一些事属细微、不值得传讯，或认为事关亲族关系，不便在堂上公开处理的案件，州县官有时依据案情做出一般性结论后，直接发回到民间去调处，并要求将调处的结果报告官府。这种官批民调的具体方式包括：州县官批令乡里亲族、宗族去调解；批令乡绅、保甲长去调解。[2] 主官本身也偏好法外裁断，而且有时会就案件向适当的非

---

① 胡文炳：《折狱龟鉴补》卷一，《犯义·博古通今》。

② 参见春阳：《晚清乡土社会民事纠纷调解制度研究》，北京大学出版社 2009年版，第 163－165 页。

官方的调解者咨询。　若这样的庭外调解无效，争端呈交官府，当事人会被视为顽固，案件会遭遇严重偏见。　当长官在审判中难以做出判决时，他在一审乃至上诉审过程中也都会做出调解。　许多判决实际上是和解的判决。[①]

第五节　调解效用

传统中国社会，依官方立场看，调处息讼无疑方便社会秩序的稳定和伦理教化的推行，花费最小的成本，实现社会治理效果的最大化；对于广大乡土社会民众来说，人们更多是从自身实际利害出发，优先选择接受调解，尽量远离诉讼，而非基于对诉讼价值的估量或追求抽象的个人权利。

一、节约司法资源

传统中国的官僚体制为一元化集权体制，尽管各级政府均设有专门司法机构或司法官员，存在一定司法分工，如中央的刑部、大理寺、御史台（都察院），地方的提刑按察使等，但这种分工是相对的，各级政府的"五刑"司法终审权都在各级行政长官手里。　就行政班子而言，从皇帝到总督、巡抚以及州县官，基本是一人国家，一人政府，一人衙门，是上下"一套班子"的权力结构，纳税人也只需负担一套班子的行政经费。　这倒不像近代以来，国家权力机构越来越多、纳税人负担的"班子"经费也成倍增长。

不过，这样一来，司法资源势必紧缺，尤其是基层政府。　这里稍做推演：州县官执掌除军事以外的几乎所有事务，土地、税收、水利、

---

①　参见柯恩：《现代化前夕的中国调解》，转引自强世功编：《调解、法制与现代性：中国调解制度研究》，中国法制出版社 2001 年版，第 98－99 页。

吏治、教化、公私应酬、治安等一应事务，均由一人拍板决策及运作实施，维持社会治安，只是州县官诸多职能之一；贼盗等群体性的犯罪行为是社会治安的最大威胁，地方行政长官必须将防治贼盗作为治安工作的重中之重；司法职能属于维护社会治安职能的一部分，其中又以审理刑事命案为第一要务，因为只要涉及命案，就自然会涉及死刑，死刑案件必须进入审转程序，终审则由皇帝决定，刑事命案的现场踏勘、尸体检验、证人证言的搜集、涉案嫌疑人的羁押，基层行政长官必须亲力亲为，等闲马虎不得；相对于刑事命案，"细故"民事案件的重要性显得微不足道，户婚田土继承等纠纷，不会对公共秩序造成多大危害，只要不出人命或重伤，案件就不需要审转，基层长官不担心审限问题，即使审理不公，民众也不会轻易越诉程控乃至京控，法律对越诉程控有特别的要求，一般"细故"是禁止越诉的，清朝法律还规定京师有关衙门要拒绝受理"细故"案件的京控；州县衙门不过是州县官一人法庭，或全州县就一个正式"法官"，而且集侦查、立案、起诉、审判于一身，尽管有佐贰、杂职、幕僚、胥吏等司法帮手，开庭审理及文书最终审阅，只要是有责任心的长官都要亲自处理，如果不分轻重，只要涉讼，一概受理审断，时间和精力均难以应付。如此推演，不难发现国家司法资源非常稀缺，"细故"在基层行政长官工作中的分量比重微乎其微。

传统的调解制度是以儒家"无讼"作为价值取向的，历代官府也往往把"讼"的多发与否和官吏政绩相提并论，讼息则晋升，讼起则降免，从而驱使州县官吏对民事纠纷甚至一些刑事案件会运用多种策略调解息讼。

朝廷也充分认识到国家资源的有限性和民间准司法资源丰富性，充分调动民间力量，如家长、族长、老人、里甲、乡约、约邻、乡绅等，放手让其调解纠纷。朝廷对官员司法业绩的考核，也主要不在于司法的公正性，而在于社会效应，即案件是否及时清理，没有案件积压，至于采取何种手段，是否完全依据法定程序，则并不看重。 如清代咸丰帝曾召见六十岁的地方官吏张集馨，问他如何考察州县，张回答说："州县易于考察：刑名案件无积压，地丁杂赋无亏短，民间相安无事，不来上控，便是好官。"①官府的提倡以及官员的言传身教，把"耻讼"、"贱讼"的观念进一步导入民众意识，使民间普遍认同"讼不可妄兴"、"讼不可长"，以涉讼为耻辱，以互讼为宿仇。 政府则在纠纷产生前，大力开展息讼宣传；纠纷调解中，不惜让渡出部分国家司法权，给调解人员打气撑腰；经过调解，纠纷仍不能解决，才同意官府接手处理，通过国家公权力实现定案止纷。

二、降低诉讼成本

乡土社会民众选择调解方式来解决纠纷，一个重要原因在于诉讼成本太高。 诉讼成本包括经济成本和名誉成本。 传统的司法体制在制度设计上存在着经济、人身、心理等各方面对参加诉讼的人们颇为不利的众多因素，包括：不体面的、有辱人格的诉讼程序；官司导致的"结仇怨"、"乖名分"等不良后果；诉讼中易受胥吏讼师撮弄敲诈，不得不低声下气屈己求人（包括暗中使钱）；等等②，其中最重要的首先是出于经济成本的考虑。

老百姓认为诉讼的成本太高，无法承担昂贵的诉讼费用。 息讼与健讼一样，都是源于当事人对切身利益的考量与选择。 当调解息讼成本低于诉讼成本，而其获得利益反而大于诉讼时，必然选择息讼；反

---

① 张集馨：《道咸宦海闻见录》，中华书局 1981 年版，第 260 页。
② 参见范忠信：《中国法律传统的基本精神》，山东人民出版社 2001 年版，第 246 页。

之，才会诉讼。

因户婚、田土、钱债等民事细故而产生的民事纠纷，虽然事情很小，但一旦诉诸官府，就会牵涉到很多人的利益，其花费的钱财名目繁多，上上下下都要从这些"小事"中抽取一部分利益，使民事纠纷当事人不得不知难而退。请人代写诉状，要付酬劳；一个州县就一个法庭，一个法官，诉讼只能到州县衙门，交通不便，车旅费自理，在县城过夜等待，需要"歇脚"，吃住需要花费；信息不通，州县都有"务限"和"农忙止讼"的规定，不知开庭确切信息，则要来回奔波，费时费钱；为细故诉讼，碰到州县官有更重要的事要处理，往往临时搁置诉状，或拖延受理，如明代赵豫为松江太守时，"患民俗多讼。讼者至，辄好言谕之曰：'明日来。'众皆笑之，有'松江太守明日来'之谣。及讼者逾宿忿渐平，或被劝阻，多止不讼"①。这一"拖"字诀，倒也平息了不少纷争，估计赵太守公务繁多，无暇处理民事纠纷，当然不排除故意拖延、平息当事人兴诉之意。另外，还有为疏通各个关节所付的打点费等。

中国古代官府审理案件本来没有法定的规费，因为皇帝和号称"为民父母"的官员公然向那些申诉冤屈、吁请公道的庶民收取裁判费，会被认为有失体面。②清代名吏汪辉祖在总结自己的为幕经验时说：

> 谚云："衙门六扇开，有理无钱莫进来。"非谓官之必贪，吏之必墨也。一词准理，差役到家，则有馈赠之资；探信入城，则有舟车之费；及示审有期，而讼师词证，以及关切之亲朋，相率而前，无不取给于具

---

① 胡文炳：《折狱龟鉴补》卷五，《杂犯上·明日来》。
② 参见方流芳：《民事诉讼收费考》，《中国社会科学》1999 年第 3 期。

呈之人;或审期更换,则费将重出;其他差房陋规,名目不一。谚云
"在山靠山,在水靠水",有官法之所不能禁者,索诈之赃,又无
论已。①

汪辉祖是幕中人士,最了解打官司的艰难。 不少费用并非官府所收,
额外规费又非法律所能禁绝,结果往往由当事人埋单。

诉于官府,不仅耗时、耗资,结果不可预期,而且要经历可耻而痛
苦。 单就"可耻"而言,牵涉诉讼,在公众心目中就意味着个人的污
点;把私人的问题展示给不知情的第三人,这一点也令人厌恶。 那些
求告法庭的人常常受到长官下属职员的羞辱。 在案件审理前和案件可
能上诉的一段时间,其中一个或多个当事人就有可能遭到非法监禁。
在审判时,当事人和证人都会受到拷打,并在公堂上保持跪姿。 最
后,作为诉讼的结果,诉讼当事人及其家庭,甚至往往包括他们的宗族
邻居村庄或行会的关系在以后一直不睦。 考虑到这些因素,打官司不
是人们的首选解决纠纷的方式,也很好理解。② 诉讼输赢的不确定性
以及有损人格尊严的诉讼过程,都在一定程度上遏制了老百姓对诉讼的
选择。 为了求得风险的最小化,老百姓倾向于选择调解。 中国古代老
百姓对于诉讼的真实态度,不是讨厌、贱视诉讼,而是对诉讼的"恐
惧"意识。 中国古人比较深层隐秘的诉讼意识,应该恰当地称为"惧
讼"或"恐讼"。 正是基于对上述利害关系的权衡,老百姓通常不愿
意轻易触讼,而倾向于采取调解的形式解决纠纷。

---

① 汪辉祖:《佐治药言·省事》,刘俊文、田涛主编:《官箴书集成》(影印本),黄
山书社 1997 年版。

② 参见柯恩:《现代化前夕的中国调解》,转引自强世功编:《调解、法制与现代
性:中国调解制度研究》,中国法制出版社 2001 年版,第 104 页。

官府对当事人诉讼权利的过多限制，导致老百姓以诉讼途径解决纠纷的步履艰难。 纠纷当事人诉讼权利的主张受到诸如时间、证据、程序、当事人的诉讼资格等多方面的限制。 如妇女、老人、小孩、残疾者等均为限制行为能力者，其诉讼权利也是受到限制的；对于民事纠纷的告状也是处处有限制，如"户婚田土细事，干证不得过三名"，"告婚姻无媒约、聘书；田土无粮号、印串、契券；钱债无票约、中证者，不准"。 对于那些目不识丁的乡民的诉权也要加以限制，等等。 民众希望以诉讼方式来解决纠纷，可谓困难重重，在面对大量民事纠纷时，不得不倾向于选择调解的方式加以解决。①

三、促进社会和谐

根据儒家的观点，法律制度不是文明的最高目标，也不是治国的最佳手段，只是令人遗憾的必须物，正如西谚所说的法律一定程度上是种"必须的邪恶"（Necessary Evil）一样。 法律越少，则德行越昭，"居敬而行简，以临其民"才应该称颂。② 《左传·昭公六年》记道："国将忘，必多制。"杜元凯注解《左传·宣公十二年》："法行，则人从法；法败，则法从人。"顾炎武说过："法制禁令，王者之所不废，而非所以为治也。 其本在正人心，厚风俗而已。"③因此，即使有了冤情，民众与衙门打交道总是不体面的。 诉讼代表着对人类事务中之自然和谐的破坏。

法律依赖于强权的支撑，儒家并不一味赞许，而是认为大多数纠纷的解决办法最好先经由道德上的说服，实在说服不了，才可经由君主的

---

① 春杨:《论清代民间调解选择纠纷调解的理由》,《法律适用》2008 年第 3 期。
② 《论语·雍也》。
③ 顾炎武:《日知录校释》上,卷十一《法制》,张京华校释,岳麓书社 2011 年版,第 373 - 374 页。

强权解决。进而言之，诉讼使人好讼而无耻，只关注自身的利益，从而有损于社会的利益。儒家价值观强调的不是个人的利益，而是社会秩序的调节，群体的存续。秩序、责任、等级以及和谐的观念是主流社会规范"礼"的核心。礼是根据个人的地位和具体社会情境而规定的行为模式。在这些观念中，和谐是最重要的。一旦和谐遭到破坏，最好能通过调和来修复，而不是法庭上的抗辩。儒家意识形态一直谆谆教诲人们要有自戒、自省姿态，与他人相处，即使遇到不公正对待，也要通过改进自己的行为，放弃争讼，从而平息纷争。纠缠于诉讼，意味着一个人不讲情面，不宽容，不体谅，导致品德有亏。因此，儒家崇尚调解，鄙视兴讼。

另一方面，儒家注重保护一个按等级组织起来的社会中的地位差别。"礼"严格规定了在家庭和社会中与一个人的年龄和等级相配的行为模式。法家则试图建立不考虑社会和经济地位，无差别地适用于所有人的法律规则，结果效果不佳，可持续性不强。儒家的道德观中有非个人化的东西，礼适合同一社会角色中的所有人，但社会关系的分类极其丰富，主导每一类关系的行为规范基于精细的社会等级中的个人地位。这些规范极其多样，要求参与纠纷调处的人员谨慎对待纠纷所发生的社会环境，准确判定当事各方的角色，清晰案件与其过去和未来的关系，找出最佳调解方案。

对平民来说，邻里之间，"低头不见抬头见"，对簿公堂，彼此曝丑，极易破坏已有和睦团结的人际、家际、族际关系，正如民间谚语所云："一朝告发人，三代结仇怨。"诉诸公堂不如乡党之间调解和息。我国传统的乡土社会是典型的熟人社会，人口流动性很小，老百姓生活在一种田土相连、守望相依相处的熟人社会环境中。如果谁硬要把过错责任分个青红皂白，动辄寻求以诉讼的手段主张自己的合法权利，那么他很可能在获得胜诉的同时，永远丧失自己的"人脉"关系。 所以不少族规都对喜欢兴讼的族人做了处罚规定，以维护人际、家际和族际关系的和谐与稳定。 因此，民间始终以涉讼为戒，以忍字为先，服膺调解，是礼治社会、熟人社会中人们对于纠纷解决机制的本能选择。

"无讼"是传统中国统治者永久追求的理想统治状态，调解则是实现"无讼"的先期手段。 主要思想流派如儒家、释、道等，虽然在治国方略上有所不同，但所追求的理想社会模式相似，均希望达到"不争"、"无讼"状态，希望民众各守本分，和睦相处，民众安定，统治者就能"无为"，社会就能和谐。

四、调解的延续

调解作为中华法系"雅俗与共的、最有文化代表性的主流司法形式"[1]，其"当之无愧地被称为中国传统法文化的重要资源，亦被比较法学家视为划分远东法系和中华法系的基本标志之一"[2]。

调解功能能否持续发挥，因时因地，会有所不同。 如乡治调解，虽然也由民间力量调解为主，因为带有半官方的认定，不少王朝初期的政策非常周详，执行的情况也不错，王朝中后期则有可能发生松懈。明朝中后期的乡治调解就是这样，宣德年间，有地方官反映说：

> 洪武中，天下邑里皆置"申明"、"旌善"二亭，民有善恶则书之，以示劝惩。 凡户婚、田土、斗殴常事，里老于此剖决。 今亭宇多废，善恶不书。 小事不由里老，辄赴上司，狱讼之繁皆由于此。

---

① 胡旭晟：《解释性的法史学》，中国政法大学出版社 2005 年版，第 311 页。
② 范愉：《非诉讼纠纷解决机制研究》，中国人民大学出版社 2000 年版，第 65页。

乡间申明亭的塌圮，乡治理调解功能的削弱，直接导致狱讼数量的增多。 朝廷也会根据形势做出调整，如明朝景泰年间下诏规定，有怠惰、不务生理者，允许里老依教民榜例惩治。 天顺时，下诏规定，官府屡惩不改的盗贼，官府在其家门上书写"盗贼之家"四字；能改过的，由里老、亲邻担保，才能除去这四字。① 清朝政府也一直鼓励支持民间调解，使其具有持续的生命力。

民国时期，尽管近代法律体系基本建立起来，但民间仍保留了大量调解制度。 如"亲属会议"，赋予家族处理家族纠纷的权力，成为法定诉讼程序。 《中华民国民法·亲属编》中特设"亲属会议"一章，对亲属会议的组成及其职能做了明确规定。② 有关亲属纠纷，家属对亲属会议决议不服的，三个月内可以向法院提起申诉，未经亲属会决议的，法院可以驳回诉讼请求③，通过立法，提升了家族调解的法定效力。

中国共产党领导的革命根据地时期，调解制度被赋予了全新解释，调解方式和原则全面更新，其中以通过走群众路线审理案件的"马锡五审判方式"及一系列调解方式的产生最为突出。 这些调解经验为中华人民共和国成立后的民事诉讼模式确立了基本雏形，被发展为一套司法体制，核心思想就是以"走群众路线"为原则，建立中国特色的诉调民事司法体制。

传统中国盛行调解，与封闭的小农经济基础和深厚的血缘地域关系相适应，与礼治伦理秩序相吻合，与乡村自治模式相协调。 调解具备

---

① 参见顾炎武：《日知录》卷十一，《乡亭之职》。

② 见第七章"亲属会议"第 1129 条至 1137 条。

③ 中国第二历史档案馆馆藏最高法院档案，全宗号十六，案卷号 69，扶养费，见 1938 年度渝上字第 2962 号。

必要条件：一是司法资源稀缺，必须调解；二是调解资源丰富，可以调解；三是有积极的社会效应，值得调解。 时过境迁，当下社会，不论是人们对待纠纷的态度变化，还是熟人社会的变迁、陌生人社会的演进，很多事物已不复原初，要求现代社会完全复制传统社会的调解模式，既不可能，也没必要。 但调解制度倡导的忍耐谦让、宽容谅解及与人为善的理念，则可以融汇到现代司法理念和制度之中，毕竟正如波塔利斯语："法为人而立，而非人为法而生；法律必须适应它所针对的人民的特征、习惯和情况。"法律并不能包揽生活中的一切，况且世上也没有十全十美的法律。 调解在很大程度上有利于促进和谐司法，实现法律效果和社会效果相统一。 当然，过于强调调解，一定程度上会影响司法的公正性、严肃性和法律的可预期性，抑制民众权利意识的养成，助长案件私了的风气，诸多可能的负面作用要时加警惕，妥善防控。

第七章　司法文明

传统中国司法具有哪些特征？ 学界观点纷呈，诸如：诉讼靠教谕性调停来平息，是父母官式的诉讼，情理是常识性的正义衡平感；法律具有恒常性、可预期性，法官基本是依律断案的；司法要求"平"、"正"、"中"，追求"妥当"、"协和"，达到"和睦"的社会理想；专制集权强化时诉讼少、调解多，专制集权弱化时，则诉讼多，调解少；司法类似于伊斯兰教卡迪司法的家长式威权司法；司法官在"天理、人情、国法"之间寻找平衡点。① 揭示传统中国司法文明，宜从司

---

① 诸多观点主要见诸如下作品：滋贺秀三《中国家族法原理》（法律出版社2003 年版），寺田浩明《权利与冤抑》（清华大学出版社 2012 年版），黄宗智《清代的法律、社会与文化：民法的表达与实践》（上海书店 2007 年版），夫马进《中国诉讼社会史概论》（《中国古代法律文献》第六辑，社会科学文献出版社 2012 年版），张伟仁《中国传统的司法和法学》（《现代法学》2006 年第 5 期），高鸿钧《无话可说与有话可说之间——评张伟仁先生的〈中国传统的司法和法学〉》（《政法论坛》2006 年 3 期），徐忠明《情感、循吏与明清时期司法实践》（上海三联书店 2009 年版），等等。

法群体、司法原则、司法理想及司法失序等方面做立体考察。 当然，前章"调解文明"中的部分内容也属于司法文明的组成部分。

第一节　司法群体

把文本法律运用于实际社会，使"死法"变成"活法"，离不开法律职业群体的司法行为。 在不同历史阶段、不同政治体制或不同社会形态下，法律人对法律影响程度不同。 在传统社会，人对法律的影响可能要大些，在近现代社会则要小些；在一元化政治体制下可能要大些，在二元化或多元化社会则可能要小些。 无论客观情况如何，这些影响都会或多或少地存在。 传统中国社会，皇帝、士、律学家、官僚、幕府、胥吏、讼师、乡绅、长老、族长、家长等均构成法律人的一部分。 但与现代法律职业群体相比，他们的职业角色不一定能相互转换，所具备的法律职业素养，包括职业语言、职业知识、职业思维、职业技术、职业信仰和职业道德等也未必相似，在许多情况下，甚至会互相对立冲突。 从现代概念而言，只有属于国家文官体系、从事司法活动的人员才能称司法官，其余只能称"法律职业共同体"。 可是传统中国司法队伍比较特殊，也十分复杂，除了司法官外，还有不少属于司法辅助人员，被官方所认可，承担部分司法职能，如幕府、族长、乡绅等。 另外还有不被官府承认，反而千方百计加以取缔的人员，如讼师等，他们的存在及活动，直接或间接影响司法结果。 对于后两者，我们姑且称其为"准司法人员"。 以下选择司法官（包括君王）、师爷及讼师三类对案情产生重要影响的法律群体进行讨论，考察他们的角色、功能以及对法律发展的影响。

一、专制君王

传统社会，从位于国家行政权力机关的最高层——君王开始，就集行政、立法、司法、经济、军事诸权力于一身，不成文法时代，王、帝的诰、誓、谟、训、令等都具有法的作用；王、帝对违抗命令的臣民有绝对处罚权。成文法形成以后，专制君主的命、制、诏、敕、大诰、圣谕、广训等，也都具有法的性质。历史上改朝换代频繁，但法律始终没有根本性变动。从李悝《法经》的"六法"到秦的"六律"，从汉时的《九章律》到隋《开皇律》12 篇及唐律 12 篇，从《宋刑统》到明清法律，后代法律基本都在前代法律基础上发展完善起来的。这在某种程度上说明了历代君主对法律传统的尊重，且尊重的不仅仅是"祖宗之法"，还有前代法律体系。

司法权、行政权合一，司法活动行政化，是传统中国司法腐败的最主要原因之一。从位于国家行政权力机关的最高层——君王开始，就集行政、立法、司法、经济、军事权力于一身，从上古君王所发布的誓、训、诰、谟中就可看出，他们对违抗命令的臣民有绝对处罚权。成文法形成后，国家一般都设有相对专业的司法官，但君主无疑是一切重大案件的终裁者：秦始皇的亲自断案，"躬操文墨，昼断狱，夜理书，自程决事，日县石之一"[1]，隋唐的死刑复奏，宋代皇帝的"御笔断罪"，明清的"会审"制度中皇帝对死刑犯的"勾决"权，等等，都反映了皇帝对重大案件的终裁权。

有的王朝，几乎所有君王，都主导或参与司法活动。兹以宋朝为例，有宋一代，太祖赵匡胤"亲录囚徒，专事钦恤。凡御史、大理官属，尤严选择"；太宗赵光义"常躬听断，在京狱有疑者，多临决之，每能烛见隐微"，"祁寒盛暑或雨雪稍愆，辄亲录系囚"；真宗赵恒"性宽慈，尤慎刑辟"，认为"执法之吏，不可轻授"，翻看囚簿，见

———————————

[1]　《汉书·刑法志》。

天下判决死刑之人多达八百人，"恻然动容"，重新实行死刑覆奏制度；仁宗赵祯"克自抑畏，其于用刑尤慎"；英宗赵曙"在位日浅，于政令未及有所更制。然以吏习平安，慢于奉法"；神宗赵顼"励精图治，明审庶狱"；高宗赵构"性仁柔，其于用法，每从宽厚，罪有过贷，而未尝过杀"；孝宗赵昚"究心庶狱，每岁临轩虑囚，率先数日令有司进款案披阅，然后决遣。法司更定律令，必亲为订正之"；宁宗赵扩"刑狱滋滥"；理宗赵昀"理宗起自民间，具知刑狱之弊，初即位，即诏天下恤刑，又亲制《审刑铭》以警有位，每岁大暑，必临轩虑囚"。除了徽宗赵佶"外事耳目之玩，内穷声色之欲，征发亡度，号令糜常，于是蔡京、王黼之属，得以诬上行私，变乱法制"之外，宋代历位君主多具有较高的法律素养以及司法水平，并且能够恪守宋代开国之君的司法理念。① 传统君王既是最高立法者，也是司法终决者。

由于君王权力不受任何其他权力的制衡，君主的个人因素极不稳定，他们的出身、经历、经验、审判体验、学识、素质、信仰、性格等与司法公正与否关系尤为密切。贤明君主可以对司法带来正面影响，昏君或威权旁落者，更能带来负面影响。君王如果是一个所谓的"明君"、"圣君"，能够勤于政事，掌控国家及臣子，比较能够遵守朝廷颁布的法律，对于司法活动持谨慎态度，亲自办公断案，则对于臣下司法腐败行为会有相当的震慑作用。秦始皇、汉高祖、汉武帝、唐太宗、武则天、宋太祖、明太祖、清雍正帝等，都算得上能够依法断案的君王。反之，昏庸无能、威势不振的君主，往往无法掌控司法，或干脆将司法终决权甩手推给身边宠臣心腹，或更多依赖基层司法官吏，难

① 参见《宋史》卷一百九十、二百、二百〇一，《志》第一百五十二、第一百五十三、第一百五十四，《刑法》一、二、三。

免导致司法窳败。

二、司法官员

传统中国早期，司法与行政的分工相对明确。 如周代大司徒所属的乡、遂大夫等官，分掌各乡、遂的政教禁令，而大司寇所属的乡士、遂士、县士，分掌国家、遂、县的刑狱案件，与乡、遂大夫"分职而理"，行政官与司法官职能分工明确，互不统属。 这种司法、行政分立的体制类似于近代西方司法体制，沈家本称之为"尤西法与古法相同之大者"。 不像传统社会晚期，"州县官行政、司法混合为宜"①，行政、司法混合，愈往后，愈密切，各级主官大多是"通才"，既要懂行政，又要懂司法。 至于司法主体，大致包括从事审判、监察、谏议、执达、衙差、仵作等职业的人员，非专业化人士居多，缺少专门的、社会化的司法人才培养机制。 不过，朝历代也有过不少变化。

春秋以前，学在官府，司法人才由政府培养。 春秋战国时期，学在私家，司法人才靠私家培养，"法士"出自私学，律师（如邓析等）也为私家出身。 秦时奉行"以吏为师"，司法人才由行政官员兼充，普法宣传任务由官吏承担。 汉代"以师为吏"，官学出身的"儒士"（如董仲舒等）开始参与司法活动。 汉以后，表面上儒学兴盛，法学衰落，但社会一天也未离开过法。 社会有专职法官，如狱吏群体。 不少判案能手都是吏员出身，如赵禹，据《史记·酷吏列传》记载，赵禹"以刀笔吏积劳，稍迁为御史。 上以为能，至太中大夫。 与张汤论定诸律令，作见知，吏传得相监司。 用法益刻，盖自此始"。 他从小小的刀笔吏，而升到御史、太中大夫的位置，可见刀笔吏期间积攒了不少

---

① 沈家本:《寄簃文存》卷六《裁判访问录序》,《历代刑法考》(四),中华书局1985 年版,第 2236 页。

经验。 另一位著名酷吏张汤，也是少年即有狱吏断案天赋，最终升迁到朝廷首席大法官——廷尉。《史记》记载同样传神："其父为长安丞，出，汤为儿守舍。 还而鼠盗肉，其父怒，笞汤。 汤掘窟得盗鼠及馀肉，劾鼠掠治，传爱书，讯鞫论报，并取鼠与肉，具狱磔堂下。 其父见之，视其文辞如老狱吏，大惊，遂使书狱。 父死后，汤为长安吏。"张汤因为父亲冤枉他在家偷吃肉，为证自身清白，抓鼠"审问"判决，制作判决书，其父认为他天生是当法官的料，才在这方面刻意培养他。 至少说明在他父亲任长安丞时，张汤可能经常目睹狱吏断案场景。 张汤因断案起家，先后补为御史，迁至太中大夫，升为廷尉，再跃居御史大夫，位列九卿。

"廷尉"、"大理"等，均为秦汉至晋朝时的"首席大法官"称谓。 曹魏时，还在廷尉以下，设"律博士"，专门教授法律知识，提高司法官审判水平。 北齐时，改廷尉为大理寺，成为最高审判机关，下设属吏，律博士由1人增至4人，司法机关扩大。 中央最高行政机关为尚书台，后改为尚书省，下属"六曹"，设专长司法行政或刑狱机构。 地方司法基本司法与行政合一，案件按照严重程度，受理判决或逐级审转，直至廷尉或大理寺长官。

隋唐以后，朝廷的司法机构逐步由刑部、大理寺、御史台三部门组成，一般是刑部主审兼掌司法行政，大理寺主复核，御史主监察。 朝廷重大疑难案件由三部门主官组成合议庭，为"三司推事"；地方重大疑难案件则由三部门副职或属员，组成小合议庭，前往审理，称"三司使"，俗称的"三堂会审"也由此而来。 刑部、大理寺、御史台（明以后称"都察院"）基本上构成了隋唐以来的中央最高司法体系。 明清时期，在死刑会审中，在三司会审基础上，发展为"九卿圆审"或"九卿会审"，即由中央九个部门的主官组成大合议庭，审理死刑案件。

不过从职能分工上说，还是以刑部、大理寺及都察院主要执掌司法。

地方司法，从州县以上至省一级，也仍由行政长官兼理司法。尽管有提点刑狱使、提刑按察使司等专职司法机构，但这些司法分工不直接向君主负责。如宋代的提点刑狱使、明代的提刑按察使，就是向地区行政长官负责；清代的提刑按察使审理的重大刑事案件必须由总督或巡抚签署题奏朝廷，等待君主决断。至于笞、杖以下的刑事案件以及"细故"（民事案件）则可由州县官自理，可做终审裁决。司法职能只是州县官诸多行政职能之一，司法与行政在州县一级合而为一。

在法律人才培养方面，隋唐以后不断变化。秦汉时期，以士为吏，吏需懂法、用法。经过三国两晋南北朝的过渡，至隋唐时期，科举考试设"明法科"，法律知识被正式列进官方科举考试内容，表明法律人才的培养开始专业化、国家化和社会化。宋代更是重视法律人才的选拔，如：宋神宗置律学，设"律博士"，考"律令"、"断案"；南宋举行"试刑法"的考试；等等。① 政府提倡势必会促成社会对法律知识的重视，苏轼就曾有"读书万卷不读律，致君尧舜终无术"的诗句，可以解释成读书不读律的话，臣子就无法辅助国君成为尧舜一类的圣君，强调学习法律的重要性。朝廷重视，社会上必然趋从。正如沈家本所说："夫国家设一官以宣示天下，天下之士，方知从事于此学，功令所垂，趋向随之。必上以为重，而后天下群以为重，未闻有上轻视之，而下反重视之者。"元不设"律博士"，律学遂废。朝廷屡次下诏修律，终无所成就。明代继承元制，此官废除。《明律》有讲读律令的规定，凡是官民都要复习，所以明朝虽然不设此官，但"律令固

① 参见上海社会科学院法律研究所编：《宋史·刑法志注释》，群众出版社1982年版，第16-17页。

未尝不讲求也"①。

然而,明清时期因为"八股"取士的科举制度成为社会教育的主流模式,"皓首穷经"者剧增,研习法律者递减,专业化的法律教育基本被官方忽视。 官员获取法律知识的渠道以阅读《牧民令》、《官箴书》、《圣谕广训》等为主。 他们上任时,又不进行司法实务知识和技巧的培训,非理性化的司法行为非常普遍,司法官僚的好恶、秉性、脾气、修为等,往往会左右案情的审理结果。 勤勉者,留心学习,自我提高,视事断案,不无主见;懒惰者,不知所云,无从理断,感情用事,主观臆断。 为向上司交差,官僚又必须履行司法义务,计无所出,只得求助于人,办案时,一靠幕府,二靠吏员。 幕府的法律知识以祖传或师徒相传为线,并非来自社会化的专门法律学堂的研习;吏员则鱼龙混杂,难免惹是生非,曲解武断。

近代司法队伍区别于传统司法队伍的最主要特征就是行政与司法分开,出现了真正意义上的独立司法群体,主要由法官和检察官组成。中国近代意义上的司法体系独立进程,是从 20 世纪初收回治外法权、争取司法权独立开始的;围绕收回治外法权宗旨,清末开始修律,实现了从传统法律向近代法律的转型,中国法制从此步入近代化轨道。 基层法官在 1906 年至 1928 年,称"推事";1928 年以后,多称"法官"。 "检察官"称谓则前后相同。

三、刑名幕友

1. 幕友的产生

在传统中国政治中,行政实践者并不能掌握所有的"法"。 自秦

---

① 参见沈家本:《寄簃文存》卷一,《设律博士议》,《历代刑法考》(四),中华书局 1985 年版,第 2060 页。

汉至隋唐前，官和吏尚且均能掌握一定的法，隋唐以后直至明清，法多由吏掌握，而官则不甚了解。原因就是科举考试只注重经典不注重实际，因此传统的"读书人"只读经典，不读法律，而他们恰恰是政府官员的主要来源；胥吏作为"在官人役"，其职责就是具体地办理刑名、钱粮等公务。因此，即使他们在进入衙门之前并未学过官府的法，在进入衙门之后，因业务所系，更重要的是为生计所迫，也需从干中学、从学中干，弄通官府的法律，久而久之，也就成了行政上的专家，从而事实上掌握了权力。由于官员自身缺乏行政能力，因此既不能取消胥吏，又不能控制胥吏，那么，最好的办法就是：由官员私人招雇具有行政能力——既能替他完成行政的任务，又能帮他控制胥吏的权力——的人来帮助他们。于是"师爷"或者幕友便应运而生。

传统社会中的科举考试竞争十分激烈，即使通过了科举考试，也仅仅是获得了做官的资格，还不能立即上任，往往要通过多年的候补才能等到为官的机会。在候补的时间中也是没有朝廷俸禄的，必须通过其他途径养家糊口。大部分落榜考生和候补官员，除了家道殷实的之外，最好的糊口之方就是入幕当师爷：一方面师爷收入不菲，足以济贫养家，另一方面入幕也可以学到为官之方，为以后考取功名做好铺垫。再者，传统社会中文人"万般皆下品，唯有读书高"的信条也使得这些不能为官的文人不甘于从事农、工、商等行业，而往往选择以幕济贫、以幕济学。

"师爷"是官府衙门中幕僚的俗称，萌芽、酝酿于明代，全盛于清代。古代将帅出征，治无常所，以幕为府，故称幕府。[①] 在幕府中办事的佐治人员就叫幕僚、幕友、幕宾等，主官与幕友是治与佐的关系，

---

① 章玉安：《绍兴文化杂识》，中华书局 2001 年版，第 268 页。

幕友起着重要的辅佐作用，故府内衙役、仆从尊幕主为"老爷"，其宾友为"师爷"。"师爷"受地方衙门主官聘请，协助他们处理刑名、钱谷、文牍事务，没有官职，属于佐杂人员，但与主官之间不存在从属关系，而是宾主关系，地位是平等的，主官也称"东家"，师爷则称"西席"，故有"幕友"之称。

明清时期，师爷是掌握专门知识或具有一技之长的读书人，如知晓刑名律例、钱粮会计、文书案牍等相关知识。他们被各级官员聘为佐治人员，但并无官衔职称，只是为幕主出谋划策、起草文稿、处理案卷、奉命出使等。师爷以明清为盛。在地方司法实践中，师爷的作用不容轻视。清代上至总督、巡抚，下至知州、知县，都常聘请师爷处理政务或案件，尤其府、县衙门最为典型。一般幕府中会有刑名、钱谷、书启和挂号等席位，称为幕席，这也体现了幕府的分工。官员请师爷佐幕需给予相应的幕席，位刑名席者，称之为刑幕、刑席，或刑名幕友、刑名师爷；位钱谷席者，称之为钱幕、钱席，或钱谷幕友、钱谷师爷。其他幕席因分类不同而各有相应名称。社会上有"无幕不成衙"之说。地方衙门处理的刑事、民事及经济案件，几乎都要经过师爷特别是刑名师爷之手，师爷称得上"不是法官的法官"。他们的活动既关系到主官的政绩，也关系到法律在生活中的实际效应。不少师爷都能尽力协助主官，妥善处理狱讼实务，保一方安定，同时也为主官创造政绩，增加政治资本，以便升迁。

师爷群体的地域性较强，要想成为刑钱师爷，必须向前辈师爷学习。因地域、业缘而形成的师爷群体中，名气最大的要数绍兴师爷。为何绍兴师爷天下闻名？有学者介绍道，"刑名钱谷酒，会稽之美"，这是越谚所称道的。刑名讲刑法，钱谷讲民法，就称为"绍兴师爷"。宋南渡时，把中央的图书律令，搬到了绍兴。绍兴人把南渡的文物当吃饭家伙，享受了七百多年的专利，全国官署没有一处无绍兴人，所谓"无绍不成衙"①。据周作人在《关于绍兴师爷》一文提到："普通所谓绍兴师爷，大抵以刑名师爷为代表，别的几种是不在其内的。"②李伯元在《文明小史》中也说过："原来那绍兴府人，有一种世袭的产业，叫作作幕……说也奇怪，那刑钱老夫子，没有一个不是绍兴人。因此他们结成盟，要不是绍兴人，就站不住。"③其实，晚近师爷未必全是绍兴人，但因为绍兴操此业的较多，又注意互相引荐、抱团，所以民间把善于办理司法事务的刑名师爷均视为"绍兴师爷"，无意中成了职业性商标。

2. 师爷的职责

刑名师爷在司法活动中处于"佐治"地位，有权无职，其在司法活动中既要发挥专门才能，又不能越俎代庖，这就使其工作有所侧重。刑名师爷的司法职责主要如下。

第一，拟批呈词。审查诉状的形式和控告人的诉讼条件，"拟批后再送本官核定，核定后再送墨笔誊写，誊写后再令经承填写状榜"，可见主官的批词是以幕友的拟批为基础的。也有幕友已决定"准"或"不准"，而"本官尚不知呈中所告何事"，于是便形成了"批出内幕之手，官画诺"的现象④。

第二，庭审与断案。呈词获准后，在官员听审之前，刑名师爷必须依照法律程序，着手审判前的准备工作，酌定审期，传唤原被告，必

---

① 蒋梦麟：《新潮》，传记文学出版社 1967 年版，第 111－112 页。

② 周作人：《知堂集外文：1949 年以后》，岳麓书社 1988 年版，第 34 页。

③ 李伯元：《文明小史》第三十回。

④ 参见高浣月：《清代刑名幕友研究》，中国政法大学出版社 2000 年版，第 43 页。

要时传唤人证，搜集证据。 在庭审阶段，刑名不能出现在大堂，大堂之上也无刑名的位置。 虽不露面，但不等于不介入庭审，刑名师爷要么在案件审理后审阅供词，要么是在幕后参与庭讯。 主官通常也会与刑名师爷商讨案情，刑名师爷替主官办事，所以必须听命于主官，但在一般情况下，案件的定罪和量刑多裁断于刑名师爷。

第三，制作司法文书。 制作司法文书是刑名师爷的又一项重要工作，其制作的司法文书包括结案的判词、呈报案情与恭请批示、详文等。 详文有通详、申详等，下级向上级随时详报案件审理进展的详文为"通详"，下级向上级禀告审转案件审理经过、判决意见的详文为"申详"，这些都由刑名一手经办。 为避免不必要的麻烦，处理详文还需运用一定技巧或套路。①

刑名师爷在参与地方司法活动的过程中，充分发挥自身专长，对维持地方治安与社会稳定起了重要作用。 既然为主官理案，便必须承担责任。 师爷代理知县审理后还要代为书写批语，并且在批语后面钤印"闲章"。 所谓"闲章"，即不是通行使用的姓名章，而是刻一些表明心志的"寄语"。 如果在批文中遇有文字错误或者修改之处，还要在错误或者修改之处加盖此类"闲章"，以表明书写者应当承担的责任和修改的确信性。 包括年份、知县姓氏、师爷在批文上的钤印等。 师爷一般不用真名，但都在初拟的文案上盖上闲章，以区别为哪位师爷所批。 闲章所刻内容，根据各师爷的兴趣选择而定：有刻司法原则的，如"若合符节"、"议事以制"、"临事而思"；有刻自我勉励的，如"岂能尽如人意，但求无愧我心"，"勤慎"，"率真"；有的还刻自

---

① 参见郭润涛：《官府、幕友与书生——"绍兴师爷"研究》，中国社会科学出版社 1996 年版，第 138 页。

嘲的词句，如"案牍劳形"；有的则无特殊意义，如"魔兜鞬"①。有的案子前后持续多年，主办官也换了几任，不同经办师爷前后也要有所交代，以保证案件的连续性。

3. 师爷处境与声誉

师爷阶层对于自己的工作往往是抱有一种"为人作嫁"的心态，缺乏职业成就感。幕业确实是一种帮助别人、替人做事的行当，因此，无论是"佐官制吏"还是"佐官理民"，幕友的职业行为都是佐助或辅助主官。然而，如果仅仅从佐助、帮助的意义而言，清代幕业并无特殊之处，在诸多职业中，"为人作嫁"的行当很多，唯独幕业中的师爷对此感受尤为深刻，大多呈心灰意懒之态，诸如：价值观与现实感的脱节，怀才不遇感强烈，幕友职业的定格，等等。在幕友制下，由于地方各级长官没有署授僚职的权力，幕友入幕佐治，不过是官员私人招聘、为其私人做事，始终处于"客"或"友"的地位。

有清一代，虽然有人提议把幕友用为"幕职"，但清朝政府始终没有让幕友成为正式的政府成员。士子们入幕做了幕友，无异于进入了死胡同。②绍兴师爷龚未斋曾经这样描述过他从幕处境："愚民迫于饥寒，则流为盗贼；读书无成，迫于饥寒，则流为幕宾。语虽过激，实为确论……因贫而幕，因幕愈贫。"③把愚民与读书人对应，盗贼与幕宾对应，道出了师爷的凄苦生态，只有亲身经历者，方才有如此切肤之感，说明师爷群体并非如大多人所想象的那样：风光无限、灰色收入可观。这种处境真切地表明了师爷的职业地位和他们在幕业中所充当

---

① 参见王宏治：《黄岩诉讼档案简介》，田涛、许传玺、王宏治主编：《黄岩诉讼及调查报告》上卷，法律出版社 2004 年出版，第 67 - 68 页。

② 参见李乔：《中国的师爷》，商务印书馆 1995 年版，第 135 - 148 页。

③ 龚未斋：《雪鸿轩尺牍·议论类·答周汜荇》。

的职业角色，也决定了其幕业生活的发展方向。 看到一个又一个受其辅佐的主官不断升迁高就，他们无法摆脱做官不成、转而作幕的惆怅。①

师爷因职业的卑微，大多正统人士瞧不起他们；也有部分师爷不自重，舞文弄墨，自坏形象。 尽管刑名师爷充当"法律职业人"，佐治办理各类案件，在地方司法事务中发挥了重要作用，但刑名师爷办案除依据律例外，还常常依照成案或援经据典办案，造成了善体人情和程式化的后果。

刑名师爷的道德素质参差不齐，不少阴险狡诈的劣幕败坏了刑名师爷的社会声誉。 师爷中不乏恪尽职守、秉公执法之士，协助官府，处理政事，并能成为官员的"诤友"；自身又能不断进取，通过科考，升为一方行政主官，留下官箴书，而名扬史册。 如名幕汪辉祖，从幕三十四年，而后入仕任湖南宁远知县，针对"积逋而多讼"、"流丐多强横"的现状，"即捕其尤，驱余党出境"，使境内治安大为改观。 山阴人王汝成在山东巡抚陈庆偕幕中时，平反大量冤狱，为民昭雪，有关案卷曾用布裱存，作为后学之圭臬②，他留下的《病榻梦痕录》、《学治臆说》及《佐治药言》等，均为传统官箴书的典范。 樊增祥由幕僚升迁为州府主官，"劳形案牍，掌笺幕府，身先群吏"。 其传世的《樊山政书》及集断案《批判》，被其师友赞誉为："古今政书虽多，但能切情入理、雅俗共喻的，恐怕要以樊的判辞独有心得。"不少正直

---

① 冯尔康先生根据清代绍兴许思湄（葭村）著作《秋水轩尺牍》等为基本资料，编辑了《许思湄年谱》，从许思湄的从幕生涯、生活处境及心理状态，颇能说明师爷群体的大致处境。参见冯尔康：《清代人物传记史料研究》，岳麓书社 2012 年版，第 216－226 页。

② 章玉安：《绍兴文化杂识》，中华书局 2001 年版，第 276 页。

的师爷，成了行政主官的诤友，甚至会打造出一代名吏，如清代河南巡抚田文镜，治豫成绩突出，颇受雍正皇帝赞许。 不过民间传言，田文镜所有奏疏呈文，均出自乌姓师爷之手，田文镜并不过目。 据说雍正给田文镜的朱批中就有"朕安，乌先生安否？"的字样，足见师爷作用之大。①

4. 师爷的淡出

伴随着社会形势的发展演变，刑名师爷的命运也不断变化。 清代中后期，社会渐趋失控，幕风败坏，积弊难返，部分有识之士尝试改革幕府制度。 如张之洞任湖广总督后，第一项改革就是废去聘请的幕宾——刑名师爷，署中只有教读一人准称"老夫子"，其他的刑名、钱谷，另设刑名总文案。 文案在张之洞幕府中原称"文案委员"。 文案委员实即原来幕宾里的文书、书启，但这并非仅仅是文字上的改头换面，而是有相当大的区别：主人与幕宾，原来是朋友地位，幕宾可以是主人的诤友，幕宾改成幕僚，成了上下级的关系，幕僚对上级的命令只有服从，不能违背；幕宾之间原来彼此平等，现在有了等级；幕宾原来是礼聘的，现在换了札委（命令委派）；幕宾原来是私人助手，现在成了正式官吏；幕宾原来只是一种名义，现在要负实际责任。 性质变了，地位也变了。 文案最后如何决定取决于本官，张之洞自己兼领幕宾地位。 在张之洞门下，其他的宾客，都不能与闻政事，不过是"谈笑清客而已"。 由于张之洞的提倡，各司、道、府、县纷纷仿效，都改刑名为科长，或者是"秘书"。 各省也纷纷仿效湖北。 所以近人刘

---

① 参见陈天锡：《清代幕宾中刑名钱谷与本人业此经过》,蔡申之等：《清代州县四种》,文史出版社 1975 年版，第 90 页。

成禹深有感慨地指出："绍兴师爷之生计，张之洞乃一扫而空。"①

清末仿行立宪，号召司法独立，审理诉讼始由法院专司其职。各省因之创办法政学堂，专门培养司法人员，刑名师爷的地位渐告衰微以至没落。民国时期，新兴知识分子群体的出现，从根本上动摇了刑名师爷的政治地位，刑名师爷这一"法律职业人"群体淡出了历史舞台。许多学有专长的绍兴师爷，往往摇身一变，就成了科长。尤其是辛亥革命后的官制改革中，便规定改进县政机构——县政府内组成科室，集中办公，废除了"师爷"的称呼，统一改为科长。同时，司法独立，审理讼事由法院专任其职。北京设大理院，各省设高等厅，各县设地方厅。另外，各省纷纷办起法政学堂，还有速成班、养成所等。一届届学生从这里毕业，然后安插到行政机关中，新陈代谢，于是刑名师爷迅速没落。另外，上述的法政学堂，还附设有财政、经济、统计、会计等课系，这些人学成后也大批地取代了先前的钱谷师爷。至此，以刑名、钱谷为主的师爷，退出历史舞台，尽管最终他们也取得了政府认可的法律人身份。

四、民间律师

1. 讼师角色

传统中国，律师没有正式的职业名称，民间一般被称为"讼师"，我们姑且称之为"民间律师"。"师爷"与"讼师"是有区别的。"师爷"多指被州县官聘用为刑名幕友的那些人，刑名师爷则主要协助各级主官即他们的"东家"办理诉讼案件，从东家那里拿"薪水"。而"讼师"则是具有一定的法律知识，没有官方认可的"律师"资格，

---

① 参见刘成禹：《世载堂杂忆》，《张之洞废除师爷》；王振忠：《绍兴师爷》，福建人民出版社 1997 年版，第 180 - 181 页。

专门为当事人"打官司"，从中收取一定费用的人。他们也不同于一般的"讼棍"、"土棍"。这些人没有法律知识，却到处探听纠纷消息，然后想方设法挑拨是非，鼓动当事人诉讼，从中牟取不法利益。只是民间有时把"师爷"与"讼师"、"讼棍"等混同，笼统称之为"师爷"。

讼师一类的民间律师群体，据史载春秋时期即已出现，如郑国的邓析之辈。明清时期乡镇间"讼师"尤为活跃。一般老百姓怕打官司，讼师则唯恐无官司可打。普通民众不但生活贫苦，而且少识文断字，对国家律例亦是知之甚少，一般不愿意打官司，但是实在要打官司，又不得不找讼师，因为只有他们识字，懂律例，掌握写状词的技巧，明白胜诉、败诉的关键，在官场也有一定的人脉，虽不能出庭，但可以在当事人背后出谋划策。确实有一大批讼师能努力为民众排忧解难，化解纠纷，讨回公道。如清代雍正时，松江有个叫吴墨谦的讼师，通晓律例，"人情其作呈牍，必先叩实情，理曲，即为和解之，若理直，虽上官不能抑也"。该讼师既受民众欢迎，官府对他也未加干预。①

无论是传统社会，还是现代社会，一份具有强烈说服力的诉状，会直接影响案件处理的走向，决定司法官对案件的态度。为了做出对当事人最有利的诉讼理由陈述，代理人必然要对相关案件情节做适当的修饰，乃至夸张性的描述。在律师没有正当地位的传统社会，诉状的书写技巧，更是可能直接左右案情的走势，要想将一份诉状写得能够引起地方官员的重视，从而决定在众多案件中受理此一件，更多的要依赖于所请讼师的声望及讼师如何描述此案真实情况。

虽说对传统中国的讼师及其所写之讼状，学者多用"无谎不成状"

---

① 徐珂:《清稗类钞》第三册,中华书局 1984 年版,第 1047 页。

来形容，然而，这里"谎"亦为讼师的诉讼技巧之一。 关于讼师的重要作用，可参见清代小说《九命奇冤》第二十四回描写的一个充满正义感的讼师形象——施智伯。 该小说提到的两个实例显示，此两次启动诉讼程序，如果没有讼师施智伯的帮忙，仅凭借原告梁天自己诉讼，将不知从何处着手。① 民众告状全仰赖讼师的帮助，此种特殊情形，强化了社会对讼师的社会要求，讼师若能以维护正义为己任，以为弱势群体谋利益为宗旨，助良抑恶，小民百姓即可沾其惠泽。 从这个意义上说，讼师这一社会特殊的法律群体，是法律制度运行过程中事实上的推行者，讼师幕后参与诉讼，某种程度上也保证了司法公正，防止冤抑的产生。

讼师的政治地位一直没有被官府确认，但社会潜在的需求较大，稍有名气的讼师收入自然不菲。 讼师的准确收入难以统计，只能从一些记载加以推测，如有文献称："吴人之健讼也，俗既健讼，故讼师最多。 然亦有等第高下，最高者名曰'状元'，最低者曰'大麦'。 然不但状元以此道获厚利成家业，即大麦者亦以三寸不律足衣食赡俯仰，从无有落寞饥饿死者。"② 可见，在当时的社会条件下，讼师的收入还是相当可观的，可归入高收入群体，收入来源无非是向当事人收取的代理费。 穷人打不起官司之说，古今通行，讼师的"高价难请"，使民间百姓对告状打官司望而却步。 但富人打官司，也非易事，即便打赢官司，也需要花费巨资。 如《九命奇冤》中，梁家也算得上是富庶之家，并且得到"好厉害的刀笔"施智伯的相助，却依然是久告而不可

① 吴趼人：《九命奇冤》第二十四、二十五回。
② 徐复祚：《花当阁丛谈》卷三"朱应举"，周光培编：《历代笔记小说集成·明清笔记小说》第11册，河北教育出版社1995年影印版，第191-192页。

得。 普通百姓，没有钱请讼师，难以得到讼师的帮助，打赢官司更是难上加难。①

讼师是一个在社会上既受世人鄙夷又不得不仰仗的特殊行业，道德上处于劣势，必然要在经济上寻求补偿，以求得心理上的平衡。 这种心理使得不少讼师对金钱的追求不加节制，在利益的驱使下，极易导致讼师运用自己的专业法律知识，随意变乱案情，出入人罪，"不着点墨，生杀人命"。

2. 讼师地位

传统中国"讼师"的社会角色比较尴尬。 从诞生之日起，他们基本没有享受过正常社会待遇，几乎受尽了各种嘲讽、诘难和压制，属于最为倒霉的法律人一族。 邓析堪称当今律师的"祖师爷"，民众喜欢他，其言论则难免与政府针锋相对，当政者内心知道他说得在理，又怕他煽动民情，影响"安定团结"，于是找借口砍了他的头。 所幸的是政府还是把邓析私下撰刻的"竹刑"吸收过来，成为早期成文法的一部分，算是对民间律师成果的追认。 在他之后，民间律师可没这么幸运，声名每况愈下，处境日渐艰难，明清时期，更是跌入谷底，受尽世人的讥嘲。 如地方戏剧里，一旦绍兴讼师出场，多为丑角，一口绍兴方言，插科打诨，令人厌恶耻笑。 苏南方言里，还有称律师为"拆白党恶讼师"的口头语。 官府则直接以"讼棍"、"土棍"相称。② 讼师地位何以如此之低？ 主要原因有：

其一，法律禁止。 民间律师地位极其低下，被称为"讼师"或

①　参见霍存福：《唆讼、可财、挠法：清代官府眼中的讼师》，中国人民大学复印报刊资料《法理学·法史学》2006 年第 4 期。

②　参见包天笑：《钏影楼回忆录·续编·上海律师群像》，山西教育出版社、山西古籍出版社 1999 年版，第 727 页。

"讼棍"，讼师办案，冒着犯罪或掉脑袋的危险。官方法律一般都禁止讼师参与诉讼。唐宋法律有"为人作辞牒"、"教令人告事"的罪名；《大清律例》规定：讼师唆使告状按律查处；所控不实，发边疆充军（云、贵、两广）；上官对讼师失察，按例严处；明知不报，将地方官照奸棍不行查拿例，交部议处；坊肆所刊刻的"讼师"秘本，如《惊天雷》、《相角》、《法家新书》、《刑台秦镜》等一切构讼之书，查禁销毁，不准销售。否则，刊刻者，照淫词小说罪，杖一百，流三千里；复刻贩卖者，杖一百，徒三年；买者，杖一百；藏匿者，减刊刻者一等治罪。①

讼师的问题，连皇帝都予以关注。如清代雍正皇帝在阐发康熙帝的"上谕十六条"的《圣谕广训》中第十二条"息诬告以全善良"，就对"讼师"的行为提出严厉批评。一国之君，对小小的讼师竟然做出如此严肃的批示，把他们定性成了害民坏法的恶人。

其二，官府打压。在司法实践中，各级政府官员也千方百计打压讼师，不少号称"清官"的地方行政主管往往以打击讼师而著称，甚至把有效控制讼师作为自己的政绩上报。如清代县官刘衡就总结出一整套打击、防范讼师活动的经验，手段可谓毒辣到极致：白天查，晚上抓；精神虐待，肉体伤害。在他的辖区，讼师真是水生火热，没有活动的空间。②

即使到了清末，大规模修律即将开始，各级官员还是把讼师作为对立面加以打击。如清末"四大奇案"之一的"杨乃武与小白菜"案主角杨乃武，起初就可能因恃才傲物，爱参与乡民讼案而得罪了县令刘锡

---

① 参见《大清律例》卷三十，《刑律·教唆词讼》。
② 刘衡：《庸吏庸言》。

彤。他卷入一桩人命官司后，被刘县令找到借口，刑讯逼供，屈打成招，差点送了性命。被平反释放后，又重操旧业，被杭州知府访拿，关进"迁善所"（"劳教所"一类）改造。①

其三，自污声名。部分讼师在司法实践中，不够检点的地方甚多，如：舞文弄墨、挑拨是非、伪造证据、买赃移尸、兴讼缠讼、勾结官府敲诈小民等行径不绝于书；用猪血冒充人血写申冤书，将儿子打落父亲门牙伪造成父亲咬子手指所致，通过屡放屡吊和更换衣服鞋袜将现场上吊自杀变成移尸栽赃，父亲本想将不孝劣子送官治罪等，经讼师之手，突然间理由竟成了"妻有貂蝉之貌、父生董卓之心"等故事，在民间广为流传。正是这帮利欲熏心、动机无良之辈，败坏了讼师的名声，招致世人唾骂。②

第四，正统文人的轻践。唐宋以前，律学一科尚为主流社会重视，知识分子读书注律、科考做官，均可凭精通律学而跻身上层社会。明清以降，科举考试专注于四书五经，皓首穷经、金榜题名，是所有知识分子的梦想，律学成了末学，学子不屑一顾。在正统之士眼中，只有那些考不取功名、居心不正的人，才会从事民间律师的职业，属于"不入流"之辈，非但打心眼里瞧不起这帮人，还利用文学作品，虚构情节，穷其讽刺挖苦之能事，丑化诋毁讼师形象，充满了对讼师的歧视敌意。讼师在正统文人的笔下，几乎都成了恶有恶报、不得好死的

① 1897年5月25日《申报》，第8657号，《西湖渔唱》。
② 《清稗类钞》第三册，《狱讼类·讼师伎俩》，中华书局1984年版，第1191－1995页。

人。① 有的则通过搜罗故事，诅咒讼师恶有恶报。② 此类故事还有很多，意在妖魔化律师形象，警告人们不要从事讼师行业，即使涉讼，也不要轻易委托讼师。

其实，除了一些不良讼师外，讼师在某种程度上还是在极力维护当事人的权益，为当事人伸张正义、揭露官场腐败黑幕的律师也为数不少。讼师群体甚至还有自己的行规，如清代讼师就有"三不管"一说，即无理不管，命案不管，讼油子不管。③ 传统法律规定无关之人不得代理诉讼，讼师是不能出现在法庭上的，他们只能在背后指导当事人如何出庭辩护，虽说有"教唆词讼"之嫌，实际是在给没有文化知识的民众进行法律启蒙，是最基层的普法宣传者。

3. 讼师到律师

近代中国的律师首先出现在清末租界法庭。民国初年，苏、沪、杭等东部相对发达地区开始出现律师组织，他们出庭辩护，并向政府申请领证注册。如时任司法总长的伍廷芳曾在具体的案件审判中，试行过辩护制度。民国伊始，在"姚荣泽案"中，伍廷芳和革命军政领导、沪军都督陈其美在此案上的"法"、"权"之争，就坚持按照司法程序审理，而非军政府受理此案。作为法律精英人物，伍廷芳忠于法律，坚持司法独立，但也付出了很大的代价，与革命党人关系的一度恶

---

① 参见沈起凤:《谐铎》卷五,《讼师说讼》,陕西人民出版社 1998 年版,第 96 页;钱泳:《履园丛话·刀笔吏》。

② 参见徐珂编撰:《清稗类钞》第三册,《狱讼·讼师伎俩》,中华书局 1984 年版,1192 - 1193 页。

③ 参见徐珂编撰:《清稗类钞》第三册,《狱讼·讼师有三不管》,中华书局 1984 年版,第 1190 页。

化便是其中之一。① 伍廷芳等律师界的先驱精英，为后继者树立了良好范例。 1912 年 3 月，相关人士拟定了《律师法草案》，呈报临时大总统。 孙中山在《大总统令法制局审核呈复律师法草案文》中指出："查律师制度与司法独立相辅为用，夙为文明各国所通行。 现各处既纷纷设立律师公会，尤应亟定法律，俾资依据。"特将该草案发交法制局审核呈复，以便咨送参议院议决。 虽然未及颁行，但为此后律师法的制定实施及律师制度的不断完善开了先河。

中华民国北京政府初期，政府开始向符合条件的法律人士正式颁发律师执业资格证书，中国律师从此得到法律上的身份确定。 在其后的政治、社会、人权及收回司法主权等活动中，展示了近代律师的风采和担当。 与讼师时代相比，清末以来，中国律师职业从非法到合法，活动从地下到公开，角色从幕后到前台。 他们除了把自己的职业作为谋生的饭碗外，还承担起保障人权、促进民主法治、争取民族独立等社会责任。 社会对律师也普遍予以尊重，律师成为推动社会从传统向近代转型的重要群体。

第二节 司法原则

传统中国司法到底是理性的，还是经验的？ 需要分层讨论。 就形式理性而言，司法标准客观、确定。 传统中国的法典尤其是刑法典，在世界法系中独树一帜，具有超强的完备性、系统性、传承性，昭示着法律的刚性、客观性。 从《法经》，历经秦律、汉律、曹魏律、晋律、北齐律、唐律疏议，到大明律、大清律例等，历朝历代刑律，层层沿

---

① 参见《秩庸公牍》，沈云龙主编：《近代中国史料丛刊》第 66 辑，台湾文海出版社有限公司 1976 年版，(上卷)第 50 - 69 页，(下卷)第 68 - 80 页。

袭,逐渐规范系统。 在具体司法过程中,则变化多端,因时间、空间、案情、审级、司法官性情等而变,找出传统中国统一的司法原则并不容易,但可以明确的是,在司法过程中,能做到情、理、法统一,自然是司法的最高境界,堪称司法的"王道原则";理性和经验的统一,当为传统中国司法的基本原则。 具体而言,大致可分为:依法断案、恪守程序、经验司法、证据检验、顺应时令等原则,以下逐一阐述,其中"调解优先"一节请参见本书"调解文明"一章。

一、依法断案

实现公平正义,是司法应有的终极宗旨,古今中外,概莫能外。西方历史上有象征公平正义的"正义女神"塑像,左手持天平,右手握宝剑,却用布条蒙上双眼。 正义的标准就在女神的心中,即便蒙眼,也能洞悉奸邪,除暴安良。 巧合的是,上古中国,也有一位叫皋陶的人,是舜帝时代执掌司法的官员。 传说他是中国法律的创始人,史有"皋陶作律"之称,同时他也是中国最早的"首席大法官",其判案依赖一只叫獬豸的神兽,神兽能"触不直而去之",具有区分善恶曲直的本领。 中文的"法"的古体"灋"正是反映了这一神判的遗迹。 西汉刘安的《淮南子·主术训》篇说:"皋陶瘖而为大理,天下无虐刑",长得"色如削瓜"①。 其形象可以说是丑陋无比,而且还不能说话,形象无法与"正义女神"比拟,但一个蒙住双眼,一个不用开口,就能将心中的公平正义之念,化为司法之行,消弭世上纷争。 关于皋陶,中国历史上还有"皋陶造狱,画地为牢"之说,意思是皋陶发明了监狱。皋陶可以说是早期中国法官的"形象大使",随着时间的推移,他也逐步发展为传统中国司法的图腾。 司法衙门及监狱,往往都要尊奉他为

① 《荀子·非相篇》。

司法神或监狱神，法官、狱警以及犯人都要定期依规祭祀膜拜。①

自成文法则形成之后，依法断案不断发展为具有普世意义的司法原则，传统中国，对此原则的规定走在世界司法文明前列。 诸多法典都对法官的司法行为，有严格规定。 如依法断案，就是首要原则。 要求司法官断案时，必须依据律、令、格、式、判例等进行裁决。 早在上古时期，经书就有"惟察惟法，其审克之"的要求②，即断罪时，务必察其情节而遵用刑法，详加审核。 唐律中也规定："诸断罪皆须具引律、令、格、式正文，违者笞三十。"③断罪不严格按照律令格式来判罪定性的，处以笞刑。 即便皇帝颁布的敕令，如果属于临时处分的刑事政策，而没有变成永久性法条的，也不得作为以后的断罪依据，司法官如果随便援引，导致判罪出现误差的，"以故失论"，属于故意错判，司法官要承担刑事责任。④

不依法律，轻判、重判的审判行为被严格禁止。 如唐代法律规定：法官法庭裁判错误，把有罪的人判为无罪，把无罪的人判为有罪的，轻罪判重罪，重罪判轻罪，包括：故意增减可以影响判决轻重的犯罪情状；听闻有恩赦的机会而故意判决；故意暗示当事人，令其言辞失实导致决断偏离实际情况；等等，都要对当值司法官科以刑罚。⑤ 清代法律也规定：司法官故意判决失误，若完全判决失误，以全罪论处；如果将较轻的罪名定为重罪，将轻的罪名增为重罪，就依照所增减的等级判定；将犯人重判到死罪的，则连坐为死罪；判罪过于轻，各减三等

---

① 《后汉书·范滂传》。
② 《尚书·吕刑》。
③ 《唐律疏议·断狱》"断罪不具引律令格式"条。
④ 参见《唐律疏议·断狱》"制敕断罪"条。
⑤ 参见《唐律疏议·断狱》"官司出入人罪"条。

罪，判罪过于重，各减五等罪。 以吏典开始，首领官比吏典减轻一等罪；副佐官比首领官减轻一等罪；长官，比副佐官减轻一等罪。 囚犯如果没有判决放行而被放，而后又被捕捉到，如果自杀了，各减一等罪行。①

正因为法律对依法断案有严格的要求，不少法官都能自觉奉法行事。 汉代张释之，就曾经被作为依法断案的典型而载入史册。 据史载：张释之被汉文帝任命为"首席大法官"——廷尉，不久，文帝出行，路经中渭桥，忽然有人从桥下跑出来，惊吓了皇帝的车马，于是皇帝派骑兵将那人逮捕，交给廷尉法办，由张释之审讯。 那人供称说："从外县来到长安，听到御驾经过、禁止通行的命令，就躲在桥下。 等了很久，以为皇帝的车子已经过去，但钻出来之后，看见车马正好经过，只好奔逃了。"张释之呈上判决书说："这人违反行人回避的禁令，判处罚金。"文帝发怒说："这人惊吓了我的马，幸亏马的性子温顺，假如是性子暴躁的，不就翻车跌伤我了吗？ 然而廷尉居然只判处他罚金！"张释之回答说："法律是皇帝和天下人共有的，不应有所偏私。 如今法律规定的，假如擅自更改加重刑罚，百姓便不会相信法律了。 而且在当时，皇上要严办他，派人杀掉他也就完了。 如今既然已交给廷尉，廷尉是天下公平执法的模范，一有偏差，天下执法的人都会随意加重或减轻刑罚，叫老百姓如何是好？ 希望陛下明察。"文帝过了好一会才说："廷尉的判决是对的。"后来，有人盗取高庙里案座上供奉的玉环，被捕获，文帝恼怒，交给廷尉治罪。 张释之按盗窃宗庙器物和皇帝用物的法令呈奏上去，判处该犯死刑。 文帝大怒说："这人大逆不道，竟敢盗窃先帝的器物！ 我把他交给廷尉，是想办他个灭

①　参见《大清律例·断狱》"官司出入人罪律文"。

族的罪名，可是你却根据一般的法律判决上奏，这不符合我敬奉祖庙的本意。"张释之脱下帽子叩头谢罪说："依照法律，这样判决就到顶了。何况就是犯同样的罪行，也得以罪状的轻重以准则。现在盗窃祖庙器物的就灭族，那么，万一有无知愚民在长陵上挖了一把泥土，皇上又拿什么罪名来惩治他呢？"文帝将这事私下告诉太后，太后也主张按张释之说的去做。于是文帝同意了廷尉的判决。①

张释之依法断案的先例，数百年后，仍被司法官所援用。如东晋安帝时，大将刘毅出行，碰到鄢陵县吏陈满射鸟，箭误中直帅，虽不伤人，处法弃市。何承天建议道："狱贵情断，疑则从轻。"他说："过去有人惊了汉文帝乘舆马者，张释之断以犯跸，罪止罚金。何者？因为知道当事人不是故意惊吓御马的。故不以乘舆之重而加异制。现在今陈满意在伤鸟，非有心于中人。按律'过误伤人三岁刑'，况且还没伤到人。"②上述案例，都是依法断罪的典型。

除中央外，文帝也极重视对地方官吏的考察任命，故在开皇年间州、县官员中也涌现出一批堪为史家称道的循吏、清官。刘行本为大兴县令，"权贵惮其方直，无敢至门者。由请托路绝，法令清简，吏民怀之"③。地方官吏率先垂范，清廉从公，也是提高司法效率、"止讼绝息"的基本保证。

古希腊时期，曾经发生为捍卫法律权威（尽管有人认为该法可能是恶法）的苏格拉底以身殉法的故事，千百年来，不知感动了后世多少法律人。中国历史上也曾出现因未能严格依法断罪，导致错判、错杀当

---

① 参见《汉书·张释之传》。
② 参见《通典·杂议上》卷一百六十。
③ 《隋书》卷二十五，《志》第二十，《刑法》。

事人,不惜以身殉法以维护司法公信力的殉道者李离。 李离是晋文公的法官。 他审断案情有误而枉杀人命,发觉后就自我拘禁,自判死罪。 文公说:"官职贵贱不一,刑罚也轻重有别。 这是你手下官吏有过失,不是你的罪责。"李离说:"臣担当的官职是长官,不曾把高位让给下属;我领取的官俸很多,也不曾把好处分给他们。 如今我听察案情有误而枉杀人命,却要把罪责推诿于下级,这种道理我没有听过。"他拒绝接受文公的命令。 文公说:"你认定自己有罪,那么我也有罪吗?"李离说:"法官断案有法规,错判刑就要亲自受刑,错杀人就要以死偿命。 您因为臣能听察细微隐情事理,决断疑难案件,才让我做法官。 现在我听察案情有误而枉杀人命,应该判处死罪。"于是不接受晋文公的赦令,伏剑自刎而死。① 后世一般都用"刚直不阿"、不畏强权、秉公执法等来描述依法审断的司法官,其中不少人成了法官的模范。

二、恪守程序

传统中国司法程序有非常严格的要求,举凡证据的获得、审级转呈、司法文书程式、刑罚的标准等都有一整套的要求,违背相关制度,司法官要承担相应的刑事责任。

刑事司法中的审级制度,如笞、杖、徒、流、死的终审权限,按刑罚轻重,次第提升,均以法律形式予以详定。 就明清法律而论,凡笞、杖案件,州县主官拥有终审权;徒流案件,府省主官终裁;死刑案件,则报刑部,经会审后,由皇帝做出终决。 刑事案件中的死刑案件审理,尤其能反映出传统司法恪守程序正当性原则。 从历代刑案判牍中,不难发现相关程序的严密性。 兹以嘉庆年间一则从刑部抄出的关

---

① 参见《史记》卷一百一十九,《循吏列传》第五十九。

于死刑案程序的题本为例，考察清代死刑的完整流程：

案件来源：由地保携涉案当事人亲属到县衙报案。刑事案源，除州县官巡视发现的外，大多由乡村自治组织单位的负责人报告州县长官，这些人包括地保、乡约、约邻、保长、甲长、里正等。

州县长官的职责：州县官接报后，要在第一时间率领仵作人等赶赴现场，由仵作当众依法验尸，填写尸检报告，这是必经的程序。上报公文中，都必须有仵作的验尸报告，通常是将受害尸体挪至开阔平明处，当众唱报、喝报伤情，填注尸格；缉拿羁押凶犯（如果是凶杀）；传唤案件当事人讯问具体情形，录取涉案人员的口供；搜集其他人证、物证。将一应材料收集完毕、整理打包，经过知府审转程序，递交省级司法衙门。

省级司法职权：除非常时期、非常案件外，刑事命案都要经过省级司法初审拟刑。省级司法专任审判官为提刑按察使，根据州县、府报送的案件材料做出初审判决。根据法律，对死刑案犯一般判以"绞监候"、"斩监候"。审理拟刑完毕，报总督、巡抚批准，由总督、巡抚根据秋审程序要求，写成题本，分类造册，按时送中央通政司，转内阁、刑部。刑部审理的京师死刑案件，由刑部出具题本，直送内阁。

死刑会审：会审制度自隋唐以后，逐步完善。唐朝的"三司推事"，就是比较规范的会审制度。明清时期，逐步形成九卿圆审、九卿会审制度，日臻成熟。九卿会审，就是就由中央吏、户、礼、兵、刑、工、大理寺、都察院、通政司等九个部门的主要长官，以及其他朝廷衙司的主官，组成全国最大的"合议庭"，对地方"监候"的案件，在立秋、霜降时段集中审理。拟定刑罚结果，分为四等：情实、缓决、可矜、留养承祀。

皇帝勾决：九卿会审，还不是终审，必须由三法司等会同其他机关核拟，将断案意见呈报皇帝，由皇帝裁决。皇帝以朱笔勾决，予勾者，执行，免勾者暂缓执行，可矜、留养承祀者，可免于死刑。皇帝裁决后，再下内阁，转刑科给事中抄出，下达执行。京师人犯，在菜市口处决。地方人犯，待朝廷处决令下达，由地方官署执行。本案中，经皇帝"批红"勾决："邱三苟依拟应斩，着监候，秋后处决。"①

至此，一则刑事命案，方才终结。其间所有环节都必须严格遵守法定程序。如：地方呈送的司法文书必须合符规范，"标首"、"案首"、"案身"、"案尾"几要素明确无误。罪名的拟定要精确具体，力求周全，如"斗杀"案标明的伤痕就有"砍伤、扎伤、戳伤、殴伤、掐伤、跪伤、琢伤、踢伤、踏伤、踹伤、咬伤、掷伤、钩伤、砸伤、摔伤、泼伤"等名目；犯奸罪名就有和奸、诱奸、强奸、刁奸、鸡奸、奸十二岁以下幼女、轮奸、纵容通奸、孕妇犯奸、纵容妻妾犯奸、亲属相奸、污执翁奸、奴及雇工奸家长妻、奸部民妻女、居丧及僧道犯奸、良贱相奸、官吏宿娼、买良为娼等之类。② 它们都必须在相关案卷中标注准确，因为这些表达直接关系到最终定罪量刑轻重。因此，从尸检开始，一应司法程序都在极其理性、严密、规范的程式中展开，任何环节都不能草率从事，否则，相关主办者就会被依律、例处分。历代官方的判例判牍如《龙筋凤髓判》、《名公书判清明集》、"刑科题本"、《刑案汇览》、《驳案新编》等，官方的公文程式如《秋谳须知》等，多能反映理性司法特点。

---

① 杜家骥主编：《清嘉庆朝刑科题本社会史料辑刊》第 1 册，天津古籍出版社2008 年版，第 74－75 页。

② 沈家本：《秋谳须知·标首》。

其他有关刑事司法的程序，均有明确的规定。 如获取口供，可以刑讯，但刑讯的工具、对象、程度，历朝刑法典都明确划定，旨在防治法外滥刑。 如此看来，重大刑事案件的审断，都是按照客观、公正、理性的原则进行运作。

三、经验司法

中国司法界流传一句断案的基本要求："以事实为根据，以法律为准绳。"有学者认为，"事实"内涵过于宽泛，事实的认定也会因人而异，所谓"事实"，未必就是法律上承认的事实，或具有司法证明力的"事实"，应将这句话改为"以法律事实为根据，以法律为准绳"。

笞、杖一类的刑事案件以及属于"细故"民间案件，为州县自理词讼，州县官可以一审终决，其中既有依法定案的理性司法，但更多的经验司法原则往往被贯彻其中，所谓家长"教谕式"的审判特点，在这级审判中最为明显。 此类记述，多出现在州县官的办案自述、野史笔记中。 这种经验，与其说体现在审判环节中，毋宁说主要体现在获取证据的过程中。

中国历史上，个别朝代如宋朝曾经有过审、断分开，即"鞫谳分司"，就是"事实审"与"法律审"分离，略似于英美普通法体制下，陪审团负责确认犯罪是否属实，法官负责法律的适用。 但大多数朝代的基层司法官，均为侦察、立案、审断、执行的多面手，用现行的分工来说，就是公安、检察、法院、司法的职能合于一身，但又不是"联合办案"，因为联合办案尚有明确分工。

传统中国，被载入史册、受人传颂的"好司法官"尤其是基层司法官，往往不是看他能否依法依据审判，即对证据的认定、法律适用的准确、法律的解释是否得当等，而是看他搜集证据的手段是否高明，识别人犯是否及时到位。 只要证据拿到手，人犯及时到案，加上人证、物证、口供等，案件随时可以了结。 在这个意义上，要做一个好的司法官，首先要做一个好侦探，经验的作用显得特别重要。

上古时期，统治者多喜欢把自己的统治说成天的意志，如"有夏服天命"、"有殷受天命"等①，并把自己的立法、司法说成是禀受天命而行的，是唯一合法和正统的。 这就奠定了中国古代法律中的神秘主义倾向。 这种神秘主义也体现在审判方式中，决定了早期中国的审判方式非理性趋向，即没有严格的诉讼必经的程序，更多依赖的是审判者的主观判断。 这种审判结果大多也是基于对事实的感性认知基础之上，但对于案情真假的辨识，对于事实的影响程度的认知，每个审判者都是不同的。 这样的审判又如何让百姓信服？ 这时候神秘主义又登场了，为了让大多数人信服自己的判决，就需要有说服力的东西来支持自己，神兽"獬豸"应运而生。 于是这个能辨曲直的神兽就成为正义公平真相的象征，而审判者也就把自己看作獬豸在人间的委托者，是自己做出的判断具有公平正义的映像。 不止獬豸，"神兽决狱"、"天命玄鸟，降而生商"等，也都是神秘主义的表现。 这与西方司法发展史上的诸多现象大致相同。

西方早期也出现了很多的神秘主义，例如水审、火审、食审等审判方式。 纵贯东西方的历史，神秘主义一直存在并且延续着。 传说中神兽决狱等审判方式，既有愚昧迷信特质，但也不乏智慧超群的审判者利用人们对神灵的敬畏，来识别犯罪嫌疑人的经验积累。 神判的经验，在后世记述尤其是非官方记述中并不鲜见，如"摸钟断案"就是一例。故事说的是陈述古，曾掌管建州浦城县，有家富户丢失了一些财物，告到官府，捉住了几个人，但不知道谁是真正的小偷。 陈述古就欺骗他

---

① 《尚书·召诰》。

们说："某寺里有一口钟，极其灵验，它能把真正的盗贼辨认出来。"于是，陈述古就派人把这口钟迎到县府衙门放到后阁供奉着。接着，他把嫌疑人引来站在钟的前面，当面告诉他们说："没有做小偷的摸这钟就没有声音，做了小偷的一摸就会发出声音。"陈述古亲自率领众人向钟祷告，态度非常严肃，祭祀完毕后用布幕把钟围起来，然后暗中派人用墨汁涂钟。很长时间之后，那些嫌犯一个个地把手伸进那布幕里去摸钟。陈述古一一检验他们的手，只见他们的手上都有墨迹，独有一个人的手上没有，于是真正的小偷显露出来了——他担心摸了钟会发出声音，所以不敢摸。经过讯问，这个人就承认了。① 本案涉及的主要是证据法律制度的问题。虽然这种方法的科学性值得怀疑，但是也体现了我国古代司法官根据犯罪嫌疑人畏惧神灵的心理，获取证据继而断案的过程。

古代案例汇编《详刑公案》"魏恤刑因鸦儿鸣冤"也曾记述朝廷委刑部主事魏道亨来湖广恤刑，通过夜间梦见兔子戴帽，测字为"冤"，实地勘查得乌鸦引路，发现罪犯抛尸地点，最终侦破命案、平反昭雪的故事。② 另一则流传甚广的公案故事"施公巧断胭脂案"，讲述的是胭脂的父亲深夜被人杀害，施公编造神灵可以在真凶后背做记号的威慑，让五名嫌疑人脱去上衣，在暗房中，离墙一定距离，站成一排，待敞亮后，看谁后面有黑色记号的，认定此人嫌疑极大，经讯问，果然就是真凶。原来，施公预先在墙壁上用黑灰涂抹，利用凶犯可能担心神灵摸背的心理，暗自紧贴墙面，结果反染上黑灰，而自认清白者，心底坦荡，遵命原地不动，故背上没有标记。

①　沈括：《梦溪笔谈》卷十三。
②　参见《详刑公案·魏恤刑因鸦儿鸣冤》。

此案是否为施公所断，并不重要，关键是此类案件一再出现于各种历史记述中，并在民间广泛流传，似乎可以做类型化鉴定："听讼奇才"队伍中确实有一批经验丰富的侦查能手，能够揣度罪犯心理，合理推理案情。 根据民间流传故事改编的昆曲《十五贯》，记述了谋财害命的案件：苏州知府况钟微服私访，发现凶案制造者娄阿鼠有破绽，继而又乔装算命先生，夜宿神庙，借口神明托梦，套出娄阿鼠杀人的口供，最后将娄带回县衙，升堂问罪，澄清了黑白是非，改正了知县主观臆断熊友兰、苏戌娟为凶手的判决，使真凶伏法，蒙冤者昭雪。 与其说神明显灵，不如说况钟聪明心细，在合理推测的前提下，假借神示，揪出真凶娄阿鼠。 如果没有周密的侦查，就不可能推翻诸多看似"铁案"的冤案。

具备现代科技常识者，基本都不会相信鬼神怪异断案之说。 但在文明程度较低、民众普遍知识水平不高、科技欠发达、缺乏近代传媒工具的时代，利用某些超乎常理的侦断方式，可以起到意想不到的效果。有关祈神托梦、占卜打卦一类的冤狱疑案侦断本相，清代纪昀的分析，颇为透彻："夫疑狱，虚心研鞫，或可得真情。 祷神祈梦之说，不过慑服愚民，绐之吐实耳。 若以梦寐之恍惚，加以射覆之揣测，据为信谳，鲜不谬矣。 古来祈梦断狱之事，余谓皆事后之附会也。"[1]纪昀认为，认真研究分析，或许可以弄清案情真相，但祷神祈梦一类的手段，不过是吓唬愚民，诱惑他们吐露实情而已。 一味靠恍惚做梦，猜测臆断，都不靠谱。 自古以来的"祈梦断狱"，都是后人的夸大附会。 凭纪昀一流大学者的才智，自然不会为穿凿附会的神话所蛊惑，但对乡愚村民，未尝不会起到威慑作用，况且做贼心虚，也符合一般的心理

---

[1]　纪昀：《阅微草堂笔记》卷四，《滦阳消夏录》四。

常识。

就一审司法官而言，具备高超的侦查技能，是成为公正法官的前提。摒弃迷信色彩浓厚的取证方式，在传统中国司法发展过程中，逐步形成了一整套的侦查、检验的记述和经验。早在西周时，就有"辞听"、"气听"、"色听"、"耳听"、"目听"的"五听"制度，无疑是传统司法心理学的一大创造，时至今日，公案人员第一时间侦查案情，讯问犯罪嫌疑人，"五听"手段很难说已经过时。

四、证据检验

传统法医技术，自宋代宋慈《洗冤集录》问世后便达到了相当的高度。历经元明清数代，该书经不断校释注解，沿用不断，成为司法鉴定的"国标"教材。这里将该书卷目罗列如下：

卷一：条令、检复总说（上下）、疑难杂说（上）；卷二：疑难杂说（下）、初检、复检、验尸、妇人、附小儿尸并胞胎、四时变动、洗罨、验未埋瘗尸、验坟内及屋下攒殡尸、验坏烂尸、无凭检验、白僵死瘁死；卷三：验骨、论沿身骨脉及要害去处、自缢、被打勒死假作自缢、溺死；卷四：验他物及手足伤死、自刑、杀伤、尸首异处、火死、汤泼死、服毒、病死、针灸死、箚口词；卷五：验罪囚死、受杖死、跌死、塌压死、外物压塞口鼻死、硬物瘾痕死、牛马踏死、车轮拶死、雷震死、虎咬死、蛇虫伤死、酒食醉饱死、醉饱后筑踏内损死、男子作过死、遗路死、死后仰卧停泊有微赤色、死后虫鼠犬伤、发冢、验邻县尸、辟秽方、救死方、验状说。

上列诸多验伤职能，后世多由法定专业检验人员——仵作承担，但必须由州县官率领，亲临事发，指导监督勘验，辨别实情。检验是否及时、正确，关系到证据确凿与否，证据确凿与否，直接决定案件能否得到公正的审理。不少州县官对此都有非常丰富经历，除了注意研读《洗冤集录》等专业著作外，还结合司法实践，不断总结经验，付诸著述，成为"官箴"，广为流传。清代潘月山《未信编》、黄六鸿的《福惠全书》等著作，均详细记述了相关勘验技巧，深得官员的喜爱。著名幕友汪辉祖在《学治臆说》中，提醒主官，对于命案，务必重视检验，包括："生伤勿轻委验"、"命案受词即宜取供"、"相验宜速"、"验尸宜亲相亲按"、"当场奉洗冤，录最可折服刁徒"、"详开检宜慎"，等等。在另一本著作《佐治药言》中也指出："命案出入，全在情形……审办时，必须令仵作与凶手照供比试，所叙详供，宛然有一争殴之状，凿凿在目，方无游移干驳之患。"①

在衙署中，仵作地位低微，但小角色可以左右大案情，他们首先是行政主官的辅佐，听命于主官，然后才是专业检验人士。州县官的判断，才是影响案件走向的根本因素。不少官员因为缺乏经验，或未认真履行监督职责，造成司法不公，酿成冤假错案。晚清名案"杨乃武与小白菜案"，知县刘锡彤因为轻信仵作的草率检验报告，误把小白菜丈夫之死，检验成中毒而死，通过刑讯逼供，杨乃武、小白菜被屈打成招，被迫承认是合谋毒死小白菜丈夫。几经周折，历时三年多，社会诸多力量的介入，案件得以重新审理，尸骨由更高级的资深仵作重新检验，推翻中毒身死的结论，冤案最终得以平反。不过，本案昭雪证据，纯依仵作尸检结论而定，但其证明力还有质疑的空间：如刑部仵作结论的权威性是否一定高于县衙仵作；下葬三年，尸骨斑迹能否准确辨认；慢性中毒死亡，传统尸检手段能否完全验出，当时就有基层司法官

---

① 汪辉祖：《佐治药言·命案察情形》。

举出例证,提出异议,认为不是所有毒杀都能被检验出来,比如不断加大剂量,持续一段时间后,毒发身亡者,凭银针验毒就无效。① 又如滴血验亲技术,《洗冤集录》中认为,滴血相融,即可辨明亲子关系,相斥则不是;还有"滴骨亲",即将受验者的一二滴鲜血,滴到父母骸骨上,沁入骨内,为亲生,否则不是。②。 此类尸检结论,早就有人怀疑过。 如滴血验亲,清代纪昀就怀疑过:"按陈业滴血,见汝南先贤传,则自汉已有此说。 然余闻诸老吏曰:骨肉滴血必相合,论其常也;或冬月以器置冰雪上,冻使极冷,或夏月以盐醋拭器,使有酸咸之味,则所滴之血,入器即凝,虽至亲亦不合,故滴血不足成信谳。"③滴血验亲,自汉代已有。 因受诸多条件制约,只在"常"态状况下,可以行用,天气原因或擦拭器皿的材料,都可能影响结果;即便"常"态,巧合因素还是不少,不可能绝对准确。 此类尸检结果,能否经得起近代解剖学、药理学的验证,等等,都还值得商榷。

清末近代司法体系形成以来,司法职能渐渐从行政职能中剥离出来,侦查、检验等业务,由警察、检验吏担任,审、验开始分离,审判人员专业化步伐日益加快。 1909 年,护理云贵总督云南布政使沈秉堃向朝廷奏称:云南已经将仵作改为"仵书",开办检验学堂,头班已经毕业,"各给文凭,发回充役"。 经法部议定,朝廷批准,要求在检验学堂附设"检验传习所",改仵作为检验吏,将各下属仵书照改,第二班毕业后,即将检验学堂停止。 待审判厅成立,再附设"检验传习

---

① 参见刘体仁:《异辞录》卷二。
② 佚名:《新刻法笔惊天雷》卷之六,《试滴骨亲》,出自《无冤录》,《历代珍稀司法文献》第 11 册,《明清讼师秘本八种汇刊》上,社科文献出版社 2012 年版,第 364页。
③ 纪昀:《阅微草堂笔记》卷十一,《槐西杂志》一。

所"一区。① 传统意义上作为贱役的"仵作"称谓，为"检验吏"取代，是近代司法从业群体中比较体面的职业。

民初以来，随着西医技术的引进，生理学、解剖学等新学科开始流行，1913 年 11 月 22 日，北洋政府内务部颁行《解剖规则》，1915 年，奉天法医学校将洗冤录课程予以剔除②，取而代之的是解剖学、生理学、法医学、物理、算数、刑律、法制大意、刑事诉讼法、实地实验、组织学、卫生学、无机化学、代数、病理学、药品鉴定学、解剖学实习、裁判化学、精神病学、裁判化学、细菌学、几何、外文等③，以《洗冤集录》为检验圭臬的知识体系退出历史舞台。 1925 年，浙江高等审检两厅为养成法医专门人才以充实地方司法，筹备委托医学专门学校开始法医专习班。④ 检验吏也华丽转身为"法医"，成为独立于审判官和职业医师的专门职业群体。 如在尸体面前，法医和临床医生截然不同，"他们是从完全相反的方向看待医学。 首先是一具尸体，然后开始调查这具尸体的死因，最终搞清楚与这具尸体有关的一系列事情。活着的人会说谎，但是沉默的尸体绝对不会。 通过细致入微地验尸、解剖，尸体本身就会告诉人们死因所在，法医的工作就在于聆听死者的声音。 法医虽然不能直接治病救人，但通过侧耳倾听死者的声音，充分维护死者生前的权利"⑤。 传统审判官检验职能彻底转移到专业医

① 参见《大清宣统政纪》卷之二十四，宣统元年己酉，十月丁巳条。

② 《司法部指令奉天高等监察厅呈请改设高等法医学校预备检查人才准予立案文》，《政府公报类汇编》1915 年第 15 期，第 110 页。

③ 《奉天高等法医学校章程》，《政府公报类汇编》1915 年第 15 期，第 140 - 144 页。

④ 《浙省请设法医专习班》，《法律评论》1925 年第 87 号，第 9 页。

⑤ 参见上野正彦：《不知死，焉知生：法医的故事》，王雯婷译，北京大学出版社 2014 年版，第 9 页。

师鉴定人员手中，传统司法官经验司法的内涵发生了根本性改变。 传统中国司法官侦查、勘验、缉捕、审理、执行等经验越是丰富，越有助于公正司法，极大程度减少冤假错案。

不过，绝对避免冤假错案，别说靠洗冤技术，即便有了近代解剖学、生理学或药理学，也非易事。 直到 DNA 技术的出现，才发生革命性的飞跃，DNA 技术的运用，证明了许多根本没有从事重罪行为的无辜者，被定罪入狱服刑，大量的案件中，都存在无效的、不当的科学证据。[①] 因此，在法律文明历史长河中，具有特殊身份的传统中国司法官，重视证据调查，谨慎开展审判，体现了司法职业精神。

五、顺应时令

1. 因时设诉

传统中国以农业立国，自给自足的自然经济是主要经济形式，农业收成丰歉，关涉百姓的温饱与否及国家税收的多寡；人民生活安定与否，直接决定政治稳定与否、君主统治能否长治久安。 和平年代，国家的一切活动几乎都围绕农业生产展开。 农业生产的规律相应地也对政治生活、司法活动产生了较大的影响。 由于中国大部分地区处于温带区域，春夏及初秋三季是万物播种、生长及收获的季节，这期间的农业活动决定了全年的收成，一旦断狱行刑，就要羁押人犯，传讯证人，既耽搁农村劳动力，又分散官员管理农务的精力，对农业生产的影响很大。 而秋冬季节相对来说是农闲季节，在秋冬行刑对劳动力的损害较轻，对农业生产的破坏较小。 所以，在当时的条件下，秋冬行刑，契合了农忙生产的需要。

---

① 参见吉姆·佩特罗、南希·佩德罗：《冤案何以发生：导致冤假错案的八大司法迷信》，苑宁宁等译，北京大学出版社 2012 年版，"前言"，第 1 页。

官府在进行诉讼活动时，也把是否影响农业生产、节约劳动力放在重要地位。如死刑的奏决，不得违背自然规律，如二十四节气等时节的划定，就是因农时而分，所以唐朝曾有规定："其大祭祀及致斋、朔望、上下弦、二十四气、雨未晴、夜未明、断屠日月及假日，并不得奏决死刑。"①除此以外，在规定时间受案或决案，也多兼顾农时。如务限法，就是唐宋时期的一种审判制度，主要是规定在农忙季节禁止民事诉讼，以免影响生产。务就是指农务，即农业生产劳动。具体期限是：农历每年的二月初一开始，叫"入务"，即进入了农忙季节，到九月三十日结束。这一段时间是务限期，在这个期限内，各个州县官府停止对于田宅、债务、地租等民事案件的审理。到了十月初一时，叫作"务开"，这时才可以受理民事案件。康熙年间制定的"农忙停讼"条例规定："每年自四月初一至七月三十日，时正农忙，一切民词，除谋反、叛逆、盗贼、人命及贪赃坏法等重情，并奸牙铺户、骗劫客货，查有确据者，俱照常受理外，其一应户婚田土等细事，一概不准受理；自八月初一以后方许听断。若农忙期内，受理细事者，该督抚指名题参。"②也就是说，户婚田土等民事案件只能在农闲季节办理，而且每月也就办理6—9天，再除去年节假期，能够受理民事词讼的时间，全年也不过四五十天。在农忙的四个月里受理民事案件成为官员的一项政务劣迹。这一规定显然是出于顺应天时的考虑，通过限制人们在农忙季节为讼累所困，以达到使民将主要精力集中于生产的目的。

务限主要涉及户、婚、田土等细故案件以及轻微的刑事案件，重大刑事案件不在此限。传统中国对民间诉讼提起的时间多有限制。务限

① 《旧唐书》卷五十，《志》第三十，《刑法》。
② 吴坛:《大清律例通考》卷三十《刑律诉讼》"告状不受理"律条所附条例。

制度的设立，体现了统治阶层注重农业、尊重自然时令的政策在司法活动中的运用，当然还有传统伦理道德的影响。

中央级的审判时限一般由皇帝钦定。如宋初，对于"听狱之限"也就是审判时限的规定就是通过皇帝手诏形式出现的，案件按情节重轻，分为大事、中事、小事及易决数等，具体审限为："大事四十日，中事二十日，小事十日，不他逮捕而易决者，毋过三日。决狱违限，准官书稽程律论，逾四十日则奏裁。事须证逮致稽缓者，所在以其事闻。"大理寺判决天下案牍也规定了审判时限："大事限二十五日，中事二十日，小事十日。"审刑院的复核也规定时限："大事十五日，中事十日，小事五日。"这样的规定与现代的刑事诉讼法的规定在形式上有相类似之处，甚至在时限上更为短暂。但是大事、中事、小事之分不甚明确，直到哲宗元祐年间，刑部、大理寺定制，大、中、小事得以区分："凡断谳奏狱，每二十缗以上为大事，十缗以上为中事，不满十缗为小事。"此时审判时限也得到修改，做出了较为详细也较为集中的规定："大事以十二日，中事九日，小事四日为限。若在京、八路，大事十日，中事五日，小事三日。台察及刑部举劾约法状并十日，三省、枢密院再送各减半。有故量展，不得过五日。凡公案日限，大事以三十五日，中事二十五日，小事十日为限。在京、八路，大事以三十，中事半之，小事参之一。台察及刑部并三十日。每十日，断用七日，议用三日。"①中央审判时限规定是当政者基于民生、案情与司法的关系而做出的。

地方官也可根据本地具体情况，确定开门受理自理词讼时间，即"放告"时间。如有的规定为每逢三、八，有的规定每逢三、六、九，

---

① 脱脱：《宋史》卷一百九十九，《志》第一百五十二，《刑法》一。

有的规定每逢五、十，但没有规定四、七的，原因是不吉利，这与迷信有关。 这种放告是处理一般案件，如果遇到大案、盗案、命案，则不按放告日期，立即办理。① 除此之外，在国家规定的节假日和有大典礼的日子里也不能用刑。 如清代就规定，每年的正月、六月、十月以及元旦令节七日，上元令节三日，端午、中秋、重阳各一日，万寿圣节七日，各坛庙祭享、斋戒以及忌辰素服等日，并封印日期，四月初八日，每月初一、初二日、庆贺穿朝服及祭享、斋戒等时日皆不理刑名。② 每年正月、六月以及冬至以前十日，夏至以前五日，所有处立决的犯人以及在秋、朝审中处决的重囚，都停止行刑。

州县官可以进行刑讯，但在用刑时间上有许多规定。 如明代禁刑时间是在立春以后，秋分以前；每月还有禁刑日期，即一、八、十四、十五、十八、二十三、二十四、二十八、二十九、三十，共计十天。 如果在禁刑的月份和日期动刑，要受到查参处治。③

地方停审停刑，虽没有国家的统一规定，但勤政清廉的官吏多能自我约束，制定适用本辖区行刑规则，这些官员可以成为循吏或良吏。除了在规定的日期不准进行刑讯之外，州县官们自己也还有许多"不打"的约定，如"万寿圣节不可打，国忌不可打，年节朔望不可打，大风雪不可打，疾雷暴雨不可打，人走急方至不可打，盛怒不可打，酒后不可打，事未问明不可打，要枷不可打，要监不可打，要夹不可打，孝服不可打，孕妇不可打，年老废疾不可打，稚童不可打，人有远行不可打"等。④ 这种约定虽因人而异，全凭州县官自己，并没有什么强制的

---

① 参见柏华:《明清州县司法"六滥"》,《清史研究》2003 年第 1 期。

② 《大清律例》卷三十七,《刑律·断狱·死囚覆奏待报》。

③ 《明会典》卷一百七十七,《刑部·决囚》。

④ 黄六鸿:《福惠全书》卷十一,《刑名部·热审减刑》。

约束力，不过，应时令、图吉利、求吉祥，为大多州县官的基本共识，是毋庸置疑的。[1]

2. 秋冬行刑

传统中国"天人合一"、"天人相通"思想及阴阳五行学说流行，人们对"天"敬畏乃至崇拜。人们在遇到挫折或陷入绝境之时，口中往往呼出"我的天啊"、"天啊"。而西方人则会说"我的主啊"、"上帝啊"（Oh，My God）。中国人在处理社会事务时，习惯跟自然现象联系起来，根据大自然变化来安排社会事务。从事司法活动时，也把自然现象、季节与刑罚相结合，根据大自然的变化规律安排司法活动，使司法过程与自然现象相吻合。其中四季的变化及灾祥异数等，就成了司法行刑罚的主要依据，"赏以春夏，刑以秋冬"等司法时令思想和制度由此产生。

传统中国以"秋冬为刑杀"季节的文化传统形成较早，一般认为最迟在西周时已经形成。《周礼》中就把掌管刑狱的司法官员归为"秋官"。之所以选择秋冬季节作为死刑的执行季节，是为了所谓"顺天行诛"，即春夏行德刑，秋冬施刑罚，以符合"春生夏长秋收冬藏"的"天道之大径"，而秋冬时节天地始肃，杀气已至，可以申严百刑。从现象上看，它是一种简单的类比：秋冬万物处在休眠，进行刑杀，不会影响自然万物生长，即不逆天象而行。

阴阳五行观念也影响行刑理念，一般认为，春夏之际，阳气上升，万物复苏，鸟语花香，草长莺飞，是一切生命力最为旺盛的时期。这期间，如果行刑杀人，无异于逆天行事，是不吉利的。秋冬之交，萧索凄冷，物种衰败，生气枯萎，结束生命，方为顺天。所以，行刑要

---

① 参见柏华:《明清州县司法"六滥"》,《清史研究》2003 年第 1 期。

合时，正如《管子·四时篇》中提出："刑德者，四时之合也。刑德合于时则生福，诡则生祸。"①关于刑罚与季节的关系，汉人提出："夫春生秋杀，天道之常，春一物枯即为灾，秋一物华即为异。"于是得出君王在治理国家时，应当"赏以春夏，刑以秋冬"，为了达到此目的，"故季冬听狱论刑者，所以正法也"②。班固在《汉书·刑法志》中表述得更为清晰："刑罚威狱，以类天之震曜杀戮也；温慈惠和，以效天之生殖长育也。"行刑与季节相适应才能获得相应的好处，相反则会产生不利的结果。把秋冬行刑认为是获得福分的制度保障，成为秋冬行刑制度中最具有功利主义的支持点，也是此制度得以适用的保障。

古代死刑在秋冬行刑中具体是在秋季执行还是在冬季执行，或者是在秋天或冬天的什么月份，从历朝的实践来看，规定也不尽一致。在死刑的行刑季节上也存在不分四季行刑的时期，那就是秦朝。由于秦朝在执行死刑时不避春夏，四季都可以进行，这成为后来历朝诟病秦朝的主要原因。如《后汉书·陈宠传》中有"秦为虐政，四时行刑"。春秋战国以前，死刑的执行季节应该在秋天，《礼记·月令》中有"孟秋之月，戮有罪，严断刑，天地始肃，不可以赢"的记载，认为秋天可以执行死刑。

汉朝以后行刑按记载来看是在季秋以后，仲冬以前，即九月、十月、十一月。汉朝从建国初就恢复了发自西周时期秋冬行刑的制度，萧何在制定《九章律》时有"季秋论囚，俱避立春之月"③。这说明汉朝刚建立时就有秋冬行刑的制度，并且主要禁止在立春的月内行刑。

---

① 《管子·四时篇》。
② 《礼记·月令》。
③ 《汉书》卷二十三,《志》第三,《刑法》。

汉武帝时，在以董仲舒为主的儒家倡导下，特别是在结合阴阳家的学说后，让秋冬行刑制度更加理论化、体系化。

唐朝时规定了一般死刑禁止执行的季节是在立春以后、秋分以前。《唐律疏议·断狱·立春后秋分前不决死刑》明确规定："诸立春以后、秋分以前决死刑者，徒一年。　其所犯虽不待时，若于断屠月及禁杀日而决者，各杖六十；待时而违者，加二等。"《旧唐书·刑法志》也记述道："从立春至秋分，不得奏决死刑。"唐代死刑的执行一般选择在冬天进行，因为这是万物肃杀，草木凋零，而人们也处在农闲的时日，在这个时候处决人犯，顺应了农耕文化的要求。

宋元沿袭了此类行刑时间的制度。　由于死刑案件要奏请皇帝批准，而一般死刑的执行又在秋冬季节，于是自然形成中央和地方相关机关复审和复核死刑案件也在秋天的司法传统。　元朝死刑执行上没有严格的秋冬行刑制度。

明朝秋冬行刑的具体时间是秋分以后至立春以前，当然朝审处决的人犯主要是在每年霜降以后，冬至以前。　秋分仅是进入秋季的开始，这时可以开审死刑和决不待时的案件，但并不是可以执行的时间。

清朝也继承了明朝的"热审"制度，"康熙十年，定每年小满后十日起，至立秋前一日止，非实犯死罪及军、流，俱量予减等四十三年，谕刑部停止。　雍正初复行。　乾隆以后，第准免笞、杖，则递行八折决放，枷号渐释，余不之及"[1]。　清朝秋冬行刑的具体时间是指从每年的立秋后至冬至以前的时期。　清朝定秋天是以立秋为准，立秋后可以行刑。　但若立秋在六月时，则必须六月完了才能进行。　若五月有六月的节气，五月也不能行刑。　所以清朝时六月不仅是指这个月内的日期，

---

①　《清史稿》卷一四四，《志》第一百十九，《刑法志》三。

而且还包括这个月所含有的节气。

第三节　司法理想

一、经义决狱

引礼入律，是法律伦理化的重要体现，汉代以后，趋势日益明显。在司法实践上，以董仲舒为代表的汉儒，适应形势，注意把纲常礼教思想贯彻其中，最为突出的就是经义决狱的尝试。经义决狱也称"引经断狱"、"原情定罪"、"论心定罪"、"春秋决狱"等。原情定罪，就是弄清案件原委，考察犯罪动机，强调"志"的善恶，情的宜否。符合春秋之义为善，否则为恶。董仲舒汇总的案例汇编《春秋决事比》全本已经失传，从仅存的几则案例中，则依稀可见春秋决狱的原则，为当时的司法官员所接受并应用。

案例一：本案为养父藏匿有罪养子。当时的立法中还没有"父子相隐不为罪"的原则，而按秦律一般规定，为首藏匿罪犯，构成"首匿"罪，同时法律不承认养父子与亲父子有相同的权利和义务。汉初可能与秦相同。但这种观点与儒家的伦理学说相违背，孔子就主张子为父守丧三年，因为父与子有血缘关系和抚养关系。董仲舒根据春秋精神"父子相隐"之义，比照父为子隐原则，判定养父无罪。

案例二：本案为子误伤父。子打伤父，当时属于十分严重的死罪，董仲舒根据犯罪嫌疑人行为时的心情和动机，认定是误伤，而非故伤，无须按子伤父情节定罪。

案例三：本案涉及寡妇改嫁。按法律规定，丈夫去世未葬，不许改嫁，私为人妻者，要处死。董仲舒认为不当，并举出诸条理由：一是春秋之义，夫死无子，有改嫁之道；二是该妇德性孝顺，丈夫海上失踪，该妇由尊长做主改嫁，并非出于淫行之心，不属于私为人妻。因此，本案不应以罪论处。①

诸案的判决，均较法律所定为轻，法理渊源就是《春秋》之义，是汉儒以《春秋》改造刑律的开始。引礼入律，为严酷刚性的刑律添加一些柔润剂，探求经义与刑律的结合点，为汉代的司法实践注入了情理性的因素。此后数千年中不少司法准则的基调也由此奠定下来，如八议入律、准五服以制罪、慎刑恤刑、存留养亲或留养承祀等，影响了传统法律的礼法、德刑结合的走向。

二、宽容血亲复仇

伦理法律化、法律伦理化、礼法结合、德刑合一等，是传统中国法律尤其是刑法的重要特征，其形成肇端多由司法实践引发，纳情入法，即其常态。

唐代武则天当政时，曾发生一桩案件："有同州下邽人徐元庆，父为县尉赵师韫所杀。后师韫为御史，元庆变姓名于驿家佣力，候师韫，手刃杀之。议者以元庆孝烈，欲舍其罪。"有一个叫徐元庆的青年，父亲被家乡的副县长赵师韫杀了。后来这赵师韫升官到了京城，徐元庆隐姓埋名跟到长安打工，终于瞅准机会杀了赵师韫，为父报仇，随后投案自首。这个案子轰动一时，有说该杀的，有说应该从轻发落的，陈子昂提出自己的看法："国法专杀者死，元庆宜正国法，然后旌其闾墓，以褒其孝义可也。"陈子昂说，不杀此人，那是目无国法，必须得判死刑；但是古礼"父仇不同天"，徐元庆为报父仇不怕杀头，这是大孝，应该表彰。照此判定：徐元庆被杀头之后，给他的坟墓立了

① 参见《通典》六十九,《东晋成帝咸和五年散骑侍郎乔贺妻于氏上表引》;《御览》六百四十引;《御览》六百四十引。

纪念碑，"当时议者，咸以子昂为是"。 陈子昂的意见占了上风。①
本案的处理，凸显了传统法律中的礼与法、德与刑关系的胶着实景。
儒家学说逐步盛行，孝义节烈等美德，日益受到社会的褒扬。 代表公
权力的国家机关，一方面要确定法律的权威，另一方面，不得不兼顾天
理人情，巧妙地寻求平衡。

　　血亲复仇是氏族社会的古老风俗，随着后世儒家文化的影响的扩
大，血亲复仇逐步得到社会的认可，并在很大程度上，获得了道德上的
合理性，立法上的合规性。 《礼记·曲礼上》："父之雠弗与共戴
天；兄弟之雠，不反兵；交游之雠，不同国。"说的都是父兄之仇恨，
不共戴天。 血亲复仇，虽为私力救济，却得到舆论、司法、立法上的
认同，一般人的心理都以手刃仇人为快，"不但国法未伸，誓必报复，
即已伏法，亦不甘心。 便是平时弱不禁风，杀鸡胆怯的文弱书生，和
足迹不出闺门的弱女子，到这时也会悲愤填胸，勇气百倍，复仇的事断
不肯假手于人"②。 正史中，就有不少为尊长复仇的记载，如：《后汉
书》卷53《申屠蟠传》、《后汉书·列女传》载赵娥为父报仇，《太平
御览》卷481、《魏志》卷24《韩暨传》、《南史》卷74《孝义列传·
张景仁传》载桓温、韩暨、沈林子、张景仁手刃仇人报杀父之仇。 文
学作品更是对复仇者的行为津津乐道。 曹植诗歌《精微篇》、李白
《东海有勇妇》、唐人小说《大唐新语·王君操为父报仇》、《谢小娥
传》、宋周密《齐东野语》卷9《王公兖复仇》、《水浒传》中的武
松、《聊斋志异》中的商三官等，均不乏对血亲复仇行为的赞美之辞。

　　司法实践中，唐代富平县人梁悦，为父杀死仇人秦果，投县请罪。

---

① 刘昫：《旧唐书》卷一百九十中，《列传》第一百四十，《文苑》中，《陈子昂》。
② 瞿同祖：《中国法律与中国社会》，中华书局 2003 版，第 83 页。

唐宪宗发敕令："复仇杀人，固有彝典。以其申冤请罪，视死如归，自诣公门，发于天性，志在殉节，本无求生之心，宁失不经，特从减死之法。宜决一百，配流循州。"①考虑他是为父报仇，又能投案自首，出于天性，志在为父殉节，赦免其死罪。《宋史·刑法志》记道："复仇，后世无法。"但在具体个案审理中，官府还是要考虑到亲情因素，做适当调整，宋仁宗时，单州民刘玉的父亲被王德打死，王德逢赦免罪，刘玉却为报仇，私自杀死王德。这种触犯国法的行径，仁宗皇帝居然"义之"，只处以决杖、编管的刑罚。元丰元年，青州人王赟的父亲为人殴死，王赟年幼，未能复仇。长大成人后，刺杀仇人，割其首级，祭奠父墓，然后自首。依法当斩，皇帝"以杀仇祭父，又自归罪，其情可矜，诏贷死，刺配邻州"②。复仇者的行为已经凌驾于公法之上，却往往因"情"、"义"、"理"等，而受宽减，法的客观刚性与情理的主观柔性之间，存在的一定缓冲地带，所谓"复仇，因人之至情，以立臣子之大义也。仇而不复则人道灭绝，天理沦亡……"③亲仇不报，可能被视为"人道灭绝，天理沦亡"，可以激起复仇者的报复勇气，还可获得社会舆论的称赏，乃至名垂史册。

汉代以后，法律严加控制复仇杀人，但只是针对一般性仇杀，一旦发生"孝子烈女"为血亲复仇时，官府则会网开一面，千方百计为之开脱，甚至予以褒扬嘉奖，情、理在此类司法中占据上风。立法上也留有转圜的余地，即禁止私和尊长之仇。如《唐律疏议》卷17《贼盗》之"亲属为人杀私和"条云："诸祖父母、父母及夫为人所杀，私和

---

① 《旧唐书》卷五十，《志》第三十，《刑法》。
② 《宋史》卷二百，《志》一百五十三，《刑法》二。
③ 《文献通考》卷一百六十六。

者，流二千里；期亲，徒二年半；大功以下，递减一等……”其依据的法理基础就是“德礼为政教之本，刑法为政教之用，犹昏晓阳秋相须而成者也”①。 延至明清律例，均禁止亲属为人杀害私自和解，只是把复仇权收归国家而已。 清律限制血亲复仇，但对凶犯仍考虑“可矜”因素，有所顾恤，视行凶状况可能在量刑上给予减等：“祖父母、父母为人所杀，凶犯当时脱逃，未经到官，后被死者子孙撞遇杀死者，照擅杀应死罪人律，杖一百。 其凶犯虽经到官拟抵，或于遇赦减等发配后，辄敢潜逃回籍，致被死者子孙擅杀者，杖一百，流三千里。”②

近代以来，更是禁止血亲复仇，不过在碰到情与法发生交锋时，情的因素仍会起一定作用。 1935 年 11 月 13 日，天津发生了一起轰动全国的案子：女子施剑翘为报父仇，行刺军阀孙传芳，而后从容自首。在社会各方面的呼吁和施压下，施剑翘终于在被判入狱服刑的 11 个月后，等来了国民政府的特赦公告。 被告施剑翘也因其“蓄志十年，手刃父仇”的传奇经历，一举而名播天下。③ 她的义行得到“其志可嘉”、“其情可悯”、“其志可哀”、“其情尤可原”等高度赞许和同情，政府的特赦，应看成顺应民意、符合情理之举。

三、救亲情切减刑

血亲复仇，属于预谋故意，位于其次的当为“救亲情切”而杀人，

---

① 《唐律疏义·名例》。

② 《大清律例》卷二十八《刑律·斗殴·父祖被殴》；《大清律例》卷二十六，《刑律·人命·杀一家三人》：“为父报仇，除因忿逞凶，临时连杀一家三人者仍照律例定拟外，如起意将杀父之人杀死后，被杀者家属经见，虑其报官，复行杀害，致杀一家三命者，必究明报仇情节，杀非同时，与临时逞凶连杀数命者有间，将该犯拟斩立决，妻子免其缘坐。”

③ 沈岚、沈旻：《施剑翘——民法司法案卷中的复仇女》，《中国档案》2013 年第 6 期。

属于过失或即刻危急状态下的救亲触法行为，在定罪量刑时，也可被从轻处罚。

所谓救亲情切行为，多为子孙眼见祖父母、父母被人殴打，或与人斗殴，处于危急性命的关头，出手救护，误失致死他人。 政府考虑到他为孝亲，可以减刑，免去杀人偿命的死罪，是以律文及条例云："凡祖父母、父母为人所殴，子孙即时救护而还殴，非折伤勿论，至折伤以上，减凡斗三等。""人命案内，如有祖父母、父母及夫被人殴打，实系事在危及，其子孙及妻救护情切，因而殴死人者，于疏内声明，分别减等，援例两请，候旨定夺。"①父母被人殴打，势在危急，其子闻声救护，在迫不得已的情况下致伤殴打父母之人，情有可原，允许有司在疏内声明实情，可以宽减。 他们犯罪的动机是保护家长免遭伤害，体现出一种孝道精神。 子孙可因触犯父家长权力而遭严惩，也可因维护父家长权利而获宽减或赦免。

如清朝皇帝秋审决囚，有四种方式，"留养"为其一种，"情实"、"缓决"两种之外，就是"可矜"，即情有可原，"救亲情切"，就属于这一范畴，只要是救亲情切，杀人或伤人，可以减等发落。② 反之，尊长若被人殴打或谋杀身死，卑幼救助不力，也要比照不阻挡救护律量加一等，徒一年。 直隶民人于瑞为了救父而殴伤胞叔，

① 《大清律例》卷二十八，《刑律·斗殴·父祖被殴》。父祖被族外人殴打的救护伤人如此处理，即在宗族内部斗殴，凶犯只要为救亲，就不按前述同罪异罚之律例处断："祖父母、父母被本宗缌麻尊长及外姻小功、缌麻尊长殴打，实系事在危急，卑幼情切救护，因而殴死尊长者，于疏内声明，减为杖一百，发边远充军，照例两请，候旨定夺。"可见对于救亲情切的关照。同上书卷，又见《刑律·斗殴·殴期亲尊长》。

② 参见《秋谳辑要·卷首》；《乾隆案例》卷1，《服命案》，乾隆十三年；《刑案汇览》第三册（以下几则案例）"救父起衅殴死其人夫妻二命"；"殴死二命一系杀父正凶"。北京古籍出版社2004年版。

督抚以服制攸关，按卑幼殴伤尊长例定拟，刑部遵旨复拟，以于端与寻常侄殴伯叔情节不同，而量予未减。① 叔侄名分从属于父子名分。

四、犯罪存留养亲

"不孝"在传统法律中，历来被视为重罪。北齐以后的法律中，均将其列为"重罪十条"或"十恶"之一，不在赦免罪行之列。后代法律在实施过程中，这一罪名不断被细化，清代至于详备：告言、咒骂父祖是不孝，而"祖父母父母在别籍异财，若奉养有缺；居父母丧身自嫁娶，若作乐释服从吉；闻祖父母父母丧匿不举哀；诈称祖父母父母死"，都是不孝。与此相配合的条例"违犯教令"及"奉养有缺"有九项之多：子孙违犯祖父母、父母教令及奉养有缺，杖一百；祖父母、父母呈首子孙屡次违犯触犯，除重辟罪外，民人发烟瘴充军，旗人发黑龙江当差；子贫不能营生养赡，致父母自尽，杖一百流三千里；子孙犯奸盗致祖父母、父母忧忿戕生，或被人谋故殴杀，子孙绞立决；子孙违法国法，祖父母、父母纵容袒护，后经发觉，畏罪自尽，子孙发云贵两广烟瘴充军；祖父母、父母被人谋故殴杀，子孙绞监候；祖父母、父母教令子孙犯奸盗，后因发觉畏罪自尽，子孙杖一百徒三年；祖父母、父母被人谋故殴杀，子孙杖一百流三千里；子孙罪犯应死及谋故杀人，事情败露，致祖父母、父母自尽，照各本犯罪名拟以立决。后七种父祖非正常死亡，乃子孙不孝的表现，故治以重罪。与子孝相对应是父慈，弟恭相对应的是兄友，父兄侵害子弟有的也要判刑，只是减轻，这表示对父兄的慈、友要求，违犯也是不行的。②

---

① 《驳案新编》卷二十四，《刑律·斗殴》下。
② 《大清律例》卷四，《十恶》；卷三十，《刑律·诉讼·子孙违反教令》；沈辛田：《名法指掌》卷一，《人命·子孙违犯图》，道光刻本。

　　与维护孝道相适应的一项制度就是"存留养亲"。它是指犯人直系尊亲年事已高，应该侍养，家中无成年男子，所犯死罪非十恶之罪，允许上请皇帝，酌情判决；流刑可免发遣，徒刑可缓期。目的是将人犯留下以照料老人，老人去世后，再实际执行。《魏书·刑法志》记载："诛犯死，若祖父母、父母七十以上，无成人子孙，旁无期亲者，具状上请，流者鞭笞，留养其亲，终则从流，不在原赦之例。"①

　　这一规定直接体现了传统的孝道观念。存留养亲自北魏正式入律后，后代法律相继承袭，并逐渐系统化。唐律规定："诸犯死罪非十恶，而祖父母、父母老、疾则侍，家无期亲成丁者，上请。"②意思是遇到独子犯死罪，可以上请朝廷，请求通融。明律规定：凡犯死罪非常赦不原者，而祖父母、父母老疾应侍，家无次丁，开具所犯罪名奏闻，取自上裁。若犯徒流者，止杖一百，余罪收赎，存留养亲。即只有父母年老并且生病，残废，家无次丁，所犯罪为军流、徒的才能留养。清律规定，死罪囚犯，家有七十岁以上老人，或有守寡二十年、年龄在五十岁以上的寡母，而家内无有次丁，因此承审官员可以请求皇帝开恩，免去犯人死罪，留下来赡养老人。③存留养亲范围进一步扩大，条件更加放宽，如父祖年龄七十岁以上为老，疾病兼病情严重和残废，三者合符一条即可留养。年十六为成丁，家无次丁，当独子看待。以后例文中又不断加以变化，总以父祖是否有人侍奉为先决条

---

　　① 《魏书》卷一百二十一，《志》第十六，《刑罚》。
　　② 《唐律疏议·名例》。
　　③ 《大清律例》卷四《名例·犯罪存留养亲》；裕禄辑注：《大清律例根源·名例五·犯罪存留养亲》，同治辛未安徽敷文书局聚珍版。

件，不完全拘泥律文。①

清代存留养亲律例，注意到双方家长权利的对等性，尽量显示公平。 如雍正二年，刑部议覆戳死郭定国的李方义是否留养时，雍正就上谕道：杀人犯符合留养条件，但也要查明被杀之人有无父母、是否独子。 如果双亲年事已高，又系独子，一旦被杀身死以致老亲无人侍候，而杀人之人反得免死留养，于情理不合。 乾隆五年，馆修律例时规定：被杀之人也为独子，亲老无人养赡，则杀人犯不能留养。②

除父母年老笃疾，犯罪子女可以留养外，清朝还有孀妇守节，独子犯罪，可以留养的新例。 因为父不在，母亲就成了家中唯一家长，具有父家长的特权。 独子犯罪，可以凭母亲需人侍奉得以免罪。 条件是独子犯戏杀、误杀，其母守节已逾二十年，被杀之家不是独子和斗殴杀人，只须不是谋、故杀的，其母守节已逾二十年，岁数已过五十等，均可留养或于题本内声明。

如果罪犯不守孝道，即便在其他方面符合留养条件，却不得留养。民人杜学良身为孤丁，到远离家乡的船厂做工，其间殴死族兄，被法司处斩。 虽然该犯父母未到七十，但既系孤丁，似乎可以援情通融，存留养亲。 而乾隆帝在定案后，否决存养，并就此案发表上谕："嗣后凡例应留养之犯，必查明现在本籍者，方准援例。 若在他省获罪，即属忘亲不孝之人，虽与例相符，该部亦应不准其留养。"③该制度本来是为了维系父家长制，但是该犯父母俱在，不在家好好侍奉，与儒家的"父母在，不远行"的孝道思想相违背，既已"忘亲不孝"，则不能存

---

① 《大清律例通考校注》卷四，《名律》，《犯罪存留养亲》第 240 页；光绪《大清会典事例》卷七百二十四，《刑部·名例律·犯罪存留养亲》。

② 《大清律例通考校注》卷四，《名例·犯罪存留养亲》，第 243 页。

③ 《清高宗实录》卷四百二十八，乾隆十七年十二月上，壬辰条。

养，"情法未协"，成了君主否决存留养亲的理由。

　　存留承祀由存留养亲分离而来。若系胞弟杀死胞兄，家中别无其他男子，倘若依法处死凶犯弟弟，则会出现户绝的情形，故而为他减刑免死，避免产生香烟断绝的户绝现象。① 康熙三年，直隶民人管从福、管从周一起犯罪，依律拟充军。刑部考虑到管家母亲王氏年老无人侍奉，将兄从福留养，弟从周充军。乾隆五年，馆修为例，兄弟俱拟正法，存一人养亲。所存一人又遵循嫡长继承原则，留长不留幼。②

　　法的存在以道德为逻辑前提，司法以道德（纲常伦理）为裁判准则，法律从最终意义上说是为道德而生，因此道德的法律强调是天然合理的。在司法操作上，法官依凭的不仅是现世法规，更重要的还在于考察人心之善恶。人情或礼成为判案推演的逻辑前提，故又有"执法原情"、"原情定罪"之说，《名公书判清明集》所载判词中多有"酌以人情参以法意"，"情法两尽"，"非惟法意之所得，亦于人情为不安"之语。法律内外，存有情理之道，司法官可以灵活运用，运用得当，能产生奇效，契合世道人心，如明代海瑞在处理疑案时，常遵循此道："凡讼之可疑者，与其屈兄，宁屈其弟；与其屈叔伯，宁屈其侄；与其屈贫民，宁屈富民；与其屈愚直，宁屈刁顽。"③伦理、孝悌、强弱、贫富等，均成了原情定罪的参考因素，充满智慧的法官能折中天理、人情与国法，追求法律实施过程中的中、正、平、直等具体正义，

---

　　① 《大清律例根源·名例五·犯罪存留养亲》。
　　② 《大清律例通考校注》卷四，《名律》，《犯罪存留养亲》，第 240 页；《光绪大清会典事例》卷七百二十四，《刑部·名例律·犯罪存留养亲》。
　　③ 《海瑞集·兴革条例》，中华书局 1987 年版。

实现个案处理的"正当、合理、周全、妥善"①，培养民众仁、义、礼、智、信、忠、孝、悌、诚、慈、爱、向善等的德性，通过法律，关怀人性、顺应人情，慰藉人心，塑造礼治秩序，达到社会和穆稳定。

五、情理法结合

传统中国的司法理想一言可蔽：情、理、法结合。山西省平遥县中国古代县衙署进门前的楹联下联为："要酌理，要揆情，要度时事做这官，不勤、不清、不慎，易造孽，难欺天。"显然是在提醒地方官，处理政事（包括司法事务）要酌理、揆情，适应时势，做勤、清、慎，否则，容易作恶，上天是不好欺负的。在不少官衙办公的大堂后檐，都挂有"天理、国法、人情"的横匾，州县官在二堂正常办公，抬头即可看见该匾额，天长日久，庶乎默念于心见诸行。在官府眼中，一切诉讼，都不外乎这三个词，正如清代张五纬在《未能信集》中所说："民间讼事不一，讼情不齐。其事不外乎户婚、田土、命盗、争斗，其情不外乎负屈含冤、图谋诈骗。听讼者即其事，察其情，度之以理，而后决之以法。"②情理、情法在正史记述中，经常连用，如在《宋史·刑法志》中，"情理"一词就出现十四次，多指人情与道理，如"故自开宝以来，犯大辟，非情理深害者，多得贷死"，又如"诸州鞫讯强盗，情理无可悯，刑名无疑虑"。"情法"在《宋史·刑法志》中出现五次，如："民以罪丽法，情有重轻，则法有增损。故情重法轻，情轻法重，旧有取旨之令。今有司惟情重法轻则请加罪，而法重情轻则不奏减，是乐于罪人，而难于用恕，非所以为钦恤也。自今宜

---

① 参见张伟仁：《天眼与天平——中西司法者的图像和标志》，中国法制史学会、"中央研究院"历史语言研究所主编：《法制史研究》2011 年第二十辑。

② 张五纬：《未能信录》卷一，《原起总论》。

遵旧法取旨，使情法轻重各适其中，否则以违制论。"以上都强调在司法实践中，要充分把握情、理、法之间的度，妥善处理民、刑案件，是官府期待的理想状态。

情，有案情（或情节）之情、亲情（伦常）之情、心情（动机）之情等含义。司法中，情、理、法连用时，情一般指亲情和心情，在刑事司法上的直接表现就是，在定罪量刑时，充分考虑亲情和犯罪动机；在既有法定条框内，恰当评估当事人的身份、犯罪动机，适当调整定罪量刑的标准。汉代董仲舒的"春秋决狱"（引经决狱），就秉承原情定罪（也成原心定罪）。这里"情"或"心"，往往都跟感情或动机联系在一起，动机又往往根据感情而定，感情端赖亲情，亲情基于伦常，伦常关系推及社会关系，社会关系影响价值观念，价值观念决定政权统治的正统性。

按一般读者的印象：中国古代社会礼法森严，名教盛行，纲常礼教的枷锁一直禁锢男女感情自由发展，抑制男女自主婚恋。所谓"男女授受不亲"，"三纲五常"，"存天理，灭人欲"等说教，无不成为男欢女悦的紧箍咒；守旧官员也大多是封建的礼教的卫道士，忠实推行礼法制度……其实，历史上的许多礼法制度在文本上虽然极为严密，但在实际社会生活中，其作用往往会打折扣。各个历史时段，礼法制度所发挥的功能效应并不一样。而且，也并不是所有官员都板着"卫道士"面孔审理感情案子，相反，他们经常会摆脱礼法教条，自由发挥，做出合乎情理、顺应人性的判决。《吴中判牍》记载，晚清时期曾在苏州担任过知县的蒯德模，判案时就经常充分利用自由裁量权，结合"儒家之权变，参佛氏之圆通，破小拘墟"，以"成大欢喜"，灵活机动，做出符合情理的经典判决。① 蒯知县任职于清朝咸、同时代，专制政权开始削弱，传统礼法变得松弛，蒯知县的司法态度自然会打上时代的烙印。 蒯知县判案，最重要原则就是礼法应顺乎"人情"而非压抑"人情"。 蒯知县理解的"人情"，包括人的自然欲望、自己选择生活的自由以及人与人之间的平等，司法理念显然已具有近代法律强调的人性化、人道化特点。 由于蒯知县才情横溢，判词的字里行间典故迭出，文情并茂，他的判词既可为古代案例，也不失为优美的散文诗篇。

作为情、理、法完美结合的另一个流传甚广的案例便是《醒世恒言》中《乔太守乱点鸳鸯谱》一案。 在"父母之命，媒妁之言"主导下的婚俗社会，乔太守"将错就错"的判决，达到合情、合理、合礼的效果。 小说家也点赞此案是"今朝乱点鸳鸯谱，千年万载传佳话"。本案小说家的加工杜撰成分较大，但是至少从一个侧面说明了这一案件的判决，暗合了人们对法律的某种预期，即有情有义，成人之美，皆大欢喜。

天理，并非虚无缥缈的虚幻世界，而是自然规律基础上形成的日常生活准则，为绝大多数民众所认知并遵守的伦常关系及生活习惯。 国法，则主要是表现为国家制定法。 天理、国法、人情之间，很难说有明确的高下之分，也不是凝固静止的，它们始终处于变化之中，并且大多情况下可以互补。 司法实践中，能兼顾天理、国法、人情，结果合理、合法、合情，才是最高境界。 这就要求，从州县官到君主，在司法实践中要充分考虑涉讼者的作案动机、身份、情感、处境等，灵活判决，通过司法判决，以推动成文法的改进。

---

① 参见蒯德模：《吴中判牍》。

第四节　司法失序

司法公正，永远处于动态之中，绝对的司法公正过去、现在、将来都不会存在，只有司法不公程度的轻重，而不存在司法不公的有无。对司法不公，历代王朝都保持高度的警惕，并采取相应的措施，力图把司法不公降至最少。但受制于时代局限，从未也无法根治这一现象，探索标本兼治良方的努力，一直在进行之中。

一、司法弊端

中国历代王朝在长期司法实践中积累了一系列司法传统：司法价值观念中，遵循"天人合一"原则，如实行秋冬行刑制度，规定有关案件受理时间和审断期限；贯彻伦理法律化、法律伦理化精神，注重人情、伦理，实行情、理、法的结合，如准"五服以制罪"、"原心定罪"等；坚持慎刑原则，如审判时，采取"五听"（辞听、耳听、目听、气听、色听）、"三刺"（刺群臣、群吏、万民）等制度，死刑执行时，实行"复奏"制度（隋朝三复奏、唐朝五复奏）、"会审"制度（明清时期的会审、朝审、热审等），防止或减少出现冤假错案；法律禁止外，大力褒扬清官，树立青天、循吏一类的"司法公正"榜样，对法官进行正面教育；部分下放司法权，形成悠久的民间调解传统，乡镇以下，大多借助于长老、乡绅、族长等人士，协助解决大量民间纠纷，既减少了乡民的诉讼成本，又分担了大量政府官员的司法责任，成为重要司法辅助手段，构成当今人民调解制度前身。诸多防范措施，在一定时期内取得了积极成效。

对于司法不公，历代统治者几乎都保持高度警惕，不断颁布禁止令，采取惩罚性措施。早在商周时代，当局对政府官员包括司法官员就设有"三风十愆"之禁的官刑①，对从事司法活动的官员则有"五过"之防（惟官、惟反、惟货、惟内、惟来）②。秦代《秦简·法律答问》规定："府中公金钱私贷用之，与盗同法"；官员负有普法义务，否则百姓因官吏普法不到位而犯罪，官吏得承担相应刑事责任；要求办案官知法，并把是否通晓法律作为划分"良吏"与"恶吏"的标准。《秦简·语书》说："凡良吏明法律令，事无不能也，由廉洁敦悫而好佐上。""恶吏不明法律令，不知事，不廉洁，无以佐上。"汉代规定："吏坐受赇枉法；皆弃市。"③《唐律疏议》将涉及经济犯罪概括为"六赃"："在律，正赃唯有六色：强盗、盗窃、不枉法、枉法、所受监临及坐赃。"④其中的枉法、不枉法、所受监临及坐赃，都与司法行为有关。明代通过对贪官剥皮塞草，以恐吓贪赃枉法者；允许部分越级申诉，如汉代"诣阙上书"、唐代都城设申冤瓯、宋代"登闻鼓"以及清代"京控"、拦驾喊冤等，增加了当事人的司法救济渠道；《大明律》、《明大诰》、《大清律例》等，都有严厉惩治司法不公的法条。

中国历史上所形成的一系列防范司法不公的政策法规，起到了抑制司法不公、整饬吏治的作用，某些举措，至今看来，仍不无借鉴意义。尽管历代都把防治司法不公作为国家政治生活中的大事，但司法不公现象依然屡禁不绝，虽有其深层次原因，但某种程度上是传统政治体系上的天然附着物。

二、监督不力

司法权、行政权合一，司法活动行政化，是传统中国司法不公的最

---

① 《尚书·商书·伊训》
② 《尚书·周书·吕刑》。
③ 《晋书》卷三十，《志》第二十，《刑法》。
④ 《唐律疏议》卷第十一，《职制》。

主要原因之一。国家行政权力机关的最高层——君王集行政、立法、司法、经济、军事一身，从上古君王所发布的"誓"、"训"、"诰"、"谟"中就可看出，他们对违抗命令的臣民有绝对处罚权。成文法形成以后，国家一般都设有相对专业的司法官，但皇帝无疑是一切重大案件的终裁者：秦始皇的亲自断案、宋代皇帝的"御笔断罪"、明清的"会审"等，都反映了皇帝对重大案件的决定权。由于君王权力不受任何其他权力的制衡，他们个人的学识、素质、性格等与司法公正与否关系尤为密切。如果君王是一个所谓的"明君"、"圣君"，能够勤于政事，比较能够遵守朝廷颁布的法律，对于司法活动持谨慎态度，亲自办公断案，对于臣下司法不公行为会有相当的震慑作用。秦始皇、汉武帝、唐太宗、明太祖、雍正帝等，都算得上是能够依法断案的君王。

　　缺少权力制约的君王，正是司法不公的始作俑者：他们既是立法者，又是常法的毁坏者；既是司法者，又是正常司法程序的违背者。他们可以在常法之外施行众多法外刑，或将司法权随意放任，任由奸佞玩弄，枉法害民。专横跋扈、恣意挥霍的君王，往往把司法权当成满足私欲、残害臣民的工具。商纣王、秦二世、晋武帝、隋炀帝等暴君，就是这方面的典型代表。怠于政事、不思进取的君王，则对司法权不加整饬，致使不良臣子放手枉法，如宋高宗、明英宗、万历帝等。即使那些被世人认为是奋发有为、锐意改革的君王，如秦始皇、武则天等，虽有整肃司法的强硬举措，但也有破坏司法的恶劣行径：秦始皇为发泄私愤，焚书坑儒；武则天专恃酷吏，铲除政敌；朱元璋为加强皇权，创建锦衣卫，开启了特务参与司法的恶例；明清诸帝的大兴"文字狱"，任意株连无辜；等等，都严重损害了常法、常刑的权威。

　　由于最高统治者的专擅，司法权完全成了行政权的附属品，权力性质含混不清，无法显示其独立的司法功能。 传统中国实行的垂直领导官僚体制，一切官员都以长官意志为转移，在政治生活中，臣只对君负责，而不必对民负责。 "上既如此，下必甚者焉"，君臣权力之间的附属关系模式，下延到各级官僚阶层，形成下级官员唯上级马首是瞻，对上无条件服从，对下敷衍塞责，他们所受的监督主要来自上级机关，而不是横向的机关，根据权力监督理论，上下纵向监督的效力远远小于横向监督，一旦各级官僚滥用权力，将难以得到有效抑制。

各级行政权力的垂直机制同样适用于各级司法官僚体制。 行政权缺少监督制约，司法权也是一样。 兼掌司法的各级官员，只要处理好与顶头上司的关系，即使滥用职权，司法擅断，也不必担心受到各方监督。 清代"下官拼万个头，向上司磕去；尔等把一生血，待本县绞来"的稗言，正是各级司法官向上巴结、向下压榨情形的生动写照。 也有恪守"当官不为民做主，不如回家卖红薯"信条的司法行政官员，其所依赖的不过是自己手中的那点有限权力以及对平头百姓的一份同情心而已，并非维系社会正义的法律以及制度化的司法程序。 政府也设置了一些制度，试图监督制约司法官员，如在中国延续历史较长的监察制度，但这种监督成效的大小，取决于专制皇权控制功能力的强弱。

三、司法非理性

传统中国社会，官员们大多是"通才"，既要懂行政，又要懂司法，甚至还得懂军事。 至于司法主体，大致包括从事审判、监察、谏议、执达、衙差、辩护等职业的人员，非专业化人士居多，缺少专门的、社会化的司法人才培养机制。 春秋以前，学在官府，司法人才由政府培养。 春秋战国时期，学在私家，司法人才靠私家培养，"法士"出自私学，律师（如邓析等）也为私家出身。 秦时奉行"以吏为师"，司法人才教育由政府进行，普法宣传任务由官吏承担。 汉代

"以师为吏"，官学出身的"儒士"（如董仲舒等）开始参与司法活动。 汉以后，表面上儒学兴盛，法学衰落，但社会一天未离开过法，儒、法找到了很好的切合点。 魏晋时期，仍没有专门的法学教育，行政官员依然兼理司法（如阮籍、陈仲弓断案等）。 隋唐以后有所改观，科举考试设"明法科"，法律知识正式被列进官方科举考试内容，表明法律人才的培养开始专业化、国家化和社会化。 宋代更是重视法律人才的选拔，如：宋神宗置律学，设"律博士"，考"律令"、"断案"；南宋举行"试刑法"的考试；等等。① 政府提倡势必促使社会对法律知识的重视，苏轼就曾有"读书万卷不读律，致君尧舜终无术"的诗句。 朝廷重视，社会上必然趋从，正如沈家本所说："夫国家设一官以宣示天下，天下之士，方知从事于此学，功令所垂，趋向随之。必上以为重，而后天下群以为重，未闻有上轻视之，而下反重视之者。"元不设"律博士"，律学遂废。 朝廷屡次下诏修律，终无所成就。 明代继承元制，此官废除。 《明律》有讲读律令的规定，凡是官民都要复习。 所以明朝虽然不设此官，但"律令固未尝不讲求也"②。

然而，明清时期，"八股"取士的科举制度成为社会教育的主流模式，"皓首穷经者"剧增，研习法律者递减，专业化的法律教育基本被官方忽视。 官员获取法律知识的渠道以阅读《牧民令》、《官箴书》、《圣谕广训》等为主。 他们上任时，又不进行司法实习，非理性化的司法行为非常普遍。 司法官僚的好恶、秉性、脾气、修为等，常常左右案情的审理结果：勤勉者，会留心学习，不无主见；懒惰者，

① 参见上海社会科学院法律研究所编：《宋史·刑法志注释》，群众出版社1982年版，第16-17页。

② 参见沈家本：《寄簃文存》卷一，《设律博士议》，《历代刑法考》第4卷，中华书局1985年版，总2060页。

不知所云，无从清理，积案重重。 曾任清代诸暨县令的倪望重就曾亲历亲睹：“下车后披阅案牍，见讼至十年未经定断者，计之一二；讼至三四年未经定断者，十之半；其中删易曩年弊讼之词，翻控以求制胜，又不一而足。”①为向上司交差，官僚又必须履行司法义务，计无所出，只得求助于人，办案子时，一靠幕府（师爷），二靠吏员。 师爷的法律知识以祖传或师徒相传为线，并非来自社会化的专门学堂。

行政主管将狱讼文书付诸善于舞文弄墨的幕僚之手，难免受其操控，滋生司法不公。 “师爷”在民间的绰号又为“刀笔吏”，意思是他们可以操纵当事人的生杀大权，如晚清杨乃武被诬告案，就是因为师爷章纶香买通药店老板，说是杨买过砒霜，帮县令刘锡彤造假，欲置杨于死地。 “师爷”还有“四救先生”之称，即救生不救死（死者已死，杀生救死，多死一人）；救官不救民（冤案被申，则官员祸福不可测；即使不申，百姓也不过处以军流）；救大不救小（官高罪重，牵连必多，案子难结；官小责轻，牵连有限，案子好结）；救旧不救新（旧官离开岗位，亏空无法弥补，新官有的是时间和机会）②。 清代广为流传的某“师爷”将“用刀杀人”改为“甩刀杀人”的故事，既是师爷开脱元凶的例子，更是官员纵容“师爷”草菅人命的典型。③ 不法胥吏也可凭借管理漏洞，弄法害民。 清谚“随你官清似水，难免吏滑如油”，“清官难逃滑吏手”等，都是社会对不法胥吏狐假虎威、投机钻研的辛辣讥讽。 司法效率低下，得利者为居中作奸的佐贰杂职，受累者则为广大民众：“有司优柔寡断，累月不能治一狱，旷人之工，荒人之业，

---

① 倪望重：《诸暨谕民纪要·序》。

② 纪昀：《阅微草堂笔记》卷十八《姑妄听之四·四救先生》。

③ 参见李乔：《中国的师爷》，商务印书馆国际有限公司1995年版，第117页。

竭人之膏血，供讼师胥吏之一饱，曲直未分，已不知株累几何人，荡产
几何家矣。"①晚清法学勃兴，一时成为"显学"，说明社会上专业司
法人才奇缺。

四、刑讯取证

传统中国社会，纠问式审判盛行，既无法律监督机构，又无辩护律
师出庭或陪审团陪审。

审判制度的一个重要原则就是据口供定罪，即所谓"无供不录
案"，没有被告人的口供是不能定罪的。《唐律疏议》规定："拷满
不承，取保放之。"刑讯到一定程度，被告人仍不承认，就得取保释
放。 明律、清律都明确规定"必据犯者招草以定其罪"，"断罪必取
输服供词"。 既然口供是定罪的根据，则刑讯逼供当然不可避免。

刑讯逼供的恶果有：一是禁止当事人或委托辩护的人申辩，屈打成
招，损害了程序公正，常常形成冤狱，如《宋史·列女传》载，有姓张
的女子被人冤枉，拷打不出，乃在地上挖一坑，把她母亲捆起来扔下
去，在四周烧火，往里灌水；元代审讯窦娥时，利用窦娥孝心，惩罚窦
娥婆婆，逼她招供；清代的杨乃武、小白菜案，也是拷打成冤。 二是
刑讯逼供盛行的情况下，刑罚往往成为政治斗争的工具，侵害了受害主
体的人身权利。 有朝一日，受害者东山再起，会变本加厉，打击报
复，法的功能发生异化，法的权威受到削弱。 唐代的周兴、来俊臣之
流，明代的刘瑾、魏忠贤之流，都曾利用酷刑，无情加害敌手，日后又
被对方同僚加倍报复。 三是法外酷刑泛滥，使法的形象在民众心目中
更加阴森恐怖，大多畏而远之，轻易不敢涉讼，法的普遍性原则难以在
广大社会成员中贯彻落实，法的权威无法真正树立。

---

① 孙鼎烈：《四西斋决事·自序》。

历史上的滥刑大多与暴君和酷吏的刑讯逼供相连，当局对此一直持谨慎态度，对滥刑行为加以控制、纠正。《礼记·月令》："仲春之月……毋肆掠，止狱讼。"所谓肆掠，指的就是刑讯。因为刑事犯罪行为直接关系到国家安危、社会稳定、集权政治的巩固等，因此传统中国社会的诸多法典中，刑法最为发达，刑事诉讼也最受重视。刑法又以刑罚为主要实施形式。刑法指导原则历朝不同：或以重刑主义为指导，实行轻罪重罚，如秦朝；或以重德轻刑主义为指导，减轻刑罚，如汉初及唐朝前期；或实行"以刑弼教"，刑法优先，如明朝。但是，刑法主要宗旨不外乎复仇主义、威吓主义、镇压主义，主要功能在于维护等级伦理，巩固专制王权。审判程序中，不是尊重罪刑法定，厉行有罪推定。许多刑罚手段极不人道，不尊重个体权利和人格尊严，刑讯逼供最为典型。

秦朝以降，刑讯逐渐规范化、制度化。《秦律》对刑讯有规定，并认为是一种下策，如果当事人数次更改供词，无从辩解，就可以根据法律实施刑讯，并以"爰书"记录刑讯理由。汉承秦制。《汉书·杜周传》记载道："会狱，吏因责如章告劾，不服，以掠笞定之。"西汉路温舒曾感慨地说："棰楚之下，何求而不得？故囚人不胜痛，则饰辞以视之，吏治者利其然，则指道以明之。"南梁创测罚之制。所谓测罚，即犯人若不招供，"断食三日，听家人进粥二升，女及老小，一百五十刻乃与粥，满千刻而止"，逼之招供。南陈则采用立测："立测者，以土为垛，高一尺，上圆，劣容囚两足立，鞭二十，笞三十讫，著两械及杻，上垛。一上测七刻，日再上。七日一行鞭，凡经杖台一百五十，得度不承者免死。"北魏的刑讯则更加野蛮和残忍，法官及州郡县"不能以情折狱。乃为大枷，大几围；复以碪石悬于囚颈，伤内至骨，更使壮卒迭搏之。囚率不堪，因以诬服。吏持之以为能"①。总之，两晋、南北朗时代的刑讯制度，呈恶性发展趋势。

唐律规定"拷囚不得过三度"，不得"杖外以他法拷掠"（法外施刑），对酷吏施刑有一定的抑制作用。不过仍然存在残忍的刑讯。唐武则天时期酷吏周兴、来俊臣之流，所施刑讯惨不忍睹，如用醋灌鼻子或盛于瓮中用火炙之，成语"请君入瓮"即由此而来。史载垂拱（武氏年号）以来"身死破家者，皆是枉滥"②。宋初对刑讯有过严格限制的尝试，仍然制止不了司法官吏乱施酷刑。《宋史·刑法志》描述宋理宗时期的刑讯情况："或断薪为杖，掊击手足，名曰'掉柴'；或木索并施，夹两胫，名曰'夹帮'；或缠绳于首加以木楔，名曰'脑箍'；或反缚跪地，短竖坚木，交辫双股，令狱卒跳跃于上，谓之'超棍'。"

元朝，统治者对刑讯制度亦做了若干限制，规定非强益不加酷刑，囚徒重事须加拷讯者，由长贰僚佐会议立案，然后施行。但也是一纸空文，执法官吏舍法而随意滥施酷刑，杀戮无辜者比比皆是。明初在法律上也有禁止非法刑讯的规定，实际到处是严刑拷讯。如特务组织使用的滥刑其方法计有："挺棍、夹棍、脑箍、烙铁及一封信、鼠弹筝、栏马棍、燕儿飞，或灌鼻、钉指。"清康熙时禁止使用铁镣、短夹棍、大初等刑具，但对人命罪和盗窃重案，供词不实者，对男子可使夹棍，对女子可用拶指。肉体虐待外，还有精神虐待，如殴打当事人的至亲，利用其不忍之心理，逼迫招供。③ 酷刑种种，不一而足。清末

① 《魏书志》第十六，《刑罚》七。
② 《旧唐书》卷五十，《志》第三十，《刑法》。
③ 参见吕伯涛、孟向荣：《中国古代的告状与判案》，商务印书馆国际有限公司1995 年版，第 95－98 页。

下诏变法，颁布《大清现行刑律》，原则上废除了刑讯制度，但实际上并没有得到贯彻实施。

虽律有定规，依法刑讯，禁止滥刑，但法外滥刑，历代不绝。 往往开国之君尚能守法，后世之不肖子孙则滥施刑罚，或先宽而后暴；或始严而终滥。 如隋初，杨坚受北周禅，当上了皇帝，制定《开皇律》时，他亲自颁诏说："帝王作法，沿革不同，取适于时，故有损益。夫绞以致毙，斩则殊形，除恶之体，于斯已极。 枭首、轘身，义无所取。 不益惩肃之理，徒表安忍之怀。"①下令取消了枭首、肢解的酷刑，很有点仁义之君的胸怀。 可是没有多久，便露出了酷刑的面目。对"四人共盗一滚捅，三人同窃一瓜"这样的轻微犯法行为，也"事发即时行决"②，就地正法。 隋炀帝登基之初公布的刑律《大业律》较之隋文帝时期的《开皇律》为轻，甚至废除了刑罚本已经不重的《开皇律》中的许多条款，这样一部属于"轻刑"的《大业律》推行于社会，却并未取得预期的稳定社会的作用，相反，社会的阶级矛盾反而更加激化。 隋炀帝旋即"更立严刑"，敕令天下盗窃以上罪，不分轻重，一律处斩。 大业九年，又诏："为盗者，籍没其家。"此后，又恢复轘、枭首、灭九族等酷刑。 因隋炀帝自毁法制，滥施淫刑，各地官吏"生杀任情"，"不复用律令"，导致民众怨声载道，纷纷起来反抗，社会秩序被严重破坏。 最终，隋朝被推翻，隋炀帝也身首异处。 这种朝令夕改已使其刑事立法及司法成为典型的"滥刑"。 唐朝武则天在位时，为了清除政敌，防范异己，也经常任用酷吏，使用法外之刑，一度加剧了社会矛盾。

---

① 《隋书》卷二十五,《志》第二十,《刑法》。
② 《隋书》卷二十五,《志》第二十,《刑法》。

五、公信力缺失

任何制度都受到文化观念、社会组织和社会心态的限制。传统中国社会，司法制度受此三者影响同样不容置疑。

就文化方面而言，儒家、法家都是强调等级、专制、集权，张扬公权，压抑私权，以致在司法实践中，公权可以对私权任意践踏而不受任何其他权力的制约或社会舆论的谴责。佛教鼓励人们逆来顺受，现世忍耐修行，来世享受极乐。道家文化提倡修身养性，但往往以逃避现实为条件，无益于民众对个体权利的主张。

传统中国长期以自给自足的农业经济为主，农业文明与宗法政治结合，社会组织狭隘封闭；自然经济与专制集权相吻合，父权家长与君王公权相配套，造成对私权极端蔑视，对公权力无限扩大；"民可以使由之，不可使知之"已成思维定式，人治盛行，长官意志高于一切；官僚队伍的垂直体制，横向制约少，各级官员对上负责，对下压制。司法、行政权力集于一身，司法权找不到自己的定位，无法逃脱西哲总结的"权力导致腐败，绝对权力绝对导致腐败"的定律。

传统中国的法自产生之日起，就带有浓厚的暴力镇压色彩。所谓法，与罚、刑、伐、兵等紧密相连，均为"不祥之物"，正史中的历代"刑法志"几乎成了一部以刑法为主线的历史，中国法制史也常被误读为刑法史。除了少数热衷于"健讼"、"小事闹大"或被民间视为"恶讼师"、被官府斥为"讼棍"等群体外，绝大多数民众心存"畏讼"。民众欲行诉讼，则意味着要"打官司"，它高度浓缩了传统司法场景：当事人诉讼要挨打是"打"；衙门关系、关节要打通，也是"打"。打官司，充斥了一个"打"字。"堂上一点朱，堂下千滴泪"等惨象，迫使百姓对于法，避之唯恐不及，何谈对法律救济的期盼！"衙门八字朝南开，有理没钱莫进来"，"赢了官司输了钱"，

"狗屎难吃，官司难打"，"一生不涉公堂，一世不进典当"，"讼则终凶"等俗谚，形象地折射了民众心存规避司法的心里，所谓渴望法律救济，充其量是对"王法"的心理依赖，指望"圣君"之治，"青天"再生，形成"圣人"意识、"青天"意识以及"息讼"、"无讼"、"无争"等心理态势。

中国人历来讲究的"与人为善"、"和为贵"、"中庸之道"、"礼让三先"，等等，堪称中华"礼仪之邦"的金字招牌，这些为人处世的基本原则，有其历久不衰的伦理价值。但一味倡导，也容易养成"各人自扫门前雪，莫管他人瓦上霜"，"多一事不如少一事"，"隔岸观火"，见义不为等冷漠心态，不利于张扬社会成员与司法不公等社会丑恶行为做斗争的正气，客观上会纵容、滋长司法不公。

司法不公的程度高低，直接折射出一个国家、一个政府社会控制能力的强弱，法治进程的快慢，也反映民众心态，影响社会变迁。晚清以来，为了适应社会近代化的需要，且迫于收回领事裁判权的压力，中国迈开司法近代化步伐：颁布新型法典，建立新式法院；设置各级审判厅和检察厅，实行审检对立；创办新式学堂，派遣留学生，培养新型法律人才；引进西方律师制度，采用抗辩式审判模式；仿效权力分立制度，实行"三权"或"五权"分立，力求司法权独立……这一切，都为防治司法不公创造了有利条件，并取得了一定成效。但司法不公仍然存在，如被后世大致公认的司法体系相对独立的北京政府时期，就存在法律适用不统一、军人干预审判、司法经费不足、警察厅及陆军审判机关皆操有司法权等影响司法不公的因素。① 南京国民政府时期，虽然以"六法全书"为标志的近代化法典体系基本完备，但在司法实践中，司法不公现象依然严重，且有愈演愈烈之势，成为备受中外指责的社会现象。 南京国民政府后期，政治失调，经济崩溃，司法失去轴心，司法机器瘫痪，司法信誉危机，民心丧失殆尽，社会秩序失控。② 1949年后，法治化进程一波三折，中国司法体制仍一直在摸索中蹒跚前行。

---

① 《调查法权委员会报告书》，《法律评论》第182期增刊，1926年12月26日出版，第112页；吴祥麟：《改进中国司法制度的具体方案》，《中华法学杂志》，新编1卷5、6号合刊，正中书局1937年出版，第68页。

② 参见张仁善：《司法腐败与社会失控：1928—1949》，社会科学文献出版社2005年版，第438-439页。

参考文献

柏华：《明清州县司法"六滥"》，载《清史研究》2003 年第 1 期。

班固：《汉书》。

包天笑：《钏影楼回忆录·续编》，太原：山西教育出版社、山西古籍出版社 1999 年版。

《北图藏拓》。

边沁：《道德与立法原理导论》，北京：商务印书馆 2000 年版。

《驳案新编》。

卜正民、巩涛、格列高利·布鲁：《杀千刀：中西视野下的凌迟处死》，张广润等译，北京：商务印书馆 2013 年版。

蔡枢衡：《中国法律之批判》，南京：正中书局 1942 年版。

蔡枢衡：《中国刑法史》，南宁：广西人民出版社 1983 年版。

蔡元培：《中国伦理学史》，北京：商务印书馆 1998 年版。

常建华：《清代的国家与社会研究》，北京：人民出版社 2006 年版。

陈登原：《国史旧闻》。

陈独秀：《孔子与中国》，载《东方杂志》1937 年 10 月第 34 卷第 18、19 号。

陈顾远：《周礼所述之司法制度》，载《中华法学杂志》新编一卷五、六号，正中书局 1937 年版。

陈果：《开始是单向的爱情，结果是双面的罪责》，载《读书》2012 年第 1 期。

陈烈：《法家政治哲学》，上海：华通书局 1929 年版。

陈其元：《庸闲笔记》

陈琪：《古徽州民间"罚戏护林"习俗》，载《安徽林业》2006 年第 4 期。

陈天锡：《清代幕宾中刑名钱谷与本人业此经过》，载蔡申之等著：《清代州县四种》，台北：文史出版社 1975 年版。

程登吉：《幼学琼林》。

程延军、杜海英：《论传统中国契约法律制度的基本特征及成因》，载《内蒙古大学学报》（人文社会科学版）2007 年第 2 期。

春杨：《论清代民间调解选择纠纷调解的理由》，载《法律适用》2008 年第 3 期。

春杨：《晚清乡土社会民事纠纷调解制度研究》，北京：北京大学出版社 2009 年版。

大理院判例解释：《民法汇览》，上海：上海世界书局 1924 年版。

《大明律》。

《大明律集解》。

《大明律解》。

《大明英宗锐皇帝实录》。

《大清律例》。

《大清律例汇辑便览》。

《大清通礼》。

《大清新法令》。

《大学》。

道光湖南湘乡《匡氏续修族谱》。

道光江西《临淦窗前黄氏重修族谱》。

《调查法权委员会报告书》，载《法律评论》1926 年第 182 期增刊。

丁凌华：《中国丧服制度史》，上海：上海人民出版社 2000 年版。

丁日昌：《抚吴公牍》。

董必武：《董必武法学文集》，北京：法律出版社 2001 年版。

董康：《民国十三年司法之回顾》，载《法学季刊》1925 年第 2 卷第 3 期。

董康：《前清司法概要》，载《法学季刊》1924 年第 2 卷第 2 期。

董康：《前清司法制度》，载《法学杂志》1924 年第 8 卷第 4 期。

窦仪等撰：《宋刑统》。

杜家骥主编：《清嘉庆朝刑科题本社会史料辑刊》，天津：天津古籍出版社 2008 年版。

杜佑：《通典》。

俄罗斯科学院东方研究所圣彼得堡分所、俄罗斯科学出版社东方文学部、上海古籍出版社编：《俄藏敦煌文献》，上海：上海古籍出版社、俄罗斯科学出版社东方文学部 2001 年版。

范晔：《后汉书》

范愉：《非诉讼纠纷解决机制研究》，北京：中国人民大学出版社 2000 年版。

范忠信：《中国法律传统的基本精神》，济南：山东人民出版社 2001 年版。

方大湜：《平平言》。

方流芳：《民事诉讼收费考》，载《中国社会科学》1999 年第 3 期。

房玄龄等撰：《晋书》。

冯尔康：《国法·家法·社会》，载《南京大学法律评论》2006 年秋季号。

冯尔康：《清史史料学》，北京：故宫出版社 2013 年版。

冯尔康：《许思湄年谱》，载冯尔康：《清代人物传记史料研究》，长沙：岳麓书社 2012 年版。

冯尔康：《宗法观念与清代职官制度》，载《文史知识》2005 年第 10 期。

夫马进：《中国诉讼社会史概论》，范愉译，载中国政法大学法律古籍整理研究所编：《中国古代法律文献研究》第六辑，北京：社会科学文献出版社 2012 年版。

伏尔泰：《哲学辞典》，续建国编译，北京：北京出版社 2008 年版。

傅斯年：《人生问题发端——傅斯年学术散论》，上海：学林出版社 1997 年版。

高富浩纂修：光绪绩溪《梁安高氏宗谱》。

高鸿钧：《无话可说与有话可说之间——评张伟仁先生的〈中国传统的司法和法学〉》，载《政法论坛》2006年3期。

高浣月：《清代刑名幕友研究》，北京：中国政法大学出版社2000年版。

高攀龙：《高子遗书》。

高文：《汉碑集释》，开封：河南大学出版社1997年版。

龚未斋：《雪鸿轩尺牍》。

谷应泰：《明史纪事本末》。

《管子》。

《光绪朝东华录》，北京：中华书局1958年版。

光绪池州《仙源杜氏宗谱》。

光绪《大清会典事例》。

光绪湖南《平江叶氏族谱》。

光绪绩溪《华阳邵氏宗谱》。

光绪江西清江《湖庄聂氏四修族谱》。

光绪《平江叶氏族谱》。

光绪《钦定大清会典事例》

光绪浙江绍兴《山阴柯桥杨氏宗谱》。

广东宝安《鳌台王氏族谱》。

广西平乐《邓氏宗谱》，光绪十七年十贤堂刊本，民国十三年续刊。

郭金霞、苗鸣宇：《大赦特赦——中外赦免制度概观》，北京：群众出版社2003年版。

郭润涛：《官府、幕友与书生——"绍兴师爷"研究》，北京：中国社会科学出版社 1996 年版。

郭卫：《大理院判决例全书》，上海：上海会文堂新记书局 1931 年版。

《国语》。

《海瑞集》，中华书局 1987 年版。

韩德培：《我们所需要的"法治"》，载《观察》1946 年 11 月第 1 卷第 10 期。

《韩非子》。

《韩诗外传》。

贺麟：《儒家思想的新开展》，载《思想与时代》1941 年 8 月。

亨利·莱维·布律尔：《法律社会学》，许钧译，上海：上海人民出版社 1987 年版。

《洪氏宗谱》，杭州：浙江人民出版社 1982 年版。

胡文炳：《折狱龟鉴补》。

胡旭晟：《解释性的法史学》，北京：中国政法大学出版社 2005 年版。

湖南益阳《熊氏续修族谱》。

怀效锋：《中国法制史》，北京：中国政法大学出版社 1998 年版。

黄六鸿：《福惠全书》。

黄时鉴辑点：《元代法律资料辑存》，杭州：浙江古籍出版社 1988 年版。

黄源盛：《中国法史导论》，台北：犁斋社有限公司 2013 年版。

黄宗智：《清代的法律、社会与文化：民法的表达与实践》，上海：上海书店 2007 年版。

霍存福：《传统中国契约精神的内涵及其现代价值——敬畏契约、尊重契约与对契约的制度性安排之理解》，载《吉林大学学报》2008 第5 期。

霍存福：《敦煌吐鲁番借贷契约的抵赦条款与国家对民间债负的赦赦免———唐宋时期民间高利贷与国家控制的博弈》，载《甘肃政法学院学报》2007 年第 2 期。

霍存福、刘晓林：《契约本性与古代中国的契约自由、平等——传统中国契约语言与社会史的考察》，载《甘肃社会科学》2010 年第2 期。

霍存福：《论传统中国契约与国家法的关系——以唐代法律与借贷契约的关系为中心》，载《当代法学》2005 年第 1 期。

霍友明、郭海文：《钦定学政全书校注》，武汉：武汉大学出版社2009 年版。

吉姆·佩特罗、南希·佩德罗：《冤案何以发生：导致冤假错案的八大司法迷信》，苑宁宁等译，北京：北京大学出版社 2012 年版。

《即墨杨氏家乘》。

纪昀：《阅微草堂笔记》。

纪昀：《阅微草堂笔记》卷十一，《槐西杂志》一。

嘉庆《洪氏宗谱》。

嘉庆江西清江《云溪徐氏族谱》。

江山：《礼论》，载《清华大学法律评论》1998 年第 1 期。

江苏《毗陵高氏宗谱》。

江苏省博物馆编：《江苏省明清以来碑刻资料选集》，北京：三联书店 1959 年版。

江苏《宜兴篠里任氏家谱》。

蒋梦麟：《新潮》，台北：《传记文学》出版社 1967 年版。

《教民榜文》。

金克木：《主题学的应用》，载《读书》1986 年第 3 期。

金良年：《酷刑与中国社会》，杭州：浙江人民出版社 1996 年版。

《晋陵王氏宗谱》。

柯恩：《现代化前夕的中国调解》，载强世功编：《调解、法制与现代性：中国调解制度研究》，北京：中国法制出版社 2001 年版。

《孔子家语》。

蒯德模：《吴中判牍》。

蓝鼎元：《蓝公案全传》，郭亚南点校，北京：民族出版社 1995 年版。

蓝鼎元：《鹿洲公案》。

劳乃宣编：《桐乡劳先生遗稿》，桐乡卢氏校刻本。

劳乃宣：《新刑律修正案汇录》。

雷连城：《涞水历史文化辑萃》，北京：中国文史出版社 2006 年版。

黎靖德：《朱子语类》。

《礼记》。

李宝嘉：《官场现形记》。

李伯元：《文明小史》。

李功国、陈永胜：《敦煌、吐鲁番出土的契约文书研究》，载《商事法论文集》，北京：法律出版社 2001 年版。

李林甫等撰：《唐六典》，陈仲夫点校，北京：中华书局 1992 年版。

李明德：《"礼不下庶人，刑不上大夫"考论》，载韩延龙主编：《法律史论集》（第二卷），北京：法律出版社 1999 年版。

李乔：《中国的师爷》，北京：商务印书馆国际有限公司 1995 年版。

李雪梅：《碑刻法律史料考》，北京：社会科学文献出版社 2009 年版。

李雪梅：《法制"镂之金石"传统与明清碑禁体系》，北京：中华书局 2015 年版。

李雪梅：《工商行业规范与清代非正式法——以工商会馆碑刻为中心》，载《法律科学》2010 年第 6 期。

李延寿：《北史》。

李玉生：《唐代法律体系研究》，载《法学家》2004 年第 5 期。

李祝环：《中国传统民事契约研究》，载《法律史论集》第 2 卷，北京：法律出版社 1999 年版。

《历代刑法志》，北京：群众出版社 1988 年版。

《历代珍稀司法文献》，北京：社科文献出版社 2012 年版。

梁启超：《饮冰室合集》。

梁治平：《古代法：文化差异与传统》，载《读书》1987 年第 3 期。

梁治平：《清代习惯法：社会与国家》，北京：中国政法大学出版社 1996 年版。

梁治平：《寻求自然秩序中的和谐》，北京：中国政法大学出版社 1997 年版。

刘成禺：《世载堂杂忆》。

刘衡：《蜀僚问答》。

刘衡：《庸吏庸言》。

刘体仁：《异辞录》。

刘熙：《释名》。

刘昫：《旧唐书》。

刘泽华主编：《中国古代政治思想史》，天津：南开大学出版社1992年版。

刘泽民、李玉明总主编：《三晋石刻大全·阳泉市盂县卷》，太原：山西出版集团、三晋出版社2010年版。

陆陇其：《陆稼书判牍》。

吕伯涛、孟向荣：《传统中国的告状与判案》，北京：商务印书馆国际有限公司1995年版。

《吕氏春秋》。

吕思勉：《先秦史》，上海：上海古籍出版社1982年版。

《论语》。

马端临：《文献通考》。

马建石、杨育棠主编：《大清律例通考校注》，北京：中国政法大学出版社1992年版。

马克斯·韦伯：《经济与社会》（下），北京：商务印书馆1998年版。

马克斯·韦伯：《韦伯作品集》（四）《法律社会学》，康乐、简惠美译，桂林：广西师范大学出版社2005年版。

马若斐：《传统中国法的精神》，陈煜译，北京：中国政法大学出版社2013年版。

梅因：《古代法》，沈景一译，北京：商务印书馆1997年版。

孟德斯鸠：《论法的精神》，张雁深译，北京：商务印书馆1994

年版。

米歇尔·福柯：《规训与惩罚》，刘北成、杨远婴译，北京：三联书店1999年版。

乜小红：《论我国古代契约的法理基础》，载《中国社会经济史研究》2009年第2期。

《民国法规集成》，合肥：黄山书社1999年版。

民国《毗陵城南张氏宗谱》。

民国绍兴《汤浦吴氏宗谱》。

民国歙县《蔚川胡氏家谱》，民国四年线装活字本。

民国直隶南皮《侯氏族谱》，民国七年重修石印本。

《明会典》。

《明太祖实录》。

倪望重：《诸暨谕民纪要》。

欧阳修等：《新唐书》。

彭泽益编：《清代工商行业碑文集粹》，郑州：中州古籍出版社1997年版。

《毗陵庄氏族谱》。

平步青：《霞外攟屑》。

《钱氏文林公支宗谱》、《钱氏宗谱》，2010年续辑。

钱泳：《履园丛话》。

钱锺书：《管锥篇》，北京：中华书局1979年版。

《乾隆案例》。

乾隆《边氏族谱》，乾隆三十五年刻本。

乾隆江西《清江永滨杨氏三修族谱》。

切萨雷·贝卡里亚：《论犯罪与刑罚》，黄风译，北京：北京大学出版社 2008 年版。

《钦定吏命处分则例》。

《钦定学政全书校注》，武汉大学出版社 2009 年版。

《清高宗圣训》。

《清高宗实录》。

《清圣祖实录》。

《清世宗实录》。

《清文献通考》。

《秋谳辑要》。

瞿同祖：《瞿同祖法学论著集》，北京：中国政法大学出版社 1998 年版。

瞿同祖：《清代地方政府》，范忠信、晏锋译，北京：法律出版社 2003 年版。

瞿同祖：《中国法律与中国社会》，北京：中华书局 2003 版。

仁井田陞：《唐令拾遗》，长春：长春出版社 1989 年版。

《日知录校释》，顾炎武著，张京华校释，长沙：岳麓书社 2011 年版。

萨孟武：《〈水浒传〉与中国社会》，北京：北京出版社 2005 年版。

山东即墨《杨氏家乘》。

《商君书》。

上海博物馆图书资料室编：《上海碑刻资料选辑》，上海：上海人民出版社 1980 年版。

上海社会科学院法律研究所编：《〈宋史·刑法志〉注释》，北京：群众出版社 1982 年版。

上野正彦：《不知死，焉知生：法医的故事》，王雯婷译，北京：北京大学出版社 2014 年版。

《尚书》。

《申报》。

沈家本：《历代刑法考》，北京：中华书局 1985 年版。

沈括：《梦溪笔谈》。

沈岚、沈旻：《施剑翘——民法司法案卷中的复仇女》，载《中国档案》2013 年第 6 期。

沈起凤：《谐铎》。

沈辛田：《名法指掌》。

沈云龙主编：《近代中国史料丛刊》，台北：台湾文海出版社 1976 年版。

《圣经·旧约全书》。

《圣经·新约全书》

《圣谕广训》。

《诗经》。

石佳友：《法典化的智慧——波塔利斯、法哲学与中国民法法典化》，载《中国人民大学学报》2015 年第 6 期。

《睡虎地秦墓竹简》。

《说苑》。

司马光：《温国文正司马公文集》。

司马光：《资治通鉴》。

司马迁：《史记》。

寺田浩明：《权利与冤抑》，王亚新等译，北京：清华大学出版社 2012 年版。

宋格文：《天人之间：汉代的契约与国家》，载《美国学者论中国法律传统》，高道蕴等编，北京：中国政法大学出版社 2000 年版。

苏亦工：《辩证地认识"法治"的地位和作用》（上），载《山东社会科学》2015 年第 12 期。

苏州历史博物馆、江苏师范学院历史系、南京大学明清史研究室合编：《明清苏州工商业碑刻集》，南京：江苏人民出版社 1981 年版。

孙鼎烈：《四西斋决事》。

孙希旦：《礼记集解》，北京：中华书局 1989 年版。

孙诒让：《周礼正义》，北京：中华书局 1987 年版。

谭棣华等编：《广东碑刻集》，广州：广东教育出版社 2001 年版。

天一阁藏：《明抄本天圣令校证》，北京：中华书局 2006 年版。

《天一阁藏明钞本天圣令校证》，北京：中华书局 2006 年版。

田涛、许传玺、王宏治主编：《黄岩诉讼及调查报告》（上卷），北京：法律出版社 2004 年版。

同治宜黄《宜邑谢氏六修族谱》。

《吐鲁番出土文书》。

脱脱等修：《宋史》。

万安中：《中国封建社会前期监狱制度的演化初探》，载《广东社会科学》1997 年第 3 期。

汪辉祖：《治讼》。

汪辉祖：《佐治药言》。

汪楫宝：《民国司法志》，北京：商务印书馆 2013 年版。

王国平、唐力行主编：《明清以来苏州社会史碑刻集》，苏州：苏州大学出版社 1988 年版。

王国维：《观堂集林》，北京：中华书局 1959 年版。

王觉非：《逝者如斯》，北京：中国青年出版社 2001 年版。

王立艳：《谨小慎微做人　上下协调为官——〈身世十二戒〉与〈州县初仕小补〉评析》，载郭成伟主编：《官箴书点评与官箴文化研究》，北京：中国法制出版社 2000 年版。

王万盈辑校：《清代宁波契约文书辑校》，天津：天津古籍出版社 2008 年版。

王先谦：《东华录》。

王旭：《契纸千年：中国传统契约的形式与演变》，北京：北京大学出版社 2013 年版。

王学泰：《传统中国大赦制度的利与弊》，载《南方都市报》2010 年 12 月 5 日。

王振忠：《绍兴师爷》，福州：福建人民出版社 1997 年版。

魏收：《魏书》。

魏徵等：《隋书》。

吴经熊：《法律哲学研究》，北京：清华大学出版社 2005 年版。

吴亮：《忍经》。

吴佩林：《〈南部档案〉所存清代边陲地区基层社会纠纷解决中的"拦留契约文书"》，载汪世荣等主编：《中国边疆法律治理的历史经验》（下），北京：法律出版社 2014 年版。

吴坛：《大清律例通考》。

吴祥麟：《改进中国司法制度的具体方案》，载《中华法学杂志》1937 年新编 1 卷 5、6 号合刊。

吴晓亮、徐政芸主编：《云南博物馆馆藏契约文书整理与汇编》，北京：人民出版社 2013 年版。

吴趼人：《九命奇冤》。

伍廷芳：《秩庸公牍》。

《西方法律思想史资料选编》，北京大学出版社 1983 年版。

《详刑公案》。

萧公权：《圣教与异端：从政治思想论孔子在中国文化史上中的地位》（上、中、下），载《观察》1946 年第 1 卷第 10 期、第 11 期、第 12 期。

《孝经》。

《刑案汇览》，北京：北京古籍出版社 2004 年版。

熊秉元：《波斯纳的锯子》，载《读书》2014 年第 9 期。

徐栋：《牧令书》。

徐复祚：《花当阁丛谈》。

徐珂编撰：《清稗类钞》第 3 册，北京：中华书局 1984 年版。

徐珂：《清稗类钞》第三册，北京：中华书局 1984 年版。

徐世虹主编：《沈家本全集》，北京：中国政法大学出版社 2010 年版。

徐忠明：《情感、循吏与明清时期司法实践》，上海：上海三联书店 2009 年版。

徐忠明：《众生喧哗：明清法律文化的复调叙事》，北京：清华大学出版社 2007 年版。

《宣统政纪》

薛居正等：《旧五代史》。

《荀子》。

《晏子春秋》。

杨国桢：《明清土地契约文书研究》（修订版），北京：中国人民大学出版社 2009 年版。

杨鹤皋：《中国法律思想史》，北京：群众出版社 2000 年版。

杨鸿烈：《中国法律思想史》，北京：中国政法大学出版社 1998 年版。

杨向奎：《关于"礼仪"起源的若干问题——论"Potlach"》，载《河北师院学报》1986 年第 3 期。

杨一凡：《对中华法系的再认识》，载《批判与重建——中国法律史研究反拨》，北京：法律出版社 2002 年版。

杨一凡、刘笃才点校：《中国古代民间规约》，北京：社会科学文献出版社 2014 年版。

杨一凡：《明初重典考》，长沙：湖南人民出版社 1984 年版。

杨一凡：《中华法系研究中的一个重大误区——"诸法合体、民刑不分"说质疑》，载《中国社会科学》2002 年第 6 期。

杨幼炯：《中国司法制度之纵的观察》，载《中华法学杂志》1937 年新编 1 卷第 5、6 号合刊。

叶昌炽撰、韩锐校注：《语石校注》，北京：今日中国出版社 1995 年版。

叶孝信：《中国法制史》，北京：北京大学出版社 1996 年版。

叶孝信：《中国民法史》，上海：上海人民出版社 1993 年版。

佚名：《废律》，载《皇朝经世文新编续集》卷四《法律》。

佚名撰：《新刻法笔惊天雷》。

雍正：《康熙皇帝告万民书》、《康熙皇帝教子格言》，长沙：湖南人民出版社 1999 年版。

俞江：《"契约"与"合同"之辨：以清代契约文书为出发点》，载《中国社会科学》2003 年第 6 期。

裕禄辑注：《大清律例根源》。

《元典章》，北京、天津：中华书局、天津古籍出版社 2011 年版。

袁枚：《子不语》。

袁啸波编：《民间劝善书》，上海：上海古籍出版社 1995 年版。

臧云甫等：《历代官制、兵制、科举制表释》，南京：江苏古籍出版社 1987 年版。

张传玺：《契约史买地券研究》，北京：中华书局 2008 版。

张传玺：《中国古代契约形式的源和流》，载《文史》第十六辑，北京：中华书局 1982 年版。

张传玺：《中国历代契约汇编考释》，北京：北京大学出版社 1995 年版。

张东荪：《思想与社会》，沈阳：辽宁教育出版社 1998 年版。

张集馨：《道咸宦海闻见录》，北京：中华书局 1981 年版。

张介人编：《清代浙东契约文书辑选》，杭州：浙江大学出版社 2010 年版。

张晋藩、怀效锋：《中国法制通史》第七卷《明》，北京：法律出版社，1999 年版。

张晋藩：《中国法律的传统与近代转型》，北京：法律出版社 1997 年版。

张晋藩：《中华法制文明的演进》，北京：中国政法大学出版社 1999 年版。

张仁善：《法律社会史的视野》，北京：法律出版社 2007 年版。

张仁善：《礼·法·社会——清代法律转型与社会变迁》（修订版），北京：商务印书馆 2013 年版。

张仁善：《司法腐败与社会失控：1928—1949》，北京：社会科学文献出版社 2005 年版。

张廷玉等撰：《明史》

张伟仁：《天眼与天平——中西司法者的图像和标志》，载《法制史研究》第二十期。

张伟仁：《中国传统的司法和法学》，载《现代法学》2006 年第 5 期。

《张文鳞端严公年谱》

张五纬：《未能信录》。

张养浩：《为政忠告》。

张正明、科大卫、王勇红主编：《明清山西碑刻资料选》，太原：山西出版集团、山西经济出版社 2009 年版。

章太炎：《章氏丛书》。

章玉安：《绍兴文化杂识》，北京：中华书局 2001 年版。

长孙无忌等撰：《唐律疏议》，北京：中华书局 1983 年版。

赵尔巽主编：《清史稿》。

赵翼：《陔余丛考》，上海古籍出版社 2011 年版。

郑玄注、贾公彦疏：《周礼注疏》。

郑玄注、孔颖达疏：《礼记正义》。

《政府公报类汇编》。

中国第二历史档案馆馆藏最高法院档案，全宗号十六。

周光培编：《历代笔记小说集成》，石家庄：河北教育出版社 1995 年影印版。

《周书》。

周作人：《知堂集外文：四九年以后》，长沙：岳麓书社 1988 年版。

朱平安：《武夷山摩崖石刻与武夷文化研究》，厦门：厦门大学出版社 2008 年版。

朱子编：《二程遗书》。

铢庵：《人物风俗制度丛谈》，上海：上海书店 1988 年版。 滋贺秀三：《中国家族法原理》，张建国、李力译，北京：法律出版社 2003 年版。

《最高法院判例要旨》（1927—1998），台北：万森兴业有限公司 2001 年版。

《左传》。

图书在版编目(CIP)数据

中国法律文明 / 张仁善著. — 南京：南京大学出
版社，2018.4

（南京大学孔子新汉学 / 洪银兴主编）

ISBN 978-7-305-20067-0

Ⅰ. ①中… Ⅱ. ①张… Ⅲ. ①法制史-研究-中国

Ⅳ. ①D929

中国版本图书馆 CIP 数据核字(2018)第 068627 号

出版发行	南京大学出版社
社　　址	南京市汉口路 22 号　　　邮　编　210093
出版人	金鑫荣

丛 书 名	南京大学孔子新汉学
丛书主编	洪银兴
书　　名	**中国法律文明**
著　　者	张仁善
责任编辑	卢文婷
责任校对	王　宁

照　　排	南京南琳图文制作有限公司
印　　刷	江苏苏中印刷有限公司
开　　本	787×960　1/16　印张 27　字数 340 千
版　　次	2018 年 4 月第 1 版　2018 年 4 月第 1 次印刷
ISBN	978-7-305-20067-0
定　　价	136.00 元

网址：http://www.njupco.com
官方微博：http://weibo.com/njupco
官方微信号：njupress
销售咨询热线：(025) 83594756